Regina Scheer
Im Schatten der Sterne

Regina Scheer

Im Schatten
der Sterne

Eine jüdische
Widerstandsgruppe

Aufbau-Verlag

Mit 34 Abbildungen

Das Buch wurde mit einem sechsmonatigen Stipendium
der Senatsverwaltung
für Wissenschaft, Forschung und Kultur
unterstützt.

ISBN 3-351-02581-5

1. Auflage 2004
© Aufbau-Verlag GmbH, Berlin 2004
Einbandgestaltung Therese Schneider, Berlin
Druck und Binden GGP Media GmbH, Pößneck
Printed in Germany

www.aufbau-verlag.de

Familienbild

Ein Foto, vergrößert, wie aus einem Familienalbum. Es steht im Regal neben meinem Schreibtisch, schon lange. Fremde Besucher fragen: »Deine Mutter?«

Oder: »Bist du das Kind auf dem Foto?« Seltsam, niemand fragt: »Ist das dein Vater?« Der Mann auf dem Foto zieht nicht die Blicke auf sich, er ist einfach da, ganz nahe der Frau und dem Kind auf ihrem Schoß. Er ist älter als die Frau, sein Haar lichtet sich schon, er trägt einen Anzug und ein weißes Hemd mit Krawatte. Die Frau ist fast noch ein Mädchen, hübsch, strahlend, ihr welliges Haar trägt sie in der Mitte gescheitelt. Sie schaut auf, aber eben noch galt ihr Blick dem Kind. Für diesen Blick gibt es es viele ungebräuchlich gewordene Worte. Innig. Stolz. Lieblich. Sie hält das Kind mit der rechten Hand, man sieht deutlich den schmalen Ring. Der Mann, die Frau und das Kind sind im Freien fotografiert worden, vielleicht auf einer Parkbank, vielleicht auf dem Olivaer Platz im Berliner Westen. Aber die Frau trägt kein Sommerkleid, vielleicht ist es schon Herbst. Ihr Kleid ist dunkel, die Ärmel enden in Manschetten. Sind das helle Knöpfe an dem Kleid oder Flecken auf dem Foto? Es ist ein altes Foto, vielleicht aus den vierziger Jahren.

»Ich bin nicht verwandt mit dieser Familie«, sage ich den Besuchern. Ich frage sie, was sie denken, wenn sie das Foto sehen.

Der Mann sei vielleicht schon tot, vermuten die Betrachter. Die Männer seines Jahrgangs waren Soldaten. Und außerdem sterben Männer früher als Frauen. Die Frau könnte noch leben. Und das Kind, das Kind lebt gewiß noch.

Falsch. Alles an dieser Geschichte ist anders, als man denkt.

Das Kind starb zuerst. Dann die Frau. Zuletzt der Mann.

Im Juni 1941 wurde das Kind geboren. Das Foto kann nicht älter sein als vom Januar 1942. Am Ende dieses Monats war das Kind tot. Es hieß Uri.

Die Mutter war da noch nicht zwanzig Jahre alt. Noch drei Jahre hatte sie zu leben. Höchstens.

Der Mann lebte am längsten. Er starb mit einundachtzig Jahren, im Oktober 1994. Ein paar Tage zuvor hatte ich Robert Mohn noch besucht. Da konnte er nicht mehr aufstehen, das Foto, das er mir gab, nahm er aus der Nachttischschublade. Und die Kopien der Briefe, die ich ihm ein paar Jahre zuvor gebracht hatte, Ediths Briefe an ihn. Er hatte sie nur zögernd angenommen. Und nun gab er sie mir zurück, ungelesen.

Vielleicht aber ist Edith gar nicht gestorben?

Vielleicht ist sie nur nicht zurückgekommen nach Berlin, warum sollte sie auch. Robert, ihr geliebter Robby, wie sie ihn in den Briefen nannte, war mit Lida zusammen, das wußte sie. Edith hatte Robert verloren, ihr Kind war tot, die Freunde hingerichtet. Ihre Mutter ermordet. Nein, das wußte sie nicht. Das konnte sie nicht wissen. Ihre Mutter Olga Fraenkel ist erst auf Transport gegangen, als Edith schon im Untersuchungsgefängnis Charlottenburg war. Der 25. Osttransport vom 14. Dezember 1942 ging nach Riga oder nach Auschwitz. Bis heute weiß man es nicht genau. Und was dort geschah, das konnte Edith nicht wissen.

Aber sie wird es erfahren haben, als sie selbst auf einen Transport ging, nach Theresienstadt und von dort nach Auschwitz. Da wird sie begriffen haben, daß ihre Mutter Olga längst tot war. Edith hätte im Frühjahr 1945 keinen Grund gehabt, nach Berlin zurückzukommen.

Vielleicht lebt sie noch.

Vielleicht ist es wahr, was nach dem Krieg ein aus Theresienstadt zurückgekehrtes Mädchen Robert gesagt haben soll. Daß Edith sich in Theresienstadt freiwillig für den Transport gemeldet hat, weil sie mit einem Mann zusammenbleiben wollte, den sie dort kennengelernt hatte. Vielleicht hat dieser Mann überlebt. Vielleicht hat Edith überlebt. Vielleicht sind sie beide irgendwohin gegangen, und sie lebt noch irgendwo, hat Kinder, Enkel ...

Das schreibe ich, und dabei rechne ich, und plötzlich wird mir klar: In wenigen Wochen ist ihr achtzigster Geburtstag. Edith wurde am 8. Februar 1922 geboren.

Roberts achtzigsten Geburtstag habe ich mitgefeiert.

Ediths achtzigsten Geburtstag wird es nicht geben. Ich weiß es. Obwohl ... Hatte der Transport *Er* vom 16. Oktober 1944 aus Theresienstadt nach Auschwitz nicht 117 Überlebende? 1500 Häftlinge gingen auf Transport, 117 überlebten. Erst vier Tage zuvor war ein anderer Transport aus Theresienstadt nach Auschwitz gegangen, seine Bezeichnung war *Eq*. 1500 Menschen umfaßte auch er, und 78 überlebten. Am 19. Oktober, drei Tage nach Ediths Transport, kamen wieder 1500 Menschen aus Theresienstadt in Auschwitz an, der Transport *Es*, von dem 53 Häftlinge überlebten. In der Statistik steht, das sind 3,53 Prozent. Wenn aus Ediths *Er* genanntem Transport 117 Menschen überlebten, dann sind das 7,8 Prozent. Also hatte sie eine doppelt so hohe Überlebenschance wie die aus den Transporten vor oder nach ihr.

Was schreibe ich da? Was hatte sie für eine Überlebenschance? Was soll die Statistik? Und doch, zwanghaft greife ich wieder nach den längst veröffentlichten Zahlen seriöser Wissenschaftler, als könnten sie etwas erklären oder beweisen. Nach dem Kalendarium von Auschwitz kam Ediths Transport am 18. Oktober 1944 an. Zwei Tage war er unterwegs gewesen. Im Kalendarium heißt es über den Transport *Er*: »Nach der Selektion werden die Jungen und Gesunden in das Durchgangslager eingewiesen, darunter 157 Frauen.«

Edith war jung, vielleicht war sie noch gesund. Vielleicht gehörte sie zu den 157 Frauen. Aber H. G. Adler, der Chronist von Theresienstadt, wußte, daß nur 110 Frauen das

Durchgangslager überlebten. Warum 110, haben nicht nach der Statistik von 1995 117 aus dem Transport *Er* überlebt? Konnten denn sieben bereits Selektierte überlebt haben? Zahlen, Zahlen, es kommt mir obszön vor, diese Zahlen hin und her zu drehen, als hätten sie mit der Frau auf dem Foto zu tun. Aber vor mir liegt die Kopie einer Seite der Transportliste Er aus Theresienstadt, unter der Nummer 653 steht Edith Sara Fraenkel.

Im Kalendarium heißt es weiter: »Die übrigen Menschen wurden in der Gaskammer des Krematoriums III getötet.« Sie wird ihren 80. Geburtstag in der nächsten Woche nicht feiern. Vielleicht werde ich der einzige Mensch sein, der an diesem Tag an sie denkt. Ich werde ihre Geschichte aufschreiben.

Doch, einen Menschen gibt es, der vielleicht an Edith denken wird an ihrem 80. Geburtstag. Lida. Ediths Geschichte ist nicht zu erzählen ohne Robert Mohns Geschichte, nicht ohne Lidas. Aber Lida, die ich erst in den Wochen vor Roberts Tod kennengelernt hatte, eine zarte, kleine alte Frau, die sich auf seinem Sofa im Wohnzimmer einquartiert hatte, die gekommen war, um den Sterbenden zu pflegen, Lida hat mir bald nach seiner Beisetzung gesagt: »Das alles ist jetzt abgeschlossen. Das ist eine Vergangenheit, die man nicht aufrühren soll.«

Doch Robert hatte gewollt, daß ich Ediths Geschichte erzähle. Er wußte, daß die Vergangenheit nicht abgeschlossen ist, er selbst hat schmerzhaft gespürt, wie wenig abgeschlossen das alles war.

Aber ich werde Roberts richtigen Namen hier nicht nennen und auch Lidas nicht, weil Lida es nicht will. Aber Edith Fraenkels Geschichte werde ich erzählen, so genau, wie ich es vermag. Und all die Namen ihrer Gefährten werde ich nennen, denn Ediths Geschichte ist mit ihrem Leben und ihrem Tod verknüpft. Ediths Geschichte läßt sich nicht erzählen, ohne über den Widerstandskreis um Herbert Baum zu berichten.

Namen auf dem schwarzen Stein

Die Baum-Gruppe. Diesen Begriff kenne ich seit meiner Kindheit. Da, wo ich aufwuchs, und in der Schule wurden manche Namen ganz selbstverständlich ausgesprochen: Ernst Thälmann. Käthe Niederkirchner. Saefkow-Gruppe. Irgendwie verschmolzen sie für mich mit denen der Helden aus den sowjetischen Büchern: Pawel Kortschagin, Soja Kosmodemjanskaja, Gardeschütze Matrossow. Und zu denen gehörte wohl auch der Name Herbert Baum. Ich war vielleicht zehn, als eine alte Freundin meiner Eltern, sie hieß Friedel Kantorowicz, mir ein Buch von Stephan Hermlin schenkte: »Die erste Reihe«. Ob ich das Kapitel über die Gruppe Baum gelesen hätte, fragte sie mich beim nächsten Besuch und sagte, zu meinen Eltern gewandt, ich müsse erfahren, daß es eine jüdische Widerstandsbewegung gab. Ich hatte das Kapitel über Mitglieder von Baums Gruppe gelesen und verstanden, daß sie Juden gewesen waren, die 1942, mitten im Krieg, eine Hetzausstellung gegen die Sowjetunion in Brand gesetzt hatten. In den Filmen meiner Kindheit hatten die Widerstandskämpfer klare, schöne Gesichter, sie starben unbeugsam und riefen im Angesicht des Todes Losungen: »Hoch lebe Stalin!« oder »Thälmann, Rot-Front!« oder »Ich sterbe – der Sozialismus lebt!« Über die Baum-Gruppe gab es keinen Film, aber ungefähr so stellte ich sie mir vor. In Hermlins Buch stand: »Die Namen der Mörder sind vergessen. Die ihren leben.«

Aber die Namen lebten nicht. Es blieben Namen für mich, nichts weiter. Auf einem hohen schwarzen Grabstein fand ich sie wieder, gleich hinter dem Eingang zum Jüdischen Friedhof in Berlin-Weißensee, dem größten jüdischen Friedhof Europas. Hier war der Begräbnisplatz von Herbert

Baum, die Namen seiner Freunde stehen zwar auf dem Stein, doch sie haben kein Grab, nur diesen Gedenkstein.

Diesen schwarzen Stein mit den Namen schaute ich lange an, und etwas daran berührte mich. Als ich neunzehn Jahre alt war, fiel mir auf, daß eine Alice Hirsch auch erst neunzehn gewesen war, als sie starb. Als ich das nächste Mal auf den Friedhof kam, war ich schon einundzwanzig, älter als Alice geworden ist, älter als eine Lotte Rotholz, älter als Hilde Loewy, die nur zwanzig Jahre alt wurden. Ich war so alt wie Edith Fraenkel, wie Heinz Rothholz, wie Helmut Neumann, Marianne Joachim, Heinz Joachim … Ich war schwanger, und in jähem Begreifen spürte ich einen Schmerz.

Als im Militärverlag der Deutschen Demokratischen Republik ein Buch erschien, das dieser Widerstandsgruppe gewidmet war, kaufte ich es. Da ging es um die illegale Unterbezirksleitung des Kommunistischen Jugendverbands, antifaschistische Volksfrontpolitik, unverbrüchliche Treue zur Partei, Betriebszellen und Kuriere, es ging um den Brandanschlag, und auch die Namen von dem schwarzen Grabstein kamen vor. Aber die Menschen blieben schemenhaft. Einige Zitate aus Briefen und Kassibern waren wie ein Spalt in einem dichten Vorhang, durch den man das Verborgene sieht, wenn man dicht genug herangeht. Ich dachte, man müßte den Vorhang von Schlagwörtern nur wegziehen und könnte die Menschen erkennen.

Herbert Baum war einmal auf einer Briefmarke zu sehen, ein winziger Kopf. Ein Freund, der seinen, wie es hieß, Ehrendienst in der Volksarmee absolvierte, schrieb mir aus der Herbert-Baum-Kaserne. An Jahrestagen des Brandanschlags gab es »eindrucksvolle Bekenntnisse zum sozialistischen Vaterland und zur deutsch-sowjetischen Freundschaft« vor der Neuen Wache Unter den Linden, über die die Zeitungen berichteten, und einmal war ich selbst dabei. Es gab Kampfappelle zur Erinnerung an »die mutige Aktion der antifaschistischen Widerstandsgruppe Herbert

Baum« vor einem kleinen Denkmal im Lustgarten, das 1981 errichtet wurde. Über Marianne und Herbert Baum, die ein Ehepaar gewesen waren, erschienen seit den sechziger Jahren manchmal Zeitungsartikel, die konnte ich nicht zu Ende lesen, deren Sprache paßte nicht zu dem schwarzen Gedenkstein in Weißensee. Da stand viel über die unverbrüchliche Treue der Jungkommunisten zur Sowjetunion, über den heroischen Kampf der Partei, über sie selbst oft nicht einmal, daß sie Juden waren.

In dem Buch über die Baum-Gruppe war auch Edith Fraenkel erwähnt, es hieß, über sie wären »nur äußerst spärliche Angaben erreichbar«. Ich las jede Anmerkung und fand auch die, in der der Name des mutmaßlichen Verräters genannt war: Joachim Franke. Auch er wurde hingerichtet, sein Name steht nicht auf der Stele. Im Vorwort von 1977 wurde die Baum-Gruppe ausdrücklich als »kämpfende Gruppe unseres ruhmreichen kommunistischen Jugendverbands« bezeichnet. Man verwahrte sich gegen den Versuch, »besonders in der BRD und in Israel«, »die Legende von einer besonderen, spezifisch jüdischen Widerstandsbewegung zu verbreiten«.

Dieses Vorwort war von »Überlebenden der Widerstandsgruppe« unterschrieben. Eine von ihnen hieß Ilse Stillmann.

Die vergessene Akte

In der weißen Aktenmappe lag ein rötlicher Pappdeckel, eine Art Schnellhefter, die Personalakte der Zuchthausgefangenen Fraenkel, Edith Sara, Gefangenenbuchnummer 761/42, Frauenzuchthaus Cottbus.*

Warum ich die bestellt hatte, weiß ich nicht mehr. Es war kurz nach der Öffnung der Archive, die jahrzehntelang verschlossen gewesen waren. Mit einer Freundin bereitete ich eine Ausstellung über den Widerstand gegen den Nationalsozialismus im Berliner Stadtbezirk Prenzlauer Berg vor. Wir befragten die noch lebenden Zeugen des Widerstands, stießen auf Namen, die wir noch nie gehört hatten, auf Geschichten, die tragischer, vielschichtiger, auch verwirrender waren als die uns bekannten. Jahrzehntelanges Schweigen schien aufgehoben, aber plötzlich wollten manche Gesprächspartner sich nicht mehr erinnern, vielleicht weil sie fürchteten, das bislang Unausgesprochene sei nun, nach dem Ende der DDR, nach dem Zusammenbruch der Sowjetunion, erst recht nicht mehr zu verstehen. Manche hielten ihr Schweigen, an dem sie doch gelitten hatten, für den letzten Beweis von Treue gegenüber einer verratenen Idee. Andere kamen von selbst zu uns, redeten, zeigten Dokumente, waren froh, endlich ihre eigene Geschichte erzählen zu können. Monatelang lasen wir in Archiven die geheimen Berichte aus dem Widerstand und spätere Darstellungen, unveröffentlichte Erinnerungen, Untersuchungsprotokolle und bruchstückhaft erhaltene Akten der Gestapo und der nationalsozialistischen Justiz. In den Zuchthausakten suchte ich wahrscheinlich die Spur einer der Frauen, über die wir unsere Ausstellung vorbereiteten.

* Quellennachweis Seiten 445–451.

Aber nun lag diese Akte vor mir, ich blätterte darin und sah, daß es hier um Edith Fraenkel ging, deren Namen ich von der schwarzen Stele in Weißensee kannte, um das Mädchen aus der Baum-Gruppe, zu dem »nur äußerst spärliche Angaben erreichbar« gewesen waren.

Am 8. Januar 1943 um 10. 26 Uhr wurde sie in Cottbus eingeliefert. Ihre Straftat hieß: Vorbereitung zum Hochverrat. Das Ende der Strafzeit, so stand es auf der ersten Seite der Zuchthausakte, würde am 10. 9. 1947 sein. Jemand hatte das verbessert: 9. 9. 1947, 18 Uhr.

Ihre Mutter Olga Sara war »n. O. verzogen«. Das hieß wohl: nach Osten verzogen. Der Verlobte der Eingelieferten, so stand es dort, hieß Robert Mohn, er wohnte in Berlin W 15, Lietzenburger Straße 17, bei Lau.

Eine Zuchthausangestellte mit Namen Thiede hatte am 13. Januar 1943 ein Aufnahmeprotokoll aufgenommen.

Edith Fraenkel, deren Name mir schon so lange bekannt war, ohne daß ich hinter ihm ein Gesicht finden konnte, war nicht spurlos verschwunden. Hier, in diesem Archiv, aus dieser vergilbten, verstaubten Akte kam sie mir entgegen. Gleichzeitig wußte ich, daß es eine Akte der Gestapo, der Justiz und der Zuchthauswärter war, sie spricht nicht Ediths eigene Sprache. Aber ich versuchte, mir Ediths Bild aus all diesen Vordrucken und gestempelten Formularen zusammenzusetzen. Das Einlieferungsprotokoll bestand aus mehreren Fragebögen, auf denen die gewünschten Auskünfte angekreuzt waren. Daraus ging hervor:

Die Strafgefangene Edith Fraenkel, zwanzig Jahre alt, hatte kein unversorgtes Kind.

Sie überstand bereits Masern, Röteln, Keuchhusten, Windpocken, Ziegenpeter und eine chronische Mandelentzündung.

Bei der Einlieferung litt sie an Bronchitis.

Ihr Arbeitsbuch von den Siemens-Schuckert-Werken verwies auf ihre letzte Adresse in Berlin, in der Pfalzburger Straße 86.

Sie war für Einzelhaft geeignet.

Arbeitsfähig. Sogar moorarbeitsfähig.

Sie war 1,68 m groß, von kräftiger Gestalt, hatte dunkelblondes Haar und ein ovales Gesicht. Ihre Augen waren graublau, die Augenbrauen bogenförmig. Die Nase klein, Ohren, Mund unauffällig, die Zähne vollständig. Ihr Gang war aufrecht.

Bekleidet war sie bei der Einlieferung mit einem braunen Mantel und braunen, schadhaften Strümpfen. Mit schwarzen, kaputten Schuhen.

Diese Schuhe und diese Strümpfe muß sie schon monatelang getragen haben. In der Akte stand, daß sie schon seit dem 8. Juli 1942 in Haft war, zuerst im Berliner Polizeigefängnis, dann im Gerichtsgefängnis Charlottenburg. Einige der Unterlagen von dort waren auch in Ediths Cottbuser Akte gelangt. Ich fand die Sprechzettel, die nach jedem Besuch wieder abgegeben werden mußten. Ihr Verlobter Robert Mohn und ihre Mutter Olga hatten sie im September im Gerichtsgefängnis besucht. Robert Mohn durfte sie dann noch am 19. Oktober, am 2. und am 27. November sprechen, die Mutter am 8. Oktober. Da war Olga Fraenkel also noch nicht »n. O. verzogen«.

Am 10. Dezember 1942, morgens um 9 Uhr, fand vor dem Volksgerichtshof in der Bellevuestraße 15 die Verhandlung statt, in der Edith und elf ihrer Kameraden verurteilt wurden. Es war die »Strafsache gegen den Hilfsmechaniker Heinz Israel Rothholz und andere«, verhandelt vor dem 2. Senat, der zweite von ingesamt drei Prozessen, in denen über den Anschlag auf die Ausstellung »Das Sowjetparadies« verhandelt wurde. In Ediths Akte lag eine Kopie der Urteilsverkündung. Ich las sie und stieß auf Namen, die ich auf dem schwarzen Stein gelesen hatte:

Heinz Rothholz. Heinz Birnbaum. Hella Hirsch. Hanni Meyer. Marianne Joachim. Lothar Salinger. Helmut Neumann. Hildegard Loewy. Siegbert Rotholz.

Sie waren zwischen 19 und 23 Jahren alt. Sie alle wurden

zum Tode verurteilt. Nur drei der jungen Angeklagten aus diesem Prozeß erhielten Zuchthausstrafen. Edith fünf Jahre, Alice Hirsch und Lotte Rotholz, beide 19 Jahre alt, acht und drei Jahre. »Wegen Nichtanzeige eines Vorhabens des Hochverrats«, stand in der Urteilsbegründung für Edith.

Ich blätterte weiter in der Akte und fand ihren Lebenslauf, am 13. Dezember, drei Tage nach dem Prozeß, für diese Akte von ihr selbst auf ein Formular geschrieben. Es ist ein kurzer Lebenslauf, geschrieben mit Tinte in einer klaren, mädchenhaften Schrift ohne Schnörkel. Der Federhalter scheint nicht gut gewesen zu sein, es war wohl nicht ihr eigener, sondern der ihr von den Wärtern oder der Gestapo für das Beschreiben des Formulars zugewiesen. Sie mußte ihn öfter eintauchen, man sieht es an den Buchstaben.

Ich erfuhr daraus, daß sie zehn Jahre lang die private Rudolf-Steiner-Schule besucht hatte, dann in einem Geschäft für Mäntel und Kostüme gearbeitet und einen Kurs für Modezeichnen und Zuschneiden besucht hatte. Seit dem Mai 1940 hatte das Arbeitsamt sie zu der Firma Siemens & Schuckert, ElMo-Werk in Spandau, geschickt, wo sie bis zu ihrer Verhaftung arbeitete.

Dort, bei Siemens, in der sogenannten Judenabteilung 133, waren auch Herbert und Marianne Baum als Zwangsarbeiter eingesetzt, das war bekannt. Ob Edith sie dort kennengelernt hatte?

Auf Blatt 18 in Ediths Zuchthausakte stand ein Vermerk über ein »Hausstrafverfahren«. Am 16. Februar hatte sie in der Freistunde geredet. Sie gab es zu und wurde verwarnt. Hatte sie mit ihrer Mitangeklagten Lotte Rotholz gesprochen? Mit Alice Hirsch? Die waren mit ihr nach Cottbus gekommen, wahrscheinlich im selben Sammeltransport, wie aus einem Schreiben des Reichsanwalts Dr. Barnickel hervorging.

Der Charlottenburger Gefängnisarzt bescheinigte am 6. Januar 1943, die Strafgefangene Fraenkel sei frei von Hautkrankheiten und Ungeziefer, transport- und arbeitsfähig.

Da war sie längst in Cottbus, die ärztliche Bescheinigung über die Transportfähigkeit war nur eine Formsache. In Edith Fraenkels Zuchthausakte lagen Anträge des Verlobten Robert Mohn, der mehrmals versuchte, in Cottbus eine Sprecherlaubnis zu bekommen. Ein Oberwachtmeister Krause teilte ihm mit, daß das erst nach sechs Monaten möglich sei. Endlich erhielt Robert Mohn die Erlaubnis, sie am Sonntag, dem 4. Juli 1943, um 10 Uhr für eine Viertelstunde zu sprechen. »Im Sprechzimmer der Anstalt unter Aufsicht eines Beamten«. Er dürfe kein Essen mitbringen.

Er war aus Berlin nach Cottbus gekommen, er hatte sie besucht, der abgezeichnete Sprechzettel in der Akte beweist es.

Am 8. September wandte sich Ediths Verlobter an den Vorstand des Zuchthauses, weil er Ediths Unterschrift benötigte für eine Vollmacht, die ihr Abstammungsverfahren betraf.

Abstammungsverfahren?

In Ediths Lebenslauf aus der Akte las ich, sie sei die Tochter der Olga Fraenkel, geborene Marx, und des Kaufmanns Leo Fraenkel. Aber der sei nicht ihr richtiger Vater, sie habe 1940 erfahren, daß ihr Erzeuger ein »Arier namens O. Racker« gewesen sei.

Aus anderen Lebensgeschichten wußte ich, daß, nachdem die Nürnberger Gesetze galten, ungewöhnlich viele Frauen, deren Männer Juden waren, einen Ehebruch behaupteten. Zumindest für die Dauer des »Abstammungsverfahrens«, das ein »Erbbiologisches Rasseamt« nach scheinwissenschaftlichen Kriterien durchführte, galt das Kind dann nicht als »volljüdisch«.

Olga Fraenkel war selbst Jüdin, in Ediths Akte ist sie mit dem Zwangsnamen Sara angeführt. Edith aber wäre, hätte man diesen »Arier« O. Racker als ihren Vater anerkannt, nur »Mischling I. Grades« gewesen. Das hätte Hafterleichterungen bewirkt, ihr vielleicht das Leben gerettet. Es war abzusehen, daß auch die Zuchthaushäftlinge nicht verschont werden

16

würden von den Deportationen »n. O.«. Offenbar hat Robert Mohn versucht, ein »Ehelichkeitsanfechtungsverfahren« beim Landgericht durchzusetzen, um die Bearbeitung durch dieses Rasseamt zu beschleunigen. Wahrscheinlich hatte er das schon versucht, als Edith noch in Berlin war, denn bereits am 29. Januar hatte der Oberreichsanwalt nach Cottbus geschrieben, Edith sei nicht Volljüdin, sondern Mischling I. Grades. Am 4. Februar 1943 nahm er das zurück und teilte mit diabolischer Korrektheit mit, daß die »Ermittlungen bezüglich der Feststellung, ob die Verurteilte Mischling I. Grades ist, noch nicht abgeschlossen sind«.

Robert Mohn unterschrieb seine Bittbriefe an die Zuchthausleitung mit »Heil Hitler!« Aber es nützte nichts, seit dem 1. Juli 1943 hatten Juden kein Recht mehr, die deutsche Justiz in Anspruch zu nehmen. Das »Ehelichkeitsanfechtungsverfahren« fand nicht statt, auch die Mühe, Ediths wirklichen Vater zu bestimmen, wird sich keine Behörde mehr gemacht haben. Sie galt als Jüdin, und das Frauenzuchthaus Cottbus entledigte sich ihrer wie aller jüdischen Strafgefangenen. Am 12. Oktober 1943 wurde Edith Fraenkel von der Justiz wieder der Gestapo überstellt, dem »Sammellager Bln. N 4 übergeben«, mit ihr ihre Gefährtinnen Alice Hirsch und Lotte Rotholz.

Das berüchtigte Sammellager war das ehemalige jüdische Altersheim in der Großen Hamburger Straße in Berlin-Mitte. Von dort gingen die Transporte weiter in die Vernichtungslager.

Die Notiz über Ediths »Übergabe« ist die letzte Eintragung in ihrer Zuchthausakte, die offenbar jahrzehntelang im Archiv der SED unbeachtet gelegen hatte. Einige Blätter, die zu dieser Akte gehörten, fand ich später unter anderer Signatur und dem Stempel: IfGA, Institut für Geschichte der Arbeiterbewegung. Ediths Geschichte wie die der anderen aus dem Kreis um Herbert Baum galt als ein Teil der Geschichte der Arbeiterbewegung, die Deutungshoheit über diese Geschichte behielten die Parteihistoriker sich selbst vor. Erinnerungsberichte, Dokumente wie diese Akte galten als vertraulich und wurden unter Verschluß gehalten. Vielleicht wurde sie auch nur vergessen, denn auch die Autorin des einzigen Buches über die Baum-Gruppe, selbst Mitarbeiterin an diesem Institut, scheint sie nicht gekannt zu haben.

Oder paßte Edith nicht in das Bild der »klassenbewußten jungen Revolutionäre«, als die die Ermordeten aus der Baum-Gruppe angesehen wurden?

Edith durfte, nachdem sie ein halbes Jahr im Zuchthaus war, alle sechs Wochen einen Brief schreiben. Auf dem Blatt 26 in ihrer Akte wurde notiert, daß sie über dieses Recht belehrt wurde. Und dann, eine Seite später, fand ich ein Schriftstück, das wirklich von Edith kam, das nicht für diese Akte geschrieben war, sondern für einen Menschen. Das Blatt 27 in Edith Fraenkels Zuchthausakte war ein von ihr geschriebener Brief, wahrscheinlich der erste, vielleicht der einzige, den sie aus Cottbus schreiben konnte.

Er ist vom 5. September 1943 datiert und an Robert Mohn gerichtet. Natürlich wußte sie, daß fremde Augen ihn lesen würden, aber doch schrieb sie ihn an ihren Geliebten. Sie mußte ein Formblatt benutzen und im Kopf die Religion angeben. Sie schrieb: evangelisch. Auch das Sara hinter ihrem Namen ließ sie weg. Offenbar hoffte sie noch immer, als »Mischling« anerkannt zu werden.

Möglicherweise war das allein schon Grund genug, den Brief zurückzuhalten. Aber auf einer der nächsten Seiten ihrer Akte war vermerkt, daß dieser Brief wegen »unerwünschter politischer Erörterungen« nicht weitergeleitet wurde.

Da blieb er nun in der Akte, kam mit der Akte ins Parteiarchiv, lag dort Jahre, fast doppelt so viele, wie Edith Fraenkel gelebt hat. Sie schrieb:

»Mein geliebter Robby! Ja, Du hast recht, daß ich erstaunt war, Deinen letzten Brief aus Litzmannstadt zu erhalten, obwohl ich zwar gehofft und angenommen hatte, daß auch Du Berlin verläßt. Es macht mir nur etwas Sorgen, daß ich aus dem letzten Brief den Eindruck habe, daß Du Dein mir nach dem Termin gegebenes Versprechen vielleicht doch nicht gehalten hast. Du hast mir auch niemals meine Fragen daraufhin beantwortet. Bitte tue es jetzt. So, weil wir nun einmal bei den Fragen sowieso sind: Wie ist es im General-gouvernement? Stimmung, Ernährungslage u.s.w. Robby-lein erkundige Dich bitte mal, es ist jetzt ein neues Gesetz herausgekommen, daß Juden keine Termine mehr haben. Ich weiß aber nicht, ob sich das nur auf Strafverhandlungen o. auch auf Ziviltermine bezieht. Demnach würde ja mein Abstammungstermin in's Wasser fallen. Warum triffst Du die Tante erst Ende des Jahres? Ich nahm an, daß sie schon bis Sept. o. Okt. alles erledigt hätte. Hat der arme Bruno nun endlich ausgelitten? Wenn schon keine Hoffnung mehr ist, dann soll's dort wenigstens schnell gehen. Ist Genia bei Petra gut angekommen? Robbylein, kannst Du nicht etwas über Theresienstadt erfahren? (Verwaltungsorg. u.s.w.) Es ist mir zu schwer, daß ich nicht's von der armen Mutti hören kann.

Bitte mein Robby, schick mir doch bitte einmal Unterzeug. Schlüpfer und vielleicht noch 1 Paar warme Strümpfe und 1 kl. Schere. Zahnpulver. Es ist ja immer möglich, daß ich hier nicht bleibe und ich habe doch hier nichts weiter als was ich auf dem Leibe hatte. So, mein Liebes, nun genug mit meinen Bitten und Fragen. Mir geht es wie immer gut gesundheitlich und wenn ich hier bleiben kann wird sich das auch nicht än-dern. Meinen Mut aber, das sollst Du wissen, behalte ich, wo ich auch bin, bis zum letzten Atemzug, denn ich habe doch Dich und die arme Mutti, das ist ja schon Verpflichtung. Wer kümmert sich denn bloß um Deine Strümpfe, Wäsche u. An-züge, Robbylein? Ach, wenn man so abends im Bett liegt, dann kommen einem alle diese Fragen u. Bilder und man möchte aufstehen und rausrennen und all das tun, was man sich ausmalt. Aber dann sagt der Verstand wieder: Nein, Du kannst ja nicht, die Türen sind zu. Und Du und die vielen andern und eigentlich alle ihr müßt weiterwarten. Robbylein, wie lange soll diese Menschheitsschande noch dauern? Es ist jetzt der Beginn des 5. Jahres daß sich die Menschheit hinschlachtet. Das Schlimmste ist, daß er einem schon fast zur Gewohnheit geworden ist, der Krieg. Wenn man sich etwas anderes vorstellt, so glaubt man eigentlich nur an eine Utopie. Aber einmal muß sich doch das Göttliche im Menschen wieder durchringen. Überall wo man hinsieht findet man doch anständige gute Menschen, also ist es doch vorhanden. Ich bitte Gott jeden Abend, daß er dem Guten in uns endlich zum Siege verhilft. – Bist Du auch gesund, mein Robbylein? Und hast Du genug zu essen? Meine Sehnsucht nach Dir ist oft unerträglich. Aber ich hoffe weiter!! Grüße bitte alle Lieben u. Alice läßt danken und grüßen und von mir viele viele 1000 Küsse Deine Edith. Haarklemmen + Nadeln habe ich bekommen.«

Lange betrachtete ich Ediths Schrift, las den Brief immer wieder. Nun endlich konnte ich mir ein Gesicht hinter dem Namen von der schwarzen Stele vorstellen, ihre Stimme.

Aber weshalb war dieser Robert in Litzmannstadt? War er dort im Ghetto? War er Jude? Seine Briefe und Anträge trugen nicht den Zusatznamen Israel. Aber durfte ein »Arier« 1943 mit einer Jüdin verlobt sein? Welches Versprechen hatte er ihr nach dem Termin gegeben? Termin nannte sie wahrscheinlich den Prozeß vor dem Volksgerichtshof, der ja öffentlich gewesen war. Vielleicht hatten sie dort noch miteinander sprechen können. Oder sie meinte seinen Besuch vom 4. Juli.

»Warum triffst Du die Tante erst Ende des Jahres?« fragte sie, nachdem sie von ihrer Sorge geschrieben hatte, der »Abstammungstermin« würde »in's Wasser fallen«. Also hatte sie doch von der neuen Verordnung gehört, wußte, in welcher Gefahr sie als »Volljüdin« schwebte. Sie ahnte ja auch, daß sie nicht in Cottbus bleiben würde. Sie wird von den anhaltenden Deportationen gehört haben. Im Juni waren die letzten Mitarbeiter der Reichsvereinigung der Juden und der Jüdischen Gemeinde aus Berlin nach Theresienstadt deportiert worden. Die »Tante« wird der Deckname für jemand gewesen sein, von dem sie Hilfe erhoffte. Vielleicht ein Rechtsanwalt? Bruno, Petra, Genia – auch sie sind keine aus der Baum-Gruppe bekannten Namen. Vielleicht sind es Decknamen. Offenbar handelt es sich um deportierte oder emigrierte Juden. Aber 1943 konnte niemand mehr emigrieren. Ediths Gedanken über den Krieg sind wohl die »unerwünschten politischen Erörterungen«. Alice, die Robert danken läßt, wird Alice Hirsch gewesen sein, die Schwester der hingerichteten Hella Hirsch, die mit Edith Fraenkel und Lotte Rotholz zusammen in Cottbus saß. Vielleicht hatte Robert mit den »Haarklemmen und Haarnadeln« für Edith auch an sie etwas geschickt.

Aber wer war dieser Robert Mohn?

»Das Vermögen ist verwertet.«

Ich suchte im Stadtplan die Lietzenburger Straße und fuhr von Pankow nach Charlottenburg. Es war Anfang der neunziger Jahre noch nicht selbstverständlich für mich, durch diesen Teil meiner Geburtsstadt zu gehen, in dem ich mich nicht auskannte, in dem kein Haus, kein Stein für mich mit Erinnerungen verbunden war. Das Haus Nr. 17 stand da wie eine Festung, abweisend, hochmütig. Ein großbürgerliches Wohnhaus mit prächtigem Eingangsportal, etwa hundert Jahre alt. Hier also hatte er gewohnt, bei Lau. In einem alten Adreßbuch hatte ich gelesen, daß dies der Name einer Pension war. Natürlich gab es sie nicht mehr, auch keinen Robert Mohn. Schließlich waren fünfzig Jahre vergangen, seit Robert Mohn diese Adresse angegeben hatte, womöglich war er gar nicht mehr am Leben. Die Pfalzburger Straße, in der Edith Fraenkel mit ihrer Mutter gewohnt hatte, lag gleich um die Ecke. Aber die Nummern dort hatten sich seit dem Krieg verändert, ich fand das Haus nicht.

Es war ein sogenanntes Judenhaus gewesen. Das erfuhr ich bald darauf aus dem ehemaligen Archiv der Oberfinanzdirektion, in denen ich nach Edith und Olga Fraenkels »Listen« suchte. Denn jeder, der zur Deportation bestimmt war, mußte bis ins kleinste sein Vermögen angeben, das von der Oberfinanzdirektion »zugunsten des Deutschen Reichs« eingezogen wurde. Die Dokumente dieser »Verwertung« in den deutschen Archiven sind oft das einzig Sichtbare, was von einem Leben übrigblieb.

So hielt ich eines Tages die Karteikarte von Ediths Mutter, Olga Fraenkel, in der Hand. Dort stand: Olga Sara Fraenkel. Aber wie auf all diesen Karteikarten der Oberfinanzdirektion hatte nach 1945 eine deutsche Amtsperson das Sara und das

Israel durchgestrichen. Als könnte dieser Bleistiftstrich un-
geschehen machen, was auf der Karteikarte stand:
25. Osttransport vom 14. 12. 1942.

Olga Fraenkel, geschieden, am 1. Oktober 1888 in Mann-
heim als Olga Marx geboren, ist vier Tage, nachdem ihre
Tochter vom Volksgerichtshof verurteilt wurde, deportiert
worden. Der 25. Osttransport ging mit 811 Menschen nach
Auschwitz oder Riga. Die zu dieser Karteikarte gehörende
Akte war nicht auffindbar.

Ich ließ mir die Transportlisten zeigen, die im selben Archiv aufbewahrt werden; die Angaben auf der Karteikarte
waren korrekt. Die Nummer 235 des 25. Osttransports
hieß Olga Fraenkel, 54 Jahre alt, ohne Beruf, arbeitsfähig.

Ihre Arbeitsfähigkeit wird ihr nicht geholfen haben.

Auch auf Edith Fraenkels Karteikarte ist der Zusatzname
Sara durchgestrichen. Immer wenn ich so einen Strich auf
einem amtlichen Papier aus dieser Zeit sehe, stelle ich mir
den Beamten – oder die Beamtin – vor, die auf Befehl der
neuen Dienstherren stunden-, tage-, monatelang Striche
zieht. Weg mit Israel und Sara aus den womöglich eigenhän-
dig angelegten Akten. Gab es damals das Wort Vergangen-
heitsbewältigung schon? Oder wäre dieser Vorgang eher
Schlußstrich zu nennen?

Als Ediths Adresse ist angegeben: Berlin W 15, Pfalzburger Straße 18, bei Arnheim. Aber in den Zuchthausakten
stand die Hausnummer 86.

Auf der Karte ist das Datum von Edith Fraenkels Deportation eingetragen: Sie ging am 15. Oktober 1943 nach Theresienstadt. Also war sie nach ihrer »Übergabe« nur drei
Tage in der Großen Hamburger Straße.

Unter ihrem Namen ist eine dünne Akte vorhanden. Als
erstes findet sich ein »Schätzungsblatt« der Finanzbehörde,
die Ediths hinterlassenes »Inventar« bewerten wollte. Den
Nachlaßjägern blieb die falsche Hausnummer nicht unbe-
merkt. Das war am 17. März 1944, Edith war längst in Theresienstadt. »Nach polizeilicher Auskunft wohnte die Jüdin

nicht Pfalzburger Str. 18, sondern Nr. 86 und ist am 15. 10. 43 nach dem Osten abgeschoben. Der Haushalt ist mit sämtl. Mobilar ausgebrannt.« Also war das »Judenhaus« bei einem der Bombenangriffe getroffen worden. Aber die Vermögensakte von Mutter und Tochter Fraenkel wird weitergeführt. Vom 15. Dezember 1944 datiert ein Schreiben der Vermögensverwertungsstelle:

»1. Das Vermögen ist verwertet.

2. Die Akten werden geschlossen.

3. Vermögens-Kontrollbogen aufstellen zur Statistik.«

Unterschrieben und gestempelt am 21. Dezember 1944. Wer Ohren hatte, konnte schon die russischen Panzer hören.

Auf der Rückseite dieses Blatts findet sich eine Aufstellung, aus der hervorgeht, daß die Einrichtung Olga Fraenkels aus dem gemieteten Zimmer in der Gemeinschaftswohnung, geschätzt am 4. November 1943, also bald nach Ediths Deportation, 320 Reichsmark wert war. Die Miete, die offenbar nach Olgas Abwanderung weitergezahlt wurde, betrug insgesamt 325 Reichsmark. Olga und Edith Fraenkel schuldeten dem Deutschen Reich nach seiner Rechnung also fünf Reichsmark.

In der Akte liegt noch ein Formblatt. Ein Obergerichtsvollzieher mit unleserlicher Unterschrift stellte Edith Fraenkel am 13. Oktober 1943, zwei Tage vor ihrer Deportation, in die Große Hamburger Straße 26, also ins Sammellager Berlin-Mitte, eine Verfügung zu, erlassen von der Gestapo Berlin, unterschrieben von einem Mann namens Dreher, daß ihr gesamtes Vermögen zugunsten des Deutschen Reichs eingezogen sei.

Nur gab es kein Vermögen. So widerwärtig diese Akten sind, sie geben Auskunft über das, was Edith Fraenkel und ihrer Mutter Olga geschah.

Ich suchte dann noch in den Deportationslisten. Die drei Mädchen der Baum-Gruppe, Alice Hirsch, Lotte Rotholz, Edith Fraenkel, waren am 12. Oktober aus Cottbus in die Große Hamburger Straße gebracht worden. Das Todesurteil, das an ihren Freunden, an Lottes Mann Siegbert, an Alices Schwester Hella, schon vollstreckt war, hatte auch sie eingeholt. Am 14. Oktober ging der 44. Osttransport mit 74 Menschen nach Auschwitz. Die Nummer 63 und 64 auf diesem Transport waren Lotte Rotholz, geborene Jastrow, zwanzig Jahre alt, Schneiderin, und Alice Hirsch, zwanzig Jahre, Putzmacherin. Alice hatte in der Linienstraße 220 gewohnt, das war ein proletarisches Mietshaus dicht am Bülowplatz, den die Nazis Horst-Wessel-Platz nannten, das Haus steht nicht mehr. Lotte wohnte in der Kreuzberger Lindenstraße 50. Das ist eine bekannte Adresse, in der Lindenstraße 48/50 gab es seit 1891 eine liberale Synagoge auf einem Hinterhof. Der Kantor und Religionslehrer wohnte im Vorderhaus, er hieß Willy Jastrow und starb 1941. Als Lotte nach Auschwitz deportiert wurde, war die Synagoge längst ein Getreidespeicher.

Edith blieb einen Tag länger im Sammellager Große Hamburger Straße, sie ging mit dem 97. Alterstransport nach Theresienstadt. Das war ein Privileg. Theresienstadt galt als Vergünstigung, auf der Wannseekonferenz war 1942 beschlossen worden, ein besonderes Lager für Alte, Prominente, Kriegsversehrte oder sogenannte Mischlinge zu schaffen.

Edith Sara Fraenkel, die Nummer 29 auf der Liste mit insgesamt 51 Namen, war als Geltungsjüdin eingetragen. So nannte man die Mischlinge, die zur jüdischen Gemeinde gehörten, die zwar nicht »volljüdisch« waren, aber doch keiner Privilegien würdig.

Jedenfalls kam sie nach Theresienstadt und nicht wie Lotte und Alice nach Auschwitz. Heute weiß man, daß die Überlebenschancen in Theresienstadt tatsächlich höher waren als in Auschwitz. 12 Prozent der Häftlinge in Theresienstadt überlebten, bei den Osttransporten war es nur ein Prozent.

Was soll das, immer wieder verliere ich mich in diesen grauenhaften Zahlen, als könnten sie das Unbegreifliche verständlicher machen.

Edith hat nicht zu den 12 Prozent gehört. Für Edith und Tausende andere war Theresienstadt ohnehin nur eine Durchgangsstation in Vernichtungslager wie Auschwitz.

Aber wie wird es Alice Hirsch und Lotte Rotholz gegangen sein, für die es diese zweifelhafte Chance Theresienstadt nicht gab, weil ihre Abstammung, wieder so ein grauenhaftes Wort, nicht in Frage stand. Wie haben sie sich von Edith verabschiedet?

Ich starre auf die Deportationslisten, als könnte ich etwas aus ihnen erfahren. Daß es sie überhaupt gibt, ist dem Ordnungssinn der Behörde der Oberfinanzdirektion zu verdanken, die von allen Deportationslisten Kopien archivierte.

Aber ich erfahre aus dieser Liste nichts. Ob Edith immer noch die kaputten Schuhe trug? Die zerrissenen Strümpfe? Wußte sie, wohin sie kommen würde? In ihrem Brief an Robert Mohn hatte sie nach Theresienstadt gefragt. Bei ihrem Namen auf der Liste steht: Kinderpflegerin. Aber in der Zwangsarbeit war sie Ankerwicklerin. Hat sie den Beruf der Kinderpflegerin angegeben, um besser überleben zu können? Vielleicht war sie gern mit Kindern zusammen. Auch zum 97. Alterstransport gehörten Kinder, das jüngste war erst drei Monate alt. Chana Elkan. Sie wurde mit ihren Eltern deportiert. Der älteste in Ediths Transport war der Schlächter Bernhard Cohn aus der Hochmeisterstraße in Prenzlauer Berg, 78 Jahre alt. Vor ihr auf der Liste stand der Bankdirektor Alex Meyer-Wachsmann, 62 Jahre alt, aus Köln-Ehrenfeld, hinter dessen Namen vermerkt ist: Krankheit. Nach ihr die achtzehnjährige Ursula Schütz aus der Bleibtreustraße 33, ebenfalls Geltungsjüdin. Ja, Theresienstadt war eine Vergünstigung.

Ilse Stillmann

Einer meiner Wohnungsnachbarn in Pankow war Konrad Weiß, ein Filmregisseur. Seine Absolventenarbeit aus den sechziger Jahren hieß »Flammen« und war dem Brandanschlag im Lustgarten durch die Baum-Gruppe gewidmet. 1967 oder 1968 hat er für diesen Film auch zwei Frauen befragt, die, so hieß es, zwar beim Anschlag nicht dabei waren, aber zur Baum-Gruppe gehörten, Ilse Stillmann und Rita Zocher. Rita Zocher, früher hieß sie Meyer, ist als einzige der Widerstandsgruppe aus Auschwitz wiedergekommen. Ilse war bis zum Kriegsende unter falschem Namen in Berlin versteckt.

Der Film zeigte nur vage, was damals geschah. Mehr wußte man eben nicht, die unmittelbar Beteiligten waren tot. Aber Konrad Weiß gab mir 1984 auch die Tonbandrollen mit den Interviews. Die konnte ich auf meinem eigenen Tonbandgerät nicht abhören, es war eine besondere Technik, die es nur im Rundfunk gab. Deshalb dauerte es noch zwei oder drei Jahre, bis ich sie hören konnte, in einem winzigen, schalldichten Abhörraum, allein mit diesen Stimmen.

Ilse Stillmann und Rita Zocher sprachen über die Baum-Gruppe. Sie erzählten, wie sie dazugekommen waren. Ilses Stimme war energisch, sie klang etwas gebieterisch, mir schien, Ilse war nicht immer einverstanden mit dem, was Rita sagte, und korrigierte sie. Im Film hatte ich gesehen, daß sie blond und schlank war, Rita eher klein, rundlich, schwarzhaarig. Beide Frauen waren zur Zeit des Interviews noch nicht alt, Mitte Fünfzig. 1942 aber gehörten sie in ihrem Kreis zu den Älteren, Rita war siebenundzwanzig, Ilse einunddreißig. Rita erzählte, daß sie Herbert Baum und Marianne schon als Elfjährige kennengelernt hatte, in der jüdischen Jugendbewegung. Später traf sie ihn oft in der Wohnung ihres späteren Schwagers Gerd Meyer, der beim Brandanschlag dabei war und hingerichtet wurde wie auch seine Frau Hanni. Sie sangen Lieder, lasen Gedichte von Rilke, hörten Schallplatten von Beethoven, Tschaikowski, lasen gemeinsam Gorkis »Mutter«, auch Engels' »Vom Ursprung der Familie und des Privateigentums«, manche Treffen waren richtige Schulungsabende. An den Wochenenden fuhren sie mit der S-Bahn ins Grüne, oft nach Kummersdorf hinter Königs Wusterhausen. Sie schliefen dort bei einem Bauern in der Scheune.

Rita erzählte, was sie erlebt hatte. Ilse verallgemeinerte. »In der Baum-Gruppe waren ja nicht nur Juden. Die Einstellung der jungen Genossen ging weit hinaus über die Judenfrage. Es ist ein Zufall, daß wir Juden waren. Die Sowjetunion war Vorbild für uns als das einzige sozialistische Land.«

Als Rita erzählte, wie sie mit dem Stern durch die Straßen gehen mußte, bebte ihre Stimme. »Ich kann das gar nicht schildern. Ich hätte schreien können und habe vor Pein und Verlegenheit immer vor mich hin gelächelt und gedacht: Wir werden länger leben, als die Sterne sind.« Sie erzählte, wie Hitlerjungen sie anspuckten und sie, die damals schon Mutter war, das hinnehmen, sich an den Rand stellen und den Rotz abwischen mußte. Sie erzählte von ihrer kleinen Tochter, fünf Jahre alt, von ihrer Angst um dieses Kind, das keine Milch, kein Gemüse bekommen sollte. Sie erzählte nicht, was mit diesem Kind geschehen ist, aber ihre Stimme ließ es ahnen.

Ilse nahm ihr das Wort ab und sprach von Solidarität. Sie berichtete über die Zwangsarbeit, über die Judenabteilung 133 im ElMo-Werk, in der Herbert Baum als Einrichter arbeitete. Er habe eine Anfrage ans Ernährungsamt gerichtet, weshalb den Juden, die 72 Stunden in der Woche arbeiten mußten, die Schwerarbeiterzulage gestrichen wurde. Da hätten sie eine Zeitlang wieder die Zusatzkarten für Schwerarbeiter bekommen. »Wir wollten den jüdischen Kollegen ein Beispiel geben.«

So klang auch ihre Stimme, fest, entschlossen. Rita dagegen begann zu weinen, als sie von der Kochstube in einem Judenhaus erzählte, in der sie damals mit Mann und Kind wohnte. Sie hat nach dem Brandanschlag geflohene Mitglieder der Gruppe in ihrer Kochstube aufgenommen. Am 7. Oktober 1942 wurde sie verhaftet. Im Frauenzuchthaus Cottbus war sie mit drei Mädchen aus der Gruppe zusammen, später wurde sie nach Auschwitz-Birkenau deportiert, zum Schluß noch nach Ravensbrück.

Edith Fraenkels Namen fiel in den Interviews nicht. Erst viel später erfuhr ich aus Ritas Lebensbericht, den mir ihr nach dem Krieg geborener Sohn gab, daß während Ritas Zeit im Zuchthaus Cottbus auch Edith Fraenkel in dieser Judenzelle dort lebte, die eigentlich eine Einzelzelle war. Eine der vier, manchmal fünf Frauen mußte immer auf dem Betonboden schlafen.

Als ich die Tonbänder abhörte, wußte ich noch nichts von Ritas Sohn, damals fragte ich mich nur nach dem kleinen Mädchen, ihrer Tochter. Rita war im August 1982 gestorben, sie konnte ich nichts mehr fragen.

Ilse Stillmann lebte.

Ich kannte Ilses Schwester Edith, die 1932 mit ihrem Mann Nathan Steinberger in die Sowjetunion gegangen war, wo er am Internationalen Agrarinstitut 1935 promovierte. 1937 wurden sie verhaftet, von ihrer zweijährigen Tochter getrennt, unter aberwitzigen Anschuldigungen in Gefängnisse gebracht, ins Lager Kolyma und nach Karaganda verschleppt, dann »auf ewig« nach Magadan verbannt und erst zwei Jahre nach Stalins Tod »rehabilitiert«. 1955 kehrte diese Familie nach Berlin zurück und wohnte zunächst monatelang bei Ilse Stillmann und ihrem Mann in deren Haus. Nie, nicht ein einziges Mal, habe Ilse sie nach ihren Erlebnissen in der Sowjetunion gefragt, wußte ich von Ilses Schwester. Ilse wollte die Gründe für Ediths und Nathans späte Heimkehr nicht wissen. Natürlich wußte sie, was geschehen war. Aber das alles war für Ilse abgetan, und um es zu benennen, genügte ihr ein einziges Wort: Personenkult. Mehr Worte darüber ließ sie nicht zu. Ilses Schwester erzählte mir das nicht erbittert, sondern traurig und verständnislos. Sie und ihr Mann, der in der DDR Hochschulprofessor war, wurden wieder Mitglieder der Jüdischen Gemeinde, sie hatten sich von ihren kommunistischen Überzeugungen nicht getrennt, waren aber zurückgekehrt zu ihren Wurzeln und verschwiegen nicht, was ihnen im Namen der Partei angetan wurde. Ilse blieb Parteikommunistin, ihre jüdische Herkunft empfand sie als unwichtig, die interessierte sie nicht besonders, seit sie mit fünfzehn Jahren aus der Gemeinde ausgetreten war.

Das erzählte sie mir im Januar 1987. Ihr Mann Günter Stillmann war ein Jahr zuvor gestorben, und sie war aus dem Haus in eine kleinere Wohnung umgezogen. Ich hatte ihr geschrieben, sie hatte mich angerufen und gesagt, sie sei bereit, mir etwas über die Baum-Gruppe zu erzählen.

Die Frau, die mir öffnete, hielt eine Zigarette in der Hand. Über der braunen Hose und dem grauen Pullover trug sie einen offenen Dederonkittel, bunt geblümt hing er um ihren schmalen Körper.

Ich wußte, daß sie in der Jablonskistraße im Prenzlauer Berg aufgewachsen war. Als der Erste Weltkrieg zu Ende war, starb Ilses Vater, und die Mutter mit den vier Kindern geriet aus den immer schon bescheidenen Verhältnissen in große Armut. Ilse, damals Ilse Lewin, war ein rebellisches Mädchen, schon als Vierzehnjährige schloß sie sich dem »Schwarzen Haufen« an, einer Absplitterung des Deutsch-Jüdischen Wanderbunds »Kameraden«. Von dort zum Kommunistischen Jugendverband war es nur ein Schritt, den sie mit anderen Freunden 1927 ging, da war sie sechzehn. Sie trat in den Arbeiterschützenverein ein und erwarb, worauf sie lebenslang stolz war, das Woroschilow-Schützenabzeichen.

Wir saßen in ihrem nach dem Umzug noch etwas kahl wirkenden Wohnzimmer an einem Tisch, auf dem sie eine Zeitung mit ausgefülltem Kreuzworträtsel, Bücherstapel und den Aschenbecher beiseite schob, um Platz für die Teetassen zu schaffen. In den Büchern lagen Zettel mit Anmerkungen, einige waren zur Schonung in Zeitungspapier eingeschlagen, andere in grüne Plastehüllen, wie sie Kinder für Schulbücher verwenden. Obenauf lagen Stücke von Bertolt Brecht und ein eben erschienenes Buch von Ilja Ehrenburg. Ilse kannte Artikel von mir aus der »Weltbühne«, deshalb war sie auch sofort zu einem Treffen bereit gewesen, sie duzte mich gleich und begann bereitwillig und ohne meine Fragen abzuwarten zu erzählen. Der Tee in ihrer Tasse wurde kalt, weil sie sich von ihrer eigenen Begeisterung hinreißen ließ, als sie von den Wanderungen und Diskussionen beim »Schwarzen Haufen« sprach, von ihren Freunden Siegbert Kahn und Rudi Arndt, die Ilse für den Kommunistischen Jugendverband »gekeilt« hatten.

Rudi kannte Ilse schon seit der Schulzeit. Er war nur zwei Jahre älter als sie und der Sohn ihres verhaßten Physiklehrers Isidor Arndt an der Jüdischen Schule in der Kaiserstraße, aber Rudi war zum Kummer dieses Vaters von ganz anderer Art als der konservative Schulmeister. Die Arndts wohnten damals in der Gubitzstraße in Prenzlauer Berg, nicht weit von Lewins. Der alte Arndt sorgte dafür, daß Ilse wegen »revolutionärer Umtriebe« vorzeitig aus der Schule flog. Daß sein Sohn Mitglied der Bezirksleitung des Kommunistischen Jugendverbands wurde, konnte er nicht verhindern. Schon Ostern 1931 wurde Rudi Arndt zu Festungshaft verurteilt. Im Juni 1933 wurde er Mitglied des Zentralkomitees des schon illegalen Jugendverbands und kam im Oktober erneut in Haft.

Ilse nannte seinen Namen in unserem Gespräch immer wieder, aber auch die anderer Genossen, die ihr lebenslange Gefährten wurden: Sieke Kahn und seine Frau Rosa, ihr späterer Mann Günter Stillmann, Trulla Wiehr, Lothar Cohn, der ein Bruder von Marianne Baum war.

Ich fragte nach Herbert und Marianne. Zu meiner Überraschung erklärte Ilse kurz, gar kein Mitglied der Baum-Gruppe gewesen zu sein. Sie kannte Herbert und Marianne, schon durch Lothar Cohn. Bei Siemens sei sie dann wieder mit ihnen zusammengekommen. Das sei alles.

Ich muß sehr verständnislos geguckt haben, denn sie erzählte von selbst weiter. Damals hieß sie Ilse Haak, weil sie 1933 eine kurze Scheinehe eingegangen war, um ihren Namen Lewin loszuwerden. Das habe ihr natürlich nichts genützt, sie mußte wie alle Juden den Stern tragen und sich zur Zwangsarbeit vermitteln lassen. Sie hatte vorher in verschiedenen Büros gearbeitet, diese Stellen dann als Jüdin verloren und war schließlich zum Palästinaamt gegangen, zur Jüdischen Jugendhilfe, wo sie Vorbereitungslager für Palästina organisierte. Im September 1940 wurde auch sie zur Zwangsarbeit eingeteilt. Sie wollte zu Siemens ins ElMo-Werk, in diese Judenabteilung 133, weil sie wußte, da sind die Baums, das sind Genossen. Sie ahnte, daß hinter Herbert und Marianne ein ganzer Kreis von jungen Leuten stand. In der Judenabteilung bei Siemens waren noch Heinz Rothholz, Gerd Meyer und Edith Fraenkel, die zu Baum gehörten. In einer anderen Abteilung, das erfuhr Ilse aber erst später, auch Heinz Joachim. Einmal war sie in Baums Wohnung, ein einziges Mal, danach hielt sie sich fern. Sie hatte ihre eigenen Genossen, die waren ziemlich besorgt wegen Baums Leichtsinn, sogar Lothar Cohn, den sie LoCo nannten, stand dem Widerstandskreis seines Schwagers ablehnend gegenüber. Sie könne mir deshalb auch gar nichts Genaues über die Baum-Gruppe erzählen, schon gar nicht über den Brandanschlag, der ja eine große Dummheit gewesen sei.

Warum sie denn aber als Überlebende der Widerstandsgruppe auftrete, sogar dieses Vorwort unterschrieben habe, fragte ich erstaunt. Sie winkte ab. Das hätten die Genossen so festgelegt. Und das sei doch auch richtig, man müsse den Auffassungen aus dem Westen entgegentreten, durch die die Baum-Gruppe ganz falsch eingeordnet würde, womöglich noch von Israel vereinnahmt werden könne. Schließlich waren Baum und Marianne im Kommunistischen Jugendverband, von den anderen wisse sie das nicht, die anderen kannte sie nicht. Nur den Birnbaum, genannt Buber, und seine Freundin Irene Walther habe sie in den dreißiger Jahren schon mal am Ihlandsee in Strausberg gesehen, wo sich Berliner Jungkommunisten trafen. Die beiden waren auch Baum-Leute, das wußte sie aber damals nicht, das erfuhr sie erst, weil ihre Namen unter denen der Hingerichteten waren. Und Richard Holzer, ein Überlebender der Baum-Gruppe, sei ihr schon um 1937 als Kommunist bekannt gewesen. Die anderen Überlebenden der Baum-Gruppe habe sie erst viel später kennengelernt, in der Arbeitsgruppe Herbert Baum beim Komitee der Antifaschistischen Widerstandskämpfer.

Sie selbst sei Angehörige einer anderen illegalen Gruppe gewesen, mit Siegbert und Rosa Kahn, mit ihrem späteren Mann Günter Stillmann, und als die dann emigrieren mußten, hatte sie Kontakt zu der kommunistischen Gruppe um Hans Fruck und LoCo, in der auch ihre Freundin Trulla war. Aber sie hielten sich im Gegensatz zu Baum an die Regeln der konspirativen Arbeit.

Ich fragte sie nach ihrer ersten Begegnung mit Herbert Baum. Das muß um 1931 gewesen sein. Er war, sagte sie, unter den Jungkommunisten in Berlin ziemlich bekannt. Ein bißchen war er wie Rudi Arndt. Herbert war etwas jünger als Rudi, 1931 noch keine zwanzig Jahre alt, sie beide standen dort, wo sie auftauchten, ganz natürlich im Mittelpunkt. Ilse suchte nach einem Foto von Rudi, auf dem er in kurzen Hosen, selbstbewußt, die Hände in die Hüften gestemmt, im Freien stand. Tatsächlich hatten sein schmales Gesicht, das dunkle Haar, die mandelförmigen Augen Ähnlichkeit mit den wenigen Fotos von Herbert Baum, die ich kannte.

Ich fragte nach Martin und Sala Kochmann. Nein, die habe sie nie gesehen. Auch Rita Zocher, die frühere Rita Meyer, und Charlotte Holzer, die frühere Lotte Paech, kenne sie nur aus der DDR.

Ich war verblüfft. Aber sie schien ihre Rolle als Überlebende einer Widerstandsgruppe, von der sie sich doch ferngehalten hatte, ganz in Ordnung zu finden. Einen Moment lang wußte ich nicht, was ich sie noch fragen sollte. In meiner Verwirrung machte ich mir Notizen, schrieb wörtlich auf, was sie gerade sagte: »Illegal leben und politisch arbeiten, schön und gut. Aber dann noch in der Wohnung illegal Lebensmittel schieben und Schwarzmarktgeschäfte. Ich habe auf solche Hilfe verzichtet, fand das nicht richtig. Herbert hat mir auch mal Ausweise von französischen Fremdarbeitern angeboten, das habe ich aus Vorsicht abgelehnt. Als Baums Leute aus der Halle geholt wurden, hat der Gerd Meyer sich noch so zu mir umgedreht, als ob er was sagen wollte. Ich habe zu seiner Frau Hanni Meyer gesagt, sie dürfe zu keinem Kontakt aufnehmen. Die wird sich nicht dran gehalten haben. Sie waren unvorsichtig.«

Während ich diesen Notizzettel betrachte, fünfzehn Jahre nach meinem Besuch bei Ilse Stillmann, dreizehn Jahre nach ihrem Tod, würde ich sie noch so vieles fragen wollen. Damals konnte ich nichts fragen, weil ich nichts wußte. Ich wußte nichts über Hanni Meyer, geborene Lindenberger, erst später erfuhr ich, daß sie im Januar 1942, kurz vor ihrem 21. Geburtstag, den zwei Jahre älteren Gerd Meyer geheiratet hatte, den Bruder von Rita Zochers Mann Herbert. Gerd Meyer war als Werkzeugmacher bei Siemens in derselben Abteilung 133 wie die Baums, wie Ilse, wie Heinz Rothholz. Und Edith Fraenkel. Wie hat Ilse Gerds Frau nach der Verhaftung in der Judenabteilung warnen können? Wo sind sie sich begegnet, wenn Ilse doch gar keinen Kontakt zu Baums Leuten hielt? Ist sie zu ihr nach Hause gegangen? Ist Hanni zu Siemens gekommen, ihren Mann zu suchen? Damals fielen mir diese Fragen nicht ein, heute kann sie mir keiner mehr beantworten.

Edith Fraenkel war ihr in Erinnerung als ein sehr junges, stilles Mädchen, das irgendwie zu Baums Leuten gehörte. Die kleine Fraenkel nannte Ilse sie. Sie sprach während der

Arbeit und in den Pausen oft mit Marianne Baum, auf eine vertraute Art, die Ilse mißfiel. Edith war eine der Ankerwicklerinnen, wie Ilse selbst. Am Schluß kam sie wohl in eine andere Abteilung. Ilse schilderte mir stolz die schwierige Arbeit einer Ankerwicklerin, für die man Geschicklichkeit und technisches Verständnis brauchte. Nach einer Vorlage mußte man Versuchsanker für U-Boote schalten, die waren mit neu entwickelten Werkstoffen isoliert. In der Halle arbeiteten 500 Menschen, es herrschte ohrenbetäubender Lärm von den Maschinen. Morgens mußte man in Gruppen auf dem Hof antreten und bei Wind und Wetter warten, bis die Vorarbeiterinnen, ihre war ein HJ-Mädchen, sie in Gruppen heraufholten. Damals gab es oft nächtliche Bombenangriffe, die jüdischen Zwangsarbeiter waren müde, schlecht ernährt, froren. Oft mußten sie zur Arbeit laufen, weil die S-Bahn stehenblieb, später durften Juden gar keine Verkehrsmittel mehr benutzen. Aber sie durften auch nicht zu spät kommen, weil die Auslieferung zur Deportation drohte. Von den Launen der Vorarbeiter waren die jüdischen Zwangsarbeiter abhängig, die den Stern auch am Arbeitskittel tragen mußten und sich nicht von ihrem Arbeitsplatz rühren sollten. Herbert war Einrichter, der konnte herumgehen. Marianne arbeitete im Nebensaal, sie war da die Leiterin und konnte sich auch bewegen, mit den Frauen sprechen. Ilse sah und hörte manchmal, wie Marianne junge Arbeiterinnen zu irgendwelchen Sachen einlud, Vorträge, Ausflüge, als das schon verboten war, wie sie immer wieder das Gespräch auf politische Zusammenhänge brachte. Und das waren doch keine Genossen, die meisten in der Judenabteilung waren völlig unpolitisch, allenfalls in den jüdischen Jugendbünden gewesen.

Ilse hatte deshalb mehrmals Streit mit den Baums.

Die alte Frau in der bunten Schürze hatte sich so in ihre Erinnerungen vertieft, daß sie mich kaum noch wahrzunehmen schien. Ich war es nicht, der sie das alles erzählte, ich war austauschbar, irgendeine jüngere Genossin. Ilse war jetzt in der Vergangenheit, und für ein paar Stunden war ihr die Abteilung 133 gegenwärtiger als diese ihr ohnehin noch fremde Wohnung im Berlin des Jahres 1987. In ihrem Gesicht spiegelte sich der Ärger über Marianne Baums Unvorsichtigkeit, als sei die nicht schon seit fünfundvierzig Jahren tot.

Ich bat sie, mir von ihrem einzigen Besuch in Baums Wohnung zu erzählen, und sie sagte schnell, das sei nur wegen Rudi Arndt gewesen. Um 1935 saß Rudi im Zuchthaus Brandenburg, gleichzeitig mit Siegbert Kahn. Rosa, Siekes Frau, besuchte ihren Mann viermal im Jahr, wie es erlaubt war, aber die Liebste von Rudi, die rothaarige Trulla, war keine Jüdin und durfte ihn nach den Nürnberger Gesetzen nicht mehr besuchen. Da sprang Ilse ein und gab sich an Trullas Stelle als Verlobte aus. Mehrmals besuchte sie Rudi im Zuchthaus, Trullas Briefe schrieb sie in ihrer eigenen Schrift ab und schickte sie ihm. Rudis Briefe brachte sie Trulla. Ende 1936 hätte Rudi entlassen werden müssen, die Freunde hatten schon eine Schiffskarte für ihn besorgt. Rudi war zu bekannt, er hätte in Deutschland nicht mehr politisch arbeiten können. Nur wurde er nicht entlassen, er kam in Schutzhaft nach Sachsenhausen und Dachau, später nach Buchenwald. Besuche waren nicht mehr möglich, nur selten noch konnte er eine Nachricht an Ilse schicken, die sie weitergab an Trulla. Der Kontakt brach ab.

Bis eines Tages, im Sommer 1940, ein Genosse aus Wien im Palästinaamt erschien, Willi Ernst, der gerade aus Buchenwald entlassen worden war und schon die Papiere für seine Ausreise nach Amerika hatte. Der fragte nach Frau Haak, wie Ilse damals hieß. Aber sie arbeitete nicht mehr dort, sondern war gerade zu Siemens gekommen. Ilse wohnte damals mit ihrer alten Mutter in der Lietzenburger Straße 43 zur Untermiete bei einer jüdischen Familie Freundlich. Zu dieser Wohnung schickten die Kollegen vom Palästinaamt den Willi Ernst, und dort wartete er auf Ilse. Er brachte Nachricht von Rudi Arndt, der in Buchenwald Blockältester einer jüdischen Baracke gewesen war. Lange erzählte der Besucher von Rudi, den er verehrt hatte, der in Buchenwald

die Achtung und das Vertrauen so vieler Kameraden besessen hatte, den sogar die SS respektieren mußte, weil er es
schaffte, in der Lagerhölle so etwas wie Menschenwürde am
Leben zu erhalten. Rudi habe regelrechte marxistische
Kurse abgehalten, erzählte der Wiener. Die SS haßte ihn,
weil sie ihm nichts nachweisen konnte. Im Mai 1940 ließen
sie ihn in die Postenkette laufen. Selbstmord hieß die offi-
zielle Version.

Trulla war damals nicht in Berlin. Ilse wollte, daß die
Freunde vom illegal arbeitenden Kommunistischen Jugendverband, die sie irgendwo hinter Herbert Baum vermutete,
die Wahrheit über Rudi Arndts Tod erführen. Sie sprach mit
Baum, damals war sie erst ganz kurz in der Abteilung. Herbert sagte, Ilse solle an einem der nächsten Abende in seine
Wohnung kommen, sie würde dort ein paar Genossen treffen.

Ilse fuhr am angegebenen Abend in die Stralauer Straße
zu Baums. Damals verhielt man sich schon konspirativ, achtete darauf, ob man verfolgt würde, war vorsichtig. Sie rechnete mit fünf oder sechs Leuten, die sie bei Baums treffen
würde, ausgewählten Genossen. Zu ihrem Entsetzen war die
kleine Wohnung bis auf den letzten Platz mit ihr unbekannten Menschen vollgestopft, die ihr erwartungsvoll entgegen-
blickten, manche Gesichter kamen ihr bekannt vor. Ilse war
zu Tode erschrocken, dann wütend. Sie gab nur sehr allge-
meine Auskünfte über Rudi und sah zu, daß sie bald von
dort wegkam. Bei diesem Besuch sah sie auch Lebensmittel
in der Wohnung, die für Juden längst nicht mehr zu kaufen
waren. Baum muß Schwarzmarktgeschäfte gemacht haben.
Bei Siemens sah sie ihn manchmal mit französischen und
belgischen Zwangsarbeitern zusammen, was auch verboten
war. Danach hatte sie ihren ersten Streit mit Herbert und
Marianne, der aber zu nichts führte. Herbert ließ sich von
ihr nichts sagen. Und er hatte gar keine Kontakte mehr zu
übergeordneten Leitungen, er selbst war die Leitung. Ilse
sprach mit LoCo darüber, auch mit Hans Fruck. Hinter de-

nen, das ahnte sie, stand Walter Husemann, der so etwas wie die illegale Parteiführung verkörperte. Nach dem Krieg erfuhr sie, daß tatsächlich Kontakte von Fruck zu Walter Husemann, Wilhelm Guddorf, John Sieg bestanden, die im Herbst 1942 im Zusammenhang mit der Schulze-Boysen-Gruppe verhaftet wurden. Sieg brachte sich Ende 1942 in der Gestapo-Haft um, Guddorf und Husemann wurden im März 1943 hingerichtet. Für Ilse Stillmann war Hans Fruck die Partei. Der und LoCo hatten ihr zur Zurückhaltung gegenüber Baums Gruppe geraten, sie solle streng im Rahmen der Legalität bleiben.

Und doch kam es noch einmal zu einer Gemeinsamkeit, auch wegen Rudi. Der alte Arndt hatte zunächst auf eine Herausgabe der Urne seines Sohnes verzichtet. Aber Ilse ging als Verlobte zur Jüdischen Gemeinde und forderte nachdrücklich die Urne aus Buchenwald an. Im Oktober kam sie. Isidor Arndt und seine Frau, Rudis Stiefmutter, waren sehr ängstlich, aber nun wollten sie eine ordentliche Beerdigung in Weißensee. Im kleinen Kreis, mit Rabbiner. Ilse aber, trotz aller Vorsicht, benachrichtigte alle noch erreichbaren Genossen, die Rudi gekannt hatten. Lothar Cohn war zu dieser Zeit nicht da, aber seine Eltern kamen und sein Bruder, seine Schwester Marianne, auch Herbert Baum und Baums Jungen aus der Abteilung 133, Richard Holzer und Lotte Paech aus Baums Gruppe. Ilse hatte sich für die Beisetzung ihres Verlobten bei Siemens freigenommen; wie die anderen ihr Fernbleiben von der Schicht begründeten, wußte sie nicht. In Veröffentlichungen hatte ich über diese »machtvolle antifaschistische Kundgebung« gelesen, an der vierzig bis siebzig Leute teilgenommen haben sollen. Ilse sagte mir, sie waren etwa zwanzig Leute auf dem Friedhof, die Hälfte waren Genossen. Der alte Arndt war fassungslos und verschreckt angesichts dieser vielen Leute. Wenigstens in die Erde hatte er seinen verlorenen Sohn in aller Stille bringen wollen. Aber das ließ Ilse nicht zu. Als der Rabbiner seinen »Quatsch«, wie sie fand, absolviert hatte, hielt sie selbst spontan eine kleine Rede. Sie sagte, wer Rudi gewesen sei und daß er ihr und so vielen ein Vorbild bleiben würde.

Trulla konnte erst später benachrichtigt werden.

Ilses Augen leuchteten, als sie über Rudi Arndts Beerdigung sprach und über die gelungene politische Aktion, die, so fand sie, ganz in Rudis Sinn gewesen wäre.

Ich weiß heute, Trulla empfand das anders.

Trulla, die Gertrud Glondajewski heißt, habe ich in den neunziger Jahren besucht, um auch sie nach der Baum-Gruppe zu fragen. Doch sie kannte Herbert nicht, war ihm nie begegnet. Von den am Brandanschlag Beteiligten kannte sie nur Marianne Baum, weil die LoCos Schwester war, und sie kam ihr nicht näher, weil sie ihr immer etwas laut erschienen war. Mit Margot Heymann aus der Fruck-Gruppe, die 1943 in die Verhaftungen der Baum-Gruppe hineingezogen wurde, war sie eng befreundet. Die Einzelheiten, die zu Margots und ihres Mannes Bernhards Verhaftung geführt hatten, kannte Trulla nicht. Sie konnte mir also nichts über die Baum-Gruppe berichten, aber auch sie erzählte viel von Rudi Arndt, dessen nächster Mensch sie zwölf Jahre lang gewesen war, dem all ihre Sehnsucht und Liebe gegolten hatte, über Zuchthausmauern und Stacheldraht, über die Nürnberger Gesetze hinweg. Sie sprach auch milder über den verbohrten alten Isidor Arndt, der die Welt seines Sohnes nie verstand, der sich deutschnational fühlte bis in die Knochen und doch selbst in ein Konzentrationslager kam, nur zwei Jahre nach der Beisetzung seines Sohnes. Mir schien, es schmerzte die inzwischen alte Frau noch immer, daß Ilse damals den Platz der Verlobten einnehmen mußte, ihren Platz. Obwohl sie betonte, wie mutig das von Ilse gewesen sei und wie dankbar sie ihr gewesen war, wenigstens durch sie Briefe von Rudi zu bekommen, ihm schreiben zu können. Aber sie glaubte, Ilse war wohl selbst ein wenig in Rudi verliebt und hatte die Rolle der Verlobten gern angenommen.

Nach dem Krieg war sie hingegangen, sie, Trulla, und hatte Rudi einen Grabstein setzen lassen, »Dein Leben war Kampf«. Aber nicht auf dem Jüdischen Friedhof in Weißensee steht dieser Grabstein, sondern in Friedrichsfelde, auf dem großen Friedhof der Sozialisten. Trulla fand diesen Ort passender für Rudi, der ja aus dem Judentum ausgetreten war.

Mein Tee bei Ilse Stillmann war längst ausgetrunken, ihren hatte sie kaum angerührt. Es dämmerte schon, im Januar wird es früh dunkel. Ich war bereits ein paar Stunden bei Ilse, und noch immer redeten wir. Ilses Aschenbecher war voll. Sie leerte ihn und machte Licht, der Raum wirkte in der Helligkeit noch unpersönlicher als vorher. Daran änderte auch der gerahmte Van-Gogh-Druck an der Wand nichts. Auf ihrem Schreibtisch sah ich ein kleines Bild von Lenin und eines von Günter Stillmann. Aus der Schreibtischschublade holte sie noch mehr Fotos.

Ilse in den dreißiger Jahren: blond, schmal, ein anziehendes, klares Gesicht. In ihrer Windjacke sah sie aus wie eines der Arbeitermädchen aus dem Film »Kuhle Wampe« von 1932. Ich sagte es ihr, und sie lachte. Tatsächlich hatte sie in Slatan Dudows berühmtem Film mitgespielt, eine Statistenrolle. Mit Marta Wolter, der späteren Frau von Walter Husemann, die eine Hauptrolle hatte, war sie befreundet. Die Zeiten gingen etwas durcheinander, als sie aus dem Stapel der vor uns liegenden Fotos dieses oder jenes heraussuchte. Sie zeigte mir das Porträt einer ungewöhnlich schönen, ernsten jungen Frau: Sonja Okun, Ilses Kollegin aus dem Palästinaamt. Nachdem Ilses Mutter Grete Lewin nach Theresienstadt deportiert worden war, wohnten Sonja und Ilse zusammen. Sonja war die Geliebte des Regisseurs Erich Engel gewesen. Sie war klug und begabt mit einer besonderen Fähigkeit, die Herzen der Menschen zu gewinnen. Dr. Paul Eppstein, der zum Vorstand der Jüdischen Gemeinde und der Reichsvereinigung gehörte, war ihr so zugetan, daß er darauf bestand, Sonja im Januar 1943 mit nach Theresienstadt zu nehmen. Sie lebte dort mit ihm und seiner Frau Hedwig in einem Haushalt. Eppstein war in Theresienstadt »Judenältester« und konnte sie schützen, unter diesem Schutz konnte Sonja wieder anderen Leuten helfen, auch Ilses Mutter. In Theresienstadt konnten solche Verbindungen lebensrettend sein.

Das Palästinaamt, in dem Ilse Sonja Okun kennengelernt hatte, organisierte die Ausreise junger Leute nach Palästina. Ilse war durch eine Genossin zu dieser Arbeit gekommen. Eigentlich hatte sie mit den jüdischen Institutionen nichts zu tun und auch eine Auswanderung lange Zeit abgelehnt. Herbert Baum dachte wohl bis zum Novemberpogrom ebenso, sie glaubten, ihr Platz als jüdische Kommunisten sei in Deutschland, im Widerstand.

Günter Stillmann, Ilses Freund aus der Gruppe um Sieke Kahn, war 1937 sogar noch einmal von einer Palästinareise nach Berlin zurückgekehrt. Zwei Jahre darauf mußte er dann doch Hals über Kopf aus Deutschland fliehen, um seiner Verhaftung zuvorzukommen, und erst neun Jahre später kehrte er zurück. Auch Rosa und Siegbert Kahn waren nach Siekes Entlassung aus dem Zuchthaus emigriert.

Als Ilses engste Freunde schon weg waren, wäre auch sie gern ausgereist. Aber wegen eines Exzems am Ellenbogen wurde sie immer wieder zurückgestellt.

Ich fragte weiter nach ihren Erinnerungen an Herbert und Marianne Baum. Ilse zuckte die Achseln. Vor ihrer Zwangsarbeit sei sie Herbert kaum begegnet, sie könne mir wirklich nicht viel sagen. Aber dann sprach sie ausführlich darüber, wie sie gemeinsam mit Herbert bei Siemens so etwas wie Parteiarbeit geleistet habe. Es war wohl das, was sie als Überlebende der Baum-Gruppe den sogenannten Namensträgerkollektiven berichtete.

Sabotage sei eigentlich ganz unmöglich gewesen und hätte das Leben zusätzlich gefährdet. Aber ab und zu gelang es ihr doch, einen Bleistiftstrich von Lamelle zu Lamelle zwischen den Drähten zu ziehen. Dieser Bleistiftstrich konnte bei der

Hochspannungskontrolle nicht entdeckt werden, er ver-
kürzte die Lebensdauer der Anker.

Sie erzählte, wie sie sich für höheren Lohn eingesetzt
hatte. Wie Herbert Baum auf ihre Anregung hin aus der
»arischen« Abteilung, in die er als Einrichter gehen konnte,
Lohnzettel besorgte, um sie mit denen der jüdischen
Zwangsarbeiter zu vergleichen. Ilse rief dann beim Arbeits-
gericht an, um gleichen Lohn einzuklagen. Aber die nahmen keine Klagen von Juden entgegen und verwiesen sie an
den Treuhänder der Arbeit.

Es gelang ihr, einen Tag freizunehmen und diesen Treuhänder aufzusuchen. Für ihre Kolleginnen änderte sich
nichts. Nur ihre eigene Lage besserte sich etwas, sie hatte
sich Respekt erworben und bekam von nun an größere Anker, konnte 25 Mark in der Woche verdienen, doppelt soviel
wie üblich. Aber sie hatte sich gewehrt, und das zu berichten war ihr wichtig.

Später, viele Jahre nach unserem Gespräch, begriff ich, daß
es noch einen weiteren Grund gab, warum sie diesen Einsatz
für ihre Kollegen so hervorhob. Ich fand die Antwort in internen Einschätzungen der Baum-Gruppe durch Hans
Fruck, die im Archiv der SED unter Verschluß gehalten wurden. Seit etwa 1940 war Fruck auf Baums Gruppe aufmerksam geworden, wohl durch Ilse Haak und Mariannes Bruder
LoCo. Er besprach sich mit Walter Husemann. Sie mißbil-
ligten die Gruppenabende, die Fahrten ins Grüne, darin sahen sie keine politische Arbeit. Das gefährdete in ihren
Augen das, worauf es ankam. Dabei erkannten sie offenbar
nicht, wie anders die Situation der jungen Juden war als ihre
eigene. Hans Fruck war nur wenige Monate älter als Herbert
Baum, Werkzeugdreher, KPD-Mitglied seit 1930, im Radial-
bohrmaschinenwerk Borsigwalde war er illegaler Zellense-
kretär. Er fühlte sich offenbar Baum gegenüber überlegen,
denn er berichtete nach dem Krieg, er habe sich mit Herbert
Baum getroffen, um ihn anzuleiten, ihn dazu zu bringen,
konspirativer vorzugehen, größere Zusammenkünfte zu ver-

meiden, dafür vorsichtig unter den Kollegen bei Siemens zu agitieren, Lohnforderungen zu stellen, Sabotage zu organisieren, eben die klassische »Betriebsarbeit« zu leisten. Baum sei aber wenig einsichtig gewesen. Er wollte sogar in seiner Gruppe über Frucks Vorschläge diskutieren.

Fruck nahm daraufhin die beiden einzigen Nichtjüdinnen aus Baums Gruppe, Suzanne Wesse und Irene Walther, in seine Gruppe auf, weil sie bei Baum zu gefährdet waren. Aber die gingen weiter zu Baum und hatten »auf Grund der Erziehung in der Gruppe Baum«, wie Fruck 1952 berichtete, eine andere Auffassung von Parteiarbeit.* Hans Fruck und seine Frau Carmen wurden 1943 verhaftet, die Sonderkommission der Gestapo, die seit dem Brandanschlag monatelang ermittelte, war auch auf ihre Spur gekommen – durch Suzannes und Irenes Aussagen, vermutete Fruck. Aber die waren im August 1942 schon hingerichtet worden. Eher hätte die Verhaftung des Ehepaars Heymann aus der Fruck-Gruppe im Dezember 1942 die Gestapo auf Frucks aufmerksam machen können. Da Frucks keine Juden waren und sich sehr vorsichtig bewegt hatten, kamen sie mit Zuchthausstrafen davon. Gleich nach der Befreiung ging Hans Fruck zur Polizei, seit 1950 gehörte er zur Leitung der Staatssicherheit in Berlin, seit 1956 war er stellvertretender Chef der Auslandsspionage. Alexander Schalck-Golodkowski beschrieb in seinen Erinnerungen gemeinsame Trinkgelage mit seinem guten Freund Hans Fruck, der hinter den Kulissen des Staates an manchen Fäden zog und seine Macht auch seiner Vergangenheit im antifaschistischen Widerstand verdankte. Markus Wolf schrieb in einem seiner Bücher, er denke nur mit Wehmut an »Hans, den Lebenskünstler«, zurück. »Das Ende unseres Staates hat ihn genauso unvorbereitet getroffen wie uns alle; es hat sein Herz gebrochen.«* Hans Fruck starb 1990.

Schon am 28. Mai 1945 hatte er eine interne Einschätzung der Baum-Gruppe gegeben. Sie steht unter einem Lebenslauf, den Ilse für die Partei schrieb. Ilse erwähnte die Baum-Leute bei Siemens, »von denen ich mich aber zurückziehen mußte, da sie unvorsichtig und unbelehrbar waren«. Hans Fruck ergänzte handschriftlich an diesem 28. Mai 1945: »Die Lösung von der Gruppe Baum (Siemens) war durchaus richtig, da sie in vollkommener Verkennung der illegalen Arbeit handelten und ja auch leider selber die Opfer wurden.«[*]

Das wußte ich nicht im Januar 1987, das konnte ich nicht wissen, denn dieses Dokument lag mit anderen im Archiv, nur wenige Auserwählte kamen an die Akten heran. Und doch begründete Frucks Einschätzung für Jahrzehnte die zwiespältige Haltung der Partei gegenüber Baums Gruppe.

Auch die späteren Berichte Hans Frucks konnte ich erst nach der Öffnung der Archive lesen. Darin äußerte er sich kühl und kritisch über Baum, der sich nicht an seine Ratschläge gehalten hatte. Und er war nicht der einzige, der so dachte. Intern waren sich die Genossen einig, daß Baum versagt, seinen Parteiauftrag nicht erfüllt habe. Der Parteiauftrag, wenn man ihn so nennen will, lautete: Betriebsarbeit. Ilse, die ja diese internen Einschätzungen kannte, hatte ihren Parteiauftrag erfüllt. Damals bei Siemens und später als »Überlebende der Widerstandsgruppe«.

Eine Überlebende war sie tatsächlich. Im Februar 1943, vor der sogenannten Fabrikaktion, von der sie kurz davor durch eine Ärztin im Polizeikrankenhaus erfahren hatte, war sie in die Illegalität gegangen. Worauf sollte sie Rücksicht nehmen, ihre Mutter war deportiert, auch alle anderen Verwandten, die nicht rechtzeitig gegangen waren. Ilses Schwester war ja in der Sowjetunion, worum Ilse sie damals beneidete, ihre Brüder in Palästina. Ihre Tante Hedwig Rosenberg aus Schöneberg und deren Sohn Heinz hatten sich, als sie deportiert werden sollten, die Pulsadern geöffnet. Heinz, Ilses Cousin, wurde gerettet, aber er ging fort und kam nie wieder. Zu Ilse hatte er gesagt, er würde Schlaftabletten nehmen und hinaus auf den Liepnitzsee schwimmen. Auf dem Jüdischen Friedhof in Weißensee mußte man in diesen Tagen ein besonderes Feld für die Selbstmörder einrichten. Ilse wollte nicht sterben. Sie beschloß unterzutauchen. Trulla war es, die ihr half, ihr Lebensmittelkarten und Quartiere besorgte, sie mit verschiedenen Helfern zusammenbrachte, ihr Mut zusprach.

In Presseveröffentlichungen über Ilse Stillmann, die »Überlebende der Baum-Gruppe«, hatte ich gelesen, daß sie gleich nach dem Brandanschlag in den Untergrund gegangen wäre.

Wieder winkte sie ab; so sei es nicht gewesen. Gewiß hätte auch sie verhaftet werden können. Auch Lothar Cohn, LoCo, obwohl er nicht zur Baum-Gruppe gehörte, wurde mit gegriffen, weil er sich zufällig in der Wohnung seiner kranken Schwester Marianne befand, als sie die holten. LoCo kam ohne Prozeß ins Arbeitslager Wuhlheide und wurde im Januar 1944 in Sachsenhausen erschossen. Im Dezember 1942 holte die Gestapo Margot und Bernhard Heymann aus Frucks Gruppe. Ilse wußte nur, sie sollen einem von Baums Leuten noch Quartier gegeben haben. Margot war Geltungsjüdin, Bernhard, Hardel genannt, Jude. Sie kamen beide um.

Nach den Verhaftungen zahlte es sich aus, daß Ilse so vorsichtig gewesen war. Die Gestapo kam in die Halle 133, sah sich um, aber niemand brachte Ilse in Zusammenhang mit der Widerstandsgruppe. Die Kontakte zu Herbert Baum wegen der Lohnzettel waren offen gewesen, keiner wußte, daß es darüber hinaus noch andere Verbindungen zwischen ihnen gab.

Wenige Tage nach dem Brandanschlag, am 27. und 28. Mai 1942, wurden in Berlin jüdische Männer als Geiseln abgeholt, zweihundertfünfzig, hieß es. Sie wurden zur Vergeltung erschossen. Ihre Familien Tage darauf deportiert.

Ilses Tante Hedwig hatte noch eine Tochter, Margot Adler. Deren Mann Ernst war Zwangsarbeiter bei der Müllabfuhr. Er gehörte zu den zweihundertfünfzig, die abgeholt und erschossen wurden. Seine Frau bekam wie alle Angehörigen der Geiseln die Aufforderung zur Deportation, da nahm sie Veronal.

Ilse half ihr dabei, blieb bei ihr bis zum Schluß, erst dann verließ sie die Wohnung.

Sie erzählte mir das mit einem harten Zug um den Mund, und ich verstand, warum sie den Brandanschlag, mit dem sie nichts zu tun gehabt hatte, wie sie noch einmal betonte, so nachdrücklich ablehnte.

Ilse zeigte mir Fotos, die während ihrer Zeit als »U-Boot«, so nannten die Berliner untergetauchten Juden sich selbst, aufgenommen wurden. Immer wieder hatte sie Paßfotos anfertigen lassen, als hätte sie sich vergewissern müssen, daß sie am Leben war, daß dieses Dasein nun ihr Leben war, in dem nur eines galt: überleben. Vielleicht hatte sie mit diesen Fotos auch ihre Wirkung auf andere kontrollieren wollen, denn von dieser Wirkung hing alles ab. Sie mußte ihre Gefühle verbergen, hart werden, noch härter. Die Frau auf diesen Paßfotos besaß nur noch wenig Ähnlichkeit mit dem anmutigen Mädchen in der Windjacke, das im Film »Kuhle Wampe« sich selbst gespielt hatte. Die Frau auf diesen Bildern hatte einen Blick wie ein Tier auf der Flucht. Ich notierte das und strich es wieder durch. Sie war ein Mensch auf der Flucht, und so war ihr Blick. Auf jedem der sechs oder sieben Fotos, die sie mir zeigte, trug sie eine andere Frisur, denn sie mußte sich immerzu verwandeln, kein Spitzel durfte sich ihr Aussehen merken.

Günter Stillmann hatte einen Verwandten, Arthur Stillmann, der mit einer nichtjüdischen Frau verheiratet und deswegen halbwegs geschützt war. Der wohnte in der Auguststraße. An seine Adresse schickten Ilses Mutter und Sonja Okun aus Theresienstadt Karten, über diese Adresse schickte Ilse ihrer Mutter Lebensmittelpakete, die sie von dem wenigen abzweigte, was sie sich selbst besorgen konnte. In der Winsstraße war eine Fleischerei, deren Besitzerin nicht nach den Fleischmarken fragte, wenn Ilse kam. In der Lietzendorfer Straße, im Keller der längst deportierten Familie Freundlich, lag eine Kiste mit wertvollen Briefmarken. Das wußte Ilse, weil sie dort gewohnt hatte, diese Briefmarken holte sie sich und verkaufte sie. Der Briefmarkenhändler, ein Max Borchert, ahnte, wer Ilse war, und gab ihr von nun an zweihundert Mark monatlich, ohne eine Gegenleistung zu erwarten. Ilse lernte, sich in acht zu nehmen vor Leuten, denen sie zu anderen Zeiten vertraut hätte, und fand Hilfe bei Rauschgiftsüchtigen, Huren, Kriminellen.

Und bei ihren Genossen. Manchmal ging sie ins Atelier der Bildhauerin Ruthild Hahne, saß dort einfach, um sich aufzuwärmen. Manchmal fuhr sie zu Hannchen Gerbeit nach Mahlsdorf, die kannte sie noch aus der Zeit des »Schwarzen Haufens«, als Hannchen mit ihren fünf Kindern in der Mulackstraße gewohnt hatte und eine bekannte Anarchistin gewesen war. Vor allem aber war sie ein Mensch, und mehrere jüdische Untergetauchte wurden von Mutter Gerbeit unterstützt. Übernachten konnte Ilse dort nur selten, aber sie bekam immer einen Teller Suppe. Ihre wichtigste Stütze aber war Trulla. Bei einer Freundin von Trulla in der Schliemannstraße war ein geflohener Sachsenhausen-Häftling versteckt, Rudi Wunderlich. Mit ihm saß Ilse oft zusammen, mit ihm teilte sie ihr Zyankali.

Anfang 1945 war ihre Kraft zu Ende. Am schlimmsten war für sie, durch jeden Atemzug andere zu gefährden. Sie betrachtete ihr Zyankali, und manchmal schien es ihr doch eine Lösung. Bei Hannchen Gerbeit saß ein alter Mann im Rollstuhl, der sah, was mit ihr los war. Er zeigte ihr auf einer Karte den Frontverlauf und prophezeite, der Krieg würde noch bis zum 1. Mai dauern. Ilse beschloß, noch bis zum 1. Mai auszuhalten. Inzwischen hatte Trulla ihr einen Schlafplatz in einer Kochstube in der Marienburger Straße besorgt. Am 1. Mai standen die sowjetischen Panzer in der Greifswalder Straße. Ilse hatte überlebt.

Und noch im Mai traf sie Hans Fruck, der aus dem Zuchthaus zurückgekommen war und die Polizei mit aufbaute, traf aus den Lagern zurückgekehrte Genossen, stürzte sich in die Arbeit, übernahm die Betreuung der zurückgekehrten Opfer des Faschismus. Am 28. Mai schrieb sie die Sätze über Baums Leute, von denen sie sich zurückgezogen hatte, weil sie »unvorsichtig und unbelehrbar« waren. Sie waren tot.

Auch Hannchen Gerbeit war tot. Ein junger Russe hatte sie wegen ihres Fahrrads erschlagen, war kurz darauf von seinem Vorgesetzten erschossen worden. Hannchens jüngste Tochter hatte es mit angesehen. Der harte Zug um Ilses Mund verschwand nicht.

Der zweite Aschenbecher war schon voll. Wir hatten den ganzen Tag geredet, zwischendurch eine Gemüsesuppe aufgewärmt. Ilse hatte nur wenig davon gegessen, sie war so dünn in ihrem bunten Dederonkittel, aber ich spürte hinter ihrem zerbrechlichen Äußeren eine zähe Kraft. Manchmal lachte sie, während sie in den alten Fotos und Briefen kramte, sah glücklich aus. Die Zeit nach dem Krieg war ihre beste. Ihre fast siebzigjährige Mutter kam im Juli 1945 mit einem der ersten Transporte aus Theresienstadt wieder. Rosa und Sieke Kahn kehrten aus England zurück. Günter Stillmann aus Palästina. Er und Ilse heirateten, Rosa und Siegbert Kahn waren die Trauzeugen. Lachend zeigte Ilse mir einen Zeitungsartikel von 1948, in dem stand, daß sie nach der Teilung des Berliner Magistrats eine Sozialdemokratin geohrfeigt hatte, die Akten in die neuen Räume im Westsektor bringen wollte. Die war auch eine Jüdin, die überlebt hatte. Für Ilse gehörte sie als Sozialdemokratin zu ihren Gegnern. Die Ohrfeige machte sie noch immer stolz.

Später wurde sie Personalleiterin im Deutschen Wirtschaftsinstitut, dessen Direktor Siegbert Kahn war. Dort wurde sie abgelöst, zu einer Bezirksparteischule delegiert. Diese Ablösung, das spürte ich, war ihr unangenehm, sie wollte nicht darüber sprechen. Dann aber arbeitete sie im Kinderbuchverlag als Lektorin, sie liebte diese Aufgabe, weil sie Kindern auf diese Weise den Marxismus nahebringen konnte. Und sie war immer in gesellschaftliche Arbeit eingebunden, wie sie es nannte. Auch als Rentnerin gehörte sie zur Parteileitung im Wohngebiet, gestaltete Wandzeitungen, hielt Vorträge über die Baum-Gruppe, fuhr zu Treffen der »Namensträgerkollektive«.

Aber nun, sagte sie plötzlich leise, sei sie müde. Sie sei alt. Seit Günters Tod fühle sie sich auch einsam.

Mein Blick lag auf dem Stapel der Fotos, obenauf lag ein Kinderfoto, das Ilse als vielleicht Achtjährige und ihre ältere Schwester zeigte, in weißen Kleidern mit großen Schleifen im Haar. Auch Ilse schaute das Foto an. »Meine Schwester ...« Plötzlich sah sie nicht mehr hart aus, ihr Blick ähnelte dem des kleinen Mädchens auf dem Foto. Ihre Schwester wohne nicht weit von hier, erzählte sie mir. Mit der S-Bahn sei es ganz nahe. Aber sie besuche sie nie. Sie rufe auch kaum an. »Warum nur? Wir sind doch Schwestern.«

Ich dachte daran, daß Ilse nie gefragt hatte, wie es Edith, Nathan und ihrem Kind in der Sowjetunion ergangen war.

Aber jetzt, wo Ilse kindlich verletzt vor sich hin schaute, erinnerte ich mich an ein anderes Kind, nach dem ich sie fragen wollte. »Was ist aus der kleinen Tochter von Rita und Herbert Meyer geworden?«

»Die Rita Zocher hatte keine Tochter. Sie hatte einen Sohn.« Sie erklärte mir, daß Ritas Sohn Peter in den fünfziger Jahren geboren war, in Ritas zweiter, nach dem Krieg geschlossener Ehe. Ihr erster Mann, Herbert Meyer, war in der Haft umgekommen. Eine Tochter gab es nicht, davon war Ilse überzeugt. Jedenfalls habe Rita ein solches Kind nie erwähnt.

Aber ich hatte doch gehört, wie Rita Zocher für den Film »Flammen« über dieses fünfjährige Mädchen gesprochen hat. Wie sie die Angst des Kindes schilderte, ihre eigene Hilflosigkeit, weil sie ihm kein Gemüse kaufen konnte. Ilse Stillmann hatte daneben gesessen, als Rita von dem Kind sprach. Sie hatte sie unterbrochen und von Solidarität geredet. Ilse wiederholte, daß sie nie von einer kleinen Tochter Ritas gehört hätte. Das hätte sie sich gemerkt. »So etwas vergißt man doch nicht.«

Die Erinnerung eines Menschen verändert sich mit ihm.

Mosaiksteine

Anfang 1991 hatte ich zum erstenmal das »Antifaschistische Traditionskabinett« im Prenzlauer Berg besucht, das noch beinahe unverändert war, so wie es 1986 eingerichtet wurde. Nur die Schulklassen und Brigaden, die bis 1989 das kleine Museum im Thälmann-Park regelmäßig aufgesucht hatten, kamen nicht mehr. Es sollte geschlossen werden, und ich glaubte, man müsse um den Erhalt einer solchen Ausstellung kämpfen, deshalb schaute ich sie mir genau an. Ich sah dort Fotos des Thälmannschen Zentralkomitees, aus denen die Köpfe seiner Genossen herausretuschiert waren, die in der Sowjetunion umgebracht worden waren. Als hätte es sie nie gegeben, fehlten Leo Flieg und Willi Leow und Hermann Remmele und Heinz Neumann ... Und die Fotos Erich Honeckers fehlten, dies war die einzige Veränderung, die man im März 1990 vorgenommen hatte, um das Museum der neuen Zeit anzupassen. Ein Raum in diesem Museum hieß »Widerstand bis zum Tod« und war den antifaschistischen Widerstandskämpfern gewidmet. Betonpfeiler mit Stacheldraht, die angeblich aus Auschwitz stammten, waren, wie ich später erfuhr, von den Grenztruppen der Nationalen Volksarmee geliefert worden. Mit solchem Draht wurde die Mauer achtundzwanzig Jahre lang gesichert. In einer Vitrine lagen kleine Püppchen, die, so stand es dort, die antifaschistische Heldin Käthe Niederkirchner in Ravensbrück für die Kinder angefertigt hatte. In Ravensbrück haben Häftlingsfrauen aus Lumpen und abgesparten Abfällen solches Spielzeug für die Kinder des Lagers hergestellt, diese Püppchen aber, das erzählte der ebenso beflissene wie zynische Leiter der Ausstellung, wurden vom Volkskunstzirkel des Kulturhauses im Thälmannpark gebastelt. In diesem Raum gab es auch eine Tafel für die Widerstandsgruppe Herbert Baum. Dort hing hinter dem Stacheldraht von der Mauer das bekannte Foto des Widerstandskämpfers mit den schwermütigen Augen in dem feingeschnittenen Gesicht, und dort hing ein Foto von Marianne Joachim, die im Prenzlauer Berg gewohnt hatte, zuletzt in der Rykestraße, wo sie am 9. Juni 1942 verhaftet worden war.

Darunter stand etwas über den Brand in der Hetzausstellung »Das Sowjetparadies«, die »mutige Tat der jungen Menschen jüdischer Abstammung, die auch dem kommunistischen Jugendverband angehörten«, und über ihre Hinrichtung in Plötzensee. »Mit dem Absingen der Internationale beendeten sie ihr Leben.«

Mir wurde kalt bei diesem Satz. Ich dachte, wer so schreibt, kennt nur das militärische Absingen vorgeschriebener Lieder, der versteht nicht, warum ein Mensch singt.

Daß einige von ihnen gesungen hatten, am Abend des 17. August 1942, Stunden vor ihrem Tod, in der Todeszelle, soll tatsächlich eine Gefängniswärterin nach dem Krieg mündlich berichtet haben. Man hatte die verurteilten Angeklagten aus dem ersten Prozeß zusammengelassen, und sie sangen leise, wie sie früher bei ihren Wochenendausflügen am Lagerfeuer gesungen hatten. Herbert Baum war nicht dabei, er war schon im Juni in der Untersuchungshaft umgekommen. Marianne Joachim wurde erst im zweiten Prozeß verurteilt und im März 1943 hingerichtet.

Ich stand in diesem Museum im Prenzlauer Berg vor den Gesichtern Herbert Baums und Marianne Joachims, und ich dachte an das, was Ilse Stillmann mir erzählt hatte, ich dachte an Edith Fraenkels Namen auf dem schwarzen Gedenkstein, hinter dem ich kein Gesicht finden konnte, und vielleicht war es dieser Moment, in dem ich beschloß, der Geschichte dieser Menschen selbst nachzugehen, zu erfahren, wer sie gewesen sind, jenseits aller nachträglichen Zuordnungen.

Obwohl ich wußte, wie unwahrscheinlich es war, daß Robert Mohn lebte, noch dazu in Berlin, wünschte ich mir, ihm zu begegnen, ihm den Brief zu bringen, den Edith ihrem »Geliebten Robby« geschrieben hatte. Aber wenn er Jude war, würde ich ihn wohl kaum noch finden, glaubte ich, wenn er kein Jude war, wird er Soldat gewesen sein und möglicherweise auch nicht überlebt haben.

Mir blieb nur, wenn ich mehr über Edith und ihre Gefährten wissen wollte, die Akten aus den inzwischen geöffneten Archiven zu studieren, und Veröffentlichungen über die Baum-Gruppe zu lesen.

In frühen sowjetischen Veröffentlichungen wurde die Baum-Gruppe in den kommmunistischen Widerstand eingeordnet – daß sie Juden waren, wurde verschwiegen wie auch in den Darstellungen aus der frühen DDR. Der polnisch-jüdische Historiker Bernard Mark, der schon 1947 über den Warschauer Ghettoaufstand geschrieben hatte, veröffentlichte nach 1960 Arbeiten zur Baum-Gruppe, die er vor allem als jüdische Gruppe sah. Der Brandanschlag im Lustgarten war für ihn ein Zeichen, das Juden gegen Verfolgung und beginnenden Massenmord setzen wollten. Ganz anders sah das Margot Pikarski, die Mitarbeiterin im Zentralen Parteiarchiv der SED, die ihr 1978 im Militärverlag der DDR erschienenes Buch über Baums Gruppe nicht »Juden im Widerstand« genannt hatte, sondern »Jugend im Widerstand«. Dies war das Buch, in dessen Vorwort, auch von Ilse Stillmann unterschrieben, die Baum-Gruppe als »kämpfende Gruppe unseres ruhmreichen kommunistischen Jugendverbandes« dargestellt wurde. Ich las verschiedene Aufsätze und gedruckte Vorträge über die Baum-Gruppe, die vor der Öffnung der Archive in beiden Teilen Deutschlands erschienen waren und manchmal mehr über das Weltbild der Autoren sagten als über das, was wirklich geschah. Es gab auch Darstellungen, die auf Erfindungen oder Verwechslungen beruhten. Ein Autor schrieb – und andere schrieben es ab –, die Baum-Gruppe hätte versucht, Häftlinge aus dem Gefängnis Schulstraße zu befreien, Deportationen zu verhindern. Dafür gibt es keinen Anhaltspunkt. Das Gefängnis Schulstraße wurde erst eingerichtet, als die meisten aus der Gruppe und Baum selbst schon tot waren. Klar und genau war ein 1984 in Westberlin im Jahrbuch des Landesarchivs Berlin erschienener Aufsatz des Historikers Wolfgang Scheffler, »Der Brandanschlag im Berliner Lustgarten im Mai 1942 und seine Folgen«, eine nüchterne Betrachtung der Geschehnisse, wie sie sich aus den ihm zugänglichen historischen Quellen erschließen ließ. Aber auch er kannte nicht alle der erst nach 1989 zugänglichen Akten. In seinem Aufsatz fand ich den Namen eines Mannes, Olaf B., der mit der an dem Anschlag beteiligten Franke-Steinbrinck-Gruppe in Verbindung gestanden hatte. Scheffler schrieb über ihn, er sei, zusammen mit Karl Kunger, am 18. Juni 1943 hingerichtet worden. Ich kannte Olaf B., sein Todesurteil, dies wußte Scheffler offenbar nicht, war im September 1943 in eine zehnjährige Zuchthausstrafe umgewandelt worden. Schon 1990 hatte ich in den Nazijustizakten im ehemaligen Archiv der Staatssicherheit in Hohenschönhausen gelesen, daß dieser Olaf B. am 2. Juni 1942 im Zusammenhang mit dem Brandanschlag verhaftet worden war, aber am nächsten Tag wieder freigelassen wurde. Am 25. Februar 1943 wurde B. erneut festgenommen, am 19. März 1943, gemeinsam mit Karl Kunger, zum Tode verurteilt. Kunger wurde tatsächlich hingerichtet, am 18. Juni 1943. Olaf B. aber wurde im September 1943 durch Erlaß des Reichsministers der Justiz zu zehn Jahren Zuchthaus begnadigt. In der Begründung heißt es: »Nach seiner Verhaftung hat B. im vollen Umfang ein reumütiges Geständnis abgelegt und als V-Mann der Geheimen Staatspolizei gegen die übrigen Mitverurteilten zur Klärung des Sachverhalts beigetragen.«[*]

Manchmal sah ich Olaf B. bei Veranstaltungen, traf ihn auch auf der Straße und überlegte, ob ich ihn nach der Vergangenheit fragen sollte. Er war in einer Wohngebiets-Parteigruppe, er war bekannt als Antifaschist, der dem Fallbeil nur um ein Haar entkommen war, er hatte pathetische Gedichte geschrieben, Bekenntnisse zur DDR, die gelegentlich in der Zeitung »Neues Deutschland« veröffentlicht wurden, und Dokumentarberichte über die Todeszelle, in der er monatelang auf seine Begnadigung gewartet hatte. Der Greis schien enttäuscht und verwirrt über die politische Wende. Ich fragte ihn nicht, erst einmal wollte ich die Zusammenhänge genauer kennen. Als ich mehr wußte, Mitte der neunziger Jahre, war Olaf B. gestorben, und ich hätte ihn ohnehin nichts fragen wollen. Schefflers Irrtum aber zeigte mir, wie vieles noch im verborgenen lag. Doch dieser Olaf B., was immer er nach dem 2. Juni 1942 getan hat, hatte mit Baum und seiner Gruppe gar nichts zu tun, wohl aber mit Joachim Franke, der in den Anschlag verwickelt war, ihn mit vorbereitete und wahrscheinlich vorschlug. Joachim Franke gehörte jedoch auch nicht zur Baum-Gruppe. Und um die Baum-Gruppe ging es mir, um Edith Fraenkel, um Robert Mohn.

Der wurde in keiner Veröffentlichung erwähnt. Edith Fraenkel schon, aber man wußte nur, daß sie im zweiten Prozeß verurteilt, nach Theresienstadt und von dort nach Auschwitz gekommen war.

Ich vertiefte mich in die Anklageschrift und die Urteilsbegründung des Volksgerichtshofs. Dort stand, Edith Fraenkel habe von 1940 bis Anfang 1942 bei den Eheleuten Baum verkehrt, die sie auf ihrer Arbeitsstelle kennengelernt hatte. Sie war also eine der jungen Arbeiterinnen der Judenabteilung 133, von denen mir Ilse Stillmann erzählt hatte, daß Marianne sie gegen alle Regeln der Konspiration zu sich nach Hause einlud. In der Urteilsbegründung stand etwas von Schulungsabenden, bei denen Edith sich an der Diskussion beteiligt habe, es sei um Karl Marx und die bolschewistische Revolution gegangen. Aber »nach ihrer nicht zu widerlegenden Angabe« habe sie, die durch den Besuch der Rudolf-Steiner-Schule »anthroposophisch geschult« war, ge-

gen jegliche Gewalt Stellung genommen. Sie habe auch den
Auftrag angenommen, über ein »psychologisches Thema«
einen Vortrag zu halten, dazu sei es aber nicht mehr gekommen. »Von ihrem Bräutigam Robby Mohn, der gleichfalls an
Schulungsabenden teilgenommen, sich dann aber zurückgezogen hatte, wurde sie wiederholt vergeblich gewarnt, sich
mit den Mitgliedern der Gruppe Baum einzulassen.«

Als ich das las, wußte ich, daß es ganz anders gewesen
sein kann. In die Gerichtsakten gelangte nur, was die Gestapo wußte, das wird nicht immer die Wahrheit gewesen
sein, schon gar nicht die ganze Wahrheit. Aber offensichtlich war es Robert Mohn gelungen, sich herauszuhalten.

Dort stand über Edith: »Von April bis November 1941
stellte sie jedoch infolge Schwangerschaft ihre Besuche ein.«

Edith war schwanger gewesen? Hatte sie das Kind geboren? In ihrer Zuchthausakte war die vorgedruckte Frage, ob
sie ein unversorgtes Kind habe, verneint worden. In ihrem
Brief an Robert Mohn war kein Kind erwähnt.

Ich las auch die anderen Urteilsbegründungen, und aus
den Namen wurden Umrisse von Menschen.

Die mit Edith in diesem zweiten Prozeß verurteilten Mitglieder der Baum-Gruppe hatten an dem Brandanschlag
selbst nicht teilgenommen. Ihre an dem Anschlag beteiligten
Freunde waren von einem Sondergericht schon am 16. Juli
1942 zum Tode verurteilt und am 18. August hingerichtet
worden. Herbert Baum war am 11. Juni als erster umgekommen, er soll sich, so meldete es die Gestapo, in seiner Zelle er-
hängt haben. Vielleicht starb er auch an den Folterungen.
Wenn das so war, mußten die Vernehmer gegenüber ihren
Vorgesetzten diesen »Ermittlungsfehler« vertuschen und von
Selbstmord sprechen. Die Angeklagten aus Ediths Verfahren
gehörten zu zwei verschiedenen, aber vielfältig miteinander
verbundenen Kreisen. Edith Fraenkel, Heinz Rothholz,
Heinz Birnbaum, die Schwestern Alice und Hella Hirsch und
Hanni Meyer waren Teil der Gruppe, die sich regelmäßig in
Herbert und Marianne Baums Wohnung traf. Marianne Joa-

chim, Lothar Salinger, Helmut Neumann, Hilde Loewy und Lotte Rotholz sowie ihr Mann Siegbert Rotholz gehörten zu einer anderen Gruppe junger Juden, die nach Marianne Joachims Mann Heinz »Gruppe Joachim« genannt wurde. Die Gruppe Joachim hatte sich einige Monate vor dem Brandanschlag Herbert Baum unterstellt. Sie alle waren nach den Gesetzen der Nationalsozialisten Juden oder Halbjuden, religiös war wohl keiner von ihnen. Sie und noch mehrere andere, die zu diesem Umfeld gehörten, werden bis heute Baum-Gruppe genannt, aber es gab seit 1933 mehrere Kreise, die heute so genannt werden. Manche, die sich zur selben Zeit eng mit Baum verbunden fühlten, kannten einander nicht. Um Baum waren keine festen Gruppen, es waren Freundeskreise, in denen neben der politischen Übereinstimmung die menschlichen Beziehungen wichtig waren; Freundschaft und Liebe, Sympathie, Abneigung und Eifersucht, eben ganz alltägliche menschliche Gefühle. Schulungsabende und Diskussionen mit Baum haben viele erlebt, aber nicht alle wußten von Flugblättern und Losungen an Hauswänden. Nach dem Überfall auf die Sowjetunion ließ Baum die Vorsicht fallen und verstärkte in den ihm verbundenen Jugendlichen den Gedanken des aktiven Widerstands. Gemeinsam war den seit 1933 mit Herbert Baum befreundeten Jugendlichen das ihnen allen zugewiesene Schicksal. Als die Nürnberger Gesetze verabschiedet wurden, waren die meisten aus der letzten Baum-Gruppe zwölf-, dreizehnjährige Kinder. Nur Baum und Marianne, Sala und Martin und wenige andere waren etwas älter. Man kann nicht sagen, daß ihre jüdische Herkunft ihnen nichts bedeutete, denn sie hatten keine Zeit kennengelernt, in der diese Herkunft bedeutungslos war. Sie mußten ohnmächtig erleben, wie sie Stück für Stück aus der sogenannten Volksgemeinschaft verdrängt, in eine extreme Außenseiterrolle gestoßen wurden, sie sahen, daß es der Tod war, der ihnen zugedacht war. Die Begegnung mit den gleichaltrigen jüdischen Gefährten, die Gespräche, die gemeinsamen Erlebnisse, das war ein Stück Normalität, ein Stück Leben, das auch Zukunft bedeutete. Einige, wie Heinz Birnbaum, den Ilse Stillmann schon in den dreißiger Jahren im Kreis von Jungkommunisten am Ihlandsee getroffen hatte, waren schon seit langem politisch und persönlich mit Herbert und Marianne Baum verbunden. Birnbaum, den sie Buber nannten, hatte schon als Lehrling bei der Firma F. Butzke in der Kreuzberger Ritterstraße zwischen 1934 und 1937, zusammen mit seiner etwas älteren Freundin Irene Walther, eine Betriebszelle des verbotenen Kommunistischen Jugendverbands aufgebaut. Andere, wie Hella Hirsch, waren in den dreißiger Jahren über die jüdische Jugendbewegung in Kontakt mit Herbert Baum gekommen. Edith Fraenkel ist den Baums erst 1940 bei der Zwangsarbeit begegnet, andere erst in den letzten Monaten vor dem Brandanschlag, in den nur der Kern der Gruppe eingeweiht war. Auch Alice Hirsch, die mit Edith zusammen im Zuchthaus Cottbus saß, war erst ein halbes Jahr vor dem Brandanschlag, gerade achtzehnjährig, zu der Gruppe gekommen. Kurz zuvor war Alice aus einem landwirtschaftlichen Umschulungslager in Oberschlesien zurückgekehrt, ihre früheren Freunde hatten sich in den anderthalb Jahren ihrer Abwesenheit zerstreut, und ihre zwei Jahre ältere Schwester Hella nahm sie mit zu den Gruppenabenden bei Baums. Wie Mosaiksteine suchte ich solche Informationen aus Erinnerungsberichten zusammen, aus veröffentlichten und unveröffentlichten, aus den Aktenstücken, die in verschiedenen Archiven gesammelt waren, den Unterlagen der Gestapo, die diesem Prozeß und der Urteilsverkündung vorausgegangen waren, den Einlieferungsprotokollen, den polizeilichen Angaben »Zur Person«, den Protokollen der ersten Vernehmungen, den Notizen der Gestapo, auch aus den vereinzelt abgehefteten Briefen und Gnadengesuchen, Schreiben der jüdischen Rechtsanwälte, die sich Konsulenten nennen mußten. Die erhaltenen Akten sind unvollständig, die des ersten Prozesses, in dem die am Brandanschlag direkt Beteiligten verurteilt wurden, gänzlich verschollen. Vielleicht sind sie vernichtet worden, vielleicht sind sie noch in Moskau, denn ein großer Teil der Gestapo- und Justizakten wurde von den sowjetischen Siegern nach Moskau gebracht und erst Ende der fünfziger Jahre zurückgegeben – in Archive der DDR.

Während ich diese Papiere las, war ich mir bewußt, daß all diese verdammten Akten von den Häschern angelegt waren, die vieles wußten und nichts verstanden, daß die Wahrheit durch die grauenhaft bürokratische Sprache dieser Akten verzerrt wurde und jeder Aussage Blut und Tränen beigemischt waren, die das Protokoll nicht verzeichnete.

In den jetzt geöffneten Archiven lagen auch unveröffentlichte Erinnerungsberichte über die Baum-Gruppe, die nach dem Krieg, meist im Auftrag der Parteihistoriker, geschrieben wurden, auch Abschriften von Tonbandbefragungen, die »Aussprachen« genannt wurden. Auch diese Berichte geben nur Ausschnitte wieder: das, was die Berichtenden wußten, und das, was sie sagen wollten.

Edith Fraenkel und ihre Freunde gerieten in meine Träume. Meine Freunde und meine Familie kannten bereits ihre Namen, manchmal erzählte ich von ihnen wie von nahen Bekannten.

Anfang 1990 war ich in Israel gewesen, in der Gedenkstätte Yad Vashem hatte mir eine junge Historikerin erklärt, Herbert Baum sei eigentlich Zionist gewesen und hätte erst im Widerstand aus taktischen Gründen mit den Kommunisten zusammengearbeitet.

Aber Herbert Baum war seit Beginn der dreißiger Jahre überzeugter Kommunist im Sinne der KPD. Für ihn war Stalin bis zum Schluß der Name der – selbstverständlich – idealisierten Sowjetunion. Bis zu ihrer Zerschlagung 1936 gehörte Herbert Baum zur illegalen Unterbezirksleitung des Kommunistischen Jugendverbands in Berlin-Südost, zusammen mit Werner Steinbrinck und Herbert Ansbach. Es gibt Berichte aus dieser Zeit über Flugblattaktionen, an denen er selbst beteiligt war. Jugendliche warfen unter seiner Anleitung Flugblätter in Briefkästen ab, ließen sie auf Bahnhöfen liegen, verloren sie im Gedränge der Kaufhäuser. Sie bastelten aus großen Gemüsebüchsen mit Zeitschaltuhren und Sprengstoff Apparate, die zu einer bestimmten Zeit explodierten und die Flugblätter freigaben. Acht solcher Dosen wurden im Juli 1934 auf dem S-Bahnhof Alexanderplatz eingesetzt. Auf den Flugblättern stand: »Heute marschiert die Rote Armee auf dem Roten Platz. Morgen werden die Arbeiterbataillone im sozialistischen Berlin aufmarschieren.«

Auch zum 1. Mai und zum Jahrestag der Oktoberrevolution klebten sie Plakate und malten Losungen, sie gaben auch eine Zeitung heraus. Vor allem aber ging es darum, die Kräfte zu sammeln, zerrissene Fäden neu zu knüpfen, Informationen aufzunehmen, sie über Kuriere der Auslandsleitung zu übermitteln, die Hoffnung auf die Arbeiterbataillone im sozialistischen Berlin nicht aufzugeben.

Doch es wurde den Illegalen bald klar, daß dies eine Illusion war, daß Hitler nicht demnächst abgewirtschaftet haben würde, sondern daß man sich auf einen langen und gefährlichen Kampf im Untergrund einstellen müßte. Viele, die Anfang 1933 noch gegen Hitler gewesen waren, zogen sich angesichts des Terrors zurück. Die Reste der ehemaligen Parteigruppen waren plötzlich von Spitzeln durchsetzt. Jedenfalls schien es so, denn die Gestapo, wie die ersten Prozesse zeigten, war gut unterrichtet. Immer wieder gab es Verhaftungen, die Zahl der Toten unter den Regimegegnern wuchs.

Herbert Baum wurde nicht allmählich zum Widerstandskämpfer, er war es von 1933 an. Mitte der dreißiger Jahre empfahl die Auslandsleitung der KPD ihren illegal in Deutschland arbeitenden Gruppen, die jüdischen Genossen »abzuhängen«. Die Einsicht, daß Juden besonders gefährdet waren, verband sich mit der Sorge um die dezimierten Parteikader. Für diese Anweisungen aus Prag, Paris oder Moskau wurde bisher kein schriftlicher Beleg aufgefunden. Aber sehr viele Illegale berichteten später davon. Nur wurde diese

Anweisung von den illegal arbeitenden Kommunisten in Deutschland nicht buchstabengetreu erfüllt, es gab auch nach 1935 gemeinsame politische Arbeit zwischen Juden und Nichtjuden. Um 1936 war die bisherige Struktur des Kommunistischen Jugendverbands in Berlin durch Verhaftungen und Emigration zerschlagen, auch in Baums unmittelbarem politischen Umfeld gab es Verhaftungen. Schon 1934 war sein gleichaltriger Freund Martin Kochmann zum erstenmal verhaftet worden. Mit Martin war Herbert schon auf der Realschule zusammen gewesen, dann in der jüdischen Jugendbewegung, sie gingen ihren Weg in den KJVD und in den Widerstand bis zum Schluß gemeinsam. Im Frühjahr 1936 wurde in Neukölln eine illegale Gruppe ausgehoben, auch Baums Genossen Steinbrinck und Ansbach, selbst erst siebzehn und dreiundzwanzig Jahre alt, waren unter den Verhafteten. Baum war nun von den Strukturen des illegalen Kommunistischen Jugendverbands abgeschnitten. Herbert Ansbach, selbst Jude, schrieb später in einem Bericht für die Parteihistoriker der SED: »Man hatte sie aus Sicherheitsgründen zu ihrem eigenen Schutz und auch zum Schutz der Organisation erst einmal völlig isoliert, weil es ja damals schon etwas riskant war, mit jüdischen Genossen allzu viel zu tun zu haben [...].«* Und Wilhelm Bamberger, ein Instrukteur der Kommunistischen Partei, der von Prag aus die Arbeit der wenigen verbliebenen kommunistischen Jugendgruppen leitete, schrieb 1964, von SED-Historikern nach Herbert Baum befragt: »Sie hatten das richtige Maß für Konspiration und Legalität noch nicht gefunden und unterschätzten die großen Anstrengungen der Nazis, in unsere Organisation einzudringen. So mußte ich sie nach den Verhaftungen von einigen Genossen ernstlich davor warnen, sofort mit einer größeren Flugblattaktion in Erscheinung zu treten, um damit, wie sie glaubten, den Nazis zu beweisen, daß sie nicht die Richtigen verhaftet hätten. Wir wußten damals nicht, wieweit die Gestapo über die Gruppe informiert war. Baum nahm jedoch trotz meiner Warnung sofort nach

Entlassung eines Genossen selbst wieder die Verbindung zu ihm auf.« *

Dieser Genosse wird sein Freund Franz Krahl gewesen sein, der 1936 aus dem Zuchthaus kam und für kurze Zeit mit Martin und Herbert zusammen in der Alten Jakobstraße 6 wohnte, bevor er emigrierte. Vielleicht zeigen sich hier Eigenschaften, die auch später zu Herbert Baum gehörten. Er verließ sich mehr auf persönliche Freundschaften, auf sein eigenes Gefühl, als auf anonyme Anweisungen. Er machte da weiter, wo andere vielleicht aufgegeben hätten. Er war nicht vorsichtig, manchmal sogar leichtsinnig. Gleichzeitig schien er doch konspirativer vorgegangen zu sein, als Bamberger glaubte. Denn er hielt mit erstaunlich vielen Menschen unterschiedlicher Kreise Kontakt, von denen viele nichts voneinander wußten. Manche wußten noch nicht einmal, daß er ein illegaler Funktionär war, obwohl jeder seine politische Überzeugung spürte.

Herbert Baum, der schon als Kind seine Freizeit in jüdischen Jugendgruppen verbrachte, war selbst ein begabter Jugendführer und hatte Freunde und Bekannte in den bis zum Ende der dreißiger Jahre noch legalen jüdischen Jugendbünden. Als der KJVD Südost zerschlagen wurde, nutzte Herbert seine Verbindungen besonders zu der »Deutsch-Jüdischen Jugendgemeinschaft«. Er gebrauchte die Kontakte zu seinen Jugendfreunden Walter Sack oder Rudi Antel, auch Judith Kozminski, um im kommunistischen Sinn weiterzuarbeiten.

Seine Verbindungen zu einigen kommunistischen Jugendlichen, wie Heinz Birnbaum und Irene Walther, hielt er aufrecht. Marianne und Herbert Baum suchten auch immer wieder über Kuriere den Kontakt zu kommunistischen Instrukteuren, noch 1936 trafen sie Wilhelm Bamberger, aber dann riß die Verbindung wohl völlig ab. 1939 gab es noch einmal eine konspirative Begegnung mit dem führenden Kommunisten Robert Uhrig, vermittelt über Hilde Jadamowitz, die Freundin Werner Steinbrincks.

Sehr viele jüdische Jugendliche in Berlin hatten in den dreißiger Jahren eine Zeitlang direkt oder indirekt Kontakt zu Herbert Baum. Die meisten emigrierten, der Kreis um Baum formierte sich ständig neu. Nach Beginn der Zwangsarbeit knüpften Herbert und Marianne wieder neue Kontakte, und nach dem Beginn des Krieges mit der Sowjetunion fühlten Herbert Baum und sein engerer Kreis die Notwendigkeit, mehr zu tun, als sich in Schulungskreisen zu treffen. 1942 gab es in dem Kreis, den man Baum-Gruppe nennen kann, nur zwei junge Frauen, die nicht jüdisch waren. Doch sowenig wie Baums Gruppe eine illegale kommunistische Parteizelle war, jedenfalls nicht in dem Sinne, wie es die Parteihistoriker der DDR verstanden, war sie eine jüdische oder zionistische Gruppe.

In den Jahrzehnten nach dem Krieg wurden die meisten Dokumente unter Verschluß gehalten, und die wichtigsten Beteiligten waren nicht mehr am Leben. Von denen, die beim Brandanschlag dabei waren, hat kein einziger überlebt. Die sich erinnern konnten, hatten jeweils nur einen bestimmten Abschnitt einer der sogenannten Baum-Gruppen erlebt, und ihre Erinnerungen unterschieden sich voneinander.

Erst nach der Wiedervereinigung Deutschlands und der Öffnung der Archive, erst als es nicht mehr um ideologische Deutungsmacht ging, konnte man anders nach der Baum-Gruppe fragen.

1991 erfuhr ich, daß in Berlin eine Ausstellung »Juden im Widerstand« vorbereitet wurde, in der es auch einen Abschnitt über die nach Herbert Baum benannten Gruppen geben würde. Der diesen Teil der Ausstellung erarbeitete, hieß Michael Kreutzer. Er war mir schon einmal begegnet, als ich 1988 – zum 50. Jahrestag des Novemberpogroms waren die DDR-Behörden großzügig gegenüber jüdischen Themen – die Erlaubnis bekommen hatte, im Westberliner Archiv der Oberfinanzdirektion nach den Listen deportierter Bewohner der Berliner Auguststraße zu suchen. In diesem Archiv saß damals auch ein junger Wissenschaftler, Michael Kreutzer. Dem erzählte ich nun von Edith Fraenkels Zuchthausakte, die er nicht kannte. Aber er kannte Robert Mohn.

Er war auf seinen Namen gestoßen, als er in den Justizakten einen Brief von Robert Mohn an den Oberreichsanwalt beim Volksgerichtshof entdeckt hatte. Dieser Bittbrief war am 14. September 1942 geschrieben worden.

Michael Kreutzer hatte Robert Mohn gefunden, der sei beinahe achtzig Jahre alt und lebe in einer kleinen Wohnung in Westend. Der alte Mann habe nicht mehr gewußt, daß er damals diesen Brief an den gefürchteten Oberreichsanwalt gerichtet hatte, und sei erschüttert über dieses Zeichen aus einer verdrängten Vergangenheit. Damals sei er knapp davongekommen, weil die anderen ihn nicht belasteten, er habe nach seiner eigenen Darstellung zu dem engeren Kreis um Herbert Baum gehört. Von dem Brandanschlag habe er vorher nichts gewußt, aber in andere Aktionen der Gruppe sei er eingeweiht gewesen.

Michael Kreutzer gab mir seine Adresse, und ich schrieb Robert Mohn einen Brief.

Inzwischen hatte ich versucht, ehemalige Schüler der Rudolf-Steiner-Schule zu finden, die sich an Edith Fraenkel erinnern könnten. Aus ihren Akten wußte ich, daß sie dort Schülerin gewesen war. Eine pensionierte Ärztin, Frau Dr. Gisela Koberg, sagte mir am Telefon sofort, natürlich erinnere sie sich an Edith, sie sei mit ihr in einer Klasse gewesen, ebenso ihr Mann Helmut, und sie hatten auch noch danach zu ihr Kontakt.

Ich war froh und überrascht, wie sich plötzlich Türen zu Edith Fraenkel öffneten. Hier waren Menschen, denen sie kein Name auf schwarzem Granit, sondern ein in der Erinnerung lebendiges Mädchen war, eine junge Frau, nicht nur eine Vorstellung. Gisela Koberg erwähnte ein Babyjäckchen, das sie für Ediths Kind gestrickt hatte. Das sei schon einige Monate nach der Geburt gestorben, Anfang 1942 muß das gewesen sein. Der Vater hieß Robert.

»Ich bitte Sie, Herr Oberreichsanwalt, mir einen Menschen zu erhalten ...«

Bald darauf saß ich in Hoppegarten bei Berlin in einer Außenstelle des Bundesarchivs Koblenz und las die Akte, in der sich der Brief an den Oberreichsanwalt befand.* Das Gebäude war ein sogenanntes Objekt des Ministeriums für Staatssicherheit gewesen. Der mißfarbene Fußbodenbelag, die mit Holzfolie beschichteten Türen, die grauen Wände, selbst die mickrigen Grünpflanzen und der Geruch nach Desinfektionsmitteln erinnerten an die vergangene Nutzung des Hauses. Immer, wenn ich dort saß, wollte ich schnell wieder fort, obwohl ich doch begierig auf die Akten war, diese mit rätselhaften Zahlen, Paginierungen, Eingangsstempeln und Unterschriftskürzeln versehenen Schriftstücke. Gleichzeitig verspürte ich eine Scheu, die Dokumente zu berühren, die durch so viele Hände und Zeiten gegangen sind, in den Vorzimmern Freislers gelesen wurden, von Sicherheitsoffizieren und Historikern in Moskau studiert wurden, von Beauftragten der Staatssicherheit der DDR, nun vom Bundesarchiv Koblenz verwaltet werden und doch einmal keine Archivalien waren, sondern Briefe, dieser hier auf mehreren Blättern mit der Hand geschrieben. Vielleicht saß Robert Mohn an einem Küchentisch in der Lietzenburger Straße in dieser Pension Lau, als er ihn am 12. November 1942 schrieb, vielleicht an einem Biedermeiersekretär, vielleicht an einem Herrenschreibtisch mit Löwentatzen, ich konnte es mir nicht vorstellen, weil ich fast gar nichts über ihn wußte. Der Empfänger dieses Briefes hieß Ernst Lautz, er war zu dieser Zeit 55 Jahre alt, ein deutscher Jurist, dessen Karriere ihn über das Landgericht Berlin zum Amt des Generalstaatsanwalts in Karlsruhe und schließlich 1939 zum Volksgerichtshof führte, wo er zum Chefankläger, also zum Oberreichsanwalt, berufen wurde. Er war seit dem 1. Mai 1933 Mitglied der NSDAP. Lautz, dessen Namen hinter die Funktion zurücktrat, wird Robert Mohns Brief kaum persönlich gelesen haben.

»Betrifft: Edith Sara Fraenkel
Aktenzeichen Is 417742

An den Herrn
Oberreichsanwalt beim Volksgerichtshof
Berlin, Bellevuestraße 15

Herr Oberreichsanwalt!
Wenn ich mich in dieser Form an Sie wende, so liegt das daran, daß ich mir sonst keinen anderen Ausweg weiß und meine ganze Hoffnung auf Sie als den Anwalt des Reichs und der Gerechtigkeit gesetzt habe.

Seit 3½ Jahren sind Edith Fraenkel und ich verlobt, blutsmäßig sind wir beide Mischlinge, doch ist Ediths Abstammung noch in der Klärung durch ein Verfahren bei der Staatsanwaltschaft beim Landgericht Berlin begriffen. Da ich sonst weder Eltern noch Geschwister hier habe, ist Edith der einzige Mensch, den ich besitze und auch ich bin für sie das Einzige, was sie besitzt, denn außer ihrer Mutter, die sich nicht viel um sie kümmert, hat sie sonst niemanden. Wir haben uns wenig mit anderen Menschen beschäftigt, da wir unsere Zeit nur miteinander verbrachten. Unsere Abende waren meistens ausgefüllt mit Discussionen zwischen uns beiden, die durch unsere völlig verschiedene Lebensauffassung hervorgerufen wurden. Während ich als Realist immer auf dem Boden der Tatsachen blieb und der Meinung war, alles Schädliche und Schlechte müsse wenn nötig auch mit Gewalt beseitigt werden, ging Edith von einem tiefen ideellen christlichen Standpunkt aus, der durch die Schule, die sie besucht hatte, noch fester verwurzelt worden war. Sie hält jeden Menschen von vornherein für gut und anständig; entpuppt er sich dann als das Gegenteil, so hält sie es für die Pflicht eines jeden anständigen Menschen, das schwarze Schaf mit Geduld und Güte wieder auf den rechten Weg zu bringen, denn so ein Mensch, sagt sie, ist nicht schlecht, sondern der Bewußtseinsgrad, der uns zwischen Gut und Böse unterscheiden läßt, sei bei ihm noch nicht vorhanden, doch können wir dazu beitragen, wenn wir ihm helfen und an allen unseren Mitmenschen gut und anständig handeln. Von ihrer tiefen Gottgläubigkeit aus lehnt sie alles Gottleugnende ab, am schärfsten die Irrlehre des Marxismus; das Gemetzel, das der Bolschewismus im Namen der Menschheit in Rußland durchführte, betrachtete sie ebenso wie das Blutbad der französischen Revolution voller tiefstem Abscheu.

[...] Als man mir heute beim Landgericht Berlin mitteilte, die Sache wäre wegen Hochverrats an Sie weitergeleitet worden, da war es mir, als ob ein Kolbenschlag auf mich herniedersaust.

Herr Oberreichsanwalt, dieses Mädchen, meine Verlobte, ist gut, zu gut vielleicht, weil sie die Menschen für besser hält, als sie sind; sie tut keinem Wesen etwas zuleide und mit ihren zwanzig Jahren hat sie auch keine politische Vergangenheit; ihre Interessen sind rein geistig-religiöser Natur, was alle Menschen, die sie näher kennen, ihre Lehrer und ihr Pfarrer bezeugen können. Am 30. Januar dieses Jahres haben wir unser Kind verloren; durch diesen schweren Verlust ist meine Verlobte noch mehr in sich gegangen; wir waren so von Kummer und Sorgen erfüllt, daß keiner von uns beiden, am wenigsten meine Verlobte, andere Interessen oder gar hochverräterische Pläne haben sollte.

Ich kenne die näheren Umstände nicht, die zu der Verhaftung des einzigen Menschen, den ich noch besitze, geführt haben; ich weiß aber, daß meine Verlobte nichts Böses getan haben kann; wir waren fast immer zusammen, es gibt keinen anderen Menschen, der das Mädchen so gut kennt wie ich, und darum muß ich auch zum Ausdruck bringen, daß auf kaum einen Menschen die Beschuldigung des Hochverrats so wenig zutrifft, wie auf meine Verlobte Edith Fraenkel. Ich bitte Sie, Herr Oberreichsanwalt, mir einen Menschen zu erhalten und wiederzugeben, der es verdient, erhalten zu bleiben, weil er ohne Schuld ist. Ohne diesen Menschen ist das Leben für mich, der ich mich als Schwerbeschädigter durch das Leben schleppe, völlig sinn- und zwecklos, es würde für mich das Ende bedeuten.

Verzeihen Sie, daß ich mit diesen Zeilen Ihre Zeit in Anspruch nehme, aber ich wußte mir keinen anderen Rat.

Heil Hitler«

Als dieser Brief abgeschickt wurde, war Edith schon Gefangene im Untersuchungsgefängnis Kantstraße, die meisten Mitglieder der Baum-Gruppe waren verhaftet, einige tot, manche auf der Flucht, die Sonderkommission der Gestapo arbeitete fieberhaft, um auch die Gesinnungsgenossen und Sympathisanten der Gruppen um Baum und Franke aufzuspüren. War es naiv, war es tollkühn, einen solchen Brief zu schreiben, aus dem Hintergrund ins Licht zu treten? Aber Robert Mohn hatte ja gerade erfahren, daß Ediths Verfahren vom Landgericht an den Volksgerichtshof übergeben worden war. Und er wußte, daß dies für die meisten Angeklagten den sicheren Tod bedeutete.

Als »Mischling« gehörte er selbst zu den Verfolgten, er kann nicht wirklich geglaubt haben, das Herz des »Anwalts des Reichs und der Gerechtigkeit« mit so einem Brief zu erweichen. Aber was sonst hätte er tun können? Er versuchte, Edith als naives, religiös-gutherziges Mädchen darzustellen. Vielleicht war es ja diese Taktik, die Erfolg hatte, denn schließlich wurde Edith ja nicht zum Tode verurteilt. Nicht sofort.

Baums Geburtshaus

Auf der Suche nach Namen von Menschen, die Herbert Baum gekannt haben, stieß ich auf den Ismar Zöllners. Ismar, der sechs Jahre jüngere Cousin Herberts, ist auf vielen der frühen Fotos zu sehen, die auf Wanderungen in der Umgebung Berlins aufgenommen wurden. Er gehörte zu Herberts Kreis, bis er Ende der dreißiger Jahre nach Chile emigrierte. Ein chilenischer Freund, der nach dem Putsch von 1973 in die DDR kam, erzählte mir von ihm. Ismar habe bis in die sechziger Jahre in der Hafenstadt Concepción gelebt, sei dort Mitglied der regionalen Leitung der Kommunistischen Partei gewesen. 1969 sei die Familie nach Berlin übergesiedelt, aber noch vor dem Putsch gegen Allende sei Ismar Zöllner 1973 gestorben. Seine Söhne und Enkel würden noch in Berlin leben. Ich telefonierte mit einem Sohn Ismar Zöllners. Der sagte, sein wieder in Chile lebender jüngster Bruder hätte sich mit der Familiengeschichte beschäftigt, und gab mir dessen Telefonnummer. So erfuhr ich, daß der Vater Herbert Baums, der 1875 geborene Jakob Baum, und die Mutter Ismar Zöllners, die 1878 geborene Rosalie, Bruder und Schwester waren. Ihre Eltern, also Ismars und Herberts Großeltern, waren Meyer Baum und Auguste Baum, geborene Aron. Die Baums lebten seit Generationen in der Kleinstadt Moschin im Kreis Schrimm, südlich von Posen an der Bahnlinie nach Breslau. Als Herbert geboren wurde, hatte Moschin etwa 1800 Einwohner, davon 127 Juden. Nach dem Ersten Weltkrieg wurde die Provinz Posen polnisch, die Baums und die Zöllners fühlten sich deutsch. 1918 wurde Ismar geboren, im selben Jahr starben beide Großeltern, und die Baums und die Zöllners gingen nach Berlin, wo die verschwägerten Familien nahe beieinander lebten und auch sonst miteinander verbunden waren. Ismar Zöllner schloß sich früh seinem Cousin an und teilte dessen politische Haltung. Durch Herberts Einfluß wurde Ismar Mitglied des illegalen Kommunistischen Jugendverbands. Er fand Arbeit in der Kunstschlosserei von Moritz Sack in der Skalitzer Straße, der der Vater von Walter Sack war, einem anderen engen Freund Herbert Baums. Weder Herberts noch Ismars Eltern sahen die politische Arbeit ihrer Söhne gern. Herberts Eltern, sein Vater Jakob und seine Mutter Regina, die mit Geburtsnamen Kasprowice hieß, verließen bereits Mitte der dreißiger Jahre Deutschland, sie gingen mit Herberts älteren Geschwistern Ruth und Max nach Brasilien. Daß Herbert nicht mitkommen würde, war klar. Schon 1934, manche sagen 1936, hatte er Marianne Cohn geheiratet. Von seiner illegalen Arbeit wußte die Familie wohl nichts, aber sie wußte, daß Herbert ein politischer Mensch war, der sich seinen Genossen mehr verpflichtet fühlte als seiner Familie. Auch sein inzwischen zwanzigjähriger Cousin Ismar war so in dem Kreis der Freunde um Herbert Baum verwurzelt, daß er nicht mitging, als seine Eltern sich nach der sogenannten Reichskristallnacht entschieden, auszuwandern.

Sie mußten ohne Ismar gehen, enttäuscht und besorgt. In den folgenden Monaten spitzte sich die Lage in Deutschland noch mehr zu, das Leben für Juden wurde immer unerträglicher, erst recht für jüdische Kommunisten. Auch Herbert Baums Haltung zur Ausreise veränderte sich. In der Gruppe diskutierten sie immer wieder darüber, ob man bleiben, ob man gehen sollte, bis schließlich kaum noch einer gehen konnte. Ismar Zöllner folgte im Herbst 1939, kurz nach Kriegsbeginn, seinen Eltern. In Chile trat er bald nach seiner Ankunft in die Kommunistische Partei ein und heiratete eine Chilenin, die keine Jüdin war. Seine vier Kinder wuchsen wie Chilenen auf, ohne Bindung an die jüdische Gemeinde, sehr zum Kummer der Eltern Ismar Zöllners und zum Unverständnis anderer Emigranten, die ihre

Wurzeln, nachdem sie Deutschland verloren hatten, vor allem im Judentum sahen. Ismar Zöllner hatte sich vom Judentum gelöst, den Zionismus lehnte er ab. Nach dem Krieg suchte er den Kontakt zu den überlebenden Genossen seiner Jugend, von denen einige in der DDR lebten. In Concepción gründete er die Freundschaftsgesellschaft Chile–DDR. Trotzdem wählte er Westberlin als Lebensort, nachdem er 1969 mit seiner Familie nach Deutschland gegangen war. Die SED bot dem ehemaligen Kampfgefährten des inzwischen als kommunistischer Widerstandskämpfer geehrten Herbert Baum an, in die DDR zu kommen, dort hätte er es in mancher Hinsicht leicht gehabt, aber er beriet sich mit seiner Familie, und die war skeptisch. In Westberlin trat Ismar Zöllner in die Sozialistische Einheitspartei Westberlins (SEW) ein. Er starb mit fünfundfünfzig Jahren, sein jüngster Sohn war damals neunzehn Jahre alt.

Dieser Sohn schickte mir per E-Mail ein Foto aus seinem Familienbesitz. Ich verstand nicht viel von meinem Computer und hatte noch nie zuvor Fotos darauf empfangen. Als ich den Anhang heruntergeladen hatte und ihn öffnete, sah ich zu, wie das Bild entstand. Es war gestochen klar, ein bräunlicher Ton. Nur was es darstellte, war nicht gleich zu erkennen. Irgendwie zogen sich Schrunden und wolkige Flecken über den Bildschirm, ein Gesicht, dachte ich, das Gesicht eines alten Menschen, dann vergrößerte ich den Ausschnitt und erkannte, daß es sich um einen Himmel handelte, unter dem ein Haus stand, ein großes Haus, zweistöckig, dreiteilig, eine Art Landhaus, von Flecken überzogen, aber die Flecken, begriff ich, als der Bildausschnitt sich noch mehr vergrößerte, die Flecken stammten von dem Foto, nicht vom Haus, das nicht neu war, als es fotografiert wurde, aber auch nicht alt und zerfallen. Es war das, was man ein stattliches Haus nannte, auf dem Lande oder in einer Kleinstadt, irgendwann um 1900. Das Haus hatte ein flaches Dach, viele große Fenster und eine breite, zweiflügelige Tür in der Mitte, eine schön gearbeitete Kastentür, vielleicht aus

Eichenholz. Der Mittelteil des Hauses war höher als die beiden seitlichen Flügel, in denen Ladengeschäfte untergebracht waren mit jeweils einem Schaufenster und einer Eingangstür. Dahinter, in dem schmalen Laden, der aber wahrscheinlich tief ins Innere des Hauses führte, gab es wohl jeweils eine Treppe in die obere Etage. Das Foto hatte sich jetzt ganz auf dem Bildschirm ausgebreitet, und ich sah, daß es die ganze Vorderseite des Hauses zeigte, das Stück Himmel darüber und eine befestigte Straße davor. Der Kaufmannsladen im linken Seitenflügel war geöffnet. Im Fenster hingen irgendwelche hellen Sachen, ich konnte auch mit einer Lupe nicht erkennen, was es war. Vielleicht Wäschestücke, vielleicht irgendeine Dekoration aus Papier. Über dem Laden war an der Hauswand ein Streifen weiß gestrichen, darauf stand der Name des Besitzers in schönen, geschnörkelten Buchstaben: Jakob Baum.

Dies also war das Geburtshaus von Herbert Baum und von Ismar Zöllner. Der Vater Herberts war Buchhalter. Ein Buchhalter kann auch ein Ladenbesitzer sein, war dies sein Laden oder der eines Verwandten?

Auf einer der beiden Treppenstufen, die zum Laden Jakob Baums hinaufführte, stand ein Mann und hielt ein kleines Kind an der Hand. Der bärtige Mann trug einen schwarzen Anzug und einen schwarzen Hut wie ein traditionell frommer Jude, das Kind im weißen Kleidchen war nicht älter als drei Jahre, es konnte ein Junge sein oder ein Mädchen.

Das Ladengeschäft im rechten Flügel war geschlossen, vor dem Schaufenster war die Jalousie heruntergelassen, die Eingangstür daneben mit weißen Spitzengardinen verhängt. Auch die Jalousien der Fenster darüber und die Fenster über Jakob Baums Laden waren heruntergelassen. Aber zwei von den drei oberen Fenstern im Mittelteil des Hauses waren geöffnet, und jeweils eine Frau stand dort und blickte aus dem Bild heraus auf den Betrachter, es waren dunkel gekleidete Frauen mit strengen Frisuren, man sah nur ihre Oberkörper, aber wie sie da an den offenen Fenstern standen mit ihren hellen Gesichtern im dunklen Rahmen, sahen sie aus wie auf einem alten Gemälde. Das dritte der drei oberen Fenster des Mittelteils des stattlichen Hauses war geschlossen, aber es sah nicht so verlassen aus wie die im Seitenflügel hinter ihren hölzernen Jalousien, die wie Augenlider geschlossen waren, das dritte Fenster dort oben, schön gemauert mit einem leichten Rundbogen wie die beiden anderen, war zwar geschlossen, aber man könnte es jederzeit öffnen, hinter einer weißen, zarten Gardine konnte der Betrachter einen schönen Raum ahnen.

Rechts und links von der breiten Eingangstür des Hauses war jeweils ein hohes Fenster zu sehen, geöffnet, aber die hölzernen Jalousien waren nicht ganz hochgeschoben, die linke hing schief, was dem ganzen Haus ein irgendwie unordentliches, gar nicht deutsches Aussehen gab. Unter der schief hängenden Jalousie stand eine Frau im geöffneten Fenster, eher ein junges Mädchen, sie trug eine weiße, gestreifte Schürze über dem dunklen Kleid. Im offenen Fenster rechts vom Eingang stand eine ganze Familie unter der hochgeschobenen Jalousie, ein schnurrbärtiger junger Mann im Anzug, eine dunkle, schmale Frau mit hellem Gesicht und ein kleines Kind in ihrer Mitte, ein Mädchen im weißen Kleid, von den Eltern auf dem Fensterbrett festgehalten, dem Fotografen ins Bild gestellt.

Und eine Bank stand vor dem Haus, links vom Eingang, unter dem Fenster mit der Frau unter der schief hängenden Jalousie. Auf der Bank saßen zwei Halbwüchsige, rechts ein Junge in kurzen Hosen und links ein Mädchen, zwischen sich hatten sie viel Platz gelassen. An der rechten Seite des Eingangs, seitlich unter dem Fenster mit der Familie, wie ein Wächter, stand vor der Hauswand ein Mann unklaren Alters in dunkler Kleidung mit Hut, er stand irgendwie da wie ein Kutscher oder Hausmeister, nicht so aufrecht und stolz wie der Jude im Eingang des Ladens, der vielleicht der Besitzer Jakob Baum selbst war.

Und am rechten Rand des Bildes, direkt an der Hausecke,

geradezu hingelümmelt, stand ein Junge, vielleicht zehn, vielleicht dreizehn Jahre alt, in dunkler langer Hose, dunkler Jacke, weißem Hemd. Ein Fleck auf dem Foto verdeckte seine Hände, es sah aus, als trüge er sie in den Taschen.

Fasziniert betrachtete ich dieses Bild, das in Moschin aufgenommen, nach Berlin mitgenommen, von dort über Schweden nach Chile gebracht wurde und nun auf meinem Bildschirm in Berlin erschienen war. Ich machte es größer, kleiner, versuchte, noch mehr darauf zu erkennen, es bewegte sich wie ein Film, aber wenn ich es zu sehr vergrößerte, löste der Zusammenhang sich auf, und wieder erschienen die Flecken und Risse wie die Furchen im Gesicht eines uralten Menschen. Ich druckte das Bild aus, aber auf dem Papier war das Foto klein, die Menschen kaum zu erkennen; ich wußte nicht, wie ich es anders machen sollte. Immer wieder schaute ich dieses Bild an, nicht den schwachen Ausdruck auf dem Papier, sondern das klare, leuchtende Foto auf dem Bildschirm. Ich überlegte, wie alt es sei, vielleicht ist das Bild erst um 1915 aufgenommen worden. Dann könnte eines der Kinder Herbert Baum sein, vielleicht das Kind an der Hand des Ladenbesitzers? Oder ist das Foto zwei, drei Jahrzehnte älter? Ist das Kind zwischen dem jungen Paar seine spätere Mutter? Oder sein Vater der Junge auf der Bank? Ich bewegte die Maus meines Computers, und manchmal schien mir, auch die Menschen auf dem Foto bewegten sich, würden gleich heraustreten und zu leben anfangen. Aber sie haben ja gelebt, haben gesprochen, gesungen, von ihnen hat Herbert seine ersten Lieder gelernt, vielleicht auch Gebete. In diesem Haus hat er seine ersten Worte gesprochen, er war sechs oder sieben Jahre alt, als er es verließ. Den Geruch dieses Kaufmannsladens, der Jakob Baum gehörte, hat er mitgenommen nach Berlin. Vielleicht hat er ihn vergessen, vielleicht hat er auch die Gebete vergessen, aber sie waren doch in ihm. Die Leute in diesem Haus trugen die Idee vom Messias weiter, an den glaubte auch Herbert, nur nannte er ihn Revolution. Die

Leute in diesem Haus trugen die uralte Idee von der Zedakah weiter, einer Gerechtigkeit, die natürliches und soziales Unrecht ausgleicht, und nichts anderes wollte Herbert Baum. Nur fand er auch andere Namen für die Zedakah. Ob die Leute in diesem Haus ahnten, daß unter ihnen an einem Februartag 1912 ein Gerechter geboren wurde?

Wie einen alten Stummfilm schaute ich immer wieder dieses Foto an, bewegte es, betrachtete das Haus mit den vielen Fenstern, überlegte, was im Halbdunkel hinter den heruntergelassenen Jalousien geschehen sein mag, warum der rechte Laden geschlossen war. Wegen der Armut, dem Tod oder einfach wegen der Mittagshitze?

Ich mußte für einige Tage wegfahren, dachte kaum an Moschin, Herbert Baums Geburtshaus und dieses braune Foto. Nach meiner Rückkehr wollte ich mir zeigen lassen, wie ich es richtig ausdrucken könnte. Als ich es auf den Bildschirm holen wollte, war das Foto von Herbert Baums Geburtshaus nicht mehr auffindbar. Die Speicherzeit war noch nicht abgelaufen, aber es war nicht mehr da. Mir blieb nur mein kleiner, verschwommener Ausdruck.

Aber ich weiß ja, nichts verschwindet wirklich. Und ich habe es gesehen, ich habe die zwölf Menschen vor und in diesem Haus gesehen. Vielleicht empfanden seine Leute Herbert als einen Abtrünnigen, vielleicht empfand er sich selbst so, dabei hat er sein Leben, das hinter einem dieser hohen Fenster begann und hinter einem vergitterten Zellenfenster in Berlin-Moabit am 11. Juni 1942 endete, so gelebt, wie das Gesetz der Zedakah es forderte.

Im »Ring«

Zweimal im Jahr lädt das Emigrantenreferat beim Senat ehemalige Berliner aus allen Teilen der Welt ein, die vor Jahrzehnten als Juden aus ihrer Heimatstadt vertrieben worden waren. Ich hatte der Mitarbeiterin Frau Roeper von Edith Fraenkel aus der Baum-Gruppe erzählt, und im Mai 1992 sagte sie mir, daß unter den Besuchern eine Frau sei, die in ihrer Jugend Herbert Baum gut gekannt hätte. Vielleicht würde sie etwas über diese Edith Fraenkel wissen.

Aber die Frau, die ich am nächsten Tag im Hotel Brandenburger Hof traf, kannte Edith Fraenkel nicht, hatte ihren Namen nie gehört. Sie hieß Ilse Heller, geborene Held, und war zweiundsiebzig Jahre alt.

Trotzdem fragte ich sie nach ihren Erinnerungen, denn die Baum-Gruppe von 1942, zu der Edith Fraenkel gehörte, ist nicht zu verstehen ohne ihre lange Vorgeschichte.

Es war nicht Ilse Hellers erster Besuch in Berlin. Bald nach dem Krieg war sie hier gewesen und hatte die alten Straßen und Häuser gesucht. Die Menschen, die sie suchte, waren nicht mehr da. 1978 war sie noch einmal gekommen. Der einzige, den sie antraf, war Günter Prager, ein Jahr jünger als sie, der mit ihr im 3. Zug des »Ring-Bund Jüdischer Jugend« gewesen war und auch zu Herbert Baums damaligem Kreis gehörte. Er war ein paar Monate nach ihr ebenfalls ins englische Exil gegangen und Jahrzehnte später aus Wien nach Berlin zurückgekehrt, nach Ostberlin.

Ilses Eltern waren ziemlich moderne Eltern, die ihre Kinder nicht unterdrückten, sondern ernst nahmen, viel mit ihnen sprachen. Sie waren nicht religiös und traten erst nach 1933 wieder in die Jüdische Gemeinde ein. Der Vater war selbständiger Vertreter, die Mutter arbeitete mit ihm zusammen. Sie las viel und hing sozialistischen Ideen an, sympathisierte mit der Frauenbewegung. Ein Zimmer in der großen Wohnung in der Hasenheide 19 war das Büro. Der Vater war überzeugter Pazifist, und so erzogen die Eltern auch ihre Töchter. Im selben Haus wohnte die Familie Hirschowitz, deren Tochter Ruth war Ilses beste Freundin. Sie gingen in die Volksschule Dieffenbachstraße, dort lernten jüdische und nichtjüdische Kinder gemeinsam, Ilse erinnert sich nicht an Antisemitismus. Der begegnete ihr zum erstenmal in einem Ferienlager an der Nordsee. Das war verstörend, aber noch nicht bedrohlich. Später war sie am Neuköllnischen Lyzeum. Da war Hitler schon an der Macht, und die meisten Mädchen ihrer Klasse gehörten zum »Bund Deutscher Mädel«. Die erzählten von interessanten Gruppennachmittagen, hatten so schöne Wildlederjacken. Ruths Vater fand heraus, daß es auch jüdische Jugendgruppen gab, und fortan gingen Ruth und Ilse in eine Gruppe, die Teil des »Bund der Deutsch-Jüdischen Jugend« war. Ilses Schwester Lilly war schon 1934 zu Bekannten der Familie nach Belgien geschickt worden. Auch Ilses Eltern sprachen viel über eine Ausreise, das war wohl in dieser Zeit ein nie abreißendes Gesprächsthema in den meisten jüdischen Familien. 1936 durfte der »Bund der Deutsch-Jüdischen Jugend« sich nicht mehr deutsch nennen, dann war es der »Ring-Bund Jüdischer Jugend«, kurz »Ring« genannt. Der Gruppenleiter hieß Rudi Antel, sie trafen sich anfangs in der Synagoge am Kottbuser Ufer, später in der Oranienburger Straße 31, im Verwaltungsgebäude neben der Neuen Synagoge. Eigentlich war der »Ring« nach seinem Selbstverständnis nicht politisch, sein Ziel war die Suche nach einer Verbindung von deutscher und jüdischer Identität, er unterhielt gute Beziehungen zum »C. V.«, dem »Centralverein deutscher Staatsbürger jüdischen Glaubens«. Aber Ilse erlebte das im 3. Zug des »Ring« nicht so, wie es in den Statuten stand. Sie lasen Bücher von Henri Barbusse, Sinclair Lewis, diskutierten heftig über das Gelesene. Sie waren fünfzehn, sechzehn Jahre alt und hatten längst begriffen, daß die Politik in ihr Leben eingriff. Sie suchten nach einer Erklärung für das, was ihren Familien geschah, suchten nach einem Weg für sich als junge Juden. Die wöchentlichen Treffen wurden der Mittelpunkt von Ilses Leben. Die Eltern ließen sie an den Wochenenden nicht so gern mitfahren, sie waren etwas besorgt um ihre jüngere Tochter. Aber die Leiterin in der Oranienburger Straße, Judith Kozminski, kam zu ihnen nach Hause und sprach mit den Eltern, so daß sie Ilse fahren ließen. Die Wochenenden in der Natur, die Kameradschaft, die Lieder nachts unter dem Sternenhimmel – das sind Ilses beste Jugenderinnerungen. In dieser Zeit lasen sie auch das »Kommunistische Manifest« und versuchten, marxistische Gedanken zu verstehen. Junge Erwachsene wie Judith Kozminski oder der Führer der Parallelgruppe für die etwas Älteren im »Ring«, Judiths Freund Walter Sack, wurden ihnen allmählich wichtigere Gesprächspartner als die Eltern, die selbst keinen Ausweg wußten. Ilse besuchte dann die Höhere Handelsschule in der Joachimsthaler Straße, lernte Französisch, Englisch und Spanisch, weil sie ausreisen wollte. Außerdem nahm sie Kochunterricht. Vielleicht würde sie ja als Dienstmädchen arbeiten müssen. Ende 1937 begegnete sie erstmals Herbert Baum. Der »Ring« war inzwischen verboten worden, und nun trafen sie sich in kleinen Gruppen bei Herbert Baum. Der hatte nicht direkt zum »Ring« gehört, aber irgendwie doch, er kannte viele, auch Ilses ersten Führer Rudi Antel und Judith Kozminski und Walter Sack. Von Herbert Baum ging eine Autorität aus, die alle respektierten. Dabei erlebte Ilse ihn nie als einen, der Vorschriften machte. Höchstens Vorschläge. Er und seine Frau Marianne waren acht Jahre älter als Ilse, ein großer Unterschied, sie wirkten schon ganz erwachsen. Es machte Ilse stolz, daß dieses junge Ehepaar sie wie seinesgleichen behandelte, daß sie in ihrer Wohnung ein und aus gehen durfte. Die meisten von Ilses Freunden traten nach dem Verbot des »Ring« in eine der noch legalen zionistischen Jugendorganisationen ein, sie selbst war zuerst im »Habonim«, dann im Pfadfinderbund »Hashomer Hazair«. Aber das war schon so eine Art Tarnung für die Zusammenkünfte und Wochenendfahrten. Zionistisch war Ilse nicht. Bei ihren Treffen vertraten Herbert und Marianne ganz offen kommunistische Ideen. Die Sowjetunion war für sie das Land, in dem es keinen Rassenhaß gab, in dem die uralten Sehnsüchte nach Gerechtigkeit und Gleichheit verwirklicht waren. Irgendwoher hörte man von Prozessen und Lagern in der Sowjetunion, aber Herbert Baum zeigte in seiner ruhigen, manchmal fast väterlichen Art ein unbedingtes Vertrauen zur Politik der Sowjetunion, das wirkte auch auf Ilse. Ob hinter Baum eine Partei oder eine Organisation stand – darüber dachte sie damals nicht nach. Wenn, dann war es doch besser, man fragte nicht.

Einer der älteren in der Gruppe hieß Felix Heymann, der war schon ein, zwei Jahre länger dort als Ilse. Er war vielleicht zwanzig, besaß ein Motorrad und war ein bißchen in Ilse verliebt. Er kam zu ihr nach Hause, und auch Ilses Eltern mochten ihn. Als ihre Eltern in eine kleine Hinterhauswohnung in der Ansbacher Straße umziehen mußten, half Felix Heymann beim Umzug. Aber Felix war damals schon oft mit Hella Hirsch zusammen, die auch in Judith Kozminskis Gruppe gewesen war und nun bei Baums verkehrte. Später, als Ilse schon weg war, soll sie seine Freundin geworden sein.

Zu denen, die sich bei Baums damals trafen, gehörten nach Ilses Erinnerung Uschi Littmann, Horst Heidemann, Gerd Laske, Alfred Eisenstädter, der mit Hanna, einer Schwester von Felix, zusammen war. Die konnten alle noch aus Deutschland herauskommen. Aber Felix nicht und Hella nicht und auch nicht Hellas Schwester Alice, an die Ilse sich nur flüchtig erinnert, denn sie war jünger. Sie lernte auch Sala und Martin Kochmann kennen, ein anderes junges Ehepaar, so alt wie die Baums, das mit ihnen eng befreundet war. Silvester 1938 feierten sie gemeinsam in Baums Wohnung, das

Küchenfenster ging nach hinten raus, da hörten sie Musik vom Grammophon, tanzten, sangen Lieder aus den Bauernkriegen und dem Spanischen Bürgerkrieg. Aber es waren Jahre voller Abschiede. Ilses erster Freund Bob Kamrase ging nach Palästina, ihre Freundin Ruth nach Argentinien, ihre andere Freundin Inge Gongula nach Uruguay.

Im März 1939 konnte Ilse über eine zionistische Hilfsorganisation nach England ausreisen. Viele ihrer Freunde und Bekannten reisten aus. Deutschland war für die Juden wie ein Pulverfaß, und auch die, die es bisher nicht wahrhaben wollten, spürten, daß sie nicht bleiben konnten. Als Ilse mit den Eltern zum Bahnhof kam, standen da Herbert Baum, Felix Heymann und Hella Hirsch. Das hatte sie nicht erwartet, und es machte ihr das Herz warm und den Abschied noch schwerer. Aber sie war auch froh, Deutschland verlassen zu können, das war ja schon nach dem Novemberpogrom. In einer westenglischen Stadt konnte sie im Krankenhaus arbeiten, sich zur Schwester ausbilden lassen. Judith Kozminski war auch in England, der Altersunterschied wurde immer bedeutungsloser, sie wurde Ilse eine Freundin fürs Leben. 1966 ist sie gestorben.

Ilses Eltern konnten 1940 endlich nach New York zu einem Vetter ausreisen. Auch Lilly, ihre Schwester, kam nach New York. Als die Deutschen Belgien besetzt hatten, war sie nach Frankreich geflohen, von dort nach Spanien … 1943 war die Familie wieder zusammen. Ilse arbeitete ihr Leben lang als Säuglingsschwester, noch als Zweiundsiebzigjährige half sie in einer Arztpraxis. Ihre drei Kinder wurden 1954, 1957 und 1960 geboren.

Nach dem Krieg erfuhr sie von dem Anschlag im Lustgarten, hörte Baums Namen, hörte die Namen ihrer Freunde. Sie erfuhr, daß Herbert und Marianne, Sala und Martin Kochmann, Felix Heymann und Hella Hirsch hingerichtet wurden, daß Alice in Auschwitz starb. Sie trauerte, sie war erschüttert und stolz. Ihre Freunde sind nicht »wie Schafe zur Schlachtbank« gegangen.

Mit Judith und Ruth Hirschowitz und Inge Gongula, zu denen die Verbindung nie abgerissen war, tauschte sie sich über das alles aus. Einmal, da waren ihre Kinder schon geboren, war sie beim Saubermachen und das Radio lief. Als sie Herbert Baums Namen hörte, setzte sie sich hin und hörte der Sendung zu. Sie sagten etwas von Flugblättern, die Baums Gruppe in Telefonzellen niedergelegt hätte. Und plötzlich lief in ihr so etwas wie ein Film ab, sie sah sich und Günter Prager in der Dämmerung von Baum kommen, und sie sah die Telefonzelle und das Flugblatt, das sie dort hineinlegten. Sie erzählte es ihrem Mann, aber der war skeptisch. »Das hast du nicht erlebt, das hast du gehört«, meinte er. »Du hast früher nie davon gesprochen.« Als sie Günter Prager wiedertraf, fragte sie ihn. Er wußte sofort, von welchen Flugblättern die Rede war. Natürlich hätten sie Flugblätter und Klebezettel verteilt, auch an die Telefonzelle erinnerte er sich. Ilse blieb unsicher. Inzwischen ist diese Erinnerung ganz genau, sie sieht Einzelheiten vor sich, aber ist es eine Erinnerung? In all den Jahren hat sie so viel über die Baum-Gruppe gelesen und gehört, sie weiß es einfach nicht.

Ich habe Ilse Heller seitdem nicht wiedergesehen, aber einmal schrieb sie mir, und in ihrem Brief stand die Bitte, ich solle über die Baum-Gruppe schreiben. »Mit Ihren Worten werden sie weiterleben.«

»Weine nicht, kleiner Genosse.«

Günter Prager, der sich so deutlich an die Flugblätter erinnerte, hat wie viele, die als Jugendliche mit Herbert Baum in Berührung kamen, Berichte gegeben, die in Archiven liegen.* Daher weiß ich, daß sein Weg in diese Gruppe ganz anders als Ilses und doch ähnlich war.

Er ist im Scheunenviertel geboren, in der Mulackstraße, wo fromme sogenannte Ostjuden und die Ärmsten Berlins dichtgedrängt lebten. Auch sein Vater war arm. Er war aus Polen gekommen, dort Bergmann gewesen, nun tapezierte er Stuben, wenn er Arbeit hatte. Aber er war stolz darauf, dem Kaiser als Soldat gedient zu haben, und fühlte sich so deutsch, daß seine Söhne es lächerlich fanden. Günter und sein vier Jahre älterer Bruder Ernst wuchsen wie alle Kinder des Scheunenviertels auf der Straße auf. Sie spielten Triesel, Einkriegezeck oder Himmel und Hölle, prügelten sich, klauten gemeinsam bei Aschinger Brötchen und zogen den Bettlern hinterher, die eigentlich Arbeitslose wie ihre Väter und Brüder waren, nun auf den Hinterhöfen sangen oder Kunststückchen vorführten. Die Kinder sammelten ihnen die eingewickelten Sechser auf, die manche Hausfrauen aus den Fenstern schmissen. Demonstrationen, Kundgebungen, Zusammenstöße mit der Polizei gehörten zum Alltag. Um die Ecke war der Alexanderplatz, gleich dahinter das Karl-Liebknecht-Haus der Kommunisten, in der Gormannstraße die Stempelstelle der Arbeitslosen. Günter bekam schon als Elfjähriger die Gummiknüppel der Polizei ab, weil er sich, es war 1932, in eine Kundgebung gemischt hatte. Ein Mann und eine Frau brachten ihn nach Hause: »Weine nicht, kleiner Genosse.« Aber der Vater wartete schon mit dem Rohrstock. Sein Bruder Ernst, der sechzehn Jahre alt war, als Hitler kam,

ging früh schon in den verbotenen Kommunistischen Jugendverband. Er arbeitete in einer Druckerei in der Alexanderstraße, Günter wußte schon mit zwölf, dreizehn Jahren,
daß sein Bruder Flugblätter druckte. Manchmal transportierte er selbst eingewickelte Packen auf dem Fahrrad. Die
Eltern ahnten nichts davon. Sein Bruder war es auch, der ihn
in den »Ring« brachte, in Judith Kozminskis Gruppe. Wenn
sie auf Fahrt gingen, kam Ernst Prager manchmal mit und
spielte Balalaika.

Im Mai 1936 wurden die Brüder Prager zur Gestapo bestellt. Günter, dem sein Bruder eingeschärft hatte, die Gruppe
im »Ring« als harmlose Freizeitgruppe darzustellen und Herbert Baum nie zu erwähnen, wurde nach einigen Verhören
entlassen. Es ging um Flugblätter, die Ernst Prager gedruckt
hatte. Er wurde zu anderthalb Jahren Gefängnis verurteilt.
Danach emigrierte er nach Holland.

Sein kleiner Bruder Günter war stolz auf ihn. Die Gruppe
um Judith Kozminski und dann Herbert und Marianne Baum
war sein Zuhause. Sein wirkliches Zuhause mit den Eltern, die
die Welt nicht mehr verstanden, wurde immer bedrückender.
Die Gruppe bildete eine eigene kleine Gegenwelt zu dem, was
in Deutschland geschah. Für seine Freunde hätte Günter Prager alles gegeben, hier war er glücklich, bekam Anerkennung,
hier fand er nicht die ängstliche Ohnmacht seiner Eltern,
sondern einen kämpferischen Optimismus, der sie an eine
sozialistische Zukunft wie an eine Verheißung glauben ließ.
Sie würden den Faschisten die Stirn bieten. Aber nachdem
im Herbst 1938 aus wohl jedem Haus des Scheunenviertels
Familien abgeholt und nach Polen transportiert wurden,
nachdem am 9. November die Schaufenster zerschlagen, die
Läden verwüstet und so viele Väter und Söhne nach Sachsenhausen gebracht wurden, nachdem man sah, daß das nur der
Anfang sein würde, versuchten auch Günters Freunde auszu-
reisen. Auch Günter hatte Glück und konnte als achtzehn-
jähriger Schlossergeselle wenige Tage vor dem Kriegsbeginn
nach England ausreisen. Judith Kozminski war schon dort.

Mit ihm reiste noch einer aus dem damaligen Kreis um Herbert Baum, Paul Friedländer, den sie seiner braunen Hundeaugen wegen Bonzo nannten. Bonzo war ein Jahr älter als Günter Prager, er war über den Pfadfinderbund »Hashomer Hazair« zu Baum gekommen. Gleich nach ihrer Ankunft wurden die Jungen aufs Land geschickt. Unter den Emigranten wurde damals heftig über den deutsch-sowjetischen Nichtangriffspakt diskutiert. Günter Prager erinnerte sich später in einem Lebenslauf: »Obwohl wir sehr wenig wußten, überhaupt nicht informiert waren, konnten wir mit unseren Argumenten einige Jugendliche auf unsere Seite ziehen. Unser Vertrauen in die Politik der KPdSU war grenzenlos.«

Schon im Mai 1940 wurden die jungen Emigranten wie alle Deutschen als feindliche Ausländer interniert, Günter Prager transportierte man in ein Lager nach Kanada, Bonzo kam nach Australien, auf einem Schiff, das bombardiert wurde. Sie waren in den Lagern zusammen mit ehemaligen Spanienkämpfern, mit Kommunisten, die die entwurzelten jüdischen Jugendlichen in Kursen schulten. Bei Günter Prager und Paul Friedländer fielen die Lehren der »Kurzen Geschichte der KPdSU(B)« oder der »Grundlagen des Leninismus« auf fruchtbaren Boden, der von Judith Kozminski und Herbert Baum schon vorbereitet war.

Sie traten beide, unabhängig voneinander, in die Armee ein, um gegen Hitler zu kämpfen. Obwohl ihnen später gerade dieser Dienst in den westlichen Armeen von ihren Genossen in der DDR vorgehalten wurde, blieben sie überzeugt, daß das richtig war. Sie hatten alle ihre Angehörigen in den Konzentrationslagern verloren. Günter Pragers Bruder Ernst war nach dem Einmarsch der Deutschen in den Niederlanden verhaftet und nach Mauthausen gebracht worden. Dort erschoß man ihn am 17. September 1941. Erfahren hat Günter es durch einen Brief, den Hella Hirsch ihm im November 1941 noch schreiben konnte.

Bonzo und Günter gehörten zu den jüdisch-kommunistischen Emigranten, die nach dem Krieg, Günter Prager erst

1960, nach einem Umweg über Wien, zurück nach Deutschland kamen, in die DDR, weil sie glaubten, daß hier der Sozialismus aufgebaut würde. Erst allmählich merkten sie, wie ihnen als sogenannten »Westemigranten« Argwohn und Ausgrenzung entgegengebracht wurde – Ausgrenzung, die ihnen als Juden eine lebenslängliche Erfahrung war.

Aber sie hatten ja gelernt, die Treue zur Partei über alles zu stellen. Paul Friedländer, den nur noch wenige Bonzo nannten, nahm sich Anfang der achtziger Jahre das Leben. Er war deprimiert und sehr krank. Günter Prager gehört zu denen, die 1977 als Überlebende der Widerstandsgruppe unterschrieben: »Wir können mit Stolz sagen, daß in unserer Republik die Erinnerung an Herbert Baum und die heldenhaften jungen Antifaschisten seiner Gruppe lebt und gehütet wird und auf ihre Weise zur Erfüllung der großen Aufgaben bei der Vollendung der entwickelten sozialistischen Gesellschaft und dem allmählichen Übergang zum Kommunismus beiträgt.«

Ob er wirklich so gedacht hat? Oder hätte auch er abgewinkt wie Ilse Stillmann: Das haben die Genossen so festgelegt.

1994 fuhr er für eine Woche nach London. Er hatte in Berlin eine Cousine wiedergetroffen, die letzte Überlebende aus seiner Familie. Ihrer achtzehnjährigen Enkeltochter wollte er das Land seiner Emigration zeigen und buchte die Reise. In London versagte plötzlich sein Herz. Seine Urne wurde am 28. April 1994 in Berlin-Pankow beigesetzt. Die Rede hielt Walter Sack, sein alter Jugendführer aus dem 3. Zug.

Als ich über Günter Prager und Paul Friedländer aus dem frühen Kreis um Herbert Baum geschrieben hatte, traf ich in Berlin eine Frau, die vor Jahrzehnten in Australien Paul Friedländer kennengelernt hatte, den auch sie Bonzo nannte. Sie war damals noch ein Kind, ein zehnjähriges jüdisches Emigrantenkind aus Berlin, das von Bonzo für die kommunistische Idee begeistert wurde. In den fünfziger Jahren kam sie in die DDR. Sie traf Bonzo wieder, der diesen Traum vom Sozialismus in ihr geweckt hatte, der ihn teilte, blieb lebenslang mit ihm freundschaftlich verbunden. Er hatte ihr schon in Australien von seiner Bindung an die Gruppe um Herbert Baum erzählt. Nach Öffnung der Archive las sie in ihrer sogenannten Stasi-Akte, daß ihr Freund sie lange bespitzelt hatte, im Auftrag der Staatssicherheit, die ihr mißtraute, weil man nicht glauben konnte, daß sie freiwillig in der DDR leben wollte, und sie für eine Agentin des Klassenfeinds hielt. Bonzo hatte über ihre Treffen berichtet, auch über vertrauliche Gespräche und intime Details. Dabei war er selbst ein Opfer solcher Methoden, erzählte mir die noch immer verletzte Freundin Bonzos und riet mir, in den Akten des »Deutschen Wirtschaftsinstituts DWI« der fünfziger Jahre nachzuschauen, dort würde ich lesen, wie es Bonzo und anderen »Westemigranten« erging. Einige solcher Akten habe ich angeschaut.* Ich möchte hier nicht schildern, welche Intrigen, welcher Kleingeist, welche Ängste, was für ein Verfolgungswahn an diesem Institut herrschten, besonders in den Monaten vor Stalins Tod, als man, wie ein Aufruf der Partei überschrieben war, die »Lehren aus dem Slánský-Prozeß« in Prag ziehen sollte und Juden generell verdächtig waren, als Zionisten, Agenten, Feinde des Sozialismus. Das war 1952 in der DDR gar nichts Ungewöhnliches.

Leiter des Deutschen Wirtschaftsinstituts war damals Siegbert Kahn, von dem mir schon Ilse Stillmann erzählt hatte. Seine Personalleiterin am Institut war – Ilse Stillmann. Ihre Aufgabe sah sie in Wachsamkeit. Sie suchte Parteifeinde unter der Belegschaft und fand sie. Einer war Paul Friedländer, genannt Bonzo. In einem ihrer vielen vertraulichen Berichte an das Zentralkomitee der SED, Abteilung Planung, Referat Kaderpolitik, schrieb Ilse im August 1952: »Eine erfolgreiche, im Sinne der II. Parteikonferenz liegende Tätigkeit der Grundorganisation des Deutschen Wirtschaftsinstituts und damit auch eine erfolgreiche Arbeit des Instituts insgesamt ist durch die Existenz einer objektiv parteischädigenden

Gruppierung Friedländer auf das stärkste behindert. Die Vergangenheit Friedländers läßt darauf schließen, daß er selbst auch subjektiv feindlich wirken will.« Die Vergangenheit Friedländers, der sich schon mit fünfzehn Jahren als Kommunist fühlte, war seine Emigration in England, das war das Lager in Australien, die Zeit bei der alliierten Armee, in die er eingetreten war, um Hitler zu besiegen.

Ilse entlarvte eine »Gruppe Friedländer«, bezichtigte sie der fraktionellen Spaltertätigkeit am Institut. Kurze Zeit vorher hätten die Vorwürfe ausgereicht, die Beschuldigten zu entlassen, vielleicht zu verhaften, in Straflager zu bringen. In den Unterlagen des ehemaligen Staatssicherheitsdienstes der DDR findet sich ein Blatt kariertes Schreibpapier, auf dem ein wachsamer Genosse um 1953 handschriftlich und mit Sorgfalt die »maßgeblichen Verbindungen des Kahn, Siegbert während der Emigration in CSR und England« aufgelistet hat. Neben »Kuczynski, Jürgen (belastet)« steht da »Ansbach, Herbert (belastet)«, »Hager, Kurt (belastet)« – und »Field, Noel u. Herm.(Agenten)« sowie »Bauer, Leo (Agent)«. Ob Ilse wußte, wie nahe ihr Freund und damit auch sie selbst dem Abgrund war? Ob sie durch ihre besondere Wachsamkeit gegenüber »Parteifeinden« eigener Gefährdung begegnen wollte? Stalin starb im März 1953. Danach hatte offenbar niemand mehr Lust, am Deutschen Wirtschaftsinstitut eine Tschistka, wie die parteiinternen Säuberungen auf russisch hießen, durchzuführen. Allerdings bemängelte ein interner Bericht einer Parteikontrollkommission vom Oktober 1953 die »Konzentration jüdischer Westemigranten« an dem Institut. Man empfahl ihre »Zerschlagung«. Einige Mitarbeiter wurden wie Schachfiguren versetzt. Siegbert Kahn erhielt eine Verwarnung. Friedländer konnte vorerst bleiben. Ilse Stillmann wurde zur Bezirksparteischule hinwegdelegiert. »Sie darf in Zukunft nicht mehr mit Personalpolitik beauftragt werden.«*

Bei Robert Mohn

Eines Abends, als ich gerade eine Suppe kochte, rief Robert Mohn mich an. Er hatte eine warme Stimme, die eines alten Mannes, aber nicht greisenhaft, sondern fest, aufmerksam, vielleicht vorsichtig. Obwohl ich auf seine Antwort gewartet hatte, war ich überrascht. Er fragte mich, warum ich mir Edith Fraenkels Akte bestellt hätte, wie alt ich sei, was ich in der DDR gearbeitet hätte. Ich sagte es ihm, meine Tochter im Hintergrund murrte, die Suppe brannte an. Robert Mohn fragte nach dem Kind, es wurde ein langes Gespräch, das erste von so vielen, die wir in den nächsten zwei Jahren bis zu seinem Tod führten. Er ging kaum noch aus dem Haus, war krank, außerdem trug er eine Beinprothese – die Behinderung, über die er in seinem Brief an den Oberreichsanwalt geschrieben hatte –, und das Telefon war ihm die Brücke zur Welt geworden.

Wenn ich an meinen ersten Besuch bei ihm in einem Wohnblock der fünfziger oder sechziger Jahre denke, wenige Tage nach dem Telefongespräch, so kann ich ihn in meiner Erinnerung kaum unterscheiden von so vielen ähnlichen. Robert Mohn erwartete mich schon an der geöffneten Tür. Er hatte mich kommen sehen und beobachtet, wie ich noch kurz auf seinen Hof ging, weil ich zu früh da war. Er stand da, aufrecht, obwohl er sich an einem Stock festhielt. Sein forschender, illusionsloser Blick musterte mich. Meine Befangenheit wich schnell, denn er hatte auf seinem Tisch eine Zeitung liegen, den »Sonntag«, in dem ich einen Nachruf auf eine Schriftstellerin geschrieben hatte, Berta Waterstradt. Er fragte, ob ich das geschrieben hätte, Berta Waterstradt sei ihm sehr lieb gewesen, eine Freundin über Jahrzehnte. Überrascht erzählte ich ihm, daß ich Berta noch Tage vor ihrem

Tod im Mai 1990 in ihrer Wohnung besucht hatte. Sofort waren wir in einem beinahe vertrauten Gespräch, er fragte mich nach ihr, nach ihrer Schwester Pnina, die er auch kannte und die ich in Jerusalem getroffen hatte. Schon bei diesem ersten Besuch redeten wir viel, Vergangenheit und Gegenwart, Historisches und Privates, Bedeutendes und Banales vermischten sich. Ich sehe das Zimmer vor mir, nicht groß, das typische Wohnzimmer einer solchen Wohnung. Solide Möbel, nichts Ungewöhnliches. Nur die Figuren aus kostbarem Porzellan in den Schränken paßten irgendwie nicht zu ihrem Besitzer. Später erfuhr ich, daß er beruflich mit einer Porzellanmanufaktur zu tun gehabt hatte. Robert Mohn lebte allein, war geschieden und verwitwet, er hatte wohl mehrere Ehen geführt.

Ich gab ihm eine Kopie des Briefes, den ich in Ediths Zuchthausakte gefunden hatte. Lange hielt er die Blätter in der Hand, betrachtete die klare Mädchenhandschrift und legte sie dann still beiseite. Ich verstand, daß er den Brief nicht in meinem Beisein lesen wollte, aber ich war ja gekommen, um mehr über die Baum-Gruppe zu erfahren, und fragte danach. Aber Robert Mohn wollte von selbst erzählen und sich nicht durch meine Fragen den Ablauf seiner Erinnerungen bestimmen lassen. Und er wollte, da ich aus der DDR kam und die Mauer noch nicht lange geöffnet war, meine Meinung zur Wiedervereinigung hören, er wollte noch mehr über mich wissen.

Diesem ersten Besuch folgte bald ein zweiter, schließlich besuchte ich ihn regelmäßig, manchmal mit einem Tonbandgerät, manchmal machte ich Notizen. Manchmal kam ich einfach so.

Auf Ediths Brief kam er nie zu sprechen. Als ich ihn besser kannte, fragte ich ihn danach. Er habe den Brief nicht gelesen, antwortete er mir. Er sei nicht mehr derjenige, an den er geschrieben wurde. Die Frau, die diesen Brief geschrieben habe, gebe es nicht mehr. Der Brief sei kein Brief mehr.

Er hatte Edith kennengelernt, als sie fünfzehn und er vierundzwanzig Jahre alt war. Sie saß mit ihrer Mutter in der Eisdiele Heil am Olivaer Platz, die damals so etwas wie ein Treffpunkt für ihn und seine Freunde war, ein Umschlagplatz für Nachrichten. Die Mutter war klein, hatte einen dunklen, lockigen Schopf, sah unverkennbar jüdisch aus und sprach sehr laut, sie war jugendlich angezogen und lachte etwas schrill. Die Tochter neben ihr wirkte still, so rein und hell, er wußte keine anderen Worte dafür. Etwas an ihr strahlte, obwohl sie bescheiden gekleidet war. Robert fragte, ob er sich zu den beiden setzen dürfe, und begann ein Gespräch. Edith sagte nicht viel, die Mutter aber war offensichtlich angetan von dem seriösen jungen Mann, Robert Mohn trug an diesem Tag einen guten Anzug aus englischem Stoff. Er hatte seiner Geschäfte wegen manchmal in London zu tun. Bei dieser ersten Begegnung erzählte Olga Fraenkel ihm bereits von ihren Sorgen, sie sprach immer und zu jedem über ihre Probleme. Aber wer, wenn er jüdisch war und ohne Vermögen, hatte keine Sorgen. Robert hätte nicht zugehört, wäre da nicht dieses Mädchen gewesen. Die Frau erzählte von ihrem Mittagstisch, den sie in der Sächsischen Straße, Ecke Düsseldorfer, unterhalte, täglich kämen acht oder zehn alte Damen zu ihr, die ihr ihre Lebensmittelkarten und etwas Geld gegeben hätten, damit sie für sie koche. Das sei auch eine Zeitlang gut gegangen, sie hätte sich und ihre Tochter davon ernähren können, aber seitdem es auf die jüdischen Karten so gut wie nichts mehr gebe und Fleisch so teuer geworden sei, könne sie kaum noch ein ordentliches Essen auf den Tisch bringen, die alten Damen fingen schon zu murren an, wovon solle sie bloß leben, wenn dieser Mittagstisch wegfalle. Edith schien es nicht zu gefallen, daß ihre Mutter zu dem Fremden so offen über dies alles sprach, sie sagte aber nichts, sondern verschloß nur ihr Gesicht. Während Olga Fraenkel pausenlos redete, beobachtete Robert Mohn dieses Mädchengesicht, das eben noch so offen, so leuchtend gewesen war und nun so, als sei ein Schleier darüber gefallen. Sie blickte ihre Mutter an, ihre grauen Augen drückten Empörung aus, eine unterdrückte Wut, von der er nicht wußte, ob sie dem Gerede der Mutter galt oder dem, wovon sie sprach. Er war fasziniert von diesem Gesicht, und obwohl dieses Mädchen ja fast noch ein Kind war, spürte er vom ersten Moment an, das war die Frau, die er suchte, die ihm in all seinen Liebschaften noch nicht begegnet war. Die würde er nicht loslassen. Er schlug der Mutter vor, sich um Fleisch für ihren Mittagstisch zu kümmern, es gebe da gewisse Möglichkeiten. Edith warf ihm einen undeutbaren Blick zu, vielleicht war es Spott, vielleicht Verachtung, vielleicht auch eine Spur Dankbarkeit.

Er fuhr von da an tatsächlich zweimal in der Woche zu einer Pferdeschlächterei in der Nähe vom Lützowplatz und kaufte Pferdefleisch, für das man weniger Marken brauchte. Frau Fraenkel konnte gut kochen, sie legte das Fleisch ein, machte oft Sauerbraten, alle wurden satt, und niemand wollte wissen, woher das Fleisch kam.

Edith ging damals noch zur Schule. Er lud sie ein, ins Kino und in die Oper, obwohl das für Juden verboten war, er zeigte ihr seine Zuneigung, und als seine Eltern im Frühjahr 1939 ausreisten, war sie längst seine Freundin. Als sie das erste Mal bei ihm über Nacht blieb, es war am Tag vor ihrem siebzehnten Geburtstag, rief Olga Fraenkel sehr spät an und verlangte, daß ihre Tochter sofort nach Hause käme. Roberts Vater beruhigte die aufgeregte Frau und sagte: »Ihre Tochter ist erwachsen. Und sie ist bei meinem Sohn in guten Händen.« Sie war tatsächlich reifer als andere Mädchen ihres Alters, sie war die Frau, die er gesucht hatte, und sie blieb es auch, als sie fort war. In all den Jahrzehnten lag die Erinnerung an sie auf dem Grund seiner Tage, auch wenn er mit kaum einem Menschen über sie sprechen konnte. Als dieser Brief an den Oberreichsanwalt vom Oktober 1942 vor kurzem an ihn zurückkam, den er in höchster Not geschrieben hatte, um nur ja jeden dünnen Faden festzuhalten, an dem Ediths Leben hängen könnte, spürte er, wie die dünne Kruste über dem Vergangenen Risse bekam. Diese Zeit mit Edith, die trotz der äußeren Bedrängnis glückliche Zeit des Anfangs, dann nach ihrer Verhaftung die Monate der Ungewißheit und schließlich der Gewißheit des Todes, war ihm wieder so gegenwärtig, als wären nicht Jahrzehnte vergangen, in denen er gelebt hatte, Frauen geliebt, Vater eines Sohnes wurde, arbeitete, Geld verdiente, Freundschaften pflegte, Großvater wurde, alt wurde. Als ich ihm dann von Ediths Brief geschrieben hatte, war es für ihn, als habe er so etwas erwartet. Ohnehin gingen seine Gefühle und Gedanken immer öfter zurück in die Zeit von vor über fünfzig Jahren.

Ich spürte bei meinen Besuchen, wie traurig Robert Mohn oft war. Das lag an dem, worüber wir sprachen, und doch schien es ihm ein Bedürfnis zu sein, über Edith Fraenkel, Herbert Baum und seine Gruppe und den, der er damals war, zu reden. Manchmal litt er auch Schmerzen, er war krank und wußte, daß seine Tage gezählt waren. Einmal sagte er, sein heutiges Leben sei dem vor fünfzig Jahren sehr ähnlich, auch damals konnte man nicht in die Zukunft leben, man sah die Nähe des Todes und wußte nicht, wann es soweit sein würde.

Aber er hat es geschafft, er hat den Tod überlistet, damals. Wenn Edith gewollt hätte, hätte er auch sie retten können. Jedenfalls bis zum Kriegsbeginn. Noch im Sommer 1939 war er in London, da spürte man schon den bevorstehenden Krieg. Die Leute kauften Verdunklungsrollos und legten Vorräte an. Robert Mohn hatte Geld in London. Wäre er allein gewesen, wäre er nicht zurückgegangen nach Berlin. Seine Eltern waren bereits nach Ecuador ausgereist. Aber Edith wollte ihre Mutter nicht verlassen. Monatelang hatte er ihr in allen Farben das gemeinsame Leben im Ausland ausgemalt. Er traute sich zu, für sie zu sorgen. Man sah, daß es Krieg geben würde, und auch so war das Leben für Juden in Deutschland unerträglich geworden. Dabei wußte man ja noch nicht einmal, was noch bevorstand: der Stern, Zwangsarbeit, Deportationen. Die meisten Juden hatten keine Möglichkeit zur Ausreise. Er hätte sie gehabt, aber Edith wäre nie ohne ihre Mutter gegangen. Und mit Olga Fraenkel konnte Robert Mohn sich keine Emigration vorstellen. Sie war anstrengend und dumm, sagte er, sah nur ihre eigenen kleinen Probleme, nie die großen Zusammenhänge. Von Politik verstand sie nichts. Ihr geschiedener Mann war wieder verheiratet und unterstützte sie nicht mehr, 1940 gelang ihm noch die Ausreise nach Amerika. Aber 1940 war es für Edith und Robert zu spät. Mit dem Kriegsbeginn hatte auch er keine Möglichkeit mehr herauszukommen. Nach den ersten Deportationen aus Berlin im Oktober 1941 wurde ihm klar, daß sie untertauchen müßten. Er besorgte sich auf dem schwarzen Markt kleine Lammfelle und ließ sie in Mäntel aus billigem, aber haltbarem Stoff einnähen, so daß man sie nicht sah. Zu der Zeit mußten Juden alle Wollsachen und Pelze abgeben. Solche Mäntel, hoffte er vage, würden ihnen ein Leben im Untergrund erleichtern. Ende Januar 1942 starb ihr kleiner Sohn. Tausende waren schon aus Berlin auf Transport gegangen, nach Łódź, Kowno, Minsk, Riga ... Robert Mohn hatte keine Illusionen, er drängte Edith, mit ihm unterzutauchen. Aber Edith war wie gelähmt durch den Tod des Kindes und konnte keinen Entschluß fassen, und wieder war die Mutter das Problem. Inzwischen hätte er sie auch mitgenommen, wenn Edith nur mit ihm gegangen wäre. Aber die Frau wäre eine Gefahr gewesen, fürs illegale Leben war sie mit ihrer Unbeherrschtheit und Nervosität einfach nicht geeignet. Und Edith wollte bei ihr bleiben.

Allmählich erfuhr ich aus den Gesprächen mehr über Robert Mohn, über seine eigene Herkunft. Geboren wurde er als Sohn eines jüdischen Vaters und einer ostpreußischen Mutter, die keine Jüdin war. Die Eltern waren bei seiner Geburt nicht miteinander verheiratet, erst 1916, da war er schon drei Jahre alt, heirateten sie. Er war also nach Ansicht der Nazis ein Halbjude, als könnte es das geben, ein halber Jude. Robert Mohn fühlte sich gar nicht jüdisch, auch sein Vater gehörte der Gemeinde nicht an. In den zwanziger Jahren ließ er sogar seinen Namen Cohn ändern, diesen uralten jüdischen Namen, der für traditionsbewußte Juden eine Auszeichnung bedeutet, weil er die Abkunft vom Geschlecht der Kochanim bezeugt. Die Familie hieß nun Mohn. Robert war es recht. Ihm bedeutete es nichts, ein Nachfahre des ersten Priesters Aaron zu sein. Religionen und Parteien stand er skeptisch gegenüber. Sein Vater war Kaufmann, ein schlechter Kaufmann, fand der Sohn, aber ein gütiger Mensch. Politisch war er naiv, er glaubte lange, als Weltkriegsteilnehmer und Mann einer Christin würde ihm nichts geschehen. Nur auf das Betreiben der realistisch und praktisch veranlagten Mutter reisten sie im Frühjahr 1939 aus. Dabei half ihnen das Büro des Pfarrers Grüber, das sich um Christen jüdischer Abstammung und Menschen in sogenannten Mischehen kümmerte.

Robert Mohn sprach zu mir nie über seine Behinderung. Als Kind hatte er durch eine Krankheit ein Bein verloren. Wahrscheinlich war er schon sehr früh so, wie ich ihn kennenlernte und wie er sich selbst beschrieb: genau beobachtend. Illusionslos. Nur sich selbst vertrauend. Diese Eigenschaften halfen ihm beruflich; studieren durfte er nach 1933 nicht, so wurde er Kaufmann wie sein Vater. Er war Kommissionär, handelte mit Antiquitäten, verdiente früh schon viel Geld. Dennoch wohnte er bis zur Ausreise seiner Eltern mit ihnen zusammen in einer großen Charlottenburger Wohnung, unterstützte sie, so wie sie ihn unterstützten. Er liebte seinen Vater, auch wenn er dessen geschäftliche Fähigkeiten geringschätzte, seine Mutter aber war ihm besonders nahe. Mit ihr konnte er über alles sprechen, sie wußte auch, daß er, dem es eigentlich nicht lag, sich unter eine Parteidisziplin zu begeben, mit neunzehn Jahren Kommunist wurde.

Es war eine Entscheidung aus politischer Überzeugung. Er sah, daß diese Partei sich am radikalsten gegen Hitler stellte, und wollte dazu beitragen, zu verhindern, was dann doch kam. Eine Zeitlang gehörte er noch zu einer Dreiergruppe der illegalen Partei am Breitenbachplatz. Seine Genossen waren Rudi Waterstradt und Berta Wiener. Berta wurde gleich 1933 für ein paar Monate verhaftet und ging nach ihrer Entlassung nach England. Aber sie kehrte zurück und wurde im September 1934 erneut verhaftet. Für Robert Mohn war das ein Zeichen, sich zurückzuziehen. Die Partei schien kaputt zu sein. Manchmal gab er Geld für die Rote Hilfe, fertigte noch kleine Zettel mit Losungen an, die er in Briefkästen steckte, bekam von irgendwo illegale Zeitungen zum Verteilen. Aber die Gefahr war zu groß. Robert Mohn glaubte nicht, daß man das Regime durch solche Nadelstiche bekämpfen könnte, und zog sich ganz zurück, beschränkte seinen Widerstand auf Verachtung. Manchmal traf er sich mit seinen Genossen Rudi und, nach Verbüßung ihrer Zuchthausstrafe, mit Berta, sie blieben lebenslang verbunden. Berta, die Rudi geheiratet hatte, war es auch, die einer aus der Baum-Gruppe, der Lotte Paech, 1944, nach deren Flucht aus dem Gestapo-Gefängnis mit Ausweispapieren half. Robert Mohn hatte das vermittelt. Edith Fraenkel war da schon in Theresienstadt.

Herbert Baum war Robert in der kurzen Zeit seiner Zugehörigkeit zu den Kommunisten nicht begegnet. Den traf er erst 1940, mit Edith zusammen.

Er lernte nach 1933, seine politischen Überzeugungen zu verbergen. Trotzdem erkannte man schnell, wer ähnlich dachte. Daß er als Halbjude galt, wußten wenige. Er hielt sich auch nicht an die Bestimmungen. Wegen seines Beins war er schon vor 1933 vom Militär ausgemustert worden, er war nirgends angestellt, brauchte keinen Ariernachweis. Sein jüdischer Vater war groß und blond, Robert sah ihm ähnlich. Einmal, noch bevor er Edith kannte, war er sogar wegen Rassenschande denunziert worden, weil er eine jüdische Freundin hatte und man ihn für einen »Arier« hielt. So absurd es war, damals rettete ihn die Zuordnung als Mischling I. Grades. Später versuchte er, seine voreheliche Geburt auszunutzen, um die jüdische Herkunft zu leugnen. Er mußte eine lange Untersuchung über sich ergehen lassen, wurde dann als »nordisch-dinarischer Typ« eingestuft. Aber nach den Verordnungen der Nazis blieb er Mischling. Trotzdem gelang es ihm, einen ganz normalen deutschen Paß zu bekommen, ohne das J für Jude. Nachdem er mit Edith zusammen war, überlegte er immer, wie man ihr ein jüdisches Schicksal ersparen könnte. Weil er sich mit dem Blödsinn der Rassenkunde bereits beschäftigt hatte, lag für ihn dieses »Ehelichkeitsanfechtungsverfahren« nahe. Tatsächlich war Edith nicht die Tochter Leo Fraenkels, hatte Olga ihm anvertraut. Aber dieser Otto Racker, der der Vater sein sollte, war auch Jude gewesen. Nur wußte das niemand. Da er schon verstorben war, würde es schwer sein, seine »rassische Zugehörigkeit« zu bestimmen, glaubte Olga Fraenkel. Robert Mohn war skeptisch, aber es ging darum, Zeit zu gewinnen. Solange über Ediths eheliche oder uneheliche Geburt und die rassische Zugehörigkeit ihres vermeintlichen Vaters nicht vor Gericht entschieden wurde, schien sie vor der Deportation geschützt. Da war ihre Verhaftung noch nicht abzusehen, nicht die Verordnung vom Sommer 1943, nach der Angelegenheiten von Juden nicht mehr vor deutschen Gerichten verhandelt wurden.

Obwohl ich viele Fragen hatte, spürte ich bei unseren Gesprächen, daß Robert Mohn seinen Erinnerungsfluß nicht unterbrechen lassen wollte. Er liebte keine Zwischenfragen. Irgendwann kam er von selbst auf das, was ich wissen wollte. Nach Ediths und seinem Kind hätte ich gern gefragt, aber er erwähnte es anfangs fast nie. Und wie war das mit der Baum-Gruppe? Mit der Flucht von Lotte Paech?

Wenn ich heute die Notizen von unseren ersten Gesprächen und die Tonbandabschriften lese, sehe ich, daß es ihm am wichtigsten war, über seine Versuche zu berichten,

Ediths Leben zu retten. Immer wieder erzählte er, was er alles getan hatte, um sie vor der Deportation zu bewahren. Aber er hat sie nicht retten können, und ein Leben lang lag das auf ihm wie eine Schuld, die er sich nicht vergeben konnte. Manchmal rief er mich zu Hause an, meist spätabends, wenn er wußte, mein Kind schlief schon, um unsere Gespräche fortzusetzen. Und immer wiederholte er, was ich schon wußte. Daß Edith nicht mit ihm emigrieren wollte. Daß sie nicht mit ihm untertauchen wollte. Daß das Ehelichkeitsanfechtungsverfahren niedergeschlagen wurde. Daß der Oberreichsanwalt ihn keiner Antwort würdigte. Daß er einen Rechtsanwalt für Edith gesucht hatte, einen Juden, der noch zugelassen war, der auch die Schwestern Hirsch verteidigte und nichts erreichte. Daß er, als Edith im Oktober 1943 schon in der Großen Hamburger Straße saß, dafür sorgte, daß sie von der Liste für den Auschwitz-Transport gestrichen wurde und nach Theresienstadt kam. Wenigstens nach Theresienstadt.

Ich verstand nicht. Wieso hatte Robert Mohn, selbst Mischling I. Grades, 1943 die Möglichkeit, jemanden von einer Transportliste nach Auschwitz streichen zu lassen?

Ediths Schule

Bevor ich mich mit Helmut und Gisela Koberg traf, die mit Edith zusammen an der Rudolf-Steiner-Schule gewesen waren, fragte ich Robert Mohn, ob er sich an Ediths Schulzeit erinnere. Er wußte, daß sie zehn Jahre lang an dieser Schule gelernt hatte, daß sie sich von der anthroposophischen Lehre Rudolf Steiners angezogen gefühlt und auch die Bücher Albert Steffens gelesen hatte, eines Schweizer Dichters und Essayisten, der nach dem Tod Steiners die Anthroposophische Gesellschaft weitergeführt hatte. Er hatte sich diese Bücher auch angesehen, aber nicht viel mit ihnen anfangen können. Seine Weltanschauung war materialistisch und pragmatisch; Ediths Gedanken über die Seele rührten ihn, er fand sie naiv, und manchmal sorgte er sich, weil er fand, daß die Umstände Härte verlangten, eine Härte, um die er sich selbst bemühte und die Edith fremd war. Er hatte sich oft mit ihr über diese Dinge unterhalten, wirkliche Übereinstimmung fanden sie darin nie.

Das Ehepaar Koberg erwartete mich in seiner Wohnung in Berlin-Dahlem, nicht weit von der 1948 wiedergegründeten Rudolf-Steiner-Schule entfernt, an der auch ihre Kinder und Enkelkinder lernten, wie mir Kobergs stolz erzählten. Sie waren unverkennbar Anhänger der anthroposophischen Lehre geblieben. Ihre Wohnung strahlte Ruhe und Harmonie aus, Blumen, Bücher, schöne Möbel, gediegene Stoffe in warmen Farben, nichts war protzig, alles mit Leben erfüllt und in Würde gealtert. Wie sie selbst. Auf mich wirkten sie wie Menschen, die sich einer Idee verbunden haben, die ihrem Leben eine Bedeutung jenseits des Alltäglichen gibt, unabhängig von dem, was man Zeitgeist nennt. Sie waren beide schon pensioniert und hatten sich auf meinen Besuch gut vorbereitet. Es lag ihnen am Herzen, von ihrer Mitschülerin Edith zu erzählen, deren Schicksal sie seit Jahrzehnten beschäftigte. Sie hatten Briefe, Fotos und Dokumente herausgelegt, denn sie wollten, daß ich verstehe, in welchem Umfeld Edith Fraenkels und ihre eigene Schulzeit verlief, die ihr ganzes Leben seither beeinflußte und, davon waren sie überzeugt, auch Ediths Entscheidungen in ihrem kurzen Leben bestimmte.

1928, als die sechsjährige Edith zur Schule kam, wurde die Berliner Rudolf-Steiner-Schule im Umfeld der Freien Anthroposophischen Gesellschaft gegründet. Zunächst bestand sie aus ein paar Räumen in einem Bürohaus in der Gitschiner Straße. Es gab zwei Klassen, Edith kam in die von Magdalene-Ithwari Kiefel. Diese, eine kräftige, aufrechte Person, blieb acht Jahre lang Ediths Klassenlehrerin. Wie an den Rudolf-Steiner-Schulen üblich, gab sie täglich mehrere Stunden den Hauptunterricht und kannte die Schüler und ihre Verhältnisse genau. Da sie unverheiratet blieb, waren diese Schüler ihre Familie, ihre Kinder, für die sie auch da war, als sie längst erwachsen waren. Auf ihren Vornamen Magdalene-Ithwari war sie stolz, weil sie in Indien geboren war, als Tochter eines christlichen Missionars. Etwas Missionarisches hatte auch sie, wenn sie vor der Klasse stand, durchdrungen von ihren Überzeugungen, und dabei doch die Eigenart und das Wesen jedes Kindes wie etwas Kostbares behütete.

Es gab mehrere jüdische Kinder an der Schule, auch in Ediths Klasse. Nach 1933 brachten noch mehr jüdische Eltern ihre Kinder in diese Schule, weil die Rudolf-Steiner-Schule keine Staatsschule war und weil Toleranz, Respekt vor dem anderen hier zum Programm gehörten. Natürlich kostete der Unterricht in dieser Privatschule Geld, aber darüber wurde mit den Schülern nicht gesprochen. Begüterte Eltern trugen die Kosten für die ärmeren mit. Die äußeren Verhältnisse waren an der Rudolf-Steiner-Schule immer be-

scheiden, als Lehrmaterial dienten oft mit der Hand abge-
schriebene Ausführungen; im Werkunterricht und in den
künstlerischen Fächern, die eine große Rolle spielten, wurde
Achtung vor dem Material gelehrt, die unscheinbarsten Reste wurden verwendet. Später zog die Schule um in die Groß-
beerenstraße, in ein Hinterhaus, in dem auch eine Eurhyth-
mieschule untergebracht war.

Die Lehrer kamen aus ganz Deutschland, sie alle waren in
ihren Fächern hervorragend ausgebildet, manche promo-
viert, sie verband neben der anthroposophischen Weltanschauung die mehr oder weniger stumme, aber deutliche
Ablehnung des nationalsozialistischen Staates. Mehrere der
Lehrer gerieten später in die Fänge der Gestapo, eine Lehrerin kam im Konzentrationslager um. 1934 zog die Schule
zum »Knie«, dem heutigen Ernst-Reuter-Platz in Charlottenburg. In der damaligen Berliner Straße, heute Otto-
Suhr-Allee, mietete sie in einem Hinterhofgebäude mehrere Klassenzimmer, eine Turnhalle in einem Anbau, genug
Raum für die Lehrerzimmer, einen Aufführungssaal und
die Bibliothek. Der Schulhof grenzte an das Atelier von
Arno Breker. Der Bildhauer stellte seine leeren Weinfla-
schen immer vor die Tür, und die Schüler zählten sie in den
Hofpausen.

1933 wurden die Lehrer aufgefordert, in den NS-Lehrerbund einzutreten, sie mußten am 1. Mai 1933 mit den älteren
Schülern an Aufmärschen teilnehmen, die Führerreden mußten fortan übers Radio angehört, für das Winterhilfswerk
mußte gespendet werden. Das alles führte zu heftigen Diskussionen und Auseinandersetzungen zwischen den Lehrern
und Eltern, einige lehnten diese Zugeständnisse angewidert
ab, andere glaubten, nur so diese besondere Schule retten zu
können. 1935 wurden die Fronten klarer. Die Anthroposophische Gesellschaft war verboten worden, und die Rudolf-
Steiner-Schule wurde zwar noch geduldet, durfte aber keine
neuen Schüler mehr aufnehmen. Einige jüdische Kinder emigrierten mit ihren Eltern. Die verbliebenen Schüler und ihre

Lehrer rückten noch enger zusammen. Die noch stärkere Hinwendung zum humanistischen Erbe der deutschen Klassik, die betonte Auseinandersetzung mit ethischen Werten, mit den sittlichen Grundlagen einer humanen Gesellschaft bildeten an der Rudolf-Steiner-Schule ein völlig anderes Klima als an den meisten Staatsschulen. In Ediths Klasse lernten sechsundfünfzig Schüler; trotz der Enge herrschte im Unterricht eine offene, heitere Atmosphäre. Das lag an Fräulein Kiefel.

Im Sommer 1938 kam eine neue Verordnung, nach der die bloße Mitgliedschaft im NS-Lehrerbund für die Lehrer an den privaten Schulen nicht mehr ausreichte. Sie sollten einzeln auf den Führer und Reichskanzler vereidigt werden und unverbrüchliche Treue geloben. Dazu waren die Lehrer der Berliner Rudolf-Steiner-Schule nicht bereit, sie beschlossen, die Schule aufzulösen. Kurz darauf wurden die anthroposophischen Schulen ohnehin verboten. Die Bibliothek, die Möbel, Bänke, Tafeln, die Eurhythmiekleider, Aufführungskostüme wurden in einen großen Keller eingelagert, den Eltern zur Verfügung stellten. Das alles überstand den Krieg, anders als viele Lehrer und Schüler der Rudolf-Steiner-Schule. Der Keller wurde im harten Winter 1945/46 aufgebrochen und ausgeräumt, die meisten Gegenstände wurden wohl als Brennmaterial verwendet. Trotzdem fingen einige der alten Lehrer im Jahre 1948 in Dahlem von vorn an und gründeten die noch heute bestehende Rudolf-Steiner-Schule.

Fräulein Kiefel war 1938, nach der Auflösung der Schule, nach Bremen gegangen, um im Hause des Baumwollhändlers Hellmers, eines Anhängers von Steiners Lehre, als Erzieherin und Privatlehrerin zu arbeiten. 1946 gründete sie mit ihm in Ottersberg, in dem alten Wasserschloß der Bischöfe von Bremen, eine neue Rudolf-Steiner-Schule. Bis ins hohe Alter arbeitete sie dort und betrieb noch eine anthroposophische Buchhandlung. Sie starb 1988, kurz vor ihrem neunzigsten Geburtstag. Zu ihren Berliner Schülern ließ sie die Verbindung nie abreißen. Sie schrieb ihnen, nahm Anteil an ihren

Leben, bat sie, sich umeinander zu kümmern, schickte ihnen Abschriften von Vorträgen, sorgte sich um ihren Werdegang, beriet und ermahnte sie. Auch mit Edith Fraenkel war sie in Verbindung, solange es ging. Sie soll sich sogar vergeblich bemüht haben, sie im Zuchthaus Cottbus zu besuchen.

»Wie war Edith als Kind?« fragte ich ihre ehemaligen Mitschüler. Helmut Koberg kannte sie vom ersten Schultag an, seine spätere Frau Gisela kam erst in der sechsten Klasse dazu. Er erinnerte sich an Edith als ein Mädchen, das auch lebhaft sein, mit den anderen über die Bänke toben und lauthals lachen konnte. Seine Frau wunderte sich darüber. Sie hatte Edith als ernst in Erinnerung, sehr ruhig, vielleicht sogar langsam. So war sie auch, räumte Helmut ein und beharrte auf seiner Erinnerung, nach der sie manchmal überschäumend fröhlich war. Später vielleicht nicht mehr. Sie war irgendwie frühreif, anders als die meisten anderen Kinder. Schon früh wirkte sie sehr erwachsen. Darin waren ihre ehemaligen Mitschüler sich einig. Ich frage, ob das vielleicht eine nachträgliche Sicht sei, die mit Ediths Schicksal zu tun haben könnte. Aber sie wiesen diese Vermutung zurück. Edith war ihnen damals schon reifer vorgekommen, als sie selbst sich fühlten. Wie zum Beweis holte Helmut Koberg aus einem Schrank einen Packen Briefe und Zeichnungen, die er über Jahrzehnte aufgehoben hatte, und legte sie vor mich hin. 1931, als Neunjähriger, war er einige Wochen lang krank gewesen, und seine Mitschüler hatten ihm Grüße geschickt. Kleine Briefchen, Zeichnungen mit wenigen Worten. Er zeigte mir irgendeinen. In krakeliger Kinderschrift steht dort:

»Liber Helmut! Wie geht es Dir, Helmut. Wir haben schön Wetter gehabt und ich habe Tapper und Injaner gespilt. Wir schrecklich getobt. Viele Grüße, Karl-Heinz.«

»Und nun, vergleichen Sie das einmal mit Edith Fraenkels Brief.« Er reicht mir ein liniertes Blatt, das beidseitig sauber beschrieben ist mit der Schrift, die ich sofort wiedererkenne. Verblüfft betrachte ich diese Schrift, die, obwohl steil und kindlich, schon deutlich die der späteren jungen Frau ist, deren Brief aus dem Zuchthaus ich kenne.

»Berlin, den 13. Okt. 31
Lieber Helmut, ich will Dir etwas von den Ferien erzählen. Am ersten Ferientag war ich im Botanischen Garten da habe ich viel gesehen. Z. B. ich war im Treibhaus und da habe ich eine Palme gesehe die hat der Uhr Uhr Großvater von Friedrich dem Großen nach Berlin gebracht. Am zweiten Ferientag war ich in Cürkus Krone da war es sehr schön. Da war ein Mann der hat einen großen Löwen getragen und hat viel schöne Dinge mit anderen Löwinnen gemacht. Und dann haben die Klons ein Stück gespielt das hieß Wasser über Wasser und das will ich Dir jetz erzählen. Da war ein Klon der sagte zu den anderen Klons wir wollen jetz quatsch machen und holten einen andern Klon und sagten zu ihm halte mal den Trichter hier über deinen Kopf und ich lege hier diesen Ball in den Trichter und er wird bis zum Himmel fliegen und halte schön still und dabei gossen sie dem Klon einen Eimer Wasser in den Trichter und da wurde er ganz naß. Und mit einem andern Klon machen sie es genau so blos er hat zugehalten und einem andern über den Kopf gegossen. Viele Grüße von Edith«

Helmut und Gisela Koberg wußten nicht viel über Ediths Familie. Sie hatte nie von einem Vater gesprochen, und zu Schulfesten kam nur die Mutter. Sie beschrieben sie so, wie auch Robert Mohn sie gesehen hatte: klein, den Kopf voller dunkler Locken, etwas laut.

Edith gehörte zu keinem der Freundinnenkreise, die es auch in dieser Schulklasse gab. Sie war dabei und doch nicht dabei, manchmal war sie wie nicht anwesend, wenn sie aber angesprochen wurde, zeigte sie sich hellwach. Mit einer Lore war sie vielleicht etwas öfter zusammen. Diese Lore lebe noch, und Kobergs waren sofort bereit, einen Kontakt zu ihr herzustellen. Sie selbst kannten Edith nicht so genau, aber womöglich konnte man Edith gar nicht genauer kennen. Sie war, sagte Helmut Koberg, ein Mädchen, das ihm irgendwie unnahbar, unerreichbar erschien. Sie strahlte für ihn Überlegenheit aus, obwohl sie freundlich und kameradschaftlich auftrat. Vielleicht hing das mit ihrem Schicksal als Jüdin zusammen, spätestens seit 1935 bestimmten Gesetze und Verordnungen das Leben auch derjenigen Juden, die sich nicht zur Jüdischen Gemeinde bekannten, das kann nicht spurlos an einem Mädchen wie Edith vorübergegangen sein. Aber darüber wurde irgendwie nicht gesprochen. Zwar reisten mehrere Mitschüler in diesen Jahren aus, man wußte auch, daß sie Juden waren, aber das spielte in der Rudolf-Steiner-Schule keine Rolle. Bei manchen wurde Helmut Koberg und Gisela Kroll-Hertling, wie sie damals hieß, erst im Rückblick klar, daß sie jüdisch waren. Den jüdischen Schülern selbst wird es natürlich all die Zeit über bewußt gewesen sein. Kobergs nennen Namen, erzählen von Schicksalen. Hans-Peter Schewe, Georg Wechsler, Wanda Katzenellenbogen. Die Lehrer machten keinen Unterschied, und alle Schüler nahmen an dem freien christlichen Religionsunterricht teil, seit der dritten Klasse wurde Biblische Geschichte gelehrt. Die meisten ließen sich in der Christengemeinschaft einsegnen, auch Edith Fraenkel, vermuteten ihre ehemaligen Mitschüler. Sicher wußten sie es von einem anderen jüdischen Mädchen, Inge Korach. Mit der waren sie enger befreundet, mit der schreiben sie sich heute noch. Sie zeigen mir Briefe und Fotos von dieser Inge, die heute in Kalifornien lebt. Meine Aufmerksamkeit aber zieht auf den Klassenbildern vor allem Edith Fraenkels Gesicht auf sich. In der ersten Klasse sah sie noch wie ein kleines Kind aus mit ihren Pausbacken und dem gerade gezogenen Scheitel. Ganz ernst blickt sie in die Kamera. Nur auf einem Bild von 1935 lächelt sie, da war sie dreizehn, trug eine weiße Bluse und ein kariertes Röckchen. Aber auch dieses Lächeln ist nicht offen, vertrauensvoll, sondern eher abweisend. Wie in sich abgeschlossen, den Kopf etwas gesenkt, sitzt Edith unter ihren Mitschülern, die Arme im Schoß verschränkt. Sie wirkt größer und älter als die anderen. Auf einem Bild vom Oktober 1937 steht sie in der letzten Reihe bei den Lehrern, wenn ich es nicht anders wüßte, könnte ich sie in ihrem dunklen Kleid mit dem braven weißen Kragen selbst für eine Lehrerin halten. Ihr Haar ist kurz und wellig, ihr Blick erwachsen. In diesem Monat hat sie Robert Mohn kennengelernt.

Kobergs erinnern sich an Ediths Freund. Sie war eine der ersten aus der Klasse, die eine feste Bindung einging. Wahrscheinlich lag es auch an Robert, vermuten sie, daß Edith nun kaum noch an gemeinsamen Unternehmungen teilnahm. Sie hat wohl früh schon mit ihm zusammen gelebt. Die anderen Schüler trafen sich in Zirkeln, sie studierten die deutschen Philosophen, diskutierten darüber. Edith, deren oft überraschend tiefe Gedanken eine Bereicherung dieser Zirkel gewesen wären, nahm nur selten daran teil. Nachdem die Rudolf-Steiner-Schule schließen mußte, verstreuten sich Ediths Klassenkameraden. Aber ihre Lehrerin versuchte, sie zusammenzuhalten. Gisela Koberg zeigt mir einen Brief, den Fräulein Kiefel zwei Jahre nach der Schließung der Schule schrieb. Sie legt ihr darin Rudolf Steiner und Albert Steffen ans Herz: »Vertraut man sich ihnen an und läßt sich führen, so entwickelt man ungekannte Kräfte, die aber in einem veranlagt sind und man lernt neue Tiefen des Lebens und Erkennens schauen. Und wie reich wird das Leben! Aber nirgends ist es und ist man so, sondern man wird immer.« Die Missionarstochter schickt ihrer früheren Schülerin einen Vortrag über Geschichte und empfiehlt als Ergänzung »einen wundervollen Vortrag: Fichtes Geist mitten unter uns, bei dem ich besonders auch an Edith gedacht habe. Sie schreibt mir jetzt oft und bittet um Hilfe zum Studium. Es ist ein Jammer, daß sie nicht zu Euren Abenden kommen kann – wegen Robert. Vielleicht bringe ich's doch noch soweit. Ich habe ihr geschrieben, daß sie sich wegen Lesestoff an Dich und Peter wenden soll. Denkst Du daran, meine Hefte wieder einzukassieren, wenn die Einzelnen sie ausgelesen haben?«

Dieser Brief wurde im April 1940 geschrieben. Einen Monat später begann Edith Fraenkel ihre Zwangsarbeit in der Judenabteilung bei Siemens, wo sie Herbert Baum traf. Aus ihrem Lebenslauf, den sie für die Zuchthausakte geschrieben hatte, wußte ich, daß sie nach dem Schulabschluß in einem Textilgeschäft gearbeitet und Kurse für Zuschneiden und Modezeichnen besucht hatte. Die Firma sei aufgelöst worden, und sie habe bei einer Dame im Haushalt gearbeitet.

War es wirklich Robert, der Edith daran hinderte, mit ihren ehemaligen Mitschülern zusammen zu lernen? Oder spürte sie bei aller Zuneigung und Fürsorge Magdalene-Ithwari Kiefels doch einen wachsenden Abstand zwischen ihrem Leben und dem der anderen?

Gisela Kroll-Hertling sah sie noch manchmal, weil Edith mit ihrer Mutter im Seitenflügel des Hauses in der Sächsischen Straße wohnte, in dem auch Regine Schütt lebte, eine später berühmte Modegestalterin. Gisela studierte Medizin, aber damals machte sie eine Ausbildung bei Regine Schütt, kam täglich in die Sächsische Straße, und manchmal sah sie dort Edith. Einmal war sie auch in Olga Fraenkels und Ediths Wohnung. Es war eine Parterrewohnung, die Fenster lagen niedrig, nach Uris Geburt warfen Gisela und ihr Mitschüler Michael May, der später an der Ostfront fiel, Edith Blumen durchs Fenster. Ediths Zimmer war klein, fast nur eine Kammer, sehr bescheiden eingerichtet, aber dort standen viele Bücher.

Regine Schütt übrigens war eine ungewöhnliche Frau, sehr selbstbewußt und emanzipiert. Sie war die Freundin von Harro Schulze-Boysen gewesen, bevor der 1934 seine spätere Frau Libertas kennenlernte. Bei Schulze-Boysens erster Verhaftung im Frühjahr 1933 war sie es, die seine Eltern benachrichtigte und mutig gegen seine Mißhandlungen durch die SA auftrat. Sie trennten sich, Regine bekam ein Kind von einem anderen, lebte allein mit diesem Kind, das Gisela manchmal abends hütete. Als Regine Schütt etwa

1940 zum Roten Kreuz eingezogen wurde, schlief Gisela sogar ein Vierteljahr lang bei ihrer Lehrmeisterin in der Sächsischen Straße. Sie konnte vom Küchenfenster in Ediths und
Olgas Wohnung schauen. Aber wirkliche Gespräche mit
Edith ergaben sich dadurch nicht. Von Fräulein Kiefel
wußte sie, und auch die Mitschülerin Lore hatte von Edith
so etwas gehört, daß es da eine jüdische Gruppe gab, zu der
Edith Kontakt gefunden hat. Genaues wußte niemand, nur
Fräulein Kiefel sagte oft, sie sorge sich um Edith, die solle
nur vorsichtig sein. Aber Fräulein Kiefel sorgte sich um alle
ihre ehemaligen Schüler, sie besuchte die Soldaten in den
Kasernen und im Lazarett, einen sogar im Militärgefängnis.
Unermüdlich schrieb sie und reiste herum. Als Gisela nach
Hinterpommern zum Arbeitsdienst eingezogen wurde, bekam sie Scharlach. Helmut, ihr späterer Mann, war als Re-
krut an der Ostsee stationiert. Fräulein Kiefel besuchte ihn
dort. Und eines Tages, Gisela war schon auf dem Wege der
Genesung, kam ein Päckchen von Magdalene-Ithwari Kiefel
ins Krankenhaus, in dem sich mehrere Knäuel angegrauter
weißer Wolle befanden, die schon einmal verstrickt gewesen
war. Fräulein Kiefel schrieb, Edith bekäme ein Kind und Gisela habe Zeit genug. Sie solle bitte ein Babyjäckchen
stricken. Gisela tat das; im Bett liegend, ohne Anleitung, mit
Rheumaknoten an den Fingern, verstrickte sie diese krause
Wolle, und es entstand ein etwas unförmiges Kinderjäck-
chen. Um es zu verschönern, erbat sie von den Krankenschwestern ein paar bunte Fäden, mit denen sie Blumen für
Ediths Kind auf das weißgraue Jäckchen stickte.

Aber sie erinnert sich nicht mehr, wie dieses Jäckchen zu
Uri kam, ob sie es Edith selbst brachte oder mit der Post
schickte. Von Uris frühem Tod erfuhr sie noch während des
Krieges, von Lore oder Fräulein Kiefel. Da war ohnehin
nicht mehr an gemeinsame Lesezirkel zu denken. Die Jungen aus Fräulein Kiefels Klasse waren fast alle Soldaten und
die Mädchen beim Arbeitsdienst. Ungefähr zu dieser Zeit
heiratete ihre jüdische Mitschülerin Inge Korach. Ihr Mann

Hans-Hermann H. war dreizehn Jahre älter, Lehrer von Beruf und bei der Reichsvereinigung angestellt. Daher gehörte das Ehepaar zu den letzten, die aus Berlin deportiert wurden. Am 1. Juli 1943 kamen sie mit dem 94. Alterstransport nach Theresienstadt. Da wußten sie schon, was mit Edith geschehen war, hatten von dem Anschlag im Lustgarten gehört, der Ediths Gruppe zugeschrieben wurde, hatten erfahren, daß Edith vorm Volksgerichtshof stand und daß sie im Zuchthaus war.

Ediths Mitschülerin Inge, die bei der Deportation schwanger gewesen war, brachte in Theresienstadt Zwillinge zur Welt. Beide Kinder starben. Ende 1944 wurde Inge noch in ein Arbeitslager nach Niederschlesien deportiert, ihr Mann nach Auschwitz. Sie überlebten, und nach dem Krieg kehrten sie einzeln in das zerstörte Berlin zurück. Da sie kein Zuhause mehr hatten, gingen sie jeder nach Hermsdorf, wo Giselas Familie ein Haus besaß. So war es irgendwann einmal abgesprochen worden. Dort trafen sie sich wieder, dort wohnten sie einige Zeit. Aber Inge und Hans-Hermann H. reisten aus nach Amerika, der Lehrer wurde nach mühsamen Anfängen Finanzberater, sie bekamen wieder ein Kind, lebten ein neues Leben. Deutschland ließen sie hinter sich. Aber die Freundschaft zu Inges ehemaligen Mitschülern Helmut und Gisela, die inzwischen ein Ehepaar waren, blieb.

Ich lese in einem Brief Inges, der gerade aus San Francisco ankam: »Wir sprechen jetzt oft von alten Zeiten, was ja wohl auch eine Alterserscheinung ist. Vielleicht habt Ihr es schon vergessen, denn es war für Euch nicht so wichtig wie für uns, aber wir können nicht vergessen, was Eure Freundschaft für uns bedeutet hat in der schwersten Zeit Hans-Hermanns und meines Lebens. Da wir ja all unsere Kostbarkeiten verloren haben, konnten wir nicht den Brief aufheben, den uns Helmut mit seiner Feldpostnummer zu unserer Hochzeit geschickt hat. Es war ja schließlich gefährlich für Dich und wir werden es Dir nie vergessen!«

Während ich noch mit diesem Brief beschäftigt bin, holt

Helmut Koberg einen anderen von Inge H., den er für mich bereitgelegt hat. Er ist von 1990, und darin wird Edith erwähnt: »Außerdem wollte ich, was ich, glaube ich, schon öfter gemacht habe, erzählen, daß ich Edith für zwei Sekunden in Theresienstadt gesehen habe. Wir waren schon angestellt, um nach Auschwitz geschickt zu werden und ganz plötzlich stand sie vor mir. Wir konnten aber nicht miteinander sprechen, denn wir wären in große Schwierigkeiten gekommen. Wir hofften beide, daß wir vielleicht in dasselbe Lager geschickt werden und dort in Kontakt kommen könnten, haben uns aber nie wieder getroffen.«

Inge H., geborene Korach, ist der letzte Mensch, der über eine Begegnung mit Edith Fraenkel berichtet hat. Es muß der 16. Oktober 1944 gewesen sein, als sie sich gegenüberstanden.

Erst wenn die Erde ein Stern ist …

Robert Mohn saß an seinem Tisch, vor sich eine Tasse Kaffee, die ich zubereitet hatte. Bei meinen Besuchen ließ er mich inzwischen in seiner Küche wie selbstverständlich hantieren, ihm fielen Bewegungen und Gänge immer schwerer. Das lag an seiner Beinprothese, aber auch an der merklich voranschreitenden Krankheit. Trotzdem wollte er, daß ich ihn besuche, um immer wieder über Edith und Herbert Baums Gruppe und ihn, Robert Mohn, zu reden, aber auch die Tagesereignisse, meine Arbeit, meine Kinder interessierten ihn. Wenn ich mich ein paar Tage nicht gemeldet hatte, rief er an, und wenn ich ihn einen Monat nicht besucht hatte, forderte er mich auf, zu kommen. Vielleicht war er einsam. Er las viel, er telefonierte mit seinem im Ausland lebenden Sohn, der längst selbst Vater erwachsener Kinder war, mit Lida, der Mutter seines Sohnes, mit den Freunden, die ihm geblieben waren. Aber es waren noch viele Stunden übrig, in denen er, sagte er mir, über die Vergangenheit nachdachte, die so viele Jahre lang abgeschlossen schien.

Er hatte mir das Du angeboten, und wenn er ausholte und in langen Monologen von seinen Erinnerungen sprach, spürte ich, daß dieses Du vielleicht austauschbar war, aber notwendig, um seine innere Starre zu lösen.

Jetzt hörte er gespannt zu, was ich ihm von meinem Besuch bei Ediths Mitschülern erzählte. Er kannte ihre Namen, wußte auch, daß Gisela Koberg Ärztin war, sie hatte ihn einmal bei einer Veranstaltung angesprochen. Er erinnerte sich, daß Ediths Mitschülerin im Vorderhaus bei Regine Schütt gearbeitet hatte, wußte auch von den Blumen, die sie nach Uris Geburt durch Ediths Fenster geworfen hatten. Aber Edith war ja damals gar nicht zu Hause, sondern bei den

Nonnen. Diese Lesezirkel über Fichte und die Aufsätze Albert Steffens hatte er tatsächlich für Ablenkung von den eigentlichen Fragen der Zeit gehalten, damals jedenfalls. Manchmal hatte er sich darüber und über die anthroposophische Lehre lustig gemacht und Edith damit aufgezogen. Aber nie hätte er ihr verboten, dorthin zu gehen, behauptete er. Sie hätte sich auch nichts von ihm verbieten lassen. Es war wohl nicht seinetwegen, daß sie 1939/40 auf diese Leseabende verzichtete, sondern ihr Leben war so anders geworden als das ihrer Klassenkameraden aus der Rudolf-Steiner-Schule. Sie verbrachte ihre Freizeit mit ihm, Robert, und mit seinen Freunden. Und nach Beginn der Zwangsarbeit im Mai 1940, als sie Herbert und Marianne Baum kennenlernte, erschloß sich ihr ein ganz anderer Kreis.

Für Robert war sofort klar, bei der ersten Begegnung in Baums Wohnung, daß sie es hier mit einer politischen Gruppe zu tun hatten, die besser vorsichtig und getarnt auftreten sollte. Er hatte Baum nie vorher gesehen, aber den erfahrenen kommunistischen Funktionär in ihm erkannt. Ein paar Leute aus seinem Kreis, Marianne, die Kochmanns, Richard Holzer und Birnbaum, erschienen ihm ebenso geschult, er erkannte die Denk- und Sprechweise aus der kurzen Zeit seiner Zugehörigkeit zur illegalen Kommunistischen Partei wieder und spürte Sympathie, Zugehörigkeit und gleichzeitig Abwehr. Er war jeden Moment angespannt. Die meisten der jüngeren Leute aber erschienen ihm unerfahren, er fand, daß sie die Gefahr unterschätzten. Edith aber fühlte sich sofort wohl in diesem Kreis, er eröffnete ihr neue Horizonte, nie zuvor hatte sie sich mit Marx oder Lenin beschäftigt oder in politischen Zusammenhängen gedacht. Außerdem genoß sie die Atmosphäre unter den Gleichaltrigen, die Fröhlichkeit und stundenweise Unbeschwertheit. In der Rudolf-Steiner-Schule hatte sie schon Kameradschaftlichkeit und ein Gruppengefühl kennengelernt, das sie seit dem Ende der Schulzeit offenbar vermißte. Auch kamen viele aus dem Kreis um Baum aus den ärmeren Gegenden Berlins, sie waren in Miets-

kasernen herangewachsen und nicht in bürgerlichen Wohnungen oder Villen wie Ediths ehemalige Mitschüler. Einige
hatten die Schule abbrechen und früh arbeiten müssen, kaum
einer hatte einen Beruf lernen können. Unter ihnen galten
andere Werte, als sie Edith bisher vermittelt wurden. Olga
Fraenkel, obwohl sie völlig verarmt war, hatte immer versucht, ihrem Leben den Anstrich von gediegener Bürgerlich-
keit zu geben. In Herbert Baums Wohnung in der Stralauer
Straße ging es anders zu. Für Edith war es eine neue Erfahrung, in einer Küche auf dem hölzernen Kohlenkasten zu sitzen und über das zu diskutieren, was ihr eigenes Leben unmittelbar betraf, nicht in den wohlgesetzten, an klassischer
Literatur geschulten Worten Fräulein Kiefels, sondern in der
direkten Berliner Sprache. Sie, die sich eigentlich gar nicht als
jüdisch empfand und sich bei ihren wenigen Besuchen in der
Synagoge fremd gefühlt hatte, traf hier auf andere junge Juden, denen es ähnlich ging und die doch ein jüdisches Schicksal gemeinsam hatten, das ihnen aufgezwungen wurde und
dem sie etwas entgegensetzen wollten.

Übrigens machte Edith auch die Zwangsarbeit weniger
aus, als Robert Mohn befürchtet hatte. Sie war neugierig auf
andere Menschen. Ihre Kindheit ohne Geschwister und
ohne Vater an der Seite von Olga Fraenkel hatte sie etwas
scheu gemacht, bei Siemens verlor sie diese Scheu und wurde
selbstbewußt, zumal sie merkte, daß sie geschickt war, sich
durchsetzen konnte, beliebt bei den Kolleginnen war.

Trotzdem hatte Fräulein Kiefels Erziehung sie geprägt.
Ihr Lieblingsspruch war von Rudolf Steiner. Robert Mohn
suchte in seinem Gedächtnis nach diesem Spruch. Es war
etwas mit Seele und Sternen. »Erst wenn ich Lichtes denke,
leuchtet meine Seele –« oder so ähnlich. Mühsam erhob er
sich aus seinem Sessel, ging an einen Schrank und suchte
den Spruch, den er irgendwo aufgeschrieben hatte. Schließlich kehrte er mit einer alten Ledertasche zum Tisch
zurück. Ich starrte sie an. Erst wenige Tage zuvor hatte ich
im Fundus des Museums, in dem ich damals arbeitete, eine

ebensolche braune Ledertasche gesehen, sie gehörte zur Ausrüstung der SS-Offiziere.

»Was ist das für eine Tasche?« fragte ich schließlich. »Hatten nicht die SS-Offiziere so etwas?« Er blickte überrascht auf. »Ja, als Edith 1943 in Cottbus saß, war ich im Generalgouvernement, in Łódź oder, wie es ja inzwischen hieß, in Litzmannstadt. Da konnte ich nicht einfach hinfahren.« Er lachte. »Eine Uniform ist immer die beste Tarnung. Ich hatte mir eine SS-Uniform besorgt und diese Tasche. Ein Reisepapier natürlich auch. In Litzmannstadt habe ich sogar im Offizierscasino verkehrt und im Hotel gewohnt.«

Etwas Unheimliches wehte mich an. Ich stellte mir Robert Mohn vor, dreißig Jahre alt, blond, mit Geheimratsecken wie auf dem Foto mit Uri und Edith, in einer SS-Uniform, mit dieser Tasche und seiner Beinprothese. »Warst du im Ghetto?« fragte ich ihn. Er war nicht im Ghetto gewesen. Er war nach Litzmannstadt gekommen, um die Eltern eines polnischen Mädchens zu besuchen, das er in Berlin kennengelernt hatte. Sie war in Łódź von der Straße weg gefangen worden und so, wie sie war, im bunten Sommerkleid mit Stöckelschuhen, als Zwangsarbeiterin nach Deutschland verschleppt worden. Nach Ediths Verhaftung war Robert Mohn dieser Lida in der Pfalzburger Straße begegnet. Für sie hatte er diese gefährliche Reise in der fremden Uniform unternommen. Und es hat geklappt, sagte er nicht ohne Stolz. Keiner wollte seine Papiere sehen. Er fand Lidas Eltern, die man aus ihrem Haus vertrieben hatte, konnte ihnen Nachricht von ihrer Tochter bringen. Er versprach ihnen, auf das Mädchen zu achten.

Ich dachte an Ediths Brief aus dem Zuchthaus. Darin hatte sie ihn nach dem Grund der Reise gefragt. Sie wird ihn nicht erfahren haben.

Der Spruch lautete:

»Erst wenn ich Lichtes denke, leuchtet meine Seele.

Erst wenn meine Seele leuchtet, ist die Erde ein Stern.

Erst wenn die Erde ein Stern ist, bin ich wahrhaft Mensch.«

Waschzwang

Wir saßen zu dritt in der engen Bahnhofskneipe voller Rauchschwaden und suchten den Spruch zusammen. »Erst, wenn ich Lichtes denke ...« Lore erinnerte sich, daß dies Ediths Lieblingsspruch war, sie hatte ihn sich immer gewünscht, wenn sie Geburtstag hatte. Zum Geburtstag eines Schülers oder einer Schülerin ließ Fräulein Kiefel immer ein Lied singen oder einen Spruch sagen. Auch Helmut Koberg erinnerte sich daran. Er hatte mich zu dem Treffen mit Lore begleitet, weil es der lieber war, mich im Beisein des ehemaligen Schulkameraden zu treffen, der, ganz in Fräulein Kiefels Sinn, mit seiner Frau den Kontakt zu ihr nie hatte abreißen lassen. Lore wollte nicht, daß ich in ihre Wohnung käme, sondern schlug diese Gaststätte am S-Bahnhof vor, in der die alte Frau offenbar gut bekannt war. Sie hatte ihren kleinen Hund mitgebracht, der vom Wirt und den anderen Gästen mit seinem Namen begrüßt und gekrault wurde, bis er sich unter dem Tisch zusammenrollte und schlief. Lore sah aus, als würde sie auch halb schlafen. Sie strahlte nicht die heitere Selbstsicherheit aus wie die Kobergs, ihr Leben war weniger glücklich verlaufen, sie lebte allein, und es fiel ihr schwer, sich auf unser Gespräch zu konzentrieren. Ich fragte, und sie gab einsilbige Antworten. Sie erinnerte sich gut an Edith, aber sie war es nicht gewöhnt, zusammenhängend zu erzählen. Ich sah in Lores vom Leben gezeichnetes Gesicht und stellte sie mir als junges Mädchen vor. Es fiel mir schwer. Aber sie muß einmal ein fröhliches, unkompliziertes Geschöpf gewesen sein, und aus irgendeinem Grund waren Edith Fraenkel und sie seit der ersten Klasse so etwas wie Schulfreundinnen. Es gab zwischen ihnen wohl wenig tiefgründige Gespräche, aber sie waren einander vertraut und mochten sich. Lore war ein adoptiertes Kind, sie lebte mit ihren Pflegeeltern in der Wiesbadener Straße, dort spielte sie mit den Nachbarjungen auf dem Hof Hopse, manchmal kam auch Edith dazu. Später half Edith ihr bei den Schularbeiten, oft in der Sächsischen Straße in Olga Fraenkels Wohnung. »Mit der Mutter hat sie sich immer gehabt«, berichtete Lore. Ich fragte nach den Gründen. »Na, wie man sich so streitet. Die hatten eben verschiedene Ansichten.« Die Mutter sei hysterisch gewesen, Edith dagegen störrisch und eigensinnig. »Die wußte, was sie wollte.« Vom Vater habe sie nie etwas erzählt. Ihren Freund Robert habe Lore nur flüchtig kennengelernt. »Edith war ja sehr für den Robert.« Der junge Mann beeindruckte Lore, weil er schon erwachsen und so höflich war, aber er kam fast nie mit, wenn Edith Lore in der Wiesbadener Straße besuchte. Nur einmal wartete er draußen, da mußte Edith schon den Stern tragen. Das war lange nach der Schulzeit. Edith kam immer noch manchmal zu Lore. Das Gespräch war etwas mühsam, aber ich merkte, daß Lore sich erstaunlich gut an Einzelheiten erinnern konnte. Als ich nach Uri und den Nonnen fragte, wußte sie etwas, was sogar Robert Mohn vergessen hatte: Das Heim, in dem Edith mit ihrem Kind für einige Wochen lebte und in dem sie Uri ließ, als sie wieder arbeiten mußte, gehörte zur katholischen St.-Elisabeth-Gemeinde in der Kolonnenstraße. Eigentlich durften die keine Jüdinnen aufnehmen, aber Edith hatte es geschafft, denn »was sie wollte, das schaffte sie«, sagte Lore, der es vielleicht an gerade dieser Eigenschaft gefehlt hatte.

Lore wußte, daß ihre Freundin bei der Zwangsarbeit junge Juden kennengelernt hatte, »politische Leute«, mit denen sie sich traf; diese Treffen waren verboten. Genaueres erfuhr sie nicht, aber wenn Edith bei ihr zu Hause war, redeten Lores Pflegeeltern auf sie ein, sie solle vorsichtig sein und sich an die Bestimmungen für Juden halten, dann würde alles schon nicht so heiß gegessen wie gekocht. Edith sagte dann nichts, aber sie ging in die Küche und wusch sich lange die Hände. Ich horchte auf und fragte nach. Die alte Frau tätschelte ihrem Hund die Schnauze und sagte. »Ja, sie hatte auch 'nen Putzfimmel. Früher nicht, aber dann, wie es mit den Juden losging. Und dauernd ist sie ins Badezimmer rein und hat sich gewaschen. Bei uns und auch bei ihr zu Hause. Ich sag: Edith, was wäschst du dich denn dauernd, du hast ja bald keine Haut mehr. Laß mich, sagt sie, das muß ich machen.«

Sonst sei ihr nichts Ungewöhnliches anzumerken gewesen. Sie sei nach Uris Tod natürlich traurig gewesen, aber Angst habe man bei ihr nicht gespürt.

»Dieser Waschzwang war wohl ein Zeichen ihrer Angst«, meinte ich, aber den Zusammenhang sah Lore nicht. Sie selbst habe Angst um Edith gehabt, sagte sie. Und weil sie im Sommer 1942 nichts mehr von ihr hörte, weil Edith nicht mehr kam und weil die Judentransporte schon einer nach dem anderen vom Bahnhof Grunewald gingen, wuchs Lores Angst um die Schulfreundin so sehr, daß sie beschloß, nach ihr zu sehen. Vielleicht war es auch schon Herbst, als sie sich auf den Weg in die Pfalzburger Straße machte, um Edith zu besuchen. Von der Sache im Lustgarten und den Hinrichtungen hatte man schon gehört. Ediths Name war nicht gefallen, aber Lore ahnte, daß ihre Freundin damit etwas zu tun hatte. Allein wagte sie nicht, in das Judenhaus zu gehen. Ihnen gegenüber in der Wiesbadener Straße wohnten zwei Brüder, Willi und Kurt Stoph. Die waren ein paar Jahre älter, aber hatten vor Jahren noch mit Edith und Lore auf dem Hof Ball gespielt. Jetzt war Willi Soldat, auf Heimaturlaub. »Ein großer Nazigegner«, wußte Lore. Sie bat ihn, zu der kleinen Fraenkel, an die er sich erinnerte, mitzukommen. Außerdem wohnte in der Nähe der Vater ihres ehemaligen Klassenkameraden Eberhard Schulze-Keller aus der Steiner-Schule, der trug jetzt eine SS-Uniform. Sie fand ihn trotzdem nett und bat ihn, auch mitzukommen. Zu dritt gingen sie von der Wiesbadener in die Pfalzburger, die junge Lore und die beiden uniformierten Männer. In dem Judenhaus schienen keine Juden mehr zu wohnen. Jemand wie ein Hausmeister oder Blockwart kam und sagte, Mutter und Tochter Fraenkel seien weg, beide. Die Junge schon lange, wegen Sabotage abgeholt und verhaftet, und die Alte seit kurzem, abgewandert nach Osten, mit viel Geschrei.

»Das muß aber im Winter gewesen sein«, rechnete ich nach. »Olga Fraenkel wurde am 14. Dezember 1942 deportiert, da war Edith schon monatelang verhaftet.«

»Ist möglich. Vorher konnte ich ja nicht, das war ja gefährlich, wenn man da allein hingegangen wäre. Aber mit dem Willi Stoph zusammen und dem Vater von Schulze-Keller habe ich mich getraut.«

Willi Stoph habe dann eine große Karriere gemacht und sei bei den Kommunisten im Osten ein hohes Tier geworden, aber in die Wiesbadener Straße sei er nicht mehr gekommen. Lore habe ihn mal durch jemanden grüßen lassen, aber er habe nicht zurückgegrüßt. In das Judenhaus aber sei er damals mitgekommen, vielleicht könne er sich erinnern, wann das genau gewesen sei, ich solle ihn doch fragen.

Ich glaubte nicht, daß Willi Stoph, zuletzt Vorsitzender des Ministerrats der DDR, sich an diese Geschichte erinnern würde, aber ich wußte auch gar nicht, wo er sich aufhielt, seitdem er zum Ende der DDR wegen der Schüsse an der Mauer, Amtsmißbrauch und Korruption verhaftet und, wegen Krankheit, wieder freigelassen worden war. Ich hatte von seiner unglaublichen Raffsucht gelesen; allein in seinem privaten »Ferienobjekt Birkenheide«, das ein größeres Gut war, mußten zum Schluß sechzehn Bedienstete auf Staatskosten arbeiten, um das Schwimmbad, die Gewächshäuser und Wohnhäuser für Willi Stophs Familie in Gang zu halten. Ich hatte aber auch gelesen, daß er schon 1986 zusammen mit Erich Mielke versucht hatte, Honecker zu stürzen, indem er einen entsprechenden Geheimbericht an Gorbatschow geschickt hatte, der aber nie antwortete.

Im April 1999 ist er gestorben. Vielleicht hätte ich ihn doch aufsuchen sollen, vielleicht hätte er sich doch an die kleine Fraenkel erinnert. Die er in seiner ungeliebten Wehrmachtsuniform an der Seite eines mit der Anthroposophie sympathisierenden SS-Mannes und einer jungen Nachbarstochter suchte, wohl an einem Dezembertag des Jahres 1942 oder später, als er sie nicht mehr finden konnte, weil sie schon vom Volksgerichtshof abgeurteilt war. Vielleicht wäre Willi Stoph sogar froh gewesen, nach einer Zeit gefragt zu werden, in der er noch nicht Vorsitzender des Ministerrats, sondern Maurer gewesen war, ein junger Kommunist, der seine Ideale noch nicht verraten hatte und einem jüdischen Mädchen irgendwie helfen wollte, dem längst nicht mehr zu helfen war.

Einige Zeit nach den Begegnungen mit Ediths Mitschülern lernte ich zufällig eine Ingenieurin kennen, die arbeitslos geworden war und nun in der Borsigstraße Tee verkaufte. Ihre schon verstorbene Mutter Marianne Landsberger war auch an der Rudolf-Steiner-Schule in der Klasse von Magdalena-Ithwari Kiefel gewesen. Sie hatte ihrer Tochter von der kleinen Fraenkel, die als Widerstandskämpferin vom Volksgerichtshof verurteilt worden war, erzählt. Und sie hatte ihr Briefe des Lehrers Erich Weismann hinterlassen. Der war, wie Fräulein Kiefel, Lehrer für Deutsch und Geschichte. Er hatte mit einigen anderen Lehrern nach der Auflösung der Rudolf-Steiner-Schule versucht, den Unterricht in einer Wohnung fortzuführen. Das wurde angezeigt. Ende 1941 wurde er nach mehreren Monaten Gestapohaft an die Ostfront geschickt. Von dort schrieb er am 26. Dezember 1942, also etwa zu der Zeit, als Lore ins Judenhaus ging, um Edith zu suchen: »Liebe Marianne, würdest Du mir nicht schreiben wollen, was mit Edith ist und wie es Inge Korach geht, ich nehme doch an all Euren Schicksalen teil!«

Der Lehrer Weismann erlebte das Kriegsende in einem Lazarett in Reutlingen. Dort gründete er nach seiner Genesung 1946 die Freie Georgenschule, an der er noch Jahrzehnte lehrte. Manchmal erwähnte er gegenüber seinen Schülern die Herbert-Baum-Gruppe, den Anschlag im Lustgarten und seine ehemalige Schülerin Edith Fraenkel, ein stilles, kluges Mädchen, das auf eine Weise, die er nicht kannte, mit diesem Anschlag zu tun hatte und deshalb, und weil sie als Jüdin galt, sterben mußte.

Marianne Landsbergers Tochter besitzt auch ein Poesiealbum ihrer Mutter, in dem es eine Eintragung »Zur Erinnerung an Deine Mitschülerin Edith Fraenkel« gibt. Am 3. April 1937, da war sie fünfzehn Jahre alt, schrieb sie einen Spruch von Angelus Silesius, offenbar keine wahllos herausgegriffenen Verse, sondern ein Credo:

> Der Zufall muß hinweg
> Und aller falscher Schein –
> Du mußt ganz wesentlich
> Und ungefärbet sein.
> Mensch, werde wesentlich,
> Denn wenn die Zeit vergeht,
> So fällt der Zufall weg –
> Das Wesen, das besteht.

Diesen Spruch kannte Robert Mohn nicht von Edith. Vielleicht, räumte er ein, habe er ihn vergessen, wie so vieles. Erst seit kurzem kehre manches wieder zurück, lasse ihn nachts nicht schlafen.

Als ich ihm erzählte, was Lore über Ediths Waschzwang berichtet hatte, setzte er seine Kaffeetasse ab und starrte mich an. »Das habe ich auch«, stieß er hervor. »Ich muß mich waschen, immerzu. Als müßte ich etwas abscheuern.« Daß es Edith auch so gegangen war, hatte er vergessen, aber nun fiel es ihm wieder ein, und er wußte, daß dieser Zwang, über den er sich damals sogar lustig gemacht hatte, über ihn gekommen war, nachdem sie fort war. Aber er hatte nie über die Zusammenhänge nachgedacht. Lange saßen wir still.

Das Tagebuch

Mein langes Gespräch mit Robert Mohn, das oft ein Monolog war, ein schleppender, langsamer, immer wieder verebbender, immer wieder beginnender und sich im Kreis drehender Monolog, war schon einige Monate im Gange, als ich weitere Briefe von Edith Fraenkel fand.

Sie lagen in Aktenbeständen der nationalsozialistischen Justiz, die bis zum Ende der DDR das Ministerium für Staatssicherheit verwaltete.* Ich saß allein in dem kleinen, noch immer nach einer Mischung aus Staub, Bohnerwachs und Desinfektionsmittel riechenden Lesesaal und las tagelang, was Edith und ihre Gefährten nach der Verhaftung gegenüber den Gestapo-Vernehmern ausgesagt hatten. Ediths abgefangene Briefe hatten jahrzehntelang zwischen staubigen Aktendeckeln gelegen, für die Gestapo waren sie Beweismaterial gegen eine des Hochverrats Verdächtige, zumindest dienten sie als Beweis für Edith Fraenkels Bereitschaft, die Regeln des Gefängnisses zu übertreten. Der Staatssicherheit der DDR dienten all diese Akten als Beweismaterial gegen die nationalsozialistische Justiz, die im Westen Unterschlupf gefunden hatte. Die Parteihistoriker werden die Briefe durchgesehen und für unbrauchbar befunden haben, weil sie nicht als Beleg für die Unbeugsamkeit einer kommunistischen Heldin taugten. In einem der Archive hatte ich Kopien letzter Briefe von Widerstandskämpfern gefunden und Aktenvorgänge über den Umgang mit diesen Briefen in der frühen DDR. Man hatte sie vor der Veröffentlichung bearbeitet, allzu Privates herausgenommen, Trauer und Verzweiflung abgeschwächt, das Kämpferische betont, den Toten das Wort im Munde herumgedreht. Wenn man auch Ediths Briefe auf eine solche Verwendbarkeit hin geprüft hat, wird man sie

enttäuscht zurückgelegt haben. Aber niemandem war eingefallen, diese eng beschriebenen, damals vielleicht noch nicht
vergilbten Blätter als das anzusehen, was sie sind: Nachrichten eines Menschen an einen anderen. Ediths »liebes Muttilein« war tot, aber Robert Mohn, ihr »geliebter Robby«, lebte.
Es gab auch in der DDR Menschen, die ihn kannten, die von
seiner Verbindung zur Baum-Gruppe wußten. Richard und
Charlotte Holzer trafen ihn manchmal. Beide wurden oft
von den Parteihistorikern interviewt, nach Robert Mohn hat
sie wohl niemand gefragt. Die beschlagnahmten Briefe blieben weiter beschlagnahmt. Edith Fraenkels Briefe waren niemandem wichtig. Mit ihnen ließ sich nichts beweisen als die
Angst einer jungen Frau im Gefängnis um ihre zurückgeblie-
bene, einsame, entwurzelte und halb verrückte jüdische Mutter, nichts als die Sehnsucht einer von ihrem Geliebten ge-
waltsam getrennten Frau, nichts als der Schmerz um ein totes
kleines Kind.

Ich ließ mir Ediths Briefe, beide waren vom 1. November
1942, kopieren und brachte sie Robert Mohn. Er nahm die
Mappe wortlos und legte sie beiseite. Ob ich auch die bei
der Verhaftung beschlagnahmten Notizbücher gefunden
hätte, fragte er mich.

Aber solche Bücher lagen nicht bei den Akten.

Edith soll seit ihrer Kindheit Tagebuch geführt haben.
Ein einziges Büchlein mit Eintragungen aus wenigen Tagen
ist erhalten geblieben. Robert Mohn hatte es über die Jahrzehnte aufbewahrt. Das ledergebundene Heft ist eigentlich
ein Geburtstagsbuch für Ediths Großmutter Lina Fraenkel,
die am 15. Mai 1936 achtzig Jahre alt wurde und dieses Heft
geschenkt bekam. Das Datum ist auf den Einband geprägt.
Auf den ersten Seiten stehen wie in einem Poesiealbum
Eintragungen der Geburtstagsgäste, Verse der Verwandt-
schaft, Lob für die Jubilarin. Die meisten Gratulanten
wohnten in der Charlottenburger und Wilmersdorfer Gegend, nur ein Dr. Martin Krayn und Frau Johanna kamen
aus der Prenzlauer Allee und einige aus Köln und Ham-

burg, aus Stettin, Königsberg und sogar aus Amerika. Lina Fraenkel scheint eine beliebte, heitere Person mit einem großen Bekanntenkreis gewesen zu sein. Die erste Eintragung ist eine Art Gedicht: »Liebe Großmama! Achtzig Jahre bist Du heute – / Und da kommen viele Leute, / Deine engeren Verwandten, / Deine Posener Bekannten, / Vettern kommen und Cousinen / sind zu Deiner Ehr erschienen, / und es kommen Nichten, Neffen, / die bei Dir sich alle treffen« usw.

Über alle diese Verwandten und Bekannten der Großmutter Edith Fraenkels konnte Robert Mohn mir nichts sagen. Er wußte nichts über sie oder hatte es vergessen. Sie spielten in Ediths Leben keine Rolle, meinte er. Olga lebte mit ihrer Tochter recht zurückgezogen. Zu der Geburtstagsfeier war die geschiedene Schwiegertochter wohl nicht geladen, ihr Name wird unter denen der schriftlichen Gratulanten im Geburtstagsbuch angeführt. Dabei wohnte sie nur einen kurzen Fußweg entfernt von Lina Fraenkels Wohnung in der Innsbrucker Straße. Deren Sohn Leo Fraenkel, der damals noch als Ediths Vater galt, kam mit seiner neuen Gefährtin Käte, mit der er später in die USA auswanderte. Er wünschte in seiner Eintragung Glück und stets Zufriedenheit. Die vierzehnjährige Edith trug sich gleich nach ihm in das Buch ein: »Kannst Du nicht wie der Adler fliegen, / Klettre nur Schritt für Schritt bergan. / Wer mit Mühe den Gipfel gewann / Hat auch die Welt zu Füßen liegen! / Dies schrieb Dir liebe Großmutter zur Erinnerung an Deinen heutigen Ehrentag / Deine Enkelin Edith / 15. Mai 36«.

Das Geburtstagsbuch der Großmutter blieb zunächst bis auf diese Eintragungen leer. Dann, wahrscheinlich nach dem Tod Lina Fraenkels, bekam Edith das lederne Büchlein, und zwischen dem 15. und 18. November 1941 trug sie eigene Aufzeichnungen ein.

Bevor ich sie las, zu Hause in meiner Wohnung, nahm ich das Foto aus dem Regal und wischte mit der Hand die dünne Staubschicht fort. Edith blickt unverändert lächelnd auf ihr Kind, Robert Mohn und sie halten es gemeinsam fest. Uri wurde sieben Monate und zwei oder drei Wochen alt. Bei seiner Geburt im Jüdischen Krankenhaus war Lotte Paech aus Baums Kreis dabei. Ihr Name fiel oft in meinen Gesprächen mit Robert Mohn. Aber ich kannte ihn auch so, Charlotte Holzer, wie sie nach dem Krieg hieß, war eine bekannte Antifaschistin, Trägerin des Vaterländischen Verdienstordens. Als sie 1980 starb, erschienen Nachrufe in den Zeitungen. Sie war Krankenschwester, etwas älter als die anderen aus Baums Gruppe, schon über dreißig, und etwa gleichzeitig mit Edith und Robert dazugekommen. Die Gruppe war ihr sehr wichtig. Sie war geschieden, lebte mit ihrer kleinen Tochter in ärmlichen Verhältnissen im Wedding, und Richard Holzer aus der Baum-Gruppe wurde ihr Freund. Lotte machte sich nützlich, wo sie konnte. Sie bot ihre kleine Wohnung für Gruppentreffen an, beriet die Freunde um Baum, wie man Krankheiten vortäuschen könne, um sich von der Zwangsarbeit freistellen zu lassen, sie besorgte Medikamente und sogar Präservative. Edith war ihr dankbar, weil sie durch sie etwas über Säuglingspflege lernte und Lotte ihr Babyfläschchen und Wäsche für Schwangere brachte, die es für sie als Jüdin nicht zu kaufen gab. Als Edith im Jüdischen Krankenhaus niederkam, ließ sich Lotte zum Dienst im Kreißsaal einteilen.

Robert und Edith nannten das Kind Uri, weil das einer der vorgeschriebenen Namen für sogenannte Nichtarier war. Uri war noch keine drei Wochen alt, als Deutschland den Krieg gegen die Sowjetunion begann. Robert Mohn war klar, daß das der Anfang vom Ende sein und der Krieg schließlich nach Deutschland zurückkommen würde. Er fürchtete, daß Herbert Baum und seine Freunde nun nicht mehr bei Vortragsabenden und Landknechtsliedern bleiben würden. Als Edith nach der Geburt erst einmal mit Uri in einem Heim bei Nonnen Unterkunft fand, war er froh. Wo das war, hatte er vergessen, nur daß er dafür bezahlen mußte, konnte er mir sagen, und daß er Edith und das Kind nur einmal in der Woche besuchen durfte.

Vielleicht ist das Foto bei einem dieser Besuche entstanden. Vielleicht auch auf dem Olivaer Platz, in der Nähe von Ediths Wohnung. In der Wohnung Sächsische Straße/ Ecke Düsseldorfer hatte Olga Fraenkel damals noch mit ihrem Mittagstisch und den alten Damen zu tun. Eine, die schon jahrelang zu ihr kam, war die Mutter von Kurt Tucholsky. Sie war wie die meisten der Tischdamen schon lange verwitwet, ihre Kinder waren emigriert. Aber wenn die anderen während der Mahlzeiten von Briefen ihrer Kinder berichteten, schwieg Doris Tucholsky. Ihr älterer Sohn Kurt hatte sich schon 1935 in Schweden das Leben genommen, ihr jüngerer, Fritz, war 1936 in den USA bei einem Autounfall umgekommen.

Die Tischdamen Olga Fraenkels brachten nun jeden Tag neue schlimme Gerüchte mit, die manchmal nicht so schlimm wie die Wahrheit waren. Manche blieben weg, weil ihre Wohnungen »entjudet« wurden und man sie in weit abgelegene Judenhäuser versetzte.

Öffentliche Verkehrsmittel durften Juden seit September 1941 nur noch auf dem Weg zur Arbeit benutzen. Als eine der alten Frauen starb, einfach so, auf der Straße, auf dem Weg zu Olga Fraenkels Mittagstisch, seufzten die anderen Tischgäste nur und wünschten sich, es würde bei ihnen auch so schnell gehen. Nach drei Monaten kam Edith mit dem Säugling zurück zu ihrer Mutter. Noch stillte sie und mußte nicht arbeiten. Als Uri drei Monate und zwölf Tage alt war, mußten seine Mutter und seine Großmutter den gelben Stern an ihre Kleidung nähen. Als er vier Monate und zwei Wochen alt war, verließ vom Gleis 17 am Güterbahnhof Berlin-Grunewald der erste sogenannte Abwanderungstransport Berlin, mit ihm 1013 Menschen. Eine Woche später ging der nächste Transport mit über tausend Menschen nach Łódź, drei Tage später ebenso, wieder vier Tage später erneut. Auch Tischgäste von Frau Fraenkel waren dabei. Im November gingen Transporte mit insgesamt 3715 Menschen nach

Minsk, Kowno und Riga. Keiner wußte, was an diesen Orten geschah. Edith konnte das Kind nicht mehr stillen und mußte wieder zu Siemens gehen. Uri nahmen die Nonnen, am Wochenende durfte sie ihn besuchen. Olga Fraenkel gab den Mittagstisch auf. Man hatte ihr die Wohnung gekündigt, und sie suchte eine andere. Im November und Dezember ging Edith wieder zu Baums. Robert kam nicht mit. Er sah, daß es mit Baums Gruppe nicht gut ausgehen könnte, und bat Edith, auf die Abende dort zu verzichten. Gleichzeitig traf sich Herbert Baum allein mit ihm, sprach mit ihm über die Notwendigkeit, Geld zu beschaffen. Robert half ihm, aber das erfuhr Edith nicht. Sie fuhr trotz seiner Einwände zwei- oder dreimal allein mit der S-Bahn bis zur Jannowitz-brücke, ging in Baums Wohnung. Aber etwas hatte sich geändert. Nicht mehr diesen Abenden fieberte sie erwartungsvoll entgegen, sondern den Besuchstagen bei ihrem Kind. Robert kam mit, er liebte Ediths Mütterlichkeit, ihre Weichheit, ihren Blick, wenn sie das Kind ansah, aber er konnte ihr Glück nicht teilen. Er überlegte, wie schwer es sein würde, mit diesem kleinen Kind unterzutauchen. Und er sah mit Sorge, wie Olga Fraenkel immer nervöser und unberechenbarer wurde. Seit Ende Dezember durften Juden nicht mehr telefonieren. Olga zankte sich laut mit einer »arischen« Nachbarin aus der Sächsischen Straße vor einer Telefonzelle, als habe diese die Verordnung erlassen. Sie verstand nicht, was vorging, schimpfte und weinte nur noch, stritt mit den Nachbarn und ihrer Tochter.

Im November schrieb Edith in das Lederbüchlein ihrer Großmutter: »Warum ich ausgerechnet heute beginne Tagebuch zu führen, kann ich eigentlich niemanden genau erklären.« Sie spürt, »daß jetzt für mich ein ganz neuer Lebensabschnitt beginnt«. »Der neue Lebensabschnitt wird für mich bedeuten, etwas ertragen zu lernen und wahrscheinlich endlich mal selbst allein auf meinen bald zwanzigjährigen Beinen zu stehen.«

124

Es sind die Tage vor der Wiederaufnahme ihrer Arbeit bei Siemens. Uri ist schon bei den frommen Schwestern. Edith hat ihr Zimmer aufgeräumt, Zeit mit Robert verbracht und spürt eine schwer greifbare und doch deutliche Bedrohung. Sie betrachtet die Lebenslinie ihrer Hände, glaubt den Einschnitt zu sehen, der den 9. Februar 1939 bezeichnet, als sie »Robby richtig kennenlernte«, sieht als zweiten bedeutenden Einschnitt die Geburt ihres Kindes. »Von da ab ist die Lebenslinie sehr dünn [...].« Dann reißt sie sich mit etwas Selbstironie von diesen Deutungen los und wird konkreter:

»Unter uns Juden wird jetzt wieder mal sehr gehaust. Es werden Kündigungen u. Kündigungen abgesandt. Wir sind bis jetzt noch verschont geblieben. Ich bin aber vollkommen beruhigt, Edith Fraenkel nebst Mutter werden schon nicht vergessen werden. Frau Friedländer, Muttis Mittagsgast, hat heute auch Nachricht bekommen, daß sie geholt wird. Die arme, arme Frau. Sie tat mir so schrecklich leid, so elend und mitgenommen sah sie aus. Sie wird wohl schon Mitte 50 sein. [...] Ich bin auf alles gefaßt.

Gute Nacht Robbylein. Gute Nacht, mein kleiner Uri. Mögt ihr noch recht, recht lange in meiner Nähe sein.«

Da hatte Uri noch wenige Wochen zu leben. Und genau ein Jahr nach dieser Eintragung war Olga Fraenkel schon unterwegs nach Auschwitz oder Riga. Und Edith saß als Strafgefangene im Gerichtsgefängnis Kantstraße. Ediths Gefühl an diesem 15. November 1941, ein ganz neuer Lebensabschnitt habe begonnen, in dem sie lernen müßte, Schweres zu ertragen, kam nicht aus ihren Handlinien, sondern aus ihrer Realität.

Am nächsten Tag schrieb sie:

»Ach, was sehne ich mich nach dem Jungen. Ich könnte noch viel mehr weinen, als ich es schon tue. Robby kann mir das ja nicht so nachfühlen. Wie soll das erst werden, wenn ich weg bin u. ohne das Kind. Daß ich auch weg komme, darüber bin ich mir gar nicht im Zweifel, obwohl all unsere Bekannten fast optimistisch sind.

Heute früh war ich bei Robert. Er hat mich ja so lieb; so daß ich immer für eine Zeit meinen Kummer um den Jungen und alles etwas vergessen kann. Aber bald bricht er dann doch wieder durch. Muttis Arm ist wirklich sehr geschwollen und sie hat große Schmerzen. Ach, sie ist ein armes Geschöpf, mit dem ich immer Mitleid habe und kann ihr doch nicht helfen.

Heute Nachmittag waren wir spazieren und trafen Jo, Rita u. Rolf und haben ziemlichen Unfug gemacht.

Warum kommen die Menschen denn nicht endlich zur Besinnung und machen Schluß mit diesem Krieg? Ist es nicht ein Wahnsinn, sich gegenseitig die besten und lebensfähigsten Kräfte im Volke abzuschlachten, und für eine Phrase, für nichts u. wieder nichts. Das ›Positive‹, was dabei herauskommt, betrifft ja doch nur einzelne Menschen, die allerdings niemals in vorderster Feuerlinie sind. Vorgestern waren die Russen am hellichten Tage zweieinhalb Stunden in Breslau und haben die Stadt bombardiert, u. die deutsche Flak konnte nicht einmal abwehren, da kaum Munition vorhanden war. Die Deutschen können bei dieser Witterung schon längst nicht mehr fliegen, aber die Russen. Vor Moskau sollen 40 Grad Kälte sein. Die italienischen Truppen können natürlich dort in dieser Temperatur unmöglich existieren. Mit Italien soll etwas nicht in Ordnung sein. Sämtliche ital. Arbeiter sind wieder zurückgeholt und die Grenzen geschlossen worden, sagt man. Außerdem hätte sich die ital. Flotte im Mittelmeer ergeben und Friedensverhandlungen seien schon angeknüpft. Aber es wird ja sehr viel geredet. Wenn nur $1/3$ stimmt, bin ich schon zufrieden. Oh, wärs doch schon ein paar Jahre weiter!«

Offenbar war Edith, obwohl Olga und sie kein Rundfunkgerät mehr besitzen durften, über die wahre Lage an der

Front informiert. Zwischen dem 15. und 17. November 1941 war die Heeresgruppe Mitte erneut gegen Moskau angetreten. Am 12. November hatte eine sowjetische Gegenoffensive bei Tichwin begonnen, am 17. November bei Rostow. Die Heeresgruppe Süd wurde weit zurückgetrieben. Bis Ende des Monats drangen gepanzerte deutsche Einheiten dennoch bis kurz vor Moskau vor, erst zwei Dutzend Kilometer vor Moskau kamen sie in der eisigen Kälte zum Stehen. Anfang Dezember scheiterten letzte deutsche Durchbruchsversuche. Der Krieg bäumte sich an allen Fronten auf. Drei Wochen nach Ediths Tagebucheintragungen überfielen japanische Trägerflugzeuge die Pazifikflotte der Amerikaner in Pearl Harbor, vier Tage danach erklärten auch Hitler und Mussolini den USA den Krieg.

Gleichzeitig wuchs die Kriegsmüdigkeit. Schon im September hatte es im Geheimbericht 217 des Sicherheitsdienstes geheißen: »Verwöhnt durch den schnellen Verlauf der bisherigen Feldzüge [...] und unter dem Einfluß der im Laufe der Kriegsjahre stärker in Erscheinung tretenden Verknappungserscheinungen in der Versorgungslage, verfolgen viele Volksgenossen den ihrer Ansicht nach schon zu lange dauernden Feldzug im Osten mit einem gewissen Unbehagen. Die bisher vereinzelt zum Ausdruck gekommene Meinung, daß der deutsche Vormarsch im Osten nur noch sehr langsam vorwärts gehe, gewinnt immer mehr an Boden.«

Anfang November waren neue Kriegsdekrete erlassen worden, nach denen ein Teil der deutschen Gehälter einbehalten wurde, um den Krieg weiter zu finanzieren. Auch wurde die Rüstungsproduktion noch mehr gesteigert. Die Juden wurden ohnehin längst ausgepreßt.

Am 17. November schrieb Edith:

»Freitag gehe ich wieder arbeiten. Die Nahrung ist nun endgültig zurückgegangen. Wir waren heute bei Baums. Herbert meldet mich an. Wie ist es möglich, daß Baums noch so guter Dinge sind? Soll ich mir daran ein Beispiel nehmen o. nicht? Nehmen Baums nicht die ganze Sache zu leicht? Na, egal, auf alle Fälle muß ich etwas standhafter und härter werden!«

Sie war also mit Robert in der Stralauer Straße bei Herbert und Marianne, die Ediths Rückkehr bei Siemens ankündigen sollten. Ihr Gefühl, die beiden nähmen die ganze Sache zu leicht, drückt ein Unbehagen aus, das durch die Ereignisse der folgenden Monate nachträglich gerechtfertigt erscheint. Möglicherweise hatte Baum, der ja nun schon seit Jahren illegal arbeitete, sich allzusehr an das Besondere und Gefährliche dieser Lage gewöhnt. Andererseits verschärfte sich die Situation für Juden ohnehin, die Deportationen in den Tod hatten begonnen, es gab keine andere Aussicht auf Überleben als das baldige Ende des Krieges, und wenn Marianne und er so guter Dinge waren, gehörte dieser Optimismus vielleicht zu ihrem Selbstverständnis, ihrer selbstgewählten Aufgabe. Sie wollten stark sein und Mut geben, Verzweiflung schwächte nur.

Am 18. November schrieb Edith:

»Hurrah! Morgen geht's zum Jungen. Ich habe schon einige Sachen zurechtgelegt, die ich ihm mitnehme. Unter anderem auch meine ersten Wollschuhchen m. Filzsohle, von Tante Frieda aus Halle gemacht. Hoffentlich passen sie ihm schon. Robby hat mich beim Nameneinsticken so geärgert, daß ich zuletzt geheult habe. Aber dann war er so lieb. Es hat ihm gewiß leid getan. Schlaf gut, Robbylein, ich kann Dir nicht böse sein.«

Edith hat das Geburtstagsbüchlein ihrer Großmutter auch von hinten beschrieben. Es enthält das Fragment eines Aufsatzes, »Meine Gedanken über den Traum«.

In den späteren Gestapo-Vernehmungsprotokollen würde Edith Fraenkel aussagen, daß Herbert Baum ihr vor Uris Geburt den Auftrag gegeben hatte, einen Vortrag zu einem psychologischen Thema zu halten. Es sei durch ihre Schwangerschaft und die Stillzeit nicht mehr dazu gekommen. »Überhaupt hatte ich in den letzten Monaten meinen Besuch bei Baums eingestellt.«*

Aber vielleicht sollten Ediths Gedanken über den Traum die Grundlage zu diesem Vortrag sein, den sie nie gehalten hat.

Sie schreibt, daß dieses Thema sie schon oft beschäftigte, und setzt sich mit dem Satz »Träume sind Schäume« auseinander. Für sie sind Träume »reale, vielleicht noch nicht erwachte Gefühlsregungen«. Im Einklang mit ihrer anthroposophischen Weltanschauung glaubt sie, »Körper und Geist gehen im Schlaf an ihren Ursprung in die Vorgeburt ihrer Welt zurück und schöpfen dort neue Kräfte«. Der Traum sei ein »Bruchteil des Erlebnisses«, das bei der »Wanderung« von der einen Welt in die andere mitgebracht werde.

Der Aufsatz bricht mitten im Satz ab, nachdem Edith Träume beschrieben hat, die aus dem Un- und Überbewußten stammen, wie ihn Kinder oft erleben. »Diese Träume sind in der Handlung klar und oft herrscht in ihnen eine ganz feierliche helle Stimmung.« Solche Träume hinterließen das Empfinden: »Du hast eben etwas erlebt, dir ist etwas gesagt worden mit diesem Traum.« Der letzte Satz bricht ab, wahrscheinlich fehlt ein Blatt: »Solche Träume bleiben auch lang, manche sogar das Leben hindurch in un-«

Im hinteren Teil des Heftes notierte Edith noch etwas über die heilende Wirkung des Schlafs, über weiße Blutkörperchen, Vitamine und den Blutkreislauf. Dort stehen auch Notizen zu ihrer religiösen Erziehung, möglicherweise ein Entwurf zu ihrem Antrag, den Status einer Volljüdin durch den günstigeren des Mischlings ersetzen zu lassen. Ihre Eltern, schreibt sie, waren nicht aus der jüdischen Religionsgemeinschaft ausgetreten, doch feierten sie alle christlichen Feste. Sie selbst habe auch an jüdischen Gottesdiensten teilgenommen, jedoch keinen inneren Kontakt zu ihnen finden können. Sie habe sich in der Christengemeinschaft zu Berlin einsegnen lassen, aus einem ihr selbst unerklärlichen Grunde jedoch die Taufe verweigert. Ihr Verlobter sei evangelischer Religion, und da er aus vielen Gesprächen wußte, »daß ich absolut christlich dachte und empfand«, habe er ihr geraten, sich taufen zu lassen. »Ich zögerte«

Der Text bricht ab.

In der Christengemeinschaft zu Berlin sind einige Listen und Akten aus der Zeit des Nationalsozialismus erhalten. Eine Edith Fraenkel wurde dort nicht getauft. Obwohl sie sich nicht als Jüdin fühlte und obwohl Robert sie dazu drängte, zögerte sie offenbar doch, diesen Bruch mit ihrer Herkunft zu vollziehen. Aber nach ihrer Verurteilung vor dem Volksgerichtshof waren all diese Überlegungen überflüssig. Vielleicht blieb Edith auch einfach keine Zeit mehr, sich taufen zu lassen. Hinter »Ich zögerte« steht kein Punkt.

Letztes Silvester

Zum Jahreswechsel 1941/42 gingen Robert Mohn und Edith zu Baums. Er wollte erst nicht, weil er spürte, daß diese Zusammenkünfte immer gefährlicher wurden. Gefährlicher als der Aufenthalt in seiner Lieblingsbar, obwohl es vielleicht auch leichtsinnig war, sich dort sehen zu lassen. In dieser Bar in der Pariser Straße verkehrten Exilrussen und SS-Männer und wahrscheinlich auch Juden. Keiner fragte dort nach der Abstammung. Außerdem kannte Robert Mohn den Besitzer gut. Es gab dort sogar eine kleine Jazzkapelle und für jemanden wie ihn auch Kognak, da kannte er die Hinterausgänge und konnte die Gefahr abschätzen. Bei Baum spürte er etwas, was ihm abgründiger schien als das Halbweltmilieu der Schieber und Devisenhändler, in dem er sich auskannte. Vor Uris Geburt war Edith oft mit ihm in der Bar in der Pariser Straße gewesen, und er hatte sie manchmal dazu bringen können, für einen Abend alles andere zu vergessen, für ein paar Stunden einfach unbeschwert zu sein. Er war selbst manchmal erstaunt, zu welch ausgelassener Fröhlichkeit dieses meist ernste Mädchen fähig war, wie sich ihr Gesicht dann veränderte, wie sie sich bewegte, welche Lebenslust in ihr verborgen war. Sie lachte und feierte gern. Vielleicht hätte sie auch gern getanzt, aber das ging mit seiner Prothese nicht. Er wäre also lieber in die Pariser Straße gegangen, aber Edith drängte darauf, zu Herbert und Marianne Baum zu gehen. Er sah, wie wichtig es Edith war, mit den anderen zusammenzusein. Sie saßen dort, vielleicht fünfzehn junge Leute, die jüngsten kaum achtzehn, die ältesten um die dreißig, tranken eine Art Fruchtbowle ohne Alkohol, redeten, alberten herum und sangen. Keine jüdischen Lieder, natürlich nicht, auch keine kommunistischen Lieder, sie sangen

Lieder aus dem Bauernkrieg, Landknechtslieder. Robert war etwas distanziert, er hörte den Gesprächen zu, ihn erschreckte die Direktheit der jungen Leute. Bei Baum glaubte er noch mehr Radikalität zu spüren, früher war er ihm überlegter, abwägender erschienen. Jetzt schien er ihm unruhig, wie ein gefangenes Tier, zum Sprung entschlossen. Er sprach davon, daß der Krieg ein Klassenkrieg sei, die Sowjetunion würde den Faschismus besiegen und mit ihm seine kapitalistische Basis. Außerdem stünde ein amerikanisch-sowjetisches Abkommen bevor. Roberts Hoffnungen gingen auch in diese Richtung, aber er sah realistisch, daß erst einmal eine Verschärfung des Krieges bevorstünde, noch war nichts gewonnen. Und die Amerikaner ließen sich Zeit. Währenddessen gingen die Deportationen der Juden weiter. Robert fand, daß es jetzt darauf ankäme, Leben zu erhalten, nicht zusätzlich zu gefährden. Aber es kam an diesem Silvesterabend nicht zu tieferen Gesprächen zwischen ihm und Baum. Baum hörte auch nicht zu, das war anders als früher. Robert hielt es für gefährlich, daß in dieser großen Runde so offen gesprochen wurde. Gleichzeitig zog ihn diese Atmosphäre an, und er sah, wie Edith sie genoß. Sie sang die Lieder mit, und da war eines, das griff auch ihm ans Herz, er kannte es, hatte es aber nie vorher und nie nachher so gehört. Der Refrain ging: »Flandern in Not! In Flandern reitet der Tod!«

Darin gab es die Zeilen: »Der Tod reitet auf einem kohlschwarzen Rappen, er hat eine undurchsichtige Kappen. Der Tod kann auch die Trommel rühren, du kannst den Wirbel im Herzen spüren. Er trommelt lang, er trommelt laut, er schlägt auf eine Totenhaut. Der dritte Wirbel ist leis und lind, als wiegt eine Mutter in Schlaf ihr Kind. Der Tod kann Rappen und Schimmel reiten, der Tod kann lächelnd im Tanze schreiten. Er trommelt laut, er trommelt fein: Gestorben, gestorben, gestorben muß sein.«

Sein Leben lang hatte Robert Mohn dieses Lied in sich getragen. Als er mir von der letzten Silvesterfeier bei Baums erzählte, fünfzig Jahre danach, sang er mir dieses Lied mit brüchiger Stimme an seinem Wohnzimmertisch vor. Gestorben, gestorben, gestorben muß sein. Da sah er wieder den Tod vorbeireiten, ganz nahe.

Am Neujahrsmorgen 1942 fuhren sie zu zweit mit der S-Bahn nach Charlottenburg zurück. Das hätten sie nicht gedurft, aber Robert konnte mit seiner Beinprothese nicht gut laufen, und er vertraute darauf, daß man ihn einfach für einen kriegsverletzten Soldaten auf Heimaturlaub mit seiner Braut halten würde.

Dieser Neujahrsmorgen 1942 war für fast alle, die in Herbert und Marianne Baums Wohnung vom reitenden Tod gesungen hatten, der letzte ihres Lebens.

Uris Leben zählte nicht nach Jahren. Für ihn hatte sein letzter Monat begonnen.

Als Uri Fraenkel sieben Monate und eine Woche alt war, mußten Juden ihre Pelze und Wollsachen abgeben. Sein Vater kaufte die kleinen Lammfelle und ließ auch für das Kind eine von außen schäbig wirkende Decke damit füttern. Dem Kind ging es bei den Nonnen nicht gut. Es hatte schon gelacht und gequietscht und seine Eltern erkannt, als Edith ihn im November dort ließ. Nun lachte ihr Sohn nicht mehr, suchte ihren Blick nicht, bekam einen nässenden Ausschlag, Milchschorf, sagten die Nonnen. Eine Mangelkrankheit. Robert besorgte Obst und gab es dort ab. Die Nonnen waren entrüstet. Sie hatten das Judenkind aufgenommen, sie behandelten es wie alle Kinder, aber warum sollte es Obst bekommen, das sogar den christlichen Kindern fehlte – schließlich war Krieg. Uri war sieben Monate und zwei Wochen alt, als die »Endlösung der Judenfrage« auf der Wannsee-Konferenz beschlossen wurde. Aber auf diese »Endlösung« wartete Uri nicht mehr. Zehn Tage später war er tot. Edith erfuhr es erst am nächsten Besuchstag. Diesmal war Robert nicht mitgekommen. Er war seiner Geschäfte wegen für zwei oder drei Tage weggefahren und hörte erst nach seiner Rückkehr vom Tod seines Sohnes. Als er Edith sah, war sie schon wieder ruhig, wie betäubt. Sie muß gespürt haben, daß sein Entsetzen und seine Trauer auch mit einer Spur Erleichterung vermischt waren. Dies war der erste Riß in ihrer Liebe. Ihnen blieb nicht mehr viel Zeit, sich den bewußtzumachen. Am 8. Februar 1942, an Ediths zwanzigstem Geburtstag, begrub sie ihr Kind. Olga Fraenkel und Robert Mohn waren dabei.

Er hat vergessen, auf welchem Friedhof das war. Er war, sagte er mir, nie wieder auf diesem Friedhof. Obwohl Edith ihn bei jedem Besuch im Gefängnis darum gebeten hatte.

Gedenktage

Heute vor sechzig Jahren wurde Uri begraben. Heute vor sechzig Jahren wurde Edith Fraenkel zwanzig Jahre alt. Heute wäre sie achtzig Jahre alt geworden.

Vor ein paar Wochen habe ich begonnen, Ediths Geschichte aufzuschreiben. Um mich herum liegen Kopien von Dokumenten, Stapel von Fotos und Notizen. Alte Zeitungsartikel und ungelenke Studentenarbeiten aus der DDR über die antifaschistischen Widerstandskämpfer aus der Baum-Gruppe. Ich blättere in ihnen, und plötzlich sehe ich, morgen, am 9. Februar 2002, wäre Marianne Baum neunzig Jahre alt geworden. Und übermorgen, am 10. Februar, Herbert Baum. Sie waren im selben Jahr 1912 geboren, fast am selben Tag. Edith war genau zehn Jahre jünger als die beiden. Zum siebzigsten Geburtstag von Herbert und Marianne Baum war in der Zeitung »Neues Deutschland« ein großer Artikel erschienen. Darin ist von einem »Fanal« die Rede, von »Mut und Standhaftigkeit«, von »vielseitiger Agitations- und Propagandatätigkeit zur Entlarvung der faschistischen Ausbeutungs-, Unterdrückungs- und Kriegspolitik«, vom »Brand in der Ausstellung« als »wahrhaft flammender Protest gegen den faschistischen Krieg und zugleich Treuebekenntnis deutscher Antifaschisten zur Sowjetunion«.

Aber es hatte ja gar nicht richtig gebrannt. Nur etwas Stoff von der Wandbespannung war angesengt. Der Brandanschlag wurde an diesem 18. Mai 1942 nicht einmal von allen Besuchern der Ausstellung bemerkt, und die Ausstellung hatte am nächsten Tag wie immer geöffnet. Es war nur ein Schwelbrand, kein Fanal, sosehr Baum und seine Freunde das gewünscht hatten. Aber ein Schwelbrand, dessen Rauch bis heute in die Augen steigt, dessen Asche noch immer nicht erkaltet ist. Vielleicht haben sie nicht erreicht, was sie damals wollten, aber bis heute ist der Brand im Lustgarten, den es so gar nicht gegeben hat, eine Metapher für den verzweifelten Mut der jungen Männer und Frauen, die es wirklich gegeben hat, von denen man nichts wüßte, nur die Nummern aus den längst zerschlissenen und halb zerfallenen Deportationslisten, wenn sie ohnmächtig und stumm in den Tod gegangen wären, der für sie schon bestimmt war.

In dem Geburtstagsartikel von 1982 werden die aus dem Kreis um Herbert und Marianne nicht mit Namen genannt, auch nicht Edith Fraenkel, obwohl die ja ebenfalls gerade Geburtstag gehabt hätte. Sie sind die »jüdischen Antifaschisten, die unter der Leitung von Herbert Baum eng mit der Berliner KPD-Bezirksleitung verbunden« waren.

Doch nicht einmal Baum selbst war eng mit der KPD-Bezirksleitung verbunden, er hatte nur zweimal Gespräche mit dem Kommunisten Hans Fruck, der selbst eine illegale Gruppe leitete und mit führenden Genossen wie John Sieg und Walter Husemann in Verbindung stand. Fruck hat mehrmals berichtet, daß seine Treffen mit Baum schwierige Begegnungen waren, weil Baum sich seinen Vorstellungen nicht beugen wollte. Baum war mit seiner Gruppe isoliert, vielleicht war das der Grund, warum er Anfang 1942 den Kontakt zu seinem alten Mitstreiter Steinbrinck wiederaufnahm. Vielleicht haben sie ja all die Jahre über in Verbindung gestanden, niemand weiß es genau. Aber Steinbrincks neuen Genossen Franke lernte Baum gewiß erst Anfang 1942 kennen. Doch Steinbrinck und Franke und die hinter ihnen stehende Gruppe waren ebenso isoliert.

Ob Herbert und Marianne ihre so dicht beieinanderliegenden Geburtstage gefeiert haben? Vielleicht fanden sie solche privaten Feste kleinbürgerlich. Ob er ihr Blumen geschenkt hat? Über Marianne und Herbert als Ehepaar ist wenig bekannt. Sie müssen sich schon als Sechzehnjährige gekannt haben. Marianne wird immer als Baums Kampfgefährtin bezeichnet, ganz anders als ihre auch im Jahr 1912 geborene Freundin Sala Rosenbaum, die seit den frühen dreißiger Jahren zu Baums Kreis gehörte. Dort, bei Baums, hatte sie 1934 Martin Kochmann kennengelernt und ihn 1938 geheiratet. Martin, Sala, Marianne und Herbert hatten nicht nur das Geburtsjahr gemeinsam. Sie waren alle erst nach dem Weltkrieg in das brodelnde Berlin gekommen, Kinder aus mehr oder weniger assimilierten jüdischen Familien. Die Orte, aus denen sie kamen, waren ihnen noch nicht zur Heimat geworden. Da, wo sie angekommen waren, mußten sie sich durchsetzen, sich eine Zugehörigkeit erkämpfen. Herbert, Martin und Sala kamen aus dem Osten, aus kleinen Städten, die polnisch geworden waren, Marianne war im Elsaß geboren. Sala Rosenbaum machte auf viele, die ihr begegneten, einen besonderen Eindruck. Sie muß einen Zauber gehabt haben, eine ganz eigene Schönheit, die man auf den wenigen erhaltenen Foto nicht erkennen kann. Auch Marianne Baums Fotos sagen nicht viel über sie. Sie war sieben Jahre alt, als sie mit ihren Eltern und vier Geschwistern nach Berlin kam. Ihre Mutter nähte Mäntel, der Vater war Geschäftsführer eines Warenhauses, vielleicht auch nur eines kleinen Geschäfts. Die Mutter Adelheid war keine Jüdin, Marianne hätte als Mischling gelten können und überleben. Wenn sie nicht den Juden Herbert Baum geheiratet hätte. Wenn sein politischer Weg nicht auch ihrer gewesen wäre.

Ihre Mutter Adelheid Cohn hat überlebt. Sie hatte ihre Kinder und ihren Mann an die Nazis verloren, lebte noch viele Jahre in der Prenzlauer Allee, still und unauffällig. Einmal im Jahr wurde sie besucht von ihrer Tochter Beate aus London, die früh genug emigriert war. Niemand hat sie gefragt, was für ein Mensch ihre Tochter Marianne gewesen ist. Marianne war eine tapfere Kampfgefährtin, und das genügte.

Ich habe Rudi Barta, einen in Israel lebenden Jugendfreund Herbert Baums, nach Marianne gefragt. Rudi, der 1936 Deutschland verließ, kannte Herbert schon als Vierzehnjährigen. Er schrieb mir: »Marianne war nicht der warme Typ wie Sala z. B. Sie stand (gern) im Schatten von Herbert, zwischen beiden gab es ohne jeden Zweifel eine tiefe Beziehung und ein Einverständnis, sie waren selten verschiedener Meinung. Und ehrlich gesagt: weder Herberts Freunde noch manche andere in seiner Umgebung waren interessant für sie.« Ich fragte, wie das gemeint sei, und Rudi Barta antwortete: »Ich wollte damit ausdrücken, daß Marianne sehr auf Herbert ausgerichtet war – seine Freunde kamen erst viel später. Ich erinnere mich an viele Jahre Nähe ohne eine ernste Unterhaltung zwischen uns. Es ergab sich nicht.«

Vielleicht gehörte Marianne zu den Frauen, die mit ihrem Mann so eng verbunden sind, daß jeder Dritte das Gefühl hat, außerhalb zu stehen. Rudi war mit Herbert schon bei den Roten Falken gewesen, aber sie hatten die Erziehung dort als oberflächlich empfunden und weiter gesucht. Zusammen hatten sie um 1930 Lehrgänge der Sozialistischen Arbeiterjugend über historischen Materialismus und marxistische Theorie besucht. Er blieb mit Baum befreundet, aber sein Weg war der eines sozialistischen Zionisten. Vielleicht gab es darum keine gemeinsame Sprache zwischen ihm und Marianne, die offenbar, wie auch Herbert, nur die reine Parteilinie gelten lassen wollte. Aber das sind nur Vermutungen.

Ich weiß über Marianne Baum nur, daß sie, gebrandmarkt oder ausgezeichnet mit dem jüdischen Namen Cohn, in der Gegend um den Helmholtzplatz aufwuchs, bis 1930 in der Lychener Straße 58, dann in der Wichertstraße. Daß sie ihre Haare meist ganz kurz geschnitten trug, wie es in den zwanziger Jahren Mode war. Daß sie Herbert in der Wehlauer Straße bei den Roten Falken begegnete und für immer mit ihm zusammenblieb.* Daß sie ihn 1934 oder 1936 heiratete. Daß sie als Säuglingsschwester im jüdischen Heim Rummelsburg arbeitete. Daß die stille Trulla Glondajewski sie als etwas laut empfand und Ilse Stillmann sich ärgerte, weil sie die jungen Arbeiterinnen in der Halle bei Siemens in politische Gespräche zog. Ich weiß, daß Baum ihr bedingungslos vertraute, sie war in alles eingeweiht. Die Überlebenden unter den damals Fünfzehn-, Sechzehnjährigen, die in den dreißiger Jahren in Baums Wohnung kamen und sich dort wohl fühlten, erinnerten sich, daß das auch an dieser jungen Frau lag. Edith Fraenkel bekam von ihr einmal, als Uri schon geboren war, ein Fläschchen Kinderöl geschenkt – eine Kostbarkeit im dritten Kriegsjahr. Wahrscheinlich hatte Marianne es auf ihrer Arbeitsstelle besorgen können. Ob Marianne sich auch ein Kind gewünscht hat? Sie war dreißig und seit zwei Monaten und einer Woche Witwe, als sie starb. Unterm Fallbeil, am 18. August 1942, um fünf Uhr achtzehn. Ihre Mutter wird in jedem Jahr am 9. und am 10. Februar an die Geburtstage Herberts und Mariannes gedacht haben.

Aber heute, am 8., hätte Edith Geburtstag. Und wieder stelle ich mir vor, sie lebt irgendwo, ich sehe eine kleine alte Frau vor mir, das wellige weiße Haar kurz geschnitten, mit lebhaften Augen. Im schönen Kleid steht sie vor dem gedeckten Tisch und freut sich auf die Gäste. Eine Frau wie die, denen ich bei Sabbatfeiern in Altersheimen von Kfar Saba und in Haifa begegnet bin. Aber Edith und Sabbatfeier? Sie fühlte sich von der Christengemeinschaft angezogen, ihre jüdische Herkunft bedeutete ihr nicht viel, hatte mir Robert Mohn versichert. Aber auch die jüdischen Frauen im Altersheim von Kfar Saba, die meisten in Ediths Alter und in den dreißiger Jahren aus Deutschland eingewandert, haben sich in ihrem langen Leben von allem möglichen angezogen gefühlt, und doch ist der Sabbat ihnen wichtig, wichtiger vielleicht, als sie in der Jugend geglaubt hätten. Sie zünden die Kerzen an und denken an ihre Lieben überall auf der Welt und hoffen, daß die auch die Kerzen anzünden, und fühlen sich aufgehoben im Kreis, den das Licht der Sabbatkerzen wirft. Edith hätte unter ihnen einen Platz gefunden, neben den ehemaligen Geflügelzüchterinnen und Kibbuzarbeiterinnen, neben der Generalin und der Kinderheimerzieherin.

Ich stelle mir, wenn ich daran denke, wie sie heute sein könnte, auch das Gesicht der Zimmerwirtin in New York vor, die zwischen Katzen und Sofakissen, Zigarillos rauchend, sitzt und Zeitungen in vier Sprachen liest und alles über die Welt weiß und immer noch neugierig ist auf die Liebesgeschichten ihrer Gäste, denn die Liebe ist das einzige, was zählt, erklärt sie jedem und versammelt an ihrem Frühstückstisch Muslime und Juden und Katholiken und Adventisten und will, daß sie einander respektieren. Diese Frau hat auch Theresienstadt und Auschwitz überlebt. Könnte es Edith nicht auch so gegangen sein?

Immer wieder stelle ich mir Wege vor, die Edith Fraenkel gegangen sein könnte, wenn sie eine der 110 oder 117 Überlebenden des Transports *Er* gewesen wäre. Aber ich kann sie mir nicht in Ostberlin vorstellen. Es gibt ein Foto von 1971, das zeigt vier Frauen, Überlebende der Baum-Gruppe wurden sie genannt: Rita Zocher, Ilse Stillmann, Hilde Schaumann – Ediths Zellennachbarin aus dem Gerichtsgefängnis Kantstraße – und Charlotte Holzer, die frühere Lotte Paech. Sie stehen dort Arm in Arm vor einer Kaserne der Nationalen Volksarmee in Neubrandenburg, die Herbert Baums Namen trug. Hätte Edith Fraenkel eine von ihnen sein können? Ich kann sie mir vor dieser Kaserne nicht vorstellen.

Und bei der Beisetzung Herbert Baums auf dem Jüdischen Friedhof in Weißensee am 11. September 1949? Ich schließe die Augen und versuche, mir diesen Tag vorzustellen. Ein milder Vormittag im Altweibersommer. Auf dem Platz vor der alten Halle stehen Tausende Menschen, sie drängen sich bis vor das Tor in der Lothringenstraße, die nun Herbert-Baum-Straße heißen soll. Die meisten sind jung, einige mit den blauen Hemden der Freien Deutschen Jugend. In der Mitte ist eine Urne unter einem dunklen Tuch mit dem Mogen David aufgebahrt. Auf einem Bretterpodest, vor einem Mikrofon stehen der amerikanische Militärrabbiner Steven Schwarzschild, der Vorsitzende der Jüdischen Gemeinde,

Heinz Galinski, neben ihm Julius Meyer, der alle jüdischen Gemeinden der sowjetischen Besatzungszone vertritt, Walter Bartel, der persönliche Referent von Wilhelm Pieck, der Bürgermeister Gohr und andere Würdenträger. Als Überlebende der Baum-Gruppe stehen da Richard Holzer und Lotte Paech, die jetzt seine Frau ist und Holzer heißt. Sie sind, wie Julius Meyer und Walter Bartel, in der SED, aber die Partei hat keinen offiziellen Vertreter geschickt.

Eigentlich sollte am Tag der Opfer des Faschismus ein Denkmal für Herbert Baum und seine Gruppe eingeweiht werden, aber so weit ist es noch nicht. Dieses Denkmal wird erst 1951 aufgestellt werden. An diesem 11. September 1949 hat die Jüdische Gemeinde alle Antifaschisten Berlins zu einer Gedenkfeier eingeladen, weil die Urne mit den sterblichen Überresten Herbert Baums in Weißensee beigesetzt wird. Man hat sie aus Marzahn hierher überführt. Zu dieser Feier sind Menschen aus allen vier Zonen Berlins gekommen, Juden und Kommunisten und Menschen, die beides nicht sind, aber diesen ungewöhnlichen Widerstandskämpfer ehren wollen, über den man nicht viel weiß, von dem sich jeder sein eigenes Bild macht, über den in den Zeitungen steht, er habe eine der größten Widerstandsgruppen angeleitet und die Nazi-Ausstellung »Das Sowjetparadies« beseitigen wollen. Eine Kundgebung für den Frieden und die Freiheit der Völker und gegen den Faschismus will diese Veranstaltung sein, so steht es in den Zeitungen. Viele der jungen Teilnehmer sind Studenten der Humboldt-Universität, unter ihnen meine zweiundzwanzigjährige Mutter in einer FDJ-Bluse, sie ist schwanger mit mir, aber sie weiß es noch nicht. Sie steht unter ihren Kommilitonen, von denen einige schon mit ihr auf der Vorstudienanstalt in der Universitätsstraße waren, auf der seit 1946 vor allem junge Leute aufs Studium vorbereitet wurden, die als fortschrittlich galten, weil sie von den Nazis verfolgt waren, aus der Emigration zurückgekommen sind oder Mitglied der neu gegründeten SED wurden. Wenn ich die Augen geschlossen halte, kann ich irgendwo neben ihr auch Edith Fraenkel sehen, sie könnte neben Vera Friedländer und, sagen wir, Peter Großmann stehen oder neben Wolfgang Heise. Sie trägt ihr Haar wie auf dem Familienbild mit Uri und Robert; den Ring, Roberts Ring, trägt sie nicht mehr, aber vielleicht einen anderen. Ja, wahrscheinlich trägt sie einen anderen Ring, und das Haar hat sie auch anders frisiert, 1949 scheitelte man es nicht mehr in der Mitte, und auch ihr Gesicht hat sich verändert. Natürlich hat es sich verändert, sie ist siebenundzwanzig Jahre alt, schließlich sind acht Jahre vergangen seit dem Foto. Acht Jahre, in denen Uri starb, Baum starb, fast alle Freunde starben, Jahre in denen sie im Gefängnis war, vor dem Volksgerichtshof stand, ins Zuchthaus kam, in die Große Hamburger, nach Theresienstadt, Auschwitz … nein, ich öffne die Augen, ich kann Edith nicht da stehen sehen zwischen den Kommilitonen meiner jungen Mutter, nicht im FDJ-Hemd, aber auch nicht auf der Ehrentribüne neben Richard und Lotte, nicht in »dem endlosen Strom der Menschen«, die Herbert Baums Urne zum Grab begleiteten.

Sie war nicht dabei.

Aber die Veranstaltung hat es gegeben. Und sie war Richard Holzer zu verdanken. Richard war einer der Älteren aus der Baum-Gruppe, noch ein Jahr älter als Herbert, Kommunist seit 1930. Richard Holzer, der die ungarische Staatsbürgerschaft besaß, war der einzige von Baums Leuten, der im Sommer 1942 der Verhaftung zuvorkommen und ins Ausland fliehen konnte. Schon 1947, nach seiner Rückkehr, hatte Richard Holzer die Gräber seiner hingerichteten Kameraden gesucht. Es gab sie nicht. Ihre malträtierten Körper waren der Anatomie der Berliner Charité zur Verfügung gestellt worden, und Professor Stieve arbeitete mit seinen Studenten noch bis in die Nachkriegsjahre hinein an den nicht mehr identifizierbaren Leichen. Meine Mutter, die seit 1947 Medizin studierte, mußte an kopflosen Hingerichteten das

142

Sezieren üben. Die Kühlräume der Charité waren voll von ihnen. Professor Stieve hatte ein sogenanntes Leichenbuch, darin fand man die Namen der Frauen aus der Baum-Gruppe. Aber nur an den besonders zerschundenen, kopflosen Körper Sala Kochmanns erinnerte dieser deutsche Professor sich.

Herbert Baum aber war in Marzahn verscharrt worden. Er war ja nicht mit seinen Kameraden zusammen in Plötzensee gestorben, sondern schon am 11. Juni 1942, wahrscheinlich allein in seiner Zelle in Moabit. Die Gestapo sprach von Selbstmord durch Erhängen. Richard Holzer fand sein Grab und wandte sich an die Berliner VVN, die Vereinigung der Verfolgten des Naziregimes. Er schlug vor, Herbert Baums Überreste auf den Jüdischen Friedhof nach Weißensee zu überführen und ihm und der Gruppe ein Denkmal zu setzen. Von Richard Holzer stammen auch die ersten schriftlichen Berichte über die Baum-Gruppe, abgesehen von den parteiinternen Einschätzungen, die Ilse Haak und Hans Fruck schon im Mai 1945 gegeben hatten. Richard Holzers Vorschlag wurde weitergeleitet, er kam zu dem ehemaligen Buchenwald-Häftling Walter Bartel, ging innerhalb der VVN zwischen den Funktionären Hans Schlesinger und Helmuth Bock hin und her, von dort an Heinz Galinski von der Jüdischen Gemeinde, von dem an Julius Meyer. Währenddessen besorgte Richard Holzer einen Kostenvoranschlag beim Steinmetzmeister Finck in Weißensee. Er wollte einen Stein aus schwarzem schwedischem Granit, poliert, mit silberner Inschrift. Der würde sechstausendvierhundertzehn Mark kosten. Er übergab alles an Walter Bartel, den Mitarbeiter Wilhelm Piecks, aber nichts geschah.

Auch Rita Meyer, die schwerkrank aus Auschwitz zurückgekommen war, als einzige, schrieb einen Brief an die VVN, das war schon im März 1949: »Im Mai jährt sich zum siebenten Male der 1. Verhaftungstag der Herbert-Baum-Gruppe und am 18. August sind die ersten Hinrichtungen schon sieben Jahre her. Wir baten schon um Errichtung eines Denkmals auf dem jüdischen Friedhof Weißensee und wären Euch sehr dankbar, wenn man eines der genannten Daten als Grundsteinlegung einhalten könnte.«

Vom Mai 1949 sind interne Mitteilungen der VVN-Funktionäre erhalten. Sie befaßten sich nun mit der Über-führung Herbert Baums und dem Denkmal, »nachdem die Sache solange ruhte«. Warum sie so lange ruhte, ist aus den Papieren nicht ersichtlich. Ein Hans Fischer von der VVN notierte für Helmuth Bock: »Ich fürchte, die Jüd. Ge-meinde wird auch nicht sonderlich herangehen.« *

Ob sich diese Befürchtung auf die nötige Geldsumme be-zog oder auf die Bereitschaft, Herbert Baum und seine Gruppe anzuerkennen, bleibt offen. Die Haltung zu Baum war in der sowjetischen Besatzungszone und späteren DDR von Anfang an merkwürdig zwiespältig. In der Jüdi-schen Gemeinde erinnerte man sich an die Geiseln, die nach dem Brandanschlag erschossen wurden. Paul Eppstein, Leo Baeck und die anderen Repräsentanten der Reichsvereini-gung hatten den Brandanschlag im Mai und Juni 1942 selbstverständlich scharf verurteilt, sie standen ja unter Kontrolle des Judenreferats im Reichssicherheitshauptamt. Im Gemeindeblatt hatten sie geschrieben: »Es darf in kei-nem Augenblick außer Acht gelassen werden, daß jeder von uns für uns alle verantwortlich ist und daß die Folgen für das Verhalten jedes Einzelnen die Gemeinschaft treffen.« Diese Erklärung wirkte noch nach. Auch waren Baum und die meisten seiner jungen Freunde trotz ihrer Herkunft nur lose mit der jüdischen Gemeinschaft verbunden gewesen, und die Nachkriegsgemeinde war unsicher, ob diese Baum-Gruppe überhaupt zu ihnen gehörte.

Unter den Kommunisten war die Unsicherheit auch groß. Wer kannte denn Herbert Baum? Der einflußreiche Genosse Fruck kannte ihn, und der hatte schon im Mai 1945 vermerkt, daß es richtig gewesen war, sich von der Gruppe loszusagen, »da sie in vollkommener Verkennung der illegalen Arbeit handelten«.

Schließlich war es doch die Jüdische Gemeinde, die sich Herbert Baums annahm. Heinz Galinski hatte schon 1947 in Zeitungsartikeln versucht, die Gruppe als Widerstandsgruppe zu würdigen.

Und Julius Meyer hatte noch einen persönlichen Grund, der Baum-Gruppe zu gedenken. Während der sogenannten Polenaktion 1939 hatte er sich verstecken müssen und war für einige Tage untergetaucht bei seinem Freund Markus Rotholz in der Rombergstraße 11. Der Sohn dieses Markus Rotholz, der damals zwanzigjährige Siegbert, den Julius Meyer von klein auf hatte heranwachsen sehen, gehörte mit seiner jungen Frau Lotte zu den Toten der Baum-Gruppe.[*]

Herbert Baum erhielt auf dem Jüdischen Friedhof ein Ehrengrab.

In den Reden an diesem 11. September war viel von Frieden und Völkerverständigung die Rede, Herbert Baum wurde als ein Vorkämpfer bezeichnet, der Prediger Hermann Klein, berichteten die Zeitungen danach, »sprach die Schlußworte, in dem er hervorhob, alles Trennende zu vergessen und alles Bereinigende zu pflegen, im Gedenken an die gemeinsamen Erlebnisse während der Verfolgungen«. Er sprach über den Toten: Bonim atem l'adaunoj elauhechem – Kinder seid ihr des Ewigen, euren Gottes. Und wie eine Beschwörung rief er: »Das gemeinsame Erlebnis der Opfer des Faschismus muß zu einem gemeinsamen Kampfe führen für eine bessere Welt, damit die Opfer nicht umsonst gebracht sind, damit der Geist der Opfer in uns fortlebe, der Geist aller Widerstandskämpfer und der Geist Herbert Baums, den wir nun zur ewigen Ruhe an würdiger Stätte geleiten.«[*]

Während die Urne in die Erde gelassen wurde, sang der Kantor Estrongo Nachama das »El mole rachamim«.

Dies war also eine – abgesehen von der Urne – jüdische Beisetzung für Herbert Baum, der früh schon überzeugt war, sich von der Religion seiner Vorfahren gelöst zu haben, der sich als Atheist und Marxist bekannte.

Aber die Leute, unter denen er aufwuchs, die mich von meinem Computerbildschirm aus den Fenstern des schönen Hauses in Moschin in der Provinz Posen angeschaut hatten, diese Leute wären wahrscheinlich froh gewesen, wenn sie gewußt hätten, daß Jakob Baums Sohn in Weißensee liegt. Sie haben wohl erfahren, daß er Kommunist geworden war. Nun ja, werden sie gedacht haben, deshalb bleibt er doch Jakob Baums Sohn aus Moschin. Kommunist war mancher, der jetzt in Baums Nachbarschaft in Weißensee liegt. Es hat schon seine Richtigkeit damit, daß er seinen Platz an diesem Guten Ort gefunden hat. Zumal seine kommunistischen Genossen sich schwertaten mit diesem eigenwilligen jungen Kämpfer, der wie ein Wiedergänger nicht zur Ruhe kam und auch nach seinem Tod noch unbequem war.

Aber die Gemeinsamkeit zwischen Juden und Kommunisten, die der jüdische Prediger Klein vor Herbert Baums Urne beschwor, war in diesem September 1949, einen knappen Monat vor der Gründung der DDR, längst ein Wunschtraum geworden. Der ehemalige Auschwitz-Häftling Heinz Galinski hatte bereits im Mai 1948 seine Mitarbeit bei der VVN eingestellt, die amerikanische Militärregierung verdächtigte ihn kommunistischer Umtriebe, einige SED-Funktionäre beargwöhnten ihn als rechten Sozialdemokraten. Der jüdische Kommunist Julius Meyer, der Präsident der Jüdischen Gemeinden der DDR, verließ wenige Jahre nach dieser hoffnungsvollen Demonstration, im Februar 1953, fluchtartig die DDR, mit ihm fast alle Repräsentanten und Hunderte Mitglieder der Jüdischen Gemeinde. Sie flohen, weil es Anzeichen gab, daß hinter verschlossenen Türen auch in der DDR Prozesse vorbereitet wurden wie die gegen Slánský in Prag oder gegen die jüdischen Ärzte in Moskau. Die VVN löste sich 1953 – auf Ulbrichts Bestreben hin – selbst auf. Der Kalte Krieg hatte längst begonnen, und für viele Jahre gingen auch keine FDJler in blauen Hemden mehr auf jüdische Friedhöfe. Die FDJ, obwohl von jungen Juden im tschechischen und englischen Exil ge-

gründet und in der Sowjetzone anfänglich eine überparteili-
che Organisation, in der alle Konfessionen Platz haben sollten, war zur »Kampfreserve der Partei« geworden, und die
wandte sich erst in den achtziger Jahren wieder jüdischen
Friedhöfen zu, als die »jüdischen Mitbürger«, wie sie gön-
nerhaft genannt wurden, die Toten und die Lebenden, der
DDR als Aushängeschild dienen sollten.

Robert Mohn hatte all das skeptisch und aus der Distanz
beobachtet. Gleich nach dem Kriegsende hatte er in Steglitz
eine Antifa-Gruppe gegründet, sich engagiert und beim Aufbau der Verwaltung mitgearbeitet. Aber er geriet dort mit
der späteren Justizministerin der DDR, Hilde Benjamin, aneinander, die seit dem Mai 1945 Staatsanwältin in Lichterfelde war. Sie ließ ihm, der sich als Kommunist bekannte,
aber kein bißchen stalintreu war, den Mund verbieten. Er
zog sich aus der politischen Arbeit zurück, der Kontakt zu
Berta Waterstradt, die in der DDR lebte, auch zu den Holzers blieb bis zu deren Tod erhalten. Die Holzers zogen
1950 vom Nikolassee in Westberlin nach Pankow und trafen
ihn nur noch heimlich. Da gab es schon das Denkmal für die
Baum-Gruppe auf dem Jüdischen Friedhof, für das Richard
und Charlotte sich eingesetzt hatten. Da stand auch Edith
Fraenkels Name schon auf dem schwarzen Granitstein.

Robert Mohn war nur einmal in seinem Leben dort, allein.
Er vergaß Edith nicht, aber er suchte auch nicht die Erinnerung. Eher suchte die Erinnerung ihn.

Und heute, am 8. Februar des zweiten Jahres im neuen Jahr-
tausend, das Robert nicht mehr gesehen hat, wäre ihr 80. Geburtstag. Es ist ein trüber Tag in Berlin, regnerisch, acht Grad
über Null. Die Überschriften in meiner Tageszeitung passen
zu dem Tief über Europa: AFGHANISTAN – SCHWIE-
RIGE SUCHE NACH EINEM WEG AUS DEM CHAOS;
DIE MÄNNER FÜHLEN SICH ALS WEGWERFSOLDA-
TEN; USA NICHT ZUM BRUCH MIT ARAFAT BEREIT;
DIE INTRIGANTEN IN DER CDU SIND NOCH AKTIV;

PREISE UM 2,1 % GESTIEGEN; DIE 19. OLYMPISCHEN SOMMERSPIELE KAMEN DURCH BESTECHUNG NACH SALT LAKE CITY; IRANER IN SACHSEN ANGEFALLEN. Was hat das mit Edith zu tun? Dieser 8. Februar ist nicht mehr ihr Tag. Ich kann Edith nicht einmal in Gedanken in dieses Jahr versetzen, ihr Leben ist abgebrochen, vorbei, sie ist nur zweiundzwanzig Jahre alt geworden, es gibt keinen Geburtstag heute. Trotzdem kann ich nicht gut arbeiten, blättere in den Notizen, die meinen Schreibtisch und den Fußboden bedecken, lese, was ich bisher geschrieben habe, lese die Zeitung und gehe in die Küche, um Tee zu kochen. Es ist, als ob ich auf etwas warte, als würde heute etwas geschehen, das mit Ediths Geschichte zu tun hat. Meine achtzehnjährige Tochter ist am Morgen erst um sechs Uhr nach Hause gekommen, jetzt schläft sie, sie hat schulfrei, behauptet sie. Vielleicht ist es das, was mich unruhig macht, das Kind wird erwachsen. In der Küche backe ich einen Apfelkuchen, das mache ich selten und schon gar nicht in der Arbeitszeit, erst als ich den Kuchen aus dem Ofen nehme, denke ich, es ist ein Geburtstagskuchen.

Als ich wieder am Schreibtisch sitze, auf die unzähligen Zettel und Blätter und Archivkopien blicke, erscheint mir all das plötzlich so unwirklich, zu einer Vergangenheit gehörend, die nicht mehr in diesen wirklichen Tag führt, es gibt keine Brücke mehr. Warum will ich das schreiben, frage ich mich und schaue auf das Foto in meinem Regal.

Ein Freund ruft an, Wolfgang Herzberg. Er hat vor kurzem eine Reportage über ein arbeitsloses Paar im Obdachlosenheim von Schwedt geschrieben, ich eine über Straßenkinder in Berlin. Die Texte sollen im selben Buch erscheinen. Nun teilt er mir mit, daß wir zusammen eine Lesung daraus haben werden, und fragt nach meinem Buch über die Baum-Gruppe. Ich erzähle ihm, ich hätte gerade die Feierstunde für Herbert Baum 1949 beschrieben, da sagt er: »Ich war dabei.«

Ich traue meinen Ohren nicht. Da versuche ich, aus den mühsam zusammengesuchten Dokumenten und meiner Phantasie ein Bild von dieser Beisetzung zu rekonstruieren, und Wolfgang sagt schlicht: »Ich war dabei.«

»Das kann nicht sein, du warst fünf Jahre alt.« Er besteht darauf, sich an diesen Tag erinnern zu können. Die Feierhalle, sagt er, war noch vom Krieg zerstört, er beschreibt mir die Stelle, an der er stand zwischen den vielen Leuten. Wolfgang ist im englischen Exil seiner Eltern geboren, sie waren 1947 mit ihm nach Deutschland zurückgekommen, weil sie, wie auch mehrere der emigrierten Jugendlichen aus Baums Gruppen, überzeugt waren, sie würden gebraucht beim Neuaufbau. Seine Mutter wurde in der DDR Staatsanwältin, sein Vater Journalist. Seit Jahrzehnten schon leben sie getrennt. Ich rufe Wolfgangs Mutter an, die mir vor kurzem erzählt hatte, daß sie an der Jüdischen Mittelschule in der Großen Hamburger Straße mit Hella Hirsch in einer Schulklasse war, jener Hella Hirsch, die im März 1943 hingerichtet wurde, deren Schwester Alice mit Edith zusammen im Zuchthaus Cottbus saß. Als ich sie anrufe, kommt ihre Stimme wie von weither, wie oft bei alten Menschen, die allein in ihrer Wohnung leben. Sie möchte mir helfen, aber an die Feierstunde für Herbert Baum erinnert sie sich nicht. 1949 im September – da wohnten sie noch in Steglitz, das zweite Kind war noch sehr klein. Erst Ende 1949 zogen sie nach Weißensee in die Nähe des Friedhofs, da war die DDR schon gegründet. Aber womöglich war ihr Mann mit dem Jungen im September bei der Kundgebung, da es um Herbert Baum ging. Von dem Brandanschlag und den Hinrichtungen hatten sie noch während des Krieges in England erfahren, das erschütterte sie damals sehr. Wenn sie in Deutschland geblieben wäre, wäre sie wohl selbst in diesen Kreis gekommen, das waren doch solche jungen Leute wie sie damals, wie ihre Mitschülerin Hella, mit der sie Plato und Heraklit, Kant und Hegel las und darüber diskutierte. Hella hatte immer eine besondere, klare Sicht auf diese Philosophen. Später, in der

149

Emigration, als sie selbst auch Marx und Lenin studierte, wurde ihr klar, daß Hella damals schon marxistisch argumentierte, daß sie im kommunistischen Sinn geschult war. Ob sie in England in der jüdischen Presse über den Brandanschlag gelesen habe, fragte ich. »Die jüdische Presse haben wir nicht gelesen. Es gab doch so ein Mitteilungsblatt von der FDJ. Da wird etwas darüber gestanden haben.« Ich solle ihren früheren Mann anrufen, rät sie mir und sucht die Nummer heraus. Erst neulich hätten sie miteinander telefoniert, er wollte für sein Erinnerungsbuch wissen, ob sie sich an Gespräche zwischen ihnen vor der Rückkehr nach Deutschland erinnere. Ob sie als ein junges Ehepaar, noch nicht mal fünfundzwanzig Jahre alt, das in Deutschland alle Verwandten verloren hatte, irgendwann erwogen hätten, nicht dorthin zurückzukehren. Er könne sich nicht daran erinnern.

»Und, hattet ihr das erwogen?« frage ich. »Nein, eben nicht!« Ihre Stimme, die eben noch so tonlos war, ist plötzlich ganz lebendig. »Stell dir vor, nach alledem, was geschehen war, haben wir keinen Moment gezweifelt, daß es notwendig wäre, zurückzugehen. Das war die Haltung der älteren Genossen, und wir waren so erzogen, an die Sache zu denken und nicht an uns selbst.« Sie klingt beinahe wütend. Dabei, erfahre ich, wäre ihr Deutschland sehr fremd und kalt vorgekommen, und Berlin war für sie ein Ort voller schmerzhafter Erinnerungen. Ihr ehemaliges Schulhaus war die Sammelstelle vor den Transporten gewesen, sie konnte nicht durch die Straßen gehen, ohne die unsichtbaren Spuren der Toten zu fühlen. Mit siebzehn war sie gegangen, ein paar Wochen vor Kriegsbeginn. 1942, mit zwanzig, war sie in England in die Partei aufgenommen worden. Aus Parteidisziplin und Einsicht in die Notwendigkeit sei sie zurückgekommen, aus Überzeugung in die DDR gegangen, weil sie an den Aufbau des Sozialismus glaubte. Ihre Kinder hätten ihr ihre Gläubigkeit später vorgeworfen, sagt sie und lacht, es ist kein fröhliches Lachen. Ich weiß, daß sie noch heute nur ungern und mit Herzklopfen durch die Schönhauser Allee fährt, an dem Haus vorbei, aus dem ihre Mutter abgeholt wurde.

Ich rufe Wolfgangs Vater an, er ist achtzig Jahre alt. An diesen 11. September 1949 erinnert auch er sich nicht mehr, obwohl er sich gut vorstellen kann, mit seinem Sohn zu der Kundgebung gegangen zu sein. Damals habe er bei der Allgemeinen Deutschen Nachrichtenagentur gearbeitet, womöglich habe er sogar über die Sache berichtet. Damals gab es viele Versammlungen und Feierstunden, aber diese wäre ihm sicher besonders wichtig gewesen. Und den Jungen haben sie immer mitgenommen, auch zu der ersten großen Kundgebung der VVN im Lustgarten ein Jahr zuvor. Wolfgang weinte damals, weil er die Blumen trug, die sie dann niederlegten für die Opfer des Faschismus, und er wollte diese Blumen lieber behalten.

Wieder rufe ich Wolfgang an; während ich wähle, stelle ich mir den kleinen Jungen mit den Totenblumen vor und denke an den dünnen Studenten, der er war, als ich ihn 1968 an der Humboldt-Universität traf, der an den Panzern in Prag litt und Lieder zur Gitarre sang, eigene und die verbotenen von Biermann. Ich erzähle ihm von den Gesprächen mit seinen Eltern. Er erinnere sich gut an diesen Tag, erklärt er mir wieder und beschreibt mir noch einmal die Menschenmenge, den Eingang zum Friedhof und den Eindruck, den das alles auf ihn, den Jungen von fünfeinhalb Jahren, machte. Die Reden verstand er natürlich nicht, aber sein Vater hatte ihm etwas von einem Brand erklärt, von der Sowjetunion, dem Krieg, jungen Juden und dem Tod. Das waren die Themen, die ohnehin in seiner Kindheit immer in der Luft lagen, auch wenn nicht darüber gesprochen wurde. Als er geboren wurde, im Frühjahr 1944, kamen unter den jungen Emigranten in England mehrere Kinder zur Welt. Der Krieg hatte sich gewendet, und nach all den Toten wuchs wieder eine Hoffnung auf das Leben danach. Er sei sich von klein auf bewußt gewesen, als Hoffnungsträger seiner Eltern zu dienen, sagte Wolfgang etwas grimmig. Die

Kundgebung für Herbert Baum verschmolz in seiner Erinnerung mit dem Friedhof und mit seinen Großeltern, mit all den Verwandten, die er nicht hatte, deren Fehlen er aber immer irgendwie spürte. Für die im Gas ermordete Großmutter wurde dann später auf ebendiesem Friedhof ein Gedenkstein am Grabe des in den dreißiger Jahren gestorbenen Großvaters errichtet. Wenn er ihn aufsuchte, mußte er an der schwarzen Stele für Herbert Baum und seine Gruppe vorbeigehen und erinnerte sich an die Kundgebung, an die warme Hand seines Vaters. Ob ich noch wissen wolle, was er anhatte? Ich will es wissen, und er beschreibt mir einen englischen Kapuzenanzug, außen braun und innen beige kariert, kein Kind außer ihm in Berlin mußte so etwas tragen. Aber dazu gab es eine englische Schülermütze mit Schirm, und die gefiel ihm, da er ja noch nicht zur Schule ging und jeder nun denken mußte, er sei mindestens in der ersten Klasse.

Aber wahrscheinlich erkannte gar keiner, daß es sich um eine Schülermütze handelte. Sein Vater übrigens trug einen langen Regenmantel und einen schwarzen Hut mit breiter Krempe.

Ich stellte mir Hans Herzberg und seinen Sohn Wolfgang vor, wie sie da vor der halbzerstörten Feierhalle in der Menschenmenge standen, aus Steglitz gekommen, um Herbert Baum zu ehren; ich betrachtete ihre in Berlin 1949 sonderbar wirkende Kleidung, und plötzlich konnte ich mir Edith doch dort vorstellen. Ja, dort hätte sie stehen können, die kleine Fraenkel, neben Hans, der ebenso alt war wie sie, der mit einer Schulfreundin von Hella verheiratet war, dieser Hella Hirsch aus Baums Gruppe, Schwester ihrer Zellengefährtin Alice. Mit denen hatte Edith ihr letztes Silvester in Freiheit gefeiert, zusammen mit Robert Mohn und Herbert Baum und Marianne und Felix und Sala und all den anderen.

Neben Hans Herzberg hätte sie stehen können. Wenn der Transport *Er* nicht mit 1500 Menschen am 16. Oktober

1944 aus Theresienstadt abgefahren und am 18. Oktober in Auschwitz angekommen wäre.

Ich erzähle Wolfgang nichts von meiner Vision, aber ich sage ihm, daß ich wahrscheinlich auch dabei war, im Bauch meiner Mutter, und daß ich wohl auch ein Hoffnungsträger war, damals benutzte man noch nicht die weibliche Form. Vier Wochen nach Herbert Baums Beisetzung ging meine Mutter schon wieder im Blauhemd auf eine Kundgebung, diesmal mit Fackeln und Fahnen. Sie begrüßte die neu gegründete DDR. Da waren seine Eltern sicherlich auch dabei, mutmaßte Wolfgang. Wir reden noch über die Lesung, seine Arbeitslosen und meine Straßenkinder und müssen lachen, weil wir eben noch über den Anfang der DDR und die Hoffnung unserer Eltern gesprochen haben.

Als ich aufgelegt habe, steht meine Tochter in der Küche und mustert erfreut den noch warmen Apfelkuchen. »Kommt Besuch?« fragt sie. »Oder gehst du zum Geburtstag?« – »Nein, heute ist kein Geburtstag«, sage ich und schneide den Kuchen an.

Als ich wieder am Schreibtisch sitze, zwischen meinen Zetteln und Archivkopien, weiß ich wieder, daß die Vergangenheit in diesen Tag heute führt, daß die Brücke zwischen Ediths abgebrochenem Leben und diesem Tag heute ihre Geschichte ist, die ich aufschreibe, damit Edith Fraenkel nicht nur ein Name auf einem schwarzen Stein ist, auf einem alten jüdischen Friedhof, vor einer Feierhalle, der man nicht ansieht, wie zerstört sie war.

Das 18-Seiten-Material

Als Robert Mohn und Edith 1940 in den Kreis um Baum kamen, schwelten noch die Diskussionen um den deutsch-sowjetischen Nichtangriffspakt vom August 1939. Richard Holzer berichtete später, Herbert Baum sei der einzige gewesen, der diesen Vertrag vorbehaltlos verteidigt habe. Alle anderen hatten Fragen, litten unter der unklaren Situation, hatten Mühe, Baums Standpunkt zu verstehen. Der erklärte den Pakt als den einzigen Ausweg, der der Sowjetunion in dieser historischen Situation bliebe. Robert Mohn, pragmatisch und nüchtern, sah das auch so. Dennoch spürte er nach dem Überfall auf die Sowjetunion neben allem Entsetzen etwas wie Erleichterung, die auch die meisten anderen aus dem Kreis um Baum fühlten. Endlich waren die Fronten wieder klar, mit dem Krieg gegen die Sowjetunion kündigte sich Hitlers Ende an. Robert aber war auch skeptisch, spätestens seit der Silvesterfeier fürchtete er Baums Unruhe, seinen manchmal aufgesetzt wirkenden Optimismus, die Ungeduld, die sich mit den fortlaufenden Deportationen steigerte und zum Gefühl der Ausweglosigkeit verdichtete. Mit Sorge sah Robert, daß Herbert nach Möglichkeiten suchte, mit der Gruppe in den aktiven Widerstand zu treten. Es genügte Herbert Baum nicht mehr, durch Vorträge und Diskussionen den Zusammenhalt der Gruppe zu festigen. Auch die Zeit der gemeinsamen Ausflüge war vorbei, seitdem sie den Stern tragen mußten. Zwar wagten sie es einzeln, ohne Stern zu gehen, aber in der Gruppe wären sie aufgefallen. Gleichzeitig trafen sie Vorbereitungen, unterzutauchen.

Baum wußte, daß Robert Mohn es verstand, Geld zu beschaffen, und sprach ihn Anfang 1942 deswegen an. Bei Siemens hatten er und Marianne französische und belgische

Zwangsarbeiter kennengelernt, die bereit waren, ihnen ihre Ausweise zu verkaufen. Suzanne Wesse, die Französin in der Gruppe, konnte auch auf diesem Wege Papiere für die Gruppenmitglieder besorgen. Aber die kosteten Geld, 150 Mark pro Ausweis, und die meisten aus der Gruppe kamen aus armen oder längst verarmten Familien, sie besaßen keine Wertsachen, die sie hätten verkaufen können, hatten sie nie besessen.

Robert Mohn, der damals in vielen Geschäften seine Hände hatte, verfügte im Frühjahr 1942 über ein paar Kisten Kosmetik- und Friseurartikel aus Pariser Produktion, die es längst nur noch auf dem schwarzen Markt gab. Bei den Inhabern der Friseursalons im Berliner Westen waren solche Waren sehr begehrt, sie fragten nicht nach der Herkunft und zahlten gut. Robert schlug Baum vor, seine Leute als Mittelsmänner zu den Friseuren zu schicken, aber Herbert gefiel der Gedanke nicht. Es wäre auch schwierig gewesen, da die meisten in der Zwangsarbeit Schicht arbeiteten und nur am Wochenende frei hatten. Außerdem hätten sie dafür den Stern ablegen müssen, und das wurde immer gefährlicher.

Er lehnte den Vorschlag ab. Robert wußte, daß die Zeit günstig für den Handel mit Teppichen war, und sagte es Herbert. Natürlich hatte der selbst keine Teppiche und wußte auch nicht, woher er welche bekommen könnte. Das muß schon im März gewesen sein, als Edith mit ihrer Mutter aus der Sächsischen Straße in die Pfalzburger zog. Robert hatte am Einzugstag auf dem Gemeinschaftskorridor einen zerknautschten, völlig verdreckten alten Läufer entdeckt. Da er viele Jahre lang zu Kunstauktionen gegangen war und sich auskannte, sah er sofort, daß es sich um ein wertvolles Stück handelte. Er erzählte Herbert Baum davon, und der kam zu einer verabredeten Zeit mit dem Fahrrad in die Pfalzburger Straße, ging in den Hausflur. Robert verließ kurz das Zimmer von Edith und ihrer Mutter und warf den Teppich die Treppe herunter zu Herbert

Baum, der ihn schnell zusammenrollte und in einen Sack steckte. Den Kunsthändler, bei dem er ihn dann verkaufen konnte, hatte Robert Mohn ihm genannt.

Von dieser Aktion, wie sie es nannten, hatten nur Robert Mohn und Herbert Baum erfahren, die anderen aus der Gruppe waren nicht eingeweiht, außer vielleicht Marianne Baum. Edith hatte nichts von dieser Sache bemerkt, und auch sonst hatte das Verschwinden der Brücke aus dem Besitz der Familie Dr. Arnheim in der Pfalzburger Straße 89 niemanden beschäftigt. Die Bewohner dieses Hauses hatten im März 1942 andere Sorgen.

Hans Fruck, die letzte Verbindung Herbert Baums zur illegalen Parteileitung, wäre entsetzt gewesen und hätte seine Vorbehalte gegenüber der Baum-Gruppe bestätigt gefunden. Aber wie sollten sie sonst an Geld kommen? Die Ausweise der Zwangsarbeiter gab es nicht umsonst. Mit solchen Ausweisen, die mehrere aus der Gruppe sich im Frühjahr 1942 tatsächlich zulegten, konnten sie sich ohne Stern bewegen, mit ihnen mieteten sie Zimmer in den Vororten Berlins, sie stellten sich als angebliche Franzosen oder Belgier vor, die das Zimmer an den Wochenenden nutzen wollten. Nach der Aufforderung zur Deportation hofften sie es dann als Versteck zum Überleben benutzen zu können. Baum hatte begonnen, Lebensmittelvorräte anzulegen. So vage und abenteuerlich diese Pläne schienen, es gab keine besseren. Einzelnen Juden ist es tatsächlich gelungen, auf diese Weise zu überleben. Nur haben die nicht gleichzeitig als Widerstandskämpfer die Aufmerksamkeit der Gestapo auf sich gezogen.

Baum wollte alles. Fürs Überleben sorgen und die Gruppe in den Widerstand führen.

Sein Kontakt zu Hans Fruck war so gut wie abgebrochen, nachdem der ihn Ende 1941 noch einmal aufgesucht und, wie er in der DDR mehrmals berichtete, die Änderung seines Arbeitsstils verlangt hatte, insbesondere die Einstellung der wöchentlichen Treffs in seiner Wohnung.* Fruck war für Herbert Baum die Parteileitung. Er schrieb 1952, kurz vor seiner Berufung zum Generalmajor der Staatssicherheit, in einem internen Bericht: »Von einer zentralen Verbindung dieser Gruppe ist mir nichts bekannt.«*

Aber Herbert Baum lehnte es ab, sich seinen Vorstellungen zu fügen. Zwar gingen Suzanne Wesse und Irene Walther noch einige Monate lang, bis zum Frühjahr 1942, jeden Dienstagabend in Frucks Wohnung, lernten dabei seinen Freundes- und Schulungskreis kennen. Da sie nicht jüdisch waren, wollte Fruck die Genossinnen zu ihrem Schutz aus Herberts Kreis herauslösen. Aber Irene war seit Jahren mit Heinz Birnbaum zusammen und kam schon deshalb weiter zu Baums Treffen. Und Suzanne Wesse, geborene Vasseur, war auch so fest in den Freundeskreis hineingewachsen, daß sie nicht auf ihn verzichten wollte. 1935, mit einundzwanzig Jahren, war sie aus Calais nach Berlin gekommen. Ihr Vater besaß eine Fabrik, sie sprach mehrere Sprachen und arbeitete als Übersetzerin für den Scherl-Verlag. Durch ihren Mann, den deutschen Ingenieur Richard Wesse, der verwandt mit Felix Heymann war, kam sie 1938 in den Kreis um Baum. Anfangs war ihr Bruder Amand noch dabei, der jedoch wenige Tage vor Kriegsausbruch Deutschland verließ. Seinen Abschied hatte die Gruppe am 25. August 1939 in der Wohnung von Felix Heymann gefeiert, dies war die Zeit der Abschiede. Suzanne blieb, wegen ihres Mannes, mit dem sie eine zweijährige Tochter hatte, aber auch wegen der Freunde. Sie war besonders mit Sala Rosenbaum befreundet, seit 1938 Martin Kochmanns Frau, die mit ihm, Herbert und Marianne Baum so etwas wie den Kern der Gruppe bildete. Suzanne war wegen ihrer Intelligenz und ihrer Anmut, wegen ihres entschlossenen Muts sehr beliebt. Ein anderer Bruder Suzannes, Auguste Vasseur, kam im Sommer 1940 als französischer Zivilarbeiter ins Lazarett Fürstenberg, 1942 ins STALAG IIIA bei Luckenwalde. Dort traf ihn seine Schwester im Frühjahr, dem letzten ihres Lebens.

Suzannes Mann übrigens hielt sich von der Gruppe etwas zurück. 1946 schrieb er an seinen Schwager Amand: »Ich war immer der Meinung, daß in Deutschland diese Art von Sabotage gegen das faschistische System sinnlos war, weil der sehr zweifelhafte Erfolg in keinem Verhältnis zum Einsatz stand.«[*]

Auch Hans Fruck mahnte vergeblich zur Vorsicht. In seinem Bericht an die Zentrale Parteikontrollkommission von 1952 schrieb er: »Ich versuchte, ihnen klar zu machen, daß die Arbeitsmethode der Gruppe Baum falsch war und nicht den Bedingungen illegaler Parteiarbeit, insbesondere in dieser Periode der Auseinandersetzung, entspricht.« Aber »auf Grund der Erziehung in der Gruppe Baum« vermißten Irene und Suzanne den »großen Kreis, in dem man politisch diskutieren kann und kulturelle Veranstaltungen durchführen«. »[...] und wir erfuhren, daß sie wieder in den Kreis der Gruppe Baum zurückgegangen waren mit der Begründung, sie brauchen die bei der Gruppe Baum durchgeführte Gruppenarbeit. Sie besuchten wieder regelmäßig die noch immer stattfindenden Gruppenabende beim Genossen Baum und eine wieder von mir mit Gen. Baum durchgeführte Unterredung ergab, daß seine Gruppen-Mitglieder der Meinung waren, unsere Forderungen seien überspitzt.«[*]

Fruck zog sich zurück und riet auch anderen, so seiner Genossin Ilse Haak, die bei Siemens mit Marianne zusammen arbeitete, sich von Baums Gruppe fernzuhalten. Damit war die Verbindung Herbert Baums zu einer Parteileitung abgerissen.

Aber Irene und Suzanne, selbst wenn sie nicht mehr zu den Gruppenabenden bei Fruck kamen, behielten doch Kontakt zu dem einen oder anderen aus dem Kreis um Fruck. Von Margot Heymann aus diesem Kreis, die illegale Schriften auf ihrer Schreibmaschine vervielfältigte, hatten sie Ende 1941 oder Anfang 1942 eine konspirative Schrift mit dem Titel »Organisiert den revolutionären Massenkampf gegen Faschismus und imperialistischen Krieg« bekommen. Dieses kurz »18-Seiten-Material« genannte Pamphlet gaben sie an Baum weiter.

Es war, als habe Herbert auf solche Anleitung gewartet. Diese Schrift beeinflußte sein Selbstverständnis und damit die politische Arbeit in den ihm verbundenen Gruppen. Fruck nannte die Schrift »Seelenbinder-Material«. Nach einer später unter DDR-Historikern verbreiteten These soll diese Schrift vom KP-Funktionär Wilhelm Knöchel ausgearbeitet worden und über Alfred Kowalke und Werner Seelenbinder in die Berliner Widerstandskreise gekommen sein. Das »18-Seiten-Material« zirkulierte auch in der Gruppe um Harro Schulze-Boysen und Arvid Harnack. Margot Heymann hatte das Papier von Walter Husemann bekommen, der es von Wilhelm Guddorf erhalten haben soll. Es gibt auch die Auffassung, Guddorf habe das Papier verfaßt, nach einem Entwurf des Hamburger Kommunisten Bernhard Bästlein. Auch John Sieg, Robert Uhrig und andere Namen von prominenten Kommunisten wurden als Autoren oder Mitautoren genannt. Keiner von ihnen hat überlebt. Es gibt viele Vermutungen über die Herkunft dieses »18-Seiten-Materials«, die Überlebenden der Baum-Gruppe Richard und Charlotte Holzer vermuteten sogar, die Gestapo hätte das ihrer Meinung nach im schwedischen Exil entstandene Papier bearbeitet und selbst verbreitet. Wie auch immer, es gelangte in die Baum-Gruppe, vielleicht sogar in zwei Exemplaren. Denn Heinz Birnbaum, genannt Buber, seit Anfang der dreißiger Jahre so etwas wie ein Schüler Herbert Baums, sagte am 10. Juni 1942 gegenüber der Gestapo aus, er habe das Material um Weihnachten 1941 in die Gruppe gebracht, nachdem er es von seinem Arbeitskollegen, dem jüdischen Kommunisten Leo Hopp erhalten hatte.

Vielleicht aber wollte er nur Irene und Suzanne schützen, deren Verbindung zu Frucks Gruppe nicht bekannt werden sollte. Dieser Leo Hopp war schon seit Monaten in Haft, vielleicht hielt Buber ihn für tot. Die Gestapo jedenfalls erfuhr wohl tatsächlich nichts von der Herkunft des Materials aus der Fruck-Gruppe und übernahm Bubers Version in ihren Schlußbericht vom 27. August 1942, als Baum und Suzanne und Irene und alle anderen am Brandanschlag Beteiligten schon hingerichtet waren.* Im zweiten Verfahren gegen Mitglieder der Baum-Gruppe, am 10. Dezember 1942, als auch Edith Fraenkel zu den Angeklagten gehörte, kam das »18-Seiten-Material« ebenfalls zur Sprache. In der Urteilsbegründung wird daraus zitiert, die Gestapo hatte klar erkannt, worum es ging.

Die Schrift rief zum Bürgerkrieg auf. Mit dem Faschismus müsse seine Basis, der Kapitalismus, zertrümmert werden. Die Kommunisten sollten die nach dem Überfall auf die Sowjetunion entstandene Unzufriedenheit in der Bevölkerung ausnutzen und die Lage vorantreiben. »In der Roten Armee hat die Arbeiterklasse Europas den Garanten ihrer nationalen und sozialen Befreiung«, heißt ein Zitat aus dem »18-Seiten-Material«, das die Angeklagten der Baum-Gruppe Anfang 1942 studierten und diskutierten. In der Urteilsbegründung des Volksgerichtshofs heißt es: »Die Erörterungen der Schulungsteilnehmer gipfelten in der Forderung, die nationalsozialistische Regierung müsse durch die bolschewistische Revolution beseitigt werden und die Juden müßten sich hierbei beteiligen, da sie nur dadurch ihre Lage verbessern könnten.«

Die Juden müßten sich hierbei beteiligen.

Baum empfand seit seiner frühen Jugend die jüdische Herkunft als Zufall. Zugehörig fühlte er sich den Kommunisten. Nur eine sozialistische Gesellschaft wie die Sowjetunion könnte nach seiner Überzeugung die Diskriminierung der Juden aufheben. So dachten auch seine engsten Freunde, und so erzogen sie auch die Jüngeren. Auf den Flugblättern und Schriften, die sie herausgaben, war nicht die Judenverfolgung ihr Thema. Sie versuchten, anknüpfend an die verbreitete Unzufriedenheit mit der Dauer des Krieges und der schlechten Ernährungslage, zum Kampf gegen den Nationalsozialismus aufzurufen. »An die Hausfrau« hieß ein Flugblatt, das Heinz Birnbaum und Irene Walther, vielleicht auch andere, im Frühjahr 1942 verfaßten. Die deutschen Hausfrauen wurden darin aufgefordert, laut gegen die Lebensmittelknappheit zu protestieren. Im Frühjahr 1942 soll die Gruppe, nach einem Bericht von Richard Holzer, außerdem zwei Zeitungen in einer Auflage von je zehn Exemplaren herausgebracht haben, für die mehrere Gruppenmitglieder Artikel schrieben. Die Vorträge, die sie bei ihren Gruppenabenden hielten, waren Grundlage dieser Artikel. Irene und Suzanne hatten sie auf Wachsmatrizen abgeschrieben. Die Zeitungen wurden heimlich im Bekanntenkreis und an den Arbeitsstellen verteilt, von ferne beobachteten Baums Freunde die Wirkung. Holzer berichtete: »Das Ergebnis dieser Aktion war sehr niederschmetternd. Alle, bis auf einen Arbeiter, der mit mir zusammenarbeitete, verschwiegen den Erhalt der Zeitung. Es ist auch anzunehmen, daß die Gestapo Exemplare dieser Zeitung erhalten hat.«*

Sie spürten also, wie wirkungslos solche Schriften waren, und brannten doch darauf, etwas zu tun, ein Zeichen zu setzen, das beachtet würde.

Die anhaltenden Deportationen zeigten, wie wenig Zeit ihnen noch blieb. Schon waren Tausende Berliner Juden nach Osten gebracht worden, und von dort kam kein Zeichen, nur Gerüchte, die keiner glauben konnte.

Gleichzeitig aber hofften sie auf die Rote Armee, glaubten, bald schon würde alles vorüber sein.

Marianne und Herbert Baum hatten seit Jahren mit der Mutter ihres Freundes Franz Krahl zusammen gelebt. Franz Krahl und der zwei Jahre ältere Herbert kannten sich seit ihrer Kindheit. Zusammen mit Martin Kochmann, Aribert Steinbach, Rudi Barta, Walter Sack, Ismar Zöllner und Rudi Antel hatten sie sich als Halbwüchsige in der Wohnung von Walter Link in der Neuen Grünstraße zu wöchentlichen

Heimabenden getroffen. Sie alle kamen aus ähnlichem Milieu, ihre jüdische Herkunft bedeutete ihnen nicht viel, mehr oder weniger zum Kummer ihrer Eltern, die sich mühsam durchschlugen und ihren Kindern Bildung und eine bessere Zukunft ermöglichen wollten. Franz Krahl trat 1931 in den Kommunistischen Jugendverband ein, gleichzeitig mit Martin Kochmann und Herbert Baum. Sein Vater, ein armer Knopfmacher und Damenschneider, zog mit der Familie nach Steglitz um, und so kam Franz in einen anderen Unterbezirk. Er wurde 1934 verhaftet und erst im Herbst 1936 entlassen. In dieser Zeit starb sein Vater. Seine fast blinde Mutter Justina Krahl, geborene Chawes, zog mit ihrem behinderten Sohn Rudolf, der so alt wie Herbert und Marianne, aber geistig wie ein Kind war, in die Wohnung der bereits emigrierten Eltern Herbert Baums, in die Michaelkirchstraße. Sie wohnten alle ganz nahe beieinander in der Luisenstadt an der Grenze zwischen Kreuzberg und Mitte. Martin Kochmanns Eltern lebten in der Köpenicker Straße 56, in der Adalbertstraße unterhielt seine Mutter eine kleine Schneiderwerkstatt. Als Franz Krahl entlassen wurde, zog er für kurze Zeit in die Alte Jakobstraße 6, in ein Hinterhaus, in dem schon Herbert und Marianne mit Martin Kochmann zusammen wohnten. Bald darauf emigrierte er nach Prag, später nach England, er sah seine Freunde nie wieder. Auch seine Mutter und seinen Bruder nicht. Die zogen 1937 noch einmal um, in die Stralauer Straße in eine Zweieinhalbzimmerwohnung mit Küche. Herbert und Marianne zogen zu Mutter Krahl und dem geistig zurückgebliebenen Rudi. Martin blieb mit Sala in der Alten Jakobstraße, später zogen sie in die Spandauer Vorstadt, in die Gipsstraße 3, in das Haus des jüdischen Kindergartens, in dem Sala arbeitete. Neben den politischen Verbindungen gab es für Herbert, Marianne und ihre Freunde ein Netz von persönlichen Beziehungen, Freundschaft, alltägliche Solidarität. Walter Sack, der den dritten Zug beim »Ring« geleitet hatte, aus dem mehrere Jugendliche in Baums Gruppe kamen, war 1939 nach Schweden emigriert. Seine Absicht, zu emigrieren, hatte eine Zeitlang zu einer Entfremdung zwischen den Freunden geführt. Baum war unbedingt dafür, daß jemand wie Walter Sack in Deutschland bleiben sollte, hier würde er gebraucht. Anders sah er es bei den Jugendlichen, die in Deutschland noch nicht einmal einen Beruf lernen konnten. Die ermutigte er zu gehen. Erst nach dem Novemberpogrom von 1938 änderte sich seine Einstellung. Als Walter Sack ging, waren sie wieder Freunde. Herbert Baum kümmerte sich um die zurückgelassenen Eltern, manchmal besuchte er sie in der Skalitzer Straße, mitunter kam Martin Kochmann mit, und sie spielten mit Walters Vater Skat. Und Justina Krahl, die Mutter ihres emigrierten Freundes Franz, war für Herbert und Marianne wie eine Familienangehörige, sie halfen sich gegenseitig und lebten gut miteinander. Bis sie und Rudi am 27. November 1941, mit einem der ersten Transporte, nach Riga deportiert wurden. Sie war zweiundsechzig Jahre alt, ihr behinderter Sohn steht nach ihr auf der Liste. Haben Herbert und Marianne die beiden zum Sammelplatz begleitet? Was wußten sie von Riga?

Als Herbert und seine Freunde in der Nacht zum Jahresbeginn 1942 vom reitenden Tod in Flandern sangen, war er ihnen schon ganz nahe gekommen. Herbert war klar, daß konspirative Zurückhaltung und eine Stillhaltetaktik, wie Hans Fruck sie forderte, den Tod nicht aufhalten könnten. Die Regeln der illegal arbeitenden Kommunisten, an die er sich all die Jahre gehalten hatte, nützten ihnen als Juden nicht mehr. Aber dieses »18-Seiten-Papier« zeigte eine neue Perspektive auf: Sie könnten Zeichen setzen, das Ende des Nationalsozialismus beschleunigen.

Ende 1941 oder Anfang 1942 suchte Herbert Baum die Verbindung zu seinem alten Genossen Werner Steinbrinck.

Werner Steinbrincks Gruppe

Auf dem schwarzen Grabstein in Weißensee steht auch Werner Steinbrincks Name sowie der seiner Freundin Hilde Jadamowitz und ihres gemeinsamen Freundes Hans Mannaberg. Diese drei gehörten eigentlich nicht zu Herbert Baums Gruppe, aber ihr Schicksal ist mit ihr verbunden, sie starben zusammen mit Baums Gefährten Marianne, Suzanne, Gerd, Sala, Irene und Heinz am 18. August 1942. Drei Monate zuvor hatten sie zusammen den Brandanschlag auf die Ausstellung »Das Sowjetparadies« versucht. Werner, Hilde und Hans gehörten zu einer Gruppe, die die Gestapo »Kommunistische Gruppe Franke« nannte. Auch Joachim Franke war bei dem Brandanschlag dabei, er hat ihn sogar, mit Werner Steinbrinck zusammen, entscheidend vorbereitet. Aber Franke, obwohl er mit den anderen starb, steht nicht auf dem Grabstein in Weißensee.

Und auch der Name des achtunddreißigjährigen Revisors Walter Bernecker fehlt, der von Franke mitgebracht wurde, am Brandanschlag teilnahm und sich nach seiner Verhaftung das Leben nahm.

Steinbrincks Name auf dem schwarzen Stein ist falsch geschrieben, es fehlt das c. In den Nachkriegsjahren standen offenbar kaum schriftliche Dokumente zur Verfügung, nur die Erinnerung der Überlebenden. Hans steht dort unter dem Namen seines Stiefvaters, seiner Mutter und seiner Schwester, die Adler hießen. Er selbst hieß Mannaberg, nach seinem früh verstorbenen jüdischen Vater.

Ich muß hier über sie erzählen, nicht nur, um ihnen ihre Namen zurückzugeben. Die Vorgänge in Baums Gruppe waren, zumindest in den letzten Monaten vor dem Brandanschlag, mit diesen Menschen verbunden.

Werner Steinbrincks Alter auf dem Gedenkstein ist falsch angegeben, er wurde am 19. April 1917 geboren, war also fünfundzwanzig Jahre alt, als er starb. 1933 war er erst sechzehn Jahre alt, fünf Jahre jünger als Herbert; er war Schüler der berühmten Karl-Marx-Schule in Neukölln, einer von Sozialisten geleiteten Reformschule, die die Nazis zerschlugen und in das Kaiser-Friedrich-Realgymnasium zurückwandelten. Bis 1935 ging er noch in diese Schule, dann wurde er Laborant.

Mit Herbert Baum verband ihn neben der politischen Gemeinsamkeit auch das Interesse an Technik und Naturwissenschaft. Herbert, der Elektriker war, wollte an der Beuth-Schule studieren, das war ihm als Jude verwehrt. Einer der Namen Herbert Baums aus der Illegalität war »Student«. Eine Zeitlang soll er noch Abendkurse besucht haben. Werner war kein Jude, er belegte Abendkurse für Chemie.

Werner Steinbrinck wurde von seinen Freunden »Der Alte« genannt, weil er so besonnen und belesen war. Mit Herbert Baum und Herbert Ansbach hatte er zur illegalen Leitung des Unterbezirks Südost des Kommunistischen Jugendverbands gehört. 1936 wurde er verhaftet, aber, weil ihm nichts nachgewiesen werden konnte, wieder freigelassen. Er soll für die illegale Arbeit sehr begabt gewesen sein, seine damalige Freundin und Mitkämpferin Lisa Attenberger, die zu zweieinhalb Jahren Zuchthaus verurteilt wurde, berichtete später, sie habe trotz ihrer persönlichen Nähe nur das Nötigste über Steinbrincks Verbindungen gewußt, er sei vorsichtig und verschwiegen gewesen. Sie selbst kannte Herbert Baum seit 1934, erfuhr aber nicht, daß auch Steinbrinck und Ansbach mit ihm zusammenarbeiteten. Nach ihrer Haftentlassung sah Lisa Attenberger Werner Steinbrinck nur noch ein einziges Mal. Er brach die Verbindung zu ihr ab, wohl auch, weil er seit 1937 mit Hilde Jadamowitz zusammen war, die im selben Prozeß wie Lisa Attenberger und Herbert Ansbach angeklagt war, aber freigesprochen wurde.* Werner Steinbrinck hielt sich, wie es der Parteilinie entsprach, seit etwa 1936 von Herbert Baum fern, der in jüdischen Gruppen arbeitete. Auch Hilde Jadamowitz galt den Nazis als Mischling. Werner und sie hatten schon als Kinder im proletarischen Neukölln in einer Straße gewohnt. 1939 wurde Werner Steinbrinck zum Reichsarbeitsdienst einberufen, 1940 kam er zur Wehrmacht, wo er in Berlin beim Stabsquartier des Oberkommandos eingesetzt war. Aus der Wehrmacht wurde er im Februar 1942 entlassen, um als Chemotechniker im kriegswichtigen Kaiser-Wilhelm-Institut in Berlin-Dahlem zu arbeiten.

Zusammen mit Hilde Jadamowitz hatte Werner Steinbrinck all die Jahre über mit Gesinnungsgenossen Kontakt gehalten, sie hatten sich in Schulungskreisen getroffen, kleinen Zirkeln, in denen die Mitglieder einander vertrauten, weil sie sich schon aus dem Fichte-Sportverband kannten oder aus der IAH, der Internationalen Arbeiterhilfe, einer kommunistischen Massenorganisation. Durch Einberufungen zur Wehrmacht, einzelne Verhaftungen, aber auch durch Ehescheidungen und persönliche Entfremdungen veränderten diese Zirkel sich immer wieder, gründeten sich neu.*

Ähnlich wie in Baums Gruppe ging es um das Studium verbotener kommunistischer Literatur, aber es war auch wichtig, sich mit Freunden und Gleichgesinnten zu treffen, die Angst vor Spitzeln und das Mißtrauen für ein paar Stunden zu vergessen.

Hilde hatte eine vier Jahre ältere Schwester, Beatrice. Die Mädchen waren nach der Trennung ihrer Eltern im Jahre 1925 bei der jüdischen Großmutter aufgewachsen, die Mutter starb bald, und der Vater kümmerte sich nicht viel um seine Töchter. Auch Hilde hatte eine weltliche Reformschule in Neukölln besucht, die Rütli-Schule. Sie war eine besonders gute Schülerin, einige Klassenstufen konnte sie sogar überspringen. Aber sie war eine sogenannte Halbjüdin, und sie mußte früh schon für sich selbst sorgen, die Großmutter starb, als Hilde siebzehn war. Sie mußte Geld verdienen, zunächst als ungelernte Arbeiterin, dann bildete sie sich in Abendkursen zur Sprechstundenhilfe und Röntgenassistentin aus. In Neukölln fand sie eine Anstellung bei einem Arzt. Die dunkelhaarige, kleine Hilde muß sehr lebhaft und kontaktfreudig gewesen sein. Sie war hübsch und zog gern die Aufmerksamkeit auf sich.

Lisa Attenberger, inzwischen hochbetagt, sagte noch im Jahr 2001 bei einer Veranstaltung der Rosa-Luxemburg-Stiftung: »Ich habe nicht gern mit ihr zusammengearbeitet, weil sie nicht die Verhaltensweisen einer Illegalen hatte. Sie war stark geltungsbedürftig und gesprächig. Hat immer alles erzählt, was sie erlebt hat, die privaten Geschichten.«

Wie aber sollte Hilde nicht geltungsbedürftig sein? Dieses hochbegabte, als sogenannte Halbjüdin ausgegrenzte und gedemütigte Mädchen, das in Armut ohne Eltern aufgewachsen war, wird große Defizite an Zuwendung und Bestätigung gehabt haben, sie mußte sich Geltung und Respekt verschaffen. Mag sein, daß solche Eigenschaften für illegale Arbeit hinderlich waren, aber Hilde war einfallsreich, mutig, und Werner Steinbrinck liebte sie. In einer seiner Vernehmungen gegenüber der Gestapo sagte er, Hilde und er hätten ohne die Nürnberger Gesetze längst geheiratet.

Hilde und Werner waren eng befreundet mit Hans Mannaberg, dessen Schwester Gisela Adler eine Schulfreundin Hildes aus der Rütli-Schule war. Sie wohnten auch in Neukölln, in der Donaustraße. Hans war Setzer und Buchdrucker,
»Schweizerdegen« nannte man das. Schon als Schüler war er Jungkommunist, und 1930, mit achtzehn Jahren, wurde er Mitglied der Partei. 1934 wurde er zum erstenmal verhaftet und zu vier Monaten Gefängnis verurteilt, aber nach Hindenburgs Tod amnestiert. Die Anklage lautete, er habe in der Druckerei seiner Eltern in der Dresdener Straße kommunistische Flugblätter gedruckt.

Vielleicht in Herbert Baums Auftrag? Oder für Werner Steinbrinck?

Werner Steinbrinck erklärte später der Gestapo gegenüber, er habe Hans Mannaberg erst 1938 durch seine Freundin

Hilde kennengelernt. Aber wahrscheinlich kannten sie sich schon ein paar Jahre länger. 1937 wurde sein Stiefvater Josef Adler, der als Jude und Kommunist bekannt war, von Nazis überfallen und so zusammengeschlagen, daß er im März 1939 an den Folgen dieses Überfalls starb.* Seit diesem Überfall leitete Hans die Druckerei, die seiner Mutter Anna Adler gehörte. Im Sommer 1938 wurde er ohne weitere Begründung von der Gestapo verhaftet und nach Sachsenhausen gebracht. Seiner Mutter gelang es erst nach neunzehn Monaten, ihn wieder freizubekommen, dafür mußte sie nachweisen, daß er kein sogenannter Volljude, sondern nur »Mischling« war.

Durch Gisela Adler lernte Hilde um 1938 deren Kollegen Kurt Riemer kennen, der in Verbindung mit Robert Uhrig stand, einem 1903 geborenen kommunistischen Funktionär, der nach seiner Entlassung aus dem Zuchthaus 1936 ein großes Widerstandsnetz in Berlin aufbaute, das erst Anfang 1942 zerschlagen wurde. Kurt Riemer berichtete Robert Uhrig von seinem Kontakt zu Hilde Jadamowitz und Werner Steinbrinck, von denen er wußte oder ahnte, daß sie Genossen kannten, die sich in kleinen Zirkeln trafen, illegale Schriften studierten oder selbst herausgaben. Kurt Riemer, der das Lager Sachsenhausen überlebt hat, schrieb in den sechziger Jahren in einem Bericht für die Partei, er habe im Spätherbst 1939 im Auftrag Robert Uhrigs ein Treffen mit ihm und etwa zehn Genossen in einer abgesicherten Wohnung in Neukölln vermittelt, sechs Teilnehmer kamen aus dem Kreis von Hilde Jadamowitz. Werner Steinbrinck war dabei, auch Herbert Baum und Marianne. Die anderen kannte er nicht.

Hans Mannaberg wird nicht dabei gewesen sein, er war zu dieser Zeit Häftling im KZ Sachsenhausen. Aber vielleicht Sala und Martin Kochmann. Vielleicht Birnbaum. Oder Irene Walther. Robert Mohn und Edith Fraenkel kamen erst im Jahr darauf zu Baums Gruppe. Aber sie hätten wohl auch dann nicht zu den Teilnehmern eines solchen hochkonspirativen Treffens gehört. Robert Mohn, der nicht daran glaubte, daß man das System anders als militärisch stürzen könnte, hätte sich ohnehin herausgehalten. Und über Edith, die gerade achtzehn Jahre alt war, als sie Baum begegnete, lächelten Herbert und Marianne eher, als daß sie ihre anthroposophische Weltanschauung ernst nahmen. Sie wäre wohl nicht für würdig befunden worden, dem erfahrenen Parteifunktionär Robert Uhrig zu begegnen.

Uhrig informierte bei diesem Treffen kurz nach dem Kriegsbeginn über die Beschlüsse der Berner Konferenz und über die damals noch geltende Volksfrontpolitik der Kommunistischen Partei.

Kurt Riemer erwähnte auch, daß Hilde Jadamowitz mehrfach ärztliche Atteste für Robert Uhrig und andere Genossen besorgte. Er schrieb: »Ich hatte große Freude an ihrer einsatzbereiten und findigen Art, doch mußte ich sie öfter warnen, nicht so leichtsinnig zu sein und die konspirativen Regeln besser einzuhalten. Ende 1941 bekam ich den Auftrag, die Verbindung abzubrechen, da ich Genossen Uhrig von Eifersuchtsszenen berichtet hatte, die sich um Hilde abspielten.«[*]

Ende 1941 brach also der Kontakt Hildes und damit auch Werner Steinbrincks zur Parteileitung ab. Auch andere langjährige Kontakte zu Genossen waren kurz zuvor abgebrochen. Werner und Hilde hatten lange zu einem Kreis von Genossen gehört, die sich teilweise schon durch die längst verbotene Internationale Arbeiterhilfe kannten. Sie trafen sich regelmäßig in Britz, Onkel-Bräsig-Straße 111, bei dem Ehepaar Charlotte und Hans-Georg Vötter. Hans-Georg Vötter war von 1935 bis zum Sommer 1940 im Zuchthaus gewesen. Während seiner Haftzeit hatte sich in seiner Wohnung bei seiner Frau ein Schulungskreis getroffen, den Werner Schaumann leitete. Zu den Teilnehmern gehörte auch Karl Kunger, der bei der AEG als Lagerist arbeitete. Vötter und Kunger waren alte, erfahrene Genossen, sie waren beide

1901 geboren und damit bedeutend älter als Werner Stein-brinck, Hilde Jadamowitz und Hans Mannaberg, ein Jahr-zehnt älter auch als Herbert Baum, den sie wahrscheinlich gar nicht kannten. Schon gar nicht kannten sie die jüdischen Jugendlichen aus Herbert Baums Gruppen.

In Vötters Wohnung verkehrte auch der 1905 geborene Joachim Franke mit seiner Frau Erika. Er war schon vor 1933 Kommunist gewesen, mit seiner Frau in einer Straßen-zelle im Prenzlauer Berg, seit 1936 wohnten sie in Köpenick.

Hier kann nicht die Geschichte dieses Freundes- und Schulungskreises erzählt werden. Wie auch in Herbert Baums Gruppe waren die Beziehungen wechselhaft, die politische Gemeinsamkeit verband mehr oder weniger alle, gleichzeitig gab es persönliche Freundschaften und Abneigungen, Lie-besverhältnisse, Trennungen und, wie Kurt Riemer andeu-tete, auch Eifersucht. Nach der Haftentlassung Hans-Georg Vötters zog sich ein Teil der Genossen zurück, womöglich geschah das aus Vorsicht, weil man nie wußte, ob ein soeben aus dem Zuchthaus Entlassener nicht unter Beobachtung der Gestapo stand. Der Schulungskreis um Werner Schaumann traf sich nun in der Wohnung seiner geschiedenen Frau Hilde Schaumann, die inzwischen die Lebensgefährtin Karl Kun-gers war, in der Neuen Bahnhofstraße.

Im Verlauf des Jahres 1941 aber bildete sich wieder ein fester Kreis um das Ehepaar Vötter. Dazu gehörten neben Werner, Hilde und Hans Mannaberg auch Joachim Franke und seine Frau Erika. Vötter kannte Franke nur flüchtig aus der Internationalen Arbeiterhilfe, aber seine Frau hatte sich während der vergangenen Jahre mit dem Ehepaar Franke befreundet. Sie trafen sich öfter, hörten gemeinsam auslän-dische Sender. Manchmal ging Vötter nun auch allein zu Franke in die Köpenicker Wendenschloßstraße, wo auch Werner Steinbrinck, wenn er als Soldat Urlaub hatte, anzu-treffen war. Allmählich sei er durch diese Begegnungen wieder ins alte Fahrwasser geraten, sagte Vötter später ge-genüber der Gestapo aus. Wahrscheinlich ist, daß er dieses

Fahrwasser suchte. Daß auch er, wie seine Gefährten, nach dem Überfall auf die Sowjetunion einer Wende entgegenfieberte, daß er nach Gleichgesinnten suchte, um sich mit ihnen auszutauschen, um zu erwägen, was man tun könne.

Ende 1941 hatte der Kreis um Vötter schon den Charakter einer organisierten Gruppe angenommen. Manchmal trafen sie sich auch in Hans Mannabergs Wohnung oder in der Druckerei in der Dresdener Straße.

Franke hielt Vorträge, einer hieß »Einführung in die Volkswirtschaft«. Vötter sprach über »Mehrwerttheorie«. Im Oktober 1941 las Werner Steinbrinck aus einem Manuskript »Zur Lage (Kurzbericht)«, das sie in der Gruppe diskutierten. Am Schluß dieses Pamphlets heißt es: »Und jeder Vaterlandsfreund muß wissen, daß es nur eines gibt, um die Zukunft des deutschen Volkes zu sichern: Mit dem Massenmord Schluß zu machen und der Welt zu beweisen, daß das wahre Deutschland noch lebt und auch für die Zukunft Lebensrechte hat, Schulter an Schulter mit den anderen Völkern.« Die Herkunft dieser Schrift ist ebenso ungeklärt wie die des sogenannten »18-Seiten-Materials«, das wenig später Herbert Baum in seinem Kreis diskutierte. Der Gestapo gegenüber versuchte Steinbrinck nach seiner Verhaftung, sich als Autor auszugeben, wahrscheinlich, um nicht preisgeben zu müssen, woher er die Schrift hatte. DDR-Historiker vermuteten Beppo Römer und Robert Uhrig als Autoren. Aber auch andere Autoren, der Kommunist Wilhelm Guddorf oder der ehemalige SAP-Mann Hermann Schulz, kamen in Frage. Sie alle überlebten die Nazizeit nicht, und wir werden wohl nie genau erfahren, wie diese Schrift »Zur Lage«, die nüchtern und realistisch das internationale Kräfteverhältnis nach dem Überfall auf die Sowjetunion analysierte, zu Werner Steinbrinck kam.

Irgendwann am Ende des Jahres 1941 oder Anfang 1942 nahm die Gruppe um Vötter, Steinbrinck und Franke auch formal den Charakter einer Parteizelle an. Sie wollten der Aufforderung aus der Schrift »Zur Lage« nachkommen und der Welt beweisen, »daß das wahre Deutschland noch lebt«. Franke wurde zum »Pol.-Leiter« ernannt, Steinbrinck zum »Abwehrmann«, Georg Vötter zum »Org.-Leiter«, Hilde Jadamowitz und Hans Mannaberg zu »Technikern« und Charlotte Vötter zur »Kassiererin«. Die einzigen ohne benannte Funktion in diesem Kreis blieben Frankes Frau Erika, eine Verkäuferin, und Hildes Schwester, die technische Zeichnerin Beatrice Jadamowitz. Beatrice schrieb mit ihrer Schreibmaschine auf Wachsmatrizen mindestens eine Flugschrift der Gruppe ab, die die Gestapo in einem internen Bericht vom 8. April 1942 erwähnte: »In Berlin gelangten am 2. und 3. April 1942 im Abzugsverfahren gefertigte kommunistische Hetzflugblätter, die ›An die deutsche Ärzteschaft‹ gerichtet und mit ›Antifaschistische Aktion Deutschlands – Ärztesektion‹ unterzeichnet sind, durch Postversand an Ärzte zur Verbreitung.«

Den Text für das Flugblatt, in dem die Ärzte zum Widerstand gegen das Regime aufgefordert wurden, hatten Franke und Steinbrinck entworfen. Die Adressen entnahmen sie dem Branchenverzeichnis, die etwa vierhundert Briefe wurden von den Gruppenmitgliedern in verschiedene Briefkästen gesteckt, denn größere Mengen ähnlicher Briefe im selben Kasten wären aufgefallen. Es war im dritten Kriegsjahr schwierig, das Papier und die Umschläge zu besorgen, auch konnten sie nur kleine Mengen in verschiedenen Stadtbezirken kaufen, ohne aufzufallen. Die Gruppe verschickte auch in jeweils vierzig Exemplaren Flugblätter an Soldaten mit den Titeln »Der Ausweg. Antifaschistische Kampfschrift, Frontausgabe« und »Der Weg zum Sieg, Informationsdienst der KPD«.

Joachim Franke versuchte währenddessen, den Widerstandskreis zu erweitern, baute auch in der AEG eine Gruppe auf. Aus den späteren Anklageschriften gegen diese Kollegen geht hervor, daß er ihnen vor Augen hielt, »[...] daß das Dritte Reich nur noch etwa ein bis zwei Jahre bestehen und daß dann ein kommunistischer Umsturz kommen werde; er erklärte ihm ferner, daß es schon jetzt nötig sei, Gesinnungsgenossen in Gruppen zusammenzufassen und zu schulen, damit sie zu gegebener Zeit eingesetzt werden können«.*

Werner Steinbrinck war noch Soldat, als er eines Abends, im Dezember 1941 oder im Januar 1942, während seines Ausgangs zu Franke kam und dort einen Kollegen Frankes traf, dessen Namen er nicht erfuhr. Das war Artur Illgen, der als Schriftmaler bei der AEG arbeitete. Illgen war siebenunddreißig Jahre alt, wie Franke. Zu dritt fuhren sie von der Wendenschloßstraße aus mit der Straßenbahn nach Schöneweide. Illgen und Franke schrieben mit roter Farbe an mehrere Fabrikmauern des Kabelwerks und der Akkumulatorenfabrik der AEG: HITLER ABTRETEN. Werner Steinbrinck in seiner Uniform stand einige Meter weiter als Deckung.

Herbert Baum und seine Leute hatten mit diesen Vorgängen um Franke, Steinbrinck, Vötter und Kunger nichts zu tun.

Im Februar 1942 entließ die Wehrmacht mehrere naturwissenschaftlich-technisch besonders begabte junge Männer, die kriegswichtige Fächer studieren oder in der Forschung für die Rüstung arbeiten sollten. Auch Werner Steinbrinck wurde entlassen, damit er die Arbeit in einem kriegswichtigen Labor am Kaiser-Wilhelm-Institut aufnehmen konnte. Im selben Monat wurde Robert Uhrig verhaftet. Die Gestapo zerschlug innerhalb weniger Wochen die Strukturen, die Uhrig seit 1937 aufgebaut hatte, in Berlin setzten Massenverhaftungen ein. Karl Kunger, der ebenfalls Kontakt zu Uhrig gehabt hatte, zog sich aus Vorsicht von dem Kreis um seinen alten Genossen Georg Vötter ganz zurück. Dazu kam, daß sein Verhältnis zu Franke gespannt war. Kunger war entsetzt, daß Franke, statt angesichts der Verhaftungen vorsichtiger zu werden, seine illegalen Aktivitäten bei der AEG verstärkte. Da auch Kunger dort arbeitete, erfuhr er, daß Franke Schriften und Flugblätter an Arbeitskollegen weitergab, sie aufforderte, weitere Mitstreiter zu gewinnen, und Beiträge einsammelte. In der DDR ist jahrzehntelang in Kreisen von Historikern und ehemaligen Widerstandskämpfern – allerdings nie öffentlich – darüber spekuliert worden, ob Franke nur leichtsinnig war, ein Provokateur der Gestapo oder ein Verräter. Er war gemeint, wenn – in Fußnoten oder mit gedämpfter Stimme – von dem Spitzel in der Baum-Gruppe die Rede war. Aber Frankes Gruppe war nicht die Baum-Gruppe. Er hat nach der Verhaftung der Gestapo gegenüber angegeben, was er wußte, und sein Wirken im Widerstand so darzustellen versucht, als hätte er sich nur zum Schein darauf eingelassen, um die anderen, die wirklichen Regimegegner, eines Tages überführen zu können.

Daß es tatsächlich so war, ist sehr unwahrscheinlich. Möglicherweise sah er nach der Verhaftung ein, daß der kommunistische Umsturz doch noch nicht so bald kommen würde, und wollte sein Leben retten, wenigstens das seiner Frau.

Werner Steinbrinck sah offenbar bis zur Verhaftung keinen Grund, Joachim Franke zu mißtrauen. Dessen Eifer und Unvorsichtigkeit seit Ende 1941 entsprach wohl seiner eigenen wachsenden Ungeduld. Er, den Lisa Attenberger bis 1936 als besonnen und vorsichtig erlebt hatte, setzte sich nun auch immer wieder über Regeln der illegalen Arbeit hinweg. Vielleicht war nach einem Jahrzehnt konspirativer Arbeit sein Instinkt gegenüber der andauernden Gefahr abgeschwächt, vielleicht spürte er, im Gegenteil, gerade die Gefahr und wollte angesichts der Zuspitzung und des Krieges gegen die Sowjetunion bewußt das Äußerste wagen.

Andere sahen die Entwicklung mit Sorge.

Der Kontorist Günter Schulz schrieb im Oktober 1945 unaufgefordert an den Magistrat von Berlin, Hauptausschuß für Opfer des Faschismus, einen Bericht über seine Erfahrungen mit Joachim Franke. Er war seit 1940 mit ihm in Verbindung, das Ehepaar Schulz wohnte nur ein paar Häuser von Frankes entfernt. Schulz fühlte sich Franke gegenüber als Gleichgesinnter, sie tauschten Bücher und Informationen aus. Direkt zu Frankes Gruppe hatte Schulz nicht gehört. Bis August 1941, berichtete Schulz, sei alles gut gegangen. Dann habe Franke die Arbeit »groß aufgezogen«, mit einer Verbindung zum Zentralkomitee geprahlt. Am 13. Dezember 1941 habe Schulz den Franke wegen seiner Unvorsichtigkeit zur Rede gestellt. »Er konzentrierte die Arbeit auf seine Wohnung, in der es aussah wie in einem Büro des KL Hauses [gemeint ist das Karl-Liebknecht-Haus, der ehemalige Sitz der KPD-Leitung. – R. Sch.] zu legalen Zeiten. Die Wohnung ist hellhörig, der Nachbar SS-Mann, Franke als Antifaschist bekannt, wo bisher die Ziehharmonika ertönte, klappert jetzt die Schreibmaschine bis in die späte Nacht. Genossen kommen und gehen.«

Schulz berichtete, er habe nach dieser vergeblichen Aussprache auch andere Genossen vor Franke gewarnt. Die zogen sich daraufhin ganz von Franke und damit auch von Vötter und Steinbrinck zurück. Zuvor hatte es zur Jahreswende 1941/42 noch einen heftigen Streit zwischen Schaumann und Franke gegeben.*

So kann es gewesen sein. Aber dieser Günter Schulz wurde im November 1942 vor dem Kammergericht als Zeuge der Anklage gegen Hilde Schaumann, Erika Franke und andere geführt. Die überlebende Charlotte Vötter gab 1947 gegenüber der Kriminalpolizeileitstelle Berlin an, die etwas hilflos die nicht verstummenden Vorwürfe gegen den längst hingerichteten Franke zu untersuchen hatte, Schulz habe Erika Franke vor der Gestapo unnötig belastet. Auch eine damalige Zellennachbarin Erika Frankes, Elga Jacobi, die mit ihr im Sommer 1942 in der Lehrter Straße saß, erinnerte sich 1947, daß Erika Franke zu Gegenüberstellungen mit Günter Schulz aus der Zelle geholt wurde, der sie belastete.*

Wollte er mit dem Brief vom Oktober 1945 Vorwürfen gegen sich selbst zuvorkommen?

Die Beteiligten sind tot, die Akten lassen viele Deutungen zu.

Herbert Baum und seine Freunde übrigens waren Günter Schulz nicht bekannt, er wußte nur von »vielen Juden«.

Auch andere erinnerten sich daran, daß Franke kaum konspirative Vorkehrungen traf, so daß auch Unbeteiligte von der Widerstandsgruppe wußten. Franke trat prahlerisch und unnötig laut auf. Aber für Werner Steinbrinck scheint er ein wichtiger Gesprächspartner gewesen zu sein.

Als Werner Steinbrinck Herbert Baum wiedertraf – über diese Wiederbegegnung hat er der Gestapo nach seiner Verhaftung verschiedene Versionen angegeben, nach der letzten traf er ihn im Februar 1942 in der S-Bahn –, brachte er ihn auch bald mit Joachim Franke zusammen.

Wahrscheinlich ist, daß Baum und Steinbrinck sich nicht zufällig trafen, sondern daß einer den anderen aufsuchte. Beide suchten zu Beginn des Jahres 1942 den Kontakt zu einer übergeordneten Parteileitung, die sie hinter dem anderen vermuteten. Sie brannten darauf, etwas zu tun. Beide waren aufgewühlt durch die Kampfschriften, die sie auf illegalen Wegen erhalten hatten. Sie tauschten diese Papiere aus, Baum gab Werner Steinbrinck das »18-Seiten-Papier« mit dem Titel »Organisiert den revolutionären Massenkampf«, und Werner Steinbrinck übergab ihm die Schrift »Zur Lage (Kurzbericht)«.

Sie bestärkten sich gegenseitig in ihrer Meinung, man müsse die Entwicklung vorantreiben, jetzt.

Werner Steinbrinck gab das »18-Seiten-Material« auch an Franke weiter.

Franke lernte also irgendwann nach dem Februar 1942 Herbert Baum kennen und erfuhr, daß hinter ihm eine ganze Gruppe stand. Auch vermutete er Kontakte zu einer Zentrale bei Baum, vielleicht hatte der seine – schon abgerissene – Verbindung zu Hans Fruck angedeutet. Möglicherweise sah Franke hinter Baum das »Zentralkomitee«, mit dem in Verbindung zu stehen er sich vor Zeugen brüstete. Das »18-Seiten-Material« schien zu beweisen, daß Herbert Baum mit maßgeblichen Leuten aus dem Widerstand zusammenkam, deren Bekanntschaft Joachim Franke, aus welchen Gründen immer, gern machen wollte.

Hans Mannaberg und Hilde kannten Herbert Baum ohnehin von früher, wahrscheinlich schon aus der Zeit des KJVD in Neukölln. Im Frühjahr 1942 trafen sie ihn mindestens einmal in Schulzendorf, wo Herbert Baum ein illegales Zimmer gemietet hatte. Werner Steinbrinck war auch dabei. Er hatte noch im Februar aus seiner Dienststelle in einer Sanitätsabteilung des Oberkommandos der Wehrmacht ein Soldbuch auf den Namen Karl Dürr entwendet, unter dem Herbert Baum in Schulzendorf auftrat. Baum fragte Hans Mannaberg, ob er einen Stempel mit einem Hoheitszeichen anfertigen könne. Mannaberg sagte zu, ein entsprechendes Klischee zu besorgen, die äußere Umrandung wollte Herbert Baum selbst drehen. Bei seiner Festnahme am 22. Mai fand die Gestapo einen solchen angefangenen Metallstempel bei ihm. Mannaberg kam nicht mehr dazu, das Hoheitszeichen herzustellen. Er hatte sich auch bereit erklärt, Baums Leuten bei Ausweisfälschungen zu helfen, obwohl er das schwierig fand. Als Hilde Jadamowitz ihn jedoch einige Tage vor der Aktion im Lustgarten fragte, ob er bereit sei, einen Abziehapparat in der Druckerei seiner Familie unterzustellen, lehnte er dies ab. Er konnte den Familienbetrieb nicht noch mehr gefährden.

Der Abziehapparat kam von Baums Leuten. Der junge Heinz Joachim hatte ihn einige Monate zuvor für hundert Mark besorgt. Er stand im Keller von Herbert Baum in der Stralauer Straße. Daß Herbert ihn loswerden wollte, zeigt, er rechnete mit Hausdurchsuchungen oder plante, bald unterzutauchen.

Die Gruppe Heinz Joachim

Die Baum-Gruppe, das war 1941/42 nicht nur der seit Jahren gewachsene Kreis, der sich regelmäßig in der Stralauer Straße traf, manchmal auch bei Kochmanns in der Gipsstraße oder bei Lotte Paech in der Zechliner Straße im Wedding. In den letzten Monaten kamen noch mehrere junge Juden unter Herbert Baums Leitung, die bis dahin eine eigene Gruppe gewesen waren.[*]

Schon seit Mitte 1941 nahm Heinz Joachim an den Gruppenabenden bei Herbert Baum teil, ein langaufgeschossener Junge von einundzwanzig Jahren, den Herbert bei der Zwangsarbeit kennengelernt hatte. Vielleicht waren sie sich auch schon früher in der jüdischen Jugendbewegung begegnet, Baum war ja ziemlich bekannt. Bei Siemens begegneten sie sich täglich, Heinz Joachim war Transportarbeiter. Eigentlich war er Musiker, bis Mitte 1941 hatte er an der Musikschule Hollaender, dem früheren Sternschen Konservatorium, Klarinette studiert. Seine Mutter Anna war keine Jüdin, also galt er als Halbjude. Mit den Eltern und vier Brüdern lebte er im Prenzlauer Berg. Der Vater starb 1944 im KZ Sachsenhausen, aber die Mutter und die vier Brüder Heinz Joachims überlebten, sie wanderten nach dem Krieg nach Uruguay aus. Auch Heinz Joachim hätte überleben können, wenn er unauffällig gelebt hätte. Aber Heinz Joachim war kein unauffälliger und leiser Mensch, er muß ein Hitzkopf gewesen sein, unruhig, begabt, auf der Suche nach seinem eigenen Platz. Er träumte davon, Jazzmusiker zu werden, und liebte es, sich auffällig zu kleiden, Anzug, Krawatte, langer Mantel und Hut. Es lag nicht nur an der Hornbrille, daß er wie ein junger Intellektueller wirkte; seine ganze Aufmachung war ein Protest gegen den nationalsozialistischen Zeitgeist. Bald gehörte er zu dem festen Kreis um Herbert und Marianne Baum, er war sehr belesen und beeindruckte in den Diskussionen durch sein Wissen und seinen Berliner Witz. Robert Mohn und Edith kamen nach Uris Geburt im Juni 1941 nur noch selten zu Baum, ob sie Heinz Joachim dort trafen, ist ungewiß. Auf Fotografien erkannte Robert Mohn Heinz Joachim nicht. So wie er, sagte er mir, kleideten sich damals viele junge Juden, schon aus Widerwillen gegen die betont sportlich-militärische Kluft der Hitlerjugend. Baum allerdings war meistens so angezogen, wie es früher in den Jugendbünden üblich war. Seine Kleidungsstücke wirkten zerschlissen und ungepflegt, sagte mir Robert Mohn. Auch Ilse Stillmann hatte das so gesehen. Und doch berichteten alle, die ihn kannten, von Baums besonderer Ausstrahlung, seiner Autorität, die nichts mit Äußerlichkeiten zu tun hatte.

In Baums Gruppe waren sie fast alle in Paaren liiert. Herbert und Marianne, Sala und Martin, Buber und Irene, Edith und Robert, Felix und Hella, Gerd und Hanni. Richard Holzer war seit 1941 mit der Krankenschwester Lotte Paech zusammen, nach dem Krieg heirateten sie. Heinz Joachim brachte bald seine Freundin mit, die neunzehnjährige Marianne Prager. Bis Mitte 1941 war sie zum Arbeitseinsatz in Rathenow gewesen. Marianne kannte Herbert Baum und die andere Marianne, sie war ihnen schon als Fünfzehnjährige im »Ring« begegnet, dem Bund deutsch-jüdischer Jugend. Sie gehörte damals zu dem bekannten dritten Zug, den Herberts Baums Freund Walter Sack leitete, der die Jugendlichen auf den Wanderfahrten, bei Diskussionen und Gruppenabenden sozialistisch erzog. Schon in diesem Kreis hatte Marianne Prager Lenins »Staat und Revolution«, aber auch Bücher von Upton Sinclair, Thomas Mann und Tolstoi gelesen. Auch Sala Kochmann war ihr schon begegnet, denn Marianne hatte an einem einjährigen Lehrgang für Kinderpflege im jüdischen Kindergarten Gipsstraße teilgenommen. Die jüdische Gemeinde organisierte solche Lehrgänge für ihre Jugendlichen, die in Deutschland kaum noch eine Aussicht auf eine Berufsausbildung hatten. Sala Kochmann war neun Jahre älter als Marianne Prager und hatte ihren Beruf noch richtig erlernen können, sie arbeitete in den Kindergärten der Jüdischen Gemeinde in der Jerusalemer Straße und in der Gipsstraße, nahe dem Alexanderplatz, zwischen der Rosenthaler Straße und der Auguststraße. Der Kindergarten war in diesen Jahren schon überfüllt. Statt vierzig wurden täglich weit über hundert Kinder gebracht, deren Mütter in der Rüstungsindustrie Zwangsarbeit leisteten. Zusammen mit Martin Kochmann bewohnte Sala dort oben ein Zimmer. Marianne kannte sie ganz gewiß, aber in den Vernehmungen gegenüber der Gestapo gab sie später an, keine Sala Kochmann zu kennen. Sie sagte auch, daß ihr Herbert Baum nur ein- oder zweimal begegnet sei, daß sie gar nicht wisse, wer er eigentlich sei.

Am 22. August 1941 heirateten Marianne Prager und Heinz Joachim, ganz traditionell in der Neuen Synagoge, Oranienburger Straße. Das war wohl ein Zugeständnis an Mariannes gläubige Eltern. Die werden nicht begeistert gewesen sein von der frühen Heirat ihrer Tochter mit dem jungen Musiker, der keine abgeschlossene Ausbildung und keine Zukunft hatte. Aber so frühe Ehen waren unter den Berliner Juden üblich geworden, die Kinder wurden früh selbständig. Die Zukunft war für alle ungewiß. Mariannes Vater Georg Prager hatte mit Leinenstoffen gehandelt, nun mußte er auf dem Bau arbeiten. Das Geld reichte nicht, und so hatten die Pragers nach und nach ihre Möbel verkauft, ihre paar Wertgegenstände, um zu überleben. Nur das Klavier blieb unangetastet.

Von klein auf hatte Marianne Prager mit diesem Klavier gelebt. Ihr Vater spielte Geige; als alles ihnen verboten war, blieb noch die Hausmusik, ein Onkel und eine Tante sangen zu Mariannes Klavierbegleitung und zum Geigenspiel des Vaters Schubert-Lieder und Arien aus »Carmen«.*

Auch Marianne kleidete sich nicht so, wie die biedere Nazimode es vorschrieb.

Ich stelle eine Archiv-Kopie ihres Fotos in mein Bücher-regal, da steht sie nun neben dem Familienbild von Edith Fraenkel, Robert Mohn und Uri vom Spätsommer 1941. Wahrscheinlich ist Mariannes Foto im Sommer davor auf-genommen worden. Sie sitzt in einem offenen Fenster auf dem gemauerten Sims, trägt eine Brille, das halblange Haar ist seitlich gescheitelt, ein hübsches, intelligent und selbst-bewußt blickendes Mädchen. Zu einer Hose mit weitem Schlag trägt sie Sandalen mit hohen Blockabsätzen. So et-was ist heute wieder modern, auf der Straße würde sie nicht auffallen.

Ein paar Augenblicke früher oder später wurde noch ein anderes Foto aufgenommen, auf dem auch Heinz Joachim zu sehen ist, wie er Marianne lachend zu umarmen ver-sucht. Er steht auf der Außenseite der Hauswand, vielleicht auf einem Balkon, vielleicht auch ist das Fenster so niedrig, daß er vor dem Haus stehen kann. Heinz und Marianne wirken auf diesem Bild fröhlich, unbeschwert. Sie lachten beide gern, und über Marianne sagte eine Gefährtin von da-mals, Ellen Compart, im Jahre 1985: »Das Leben schien ihr eine Schale voller Kirschen.«* Ellen Compart lebte, als sie das sagte, in den USA. Sie und andere aus dem Umfeld der frühen Herbert-Baum-Gruppe wurden von dem Historiker Eric Brothers befragt, der nicht nur nach den politischen Zusammenhängen fragte, sondern die Menschen in den Blickpunkt rücken wollte, er wollte »eine einfühlsame Ge-schichte junger Leute erzählen, die trotzig ihr Leben leb-ten, so gut es unter der Herrschaft des Nationalsozialismus ging«. Die meisten der von ihm Befragten leben heute nicht mehr, um so wertvoller sind diese Tonbandprotokolle.

Zu einer Ausreise hatte sich Mariannes Vater Georg Prager, der stolz auf seinen Dienst fürs Vaterland im Ersten Welt-krieg war, erst spät entschließen können. Zu spät für sich und seine Frau, zu spät für Marianne. Ihre vier Jahre jün-gere Schwester Ilse war im Mai 1939 mit zwölf Jahren nach

Palästina gegangen, nur unter großen Schmerzen hatten die Eltern sie gehen lassen. Marianne, die Große, von Ilse bewundert, weil sie anscheinend nie Angst hatte, verbot der Schwester damals, am Bahnhof zu weinen. Der Vater war es, der unter Tränen zusammenbrach. Ilse war die einzige der Familie, die überlebte. Sie konnte nach dem Krieg von Mariannes Klavier erzählen, von den Hausmusikabenden, von den nächtlichen Gesprächen zwischen den Schwestern und dem Tagebuch, das Marianne ihrer Schwester zum Abschied schenkte.

Auf das kurze Glück Marianne und Heinz Joachims fielen von Anfang an Schatten. Als sie das Aufgebot bestellten, überfielen deutsche Truppen die Sowjetunion. Als sie ein gemeinsames Zimmer in der Rykestraße bezogen, begannen die Deportationen der Berliner Juden.

Ihr Zimmer lag nahe einer Synagoge, die sie von Kindheit an kannten, nicht weit vom Wasserturm. Marianne hatte mit ihren Eltern gleich um die Ecke gewohnt, schräg gegenüber der Rückseite des Wasserturms, in der Belforter Straße 12. Sie war elf, als die Hakenkreuzfahne über dem Wasserturm gehißt wurde. Da konnte man wochenlang in den Nächten die Schreie der Gefolterten hören, der Wasserturm war eines der ersten sogenannten wilden Konzentrationslager. Kommunisten, Sozialdemokraten und Juden aus dem Wohngebiet waren die Opfer. Ein paar Jahre später, als das Morden effektiver gestaltet wurde und nur noch systematisch und nach Plan gestattet war, grub man die Leichen hinterm Wasserturm wieder aus und machte den SA-Mördern zum Schein einen Prozeß.

Heinz Joachim hatte mit seinen Eltern und Brüdern auch in dieser Gegend gewohnt, jenseits der Danziger Straße in der Pappelallee. Hier ging er zur Volksschule, in der Nähe besuchte er die Aufbauschule bis zur Mittleren Reife.

Durch Heinz Joachim kam Marianne auch in einen Freundeskreis, den die Historiker bis heute Gruppe Joachim nennen, obwohl er auch Gruppe Rotholz hätte heißen können, nach Siegbert Rotholz.

Auf dem schwarzen Stein in Weißensee steht der Name Rotholz dreimal.

Heinz Rothholz, nach dem das zweite Verfahren vor dem Volksgerichtshof, in dem auch Edith Fraenkel angeklagt war, benannt wurde, war Zwangsarbeiter bei Siemens. Dort lernte Herbert Baum den Neunzehnjährigen kennen, und seit 1941 gehörte Heinz Rothholz zu Baums Gruppe.

Mit der Gruppe um Heinz Joachim und Siegbert Rotholz hatte er nichts zu tun, wenngleich er ein entfernter Verwandter von Siegbert Rotholz gewesen sein soll. Auf dem Stein heißen sie beide Rotholz, Heinz schrieb sich jedoch mit zwei h. Lotte Rotholz, geborene Jastrow, Edith Fraenkels spätere Gefährtin im Zuchthaus Cottbus, war seit dem 10. Dezember 1941 die Frau von Siegbert Rotholz. Sie war bei ihrer Heirat achtzehn Jahre alt, Siegbert vier Jahre älter. Er wohnte mit seiner großen Familie in einer Kellerwohnung in der Rombergstraße, das war die 1938 umbenannte Meyerbeerstraße, die von der Neuen Königsstraße nahe dem Alexanderplatz abging. Dort war es eng, aber die Atmosphäre trotz der unübersehbaren Armut warm und herzlich. Diese Kellerwohnung stand auch Siegberts Freunden offen. Er war von Kind an in jüdischen Jugendgruppen gewesen und hatte viele Freunde. Nach dem Verbot der jüdischen Jugendbünde und nachdem auch der Treffpunkt des »Habonim«, genannt P. A. 6, eine Wohnung in der nahe gelegenen Prenzlauer Allee 6, aufgelöst worden war, trafen sich oft Jugendliche bei Sigi Rotholz, lasen Bücher, besprachen in stundenlangen Diskussionen ihre Lage und sangen. Siegbert Rotholz hatte eine schöne Stimme, und alle liebten diese Zusammentreffen, zumal ihnen nicht mehr sehr viel anderes geblieben war. Gegenüber der Gestapo versuchten sie später, ihre Treffen als fast bis zum Schluß unpolitisch darzustellen. Die Jungen gaben an, sie hätten nur Mädchen kennenlernen wollen, die Mädchen sprachen von der Kameradschaft und

Geselligkeit bei diesen Treffen. So wird es auch gewesen sein, aber Siegbert Rotholz war schon als Siebzehnjähriger nicht unpolitisch. Einer, der ihm als Gleichaltriger 1937 in der P. A. 6 begegnete, Willi Holzer, nicht verwandt mit Richard, erzählte mir in den neunziger Jahren, sie hätten dort heftig über politische Fragen diskutiert. Sollten sie nach Erez Israel auswandern, die Heimstatt der Juden aufbauen, oder war es ihre patriotische Pflicht, in Deutschland zu bleiben, gegen Hitler zu kämpfen? Die P. A. 6., auch Beth Chaluz genannt, wurde im Auftrag des »Habonim« von einem ehemaligen Medizinstudenten geleitet, Fredi Irom. Er studierte mit den Jugendlichen »Das Kapital« von Karl Marx. Auch Johann Hüttner, ein damals erst dreiundzwanzigjähriger illegaler Funktionär der Kommunistischen Partei im Prenzlauer Berg, kam bis zu seiner Verhaftung 1936 regelmäßig in die P. A. 6 und versuchte vorsichtig, die Jugendlichen im kommunistischen Sinn anzuleiten. Er hat es mir 1987, kurz vor seinem Tod, erzählt. Gewiß ist ihm Siegbert Rotholz begegnet, vielleicht auch Herbert Baum. Ich habe ihn nicht danach gefragt, und plötzlich war es zu spät für Fragen.

Johann Hüttner war in Sachsenhausen, in Auschwitz, in Mittelbau-Dora. Daß er Jude war, schien ihm nach dem Krieg nicht mehr wichtig. Aber er entschloß sich, es wichtig zu finden, als in den sechziger Jahren die große Ausstellung in der Gedenkstätte Sachsenhausen vorbereitet wurde. Johann Hüttner kämpfte um die Erinnerung an die jüdischen Jugendlichen aus den Baracken 38 und 39 in Sachsenhausen, denen er so etwas wie ein älterer Bruder gewesen war. Er sagte mir, weil die meisten seiner Kameraden aus den jüdischen Baracken nicht mehr sprechen können, müsse er für sie sprechen, als Jude. Die Erinnerung der nichtjüdischen Kommunisten fand sich in der Ausstellung wieder, nicht aber die der namenlosen Juden, von denen viele nach der sogenannten Polenaktion 1939 nach Sachsenhausen gekommen waren, dort umkamen oder 1942 nach Auschwitz weiterdeportiert wurden und dort verstummten.

Am Schluß seines Lebens hoffte er auf eine Veränderung, die aus der Sowjetunion kommen sollte, mit Gorbatschow. Vielleicht ist es gut, daß er das Ende der Sowjetunion und der DDR nicht erlebt hat, nicht den Brand der Judenbaracke von Sachsenhausen, aber so hat er auch die neue Ausstellung in der wiederaufgebauten Baracke 38 nie gesehen, in der seine Kameraden und er selbst zu Wort kommen, in der auch sein Gesicht zu sehen ist. Er liegt in einem Ehrenhain für Kämpfer gegen den Faschismus begraben. Auf seinem Grabstein wurde nach seinem Wunsch, zum Befremden mancher seiner Genossen, auch sein jüdischer Name Nathan Hirschtritt eingemeißelt. Manchmal gehe ich an dem Grabstein vorbei, zweimal in den letzten Jahren lag er umgeworfen, besudelt. Ich suche ein Bild von Nathan Hirschtritt, ein kleines Paßbild aus seiner Jugend, das mir seine Frau schenkte, und stelle es neben die Fotos von Ediths Familie und von Marianne Joachim in das Regal neben meinem Schreibtisch.

Und die Kopie eines anderen Paßbildes stelle ich dorthin. Es zeigt einen jungen Mann, der nicht älter sein kann als dreiundzwanzig Jahre, denn es ist ein Foto von Siegbert Rotholz, und der hat nur dreiundzwanzig Jahre, fünf Monate und siebzehn Tage gelebt. Auf dem Bild wirkt er älter. Sein Blick ist ernst, beinahe schwermütig, aber fest und entschlossen. Ellen Compart hat 1985 in einem Tonbandbericht über ihn gesagt: »Siegbert lief immer herum, als wollte er sagen: ›Ich brauche es, geliebt zu werden. Bitte, helft mir ...‹ Er hatte etwas Dunkles und Brütendes – bis er sich mit Lotte Jastrow zusammentat.« Auf dem Foto ist dieses Dunkle und Brütende zu sehen, er trägt eine Mütze, wie sie in sehr alten Filmen die Proletarier trugen, der Hemdkragen ist offen. Das Foto stammt aus dem ehemaligen Parteiarchiv. Ist es ein Gestapo-Foto? Sah Siegbert Rotholz so bei seiner

Verhaftung am 15. Juli 1942 aus? Er wurde gegen 14 Uhr in Weißensee auf einem Kohlenplatz verhaftet. Als Jude hatte er das Realgymnasium abbrechen müssen, danach war er Hilfstapezierer, Hausdiener in der Konfektion und zwei Jahre lang auf Hachscharah, wie die landwirtschaftliche Vorbereitung auf Palästina hieß, die die Jüdische Jugendhilfe anbot. Aber er konnte nicht ausreisen, kehrte nach Berlin zurück, wurde vom Arbeitsamt für Juden als Abrißarbeiter und zuletzt als Kohlenarbeiter vermittelt.

Auch dort, bei der Kohlenfirma Podzuweit, fand Sigi Rotholz Freunde, mit denen er sich politisch verstand. Er hatte Kontakt zu mehreren Kreisen, darunter auch zu Kommunisten und Sozialdemokraten, die im Widerstand waren, aber nicht zur Baum-Gruppe gehörten. Einer von Siegbert Rotholz' alten Freunden, der spätere Rabbiner Fred A. Manela, berichtete, sie hätten schon im November 1938, während des Pogroms, so etwas wie eine Aktionsgruppe gebildet, zu der neben Sigi Rotholz auch Lothar Salinger und Paul Friedländer, der Bonzo, gehörten. Vom Jüdischen Friedhof in Weißensee aus, versteckt in der Familiengruft der Bankiersfamilie Aschrott, hätten sie mit einem Feldtelefon jüdische Familienväter gewarnt: Schlaft heute nicht zu Hause. »Du solst nich juschenen in Bajiz, schloof nich daheim.«

Erinnert Manela sich richtig, haben sie jiddisch gesprochen? Es ist möglich, denn einige kamen aus Familien, die erst wenige Jahre zuvor aus dem Osten zugewandert waren. Siegbert Rotholz wurde schon in Berlin geboren, aber sein Vater in Krojanke, Westpreußen, und seine Mutter in Kalmar in Polen. Manela schrieb 1988: »Wir Jungens kannten uns von klein an – tranken denselben Lebertran im Kinderhort der Landsberger Straße, wechselten mit den älteren der Jungen die geflickten Hosen und verlatschten Schuhe, fühlten denselben Rohrstock in der Volksschule über den Hintern tanzen […]. Wir liefen Schlittschuh im gefrorenen Friedrichshain, bis die Sohlen mit den Schlittschuhen davonliefen.« Und an anderer Stelle schrieb Fred A. Manela:

»Waren wir Antifaschisten? Waren wir Widerständler? Wer hat das Recht, jede politische Weltsituation auszunutzen und in unserem Namen zu sprechen? Der Eine erklärt uns zu Zionisten, der andere zu Kommunisten – der Nächste fordert für sich unsere Aktion im Namen der Jiddischisten. Ja, einige wollen uns zu Vätern der Refuseniks stempeln. Doch wir waren ganz einfach die Kinder der Arbeit, keine Judenjungen, sondern junge deutsche Juden, die wie im Liede ›Seit bei Seit‹ mit allen Antifaschisten schreiten.«*

Manela, der 1998 starb, kam seit 1985 aus den USA oft nach Deutschland, hielt Vorträge, kümmerte sich um vergessene jüdische Friedhöfe, wandte sich gegen jede einseitige Vereinnahmung der Baum-Gruppe. Er war früh emigriert, er kannte wohl Baum, wie viele jüdische Jugendliche im Berlin der dreißiger Jahre ihn kannten, doch den Weg des Freundeskreises um Sigi Rotholz zu Herbert Baums Gruppe, den nach dem Sommer 1941 nur noch kurzen, radikalen Weg, ist er nicht mitgegangen, und auch die letzte, verzweifelte Aktion der Baum-Gruppe, den schnell erstickten und doch unvergänglichen Brand im Lustgarten, hat er nicht miterlebt. Viele, die Herbert Baum und seine Gefährten aus den dreißiger Jahren kannten, wurden später als »Mitglieder der Widerstandsgruppe Herbert Baums« angesehen, manche haben sich auch stolz selbst so bezeichnet, obwohl sie schon vor 1939 ausreisen mußten. Aber nicht nur die äußeren Bedingungen, auch die Zusammensetzung und die Arbeit der Gruppe hatten sich verändert.

Bei dem Brandanschlag war Sigi Rotholz nicht dabei. Der Gestapo gegenüber behauptete er, nichts von dem Plan gewußt zu haben. Aber Kurt Siering, ein Kommunist, der nach Verbüßung einer Zuchthausstrafe Mitte 1941 bei jüdischen Freunden in Charlottenburg auch Siegbert Rotholz traf und sich mit ihm befreundete, schrieb 1948 seine Erinnerung an Siegbert auf und erklärte über den Brandanschlag im Lustgarten: »Gewiß war diese Aktion politisch falsch und leider haben die Freunde unsere und auch meine Warnungen nicht verstanden.«* Wovor hatte er gewarnt? Hatte Siegbert Rotholz doch von dem Attentat gewußt? Oder meinte Siering mit den Freunden, die er gewarnt hätte, gar nicht ihn, sondern Baum und Kochmann selbst, vielleicht auch Steinbrinck? Siering mußte sie aus den Jahren 1933 und 1934 kennen, denn auch er war einer der Leiter des Unterbezirks Südost des Kommunistischen Jugendverbandes gewesen. Sollte Baum so wenig konspirativ vorgegangen sein, daß Nichtbeteiligte außerhalb seiner Gruppe vor dem Attentat von dem Plan wußten? Vielleicht meinte Siering, er habe nur allgemein vor Aktionen gewarnt, denn daß Baum und manche seiner Leute leichtsinnig waren, hatte sich unter Berliner Juden und in kommunistischen Kreisen herumgesprochen.

Mir erzählte Anfang der neunziger Jahre Martin Friedländer, ein Berliner Sozialdemokrat, der als junger Jude Auschwitz und Mauthausen überlebt hat, er hätte Ende 1941 im Café Dobrin an der Spandauer Brücke 7, dicht am Hackeschen Markt, den gleichaltrigen Heinz Joachim getroffen – das Café Dobrin war bis 1942 unter den Berliner Juden eine bekannte Adresse, so wie das Eiscafé Heil am Olivaer Platz, in dem Robert Mohn Edith kennenlernte. Heinz Joachim und Martin Friedländer waren damals beide junge Zwangsarbeiter, beide saßen gern im Café, möglichst ohne den verhaßten Stern, dann fühlten sie sich wenigstens für kurze Zeit wie normale junge Männer, nicht wie Aussätzige. Sie stellten fest, daß sie über vieles ähnlich dachten, und Heinz Joachim lud Martin zu einem Treffen junger Leute ein. Martin Friedländer ging in die angegebene Wohnung, irgendwo am Baltenplatz nach seiner Erinnerung, traf dort auch Heinz Joachim und mehrere Jungen und Mädchen, verließ die Wohnung aber schnell wieder, weil sie dort kommunistische Lieder sangen. Martin Friedländers Vorsicht war auch deshalb angebracht, weil er selbst, was Heinz Joachim nicht wußte, zu einem Widerstandskreis gehörte. Aber warum war Heinz Joachim nicht vorsichtiger? Was war das für eine Wohnung am Baltenplatz? Auch Marianne und Herbert Baum waren keineswegs vorsichtig. An ihren Arbeitsplätzen, das hatte ja Ilse Stillmann so verärgert, hielt sie fast jeder für Kommunisten. Die ehemalige Zwangsarbeiterin Ruth Gützlaff erzählte Wolfgang Herzberg 1987, daß sie von Marianne Baum noch 1941 eingeladen wurde, in die Stralauer Straße zu kommen, und daß sie diesen Besuch, erschrocken über die Offenheit, mit der dort gesprochen wurde, nie wiederholte. Und noch im Frühjahr 1942 hatte Alice Hirsch, die als Zwangsarbeiterin bei der Firma Schaede war, ihre Kollegin Ruth Cohn aufgefordert, mit zu den Treffen bei Baum zu kommen. Ruth Cohn, spätere Chotzen, heute Weinstein, berichtete das 1998 der Historikerin Barbara Schieb. Barbara Schieb erfuhr auch, daß Ruths damaliger Mann Ulrich Chotzen und seine Brüder als Zwangsarbeiter von Baums jüdischer Widerstandsgruppe wußten.*

Vielleicht hat Siegbert Rotholz doch von dem geplanten Brandanschlag im Lustgarten gewußt, vielleicht auch seine Freunde aus der Gruppe Joachim, die alle nicht überlebten. Gegenüber der Gestapo stritten sie jede Miwisserschaft ab. Dabeigewesen ist aus diesem Kreis nur Heinz Joachim.

Den hatte Siegbert Rotholz durch ihren gemeinsamen Freund Lothar Salinger kennengelernt.

Lothar Salinger. Ich suche in meinen Notizen, den Kopien aus den Archiven und finde auch sein Paßbild, stelle es neben das von Sigi Rotholz in mein Regal. Vielleicht ist es das Paßbild, das Lothar sich für den französischen Ausweis machen ließ, den er nicht mehr bekam. Sein Gesicht ist ernst, seine Augen hinter der Brille blicken wie verstört. Sein junges Gesicht wirkt auch durch den Hut nicht älter. Schlips und Kragen und dunkles Sakko, die auf dem kleinen Foto zu erkennen sind, täuschen nicht darüber hinweg: Der Fotografierte ist noch ein Junge, ein jüdischer Junge. Mit Siegbert Rotholz hat er den ernsten Ausdruck gemeinsam, die Jugend. Aber Siegbert mit seiner Proletariermütze und Lothar mit diesem Hut und der großen Brille hätten in bestimmten Filmen den »typischen« Proletarier und den Intellektuellen darstellen können. Vielleicht war Lothars betont bürgerlich-intellektuelle Kleidung auch ein Protest gegen die ihm aufgezwungene Arbeit, er war Hilfsarbeiter in den Draht- und Kabelwerken Vogel in Köpenick. Zu Hause bei seinen Eltern hatte er sich eine Dunkelkammer eingerichtet, er fotografierte, schrieb und wäre gern Fotoreporter geworden. An eine Ausbildung zum Fotojournalisten war für Lothar Salinger nicht zu denken. Bis zur Untertertia war er zur Schule gegangen, zuletzt in eine jüdische Privatschule in Halensee. Dann hatte er die Vorlehre der Jüdischen Gemeinde besucht, die eingerichtet worden war, um wenigstens einigen der jüdischen Jugendlichen die Grundlagen einer Ausbildung zukommen zu lassen. Danach war Lothar Salinger Fahrradbote für verschiedene Firmen, half seinem Vater, dem Kaufmann Max Salinger, im Geschäft. Nach der erzwungenen Auflösung dieses Geschäfts wurde er für kurze Zeit Gartenarbeiter, konnte vier Wochen lang einen Umschulungskurs der Jüdischen Gemeinde in Paderborn besuchen und nach seiner Rückkehr einen Lehrgang der Jüdischen Gemeinde für Retuschieren und Colorieren. Er wurde noch für ein paar Monate Straßenbauarbeiter, dann Zwangsarbeiter bei dieser Firma Vogel in der Friedrichshagener Straße. So voller Abbrüche und so aussichtslos wie seine kurze Biographie waren auch die seiner Freunde. Heinz Joachim, der Klarinettist, der Transportarbeiter sein mußte, und Lothar Salinger, nur wenige Monate älter, dünn, mit einer runden Brille, ihm ähnlich mit seinem Witz, seiner Intelligenz und seinem Bildungshunger, kannten sich schon seit 1937. In den Gestapovernehmungen gab Lothar später an, sie wären sich in der Jüdischen Gemeinde begegnet, auch er erwähnte das bekannte Café Dobrin, in dem er Heinz Joachim ab und zu getroffen hätte. Vielleicht war es so.

Wenn Heinz Joachim an den Wochenenden seine Freundin Marianne in Rathenow besuchte, fuhr Lothar Salinger von April bis Juni 1940 manchmal mit, denn auch er hatte zu dieser Zeit eine Freundin, die dort beim Arbeitseinsatz für Juden war. Vielleicht hat er die fröhlichen Bilder von Marianne und Heinz Joachim fotografiert, in Rathenow, im Sommer 1940. Lothar Salinger war auch im »Habonim« gewesen, dort hatte er Siegbert Rotholz kennengelernt. Der »Habonim« förderte die Auswanderung nach Palästina, aber Lothar Salinger war diese Ausreise nicht gelungen. Er wohnte mit seinen Eltern in der Rosenthaler Straße, im dritten der Hackeschen Höfe, die damals kein besonders gefragtes Quartier waren, sondern einfach ein Wohn- und Gewerbegebiet wie viele in Berlin, zwischen Scheunenviertel und Spandauer Vorstadt, nicht weit vom Alexanderplatz. Damals roch es auf den Hackeschen Höfen noch nicht nach Cappuccino, sondern nach Kohlsuppe und Bratkartoffeln. Im selben Aufgang wie die Salingers wohnte der Polizist Bellgardt, der im gegenüber an der Rosenthaler Straße liegenden Polizeirevier 16 arbeitete und, wie auch andere Polizisten dieses Reviers, Juden vor ihrer Deportation warnte. Lothar Salinger und seine Familie erreichte solche Warnung nicht. Er wurde am 15. Juli 1942 in der Wohnung seiner Eltern von den Gestapomännern Farber und Müller verhaftet. Seinen Vater Max Salinger, neunundfünfzig Jahre alt, und seine Mutter Fanny, sechsundsechzig Jahre alt, nahmen sie auch mit, sie kamen fünf Tage später nach Theresienstadt, die Mutter starb dort am 3. Juli 1943, der Vater wurde weiter nach Auschwitz deportiert. Hinter seinem Namen im Gedenkbuch für die Berliner Juden steht: verschollen. Lothar Salinger war der jüngste von drei Söhnen, einer war schon 1933 nach Frankreich emigriert, der andere lebte verheiratet in Berlin. So gab es Lothar bei der Gestapo an. In den Adreßbüchern stehen Dutzende Salingers, den Namen gibt es oft auf den Deportationslisten, ich weiß nicht, welches sein Bruder war, und es gibt niemanden, der es mir sagen könnte. Auf der Liste vom Sommer 1945, auf der die untergetauchten Berliner Juden verzeichnet sind, die im Versteck überlebten, gibt es keinen Salinger. Wahrscheinlich wurde auch Lothars Bruder deportiert.

Lothar Salinger also war es, der Heinz Joachim und seinen alten Freund aus dem »Habonim«, Siegbert Rotholz, zusammenbrachte. Das muß im Sommer 1940 gewesen sein, zu der Zeit, als Lothar und Heinz mehrmals an den Wochenenden zusammen nach Rathenow fuhren.

Heinz Joachim nahm nun regelmäßig an den Treffen in der Kellerwohnung teil, er gehörte schnell dazu und wurde bald so etwas wie ein Führer der Gruppe, in die er gekommen war. Vielleicht entsprach dies seiner Mentalität, vielleicht auch war er den anderen an politischem Wissen und Rhetorik überlegen. Sein Selbstbewußtsein rührte wohl seit Mitte 1941 auch daher, daß er Herbert Baum hinter sich wußte. Er deutete den anderen auch bald an, daß hinter ihm noch eine jüdische Widerstandsgruppe stünde.

Die Gruppe um Siegbert Rotholz und Heinz Joachim war keine fest strukturierte Gruppe, wie auch im Kreis um Baum waren die Grenzen zwischen dem privaten Freundeskreis und der illegalen Widerstandszelle lange Zeit fließend. Das änderte sich erst in den letzten Monaten, als die Gruppe sich, bewußt und wissend um die Gefahr, Herbert Baum anschloß und sogar Mitgliedsbeiträge festlegte.

Heinz Joachim sagte den anderen, dieser Kreis hier sei nun die Jugendgruppe einer größeren Organisation, und er sei als Unterführer eingesetzt. Vielleicht fühlte sich Siegbert Rotholz durch Heinz Joachim beiseite gedrängt, schließlich war er bislang der Mittelpunkt des Freundeskreises gewesen. Gleichzeitig empfanden Siegbert Rotholz und andere es sicher als Auszeichnung, einer jüdischen Widerstandsorganisation anzugehören. Sie wollten etwas tun, sie spürten, wie der Ring um sie als Juden sich immer enger zog. Siegbert Rotholz akzeptierte Heinz Joachim.

Lothar Salinger jedoch, der ihn ja selbst in die Gruppe gebracht hatte, verstritt sich mit ihm und zog sich für mehrere Monate zurück. Der Gestapo gegenüber begründete er

1 Herbert Baum etwa 1935
   Geboren am 10. 2. 1912. Mittelpunkt und mehr oder weniger direkt Leiter der Freundeskreise, die heute *Widerstandsgruppe Her-*
   bert Baum genannt werden. Er starb im Juni 1942 in Untersuchungshaft, nach Aussage der Gestapo durch Selbstmord.

2 Marianne Baum, geb. Cohn, in den dreißiger Jahren
  Geboren am 9. 2. 1912, Ehefrau Herbert Baums. Hingerichtet am
  18. 8. 1942. Das Foto zeigt sie auf einem der Wochenendausflüge
  in Kleinköris mit »Papa« Siebert, in dessen Scheune sie übernachte-
  ten.
3 Sala Kochmann, geb. Rosenbaum, etwa 1936
  Geboren am 7. 6. 1912. Gehörte schon seit Beginn der dreißiger
  Jahre zum Kreis um Herbert Baum. Hingerichtet am 18. 8. 1942.
4 Martin Kochmann in Storkow
  Geboren am 30. 10. 1912. Salas Ehemann, mit Herbert Baum seit
  der Schulzeit befreundet. Das Foto wurde auf einem der Wochenendausflüge aufgenommen. Hingerichtet am 7. 9. 1943

5 Ausflug etwa 1937/1938
6 Heinz Joachim um 1940
   Geboren am 13. 12. 1919, war 1941 von Baum als Leiter einer
   Gruppe von Jugendlichen um Siegbert Rotholz eingesetzt worden.
   Hingerichtet am 18. 8. 1942. Das Foto wurde wahrscheinlich von
   Lothar Salinger aufgenommen.
7 Marianne Joachim, geb. Prager, um 1940
   Geboren am 5. 11. 1921. Seit 1940 Ehefrau Heinz Joachims,
   kannte Herbert Baum und viele seiner Freunde aus der jüdischen
   Jugendbewegung. Hingerichtet am 4. 3. 1943.

8 Edith Fraenkel mit ihrem Verlobten und ihrem gemeinsamen Kind
1941
Geboren am 8. 2. 1922. Lernte das Ehepaar Baum 1940 bei der
Zwangsarbeit kennen. Im Oktober 1944 von Theresienstadt nach
Auschwitz deportiert. Ihr Sterbedatum ist unbekannt. Der Sohn
Uri, geb. am 2. 6. 1941, starb an Mangelernährung im Januar 1942.

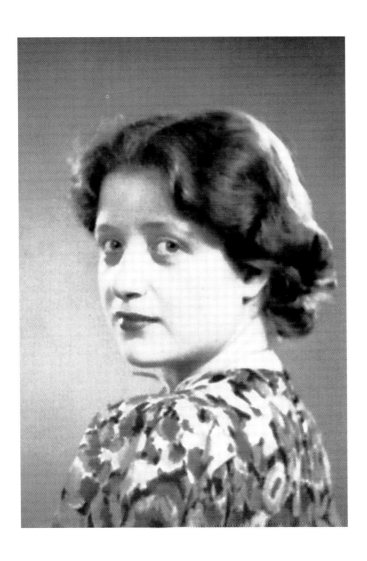

9 Edith Fraenkel um 1938
   Als Schülerin der anthroposophischen Rudolf-Steiner-Schule in
   Berlin.

10 Rita Meyer, geb. Resnik, und Herbert Meyer

Rita Meyer, geboren am 26. 11. 1915, und ihr Ehemann Herbert, geboren am 14. 5. 1910, gehörten nicht direkt zur Gruppe um Herbert Baum, waren jedoch seit Jahren mit ihm und mehreren seiner Gefährten eng verbunden. Ihre als »Judenwohnung« gekennzeichnete Kochstube wurde Anlaufstelle für Martin Kochmann, Felix Heymann und Charlotte Paech, die auf der Flucht waren. Rita Meyer überlebte Auschwitz. Herbert Meyer kam 1943 in der Gestapohaft um. Rita, spätere Zocher, starb am 30. 8. 1982.

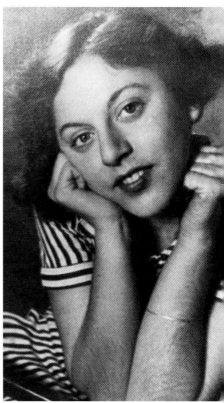

11 Gerhard Meyer
   Geboren am 12. 1. 1919. Bruder Herbert Meyers, war seit den
   frühen dreißiger Jahren in engem Kontakt mit Herbert Baum.
   Hingerichtet am 18. 8. 1942.
12 Hanni Meyer, geb. Lindenberger
   Geboren am 14. 2. 1921. Seit Januar 1942 Ehefrau Gerd Meyers,
   gehörte zur Gruppe um Herbert Baum. Hingerichtet am 4. 3. 1943.

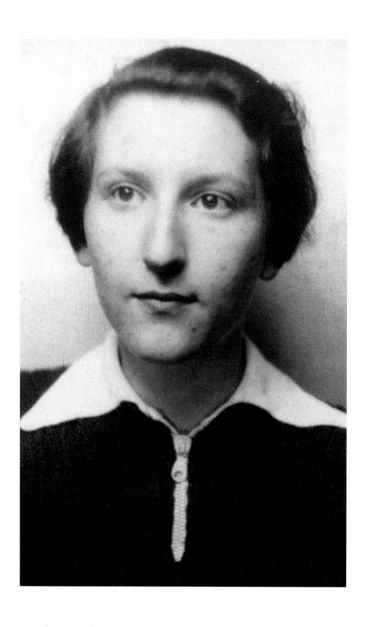

13 Alice Hirsch
    Geboren am 22. 9. 1923. Nach einer Haft im Zuchthaus Cottbus
    im Oktober 1943 Deportation nach Auschwitz. Ihr Sterbedatum
    ist unbekannt. Gestapofoto nach der Verhaftung am 8. 7. 1942.

14 Lotte Rotholz, geb. Jastrow, etwa 1940
Geboren am 25. 9. 1923. Seit Dezember 1941 Ehefrau von Siegbert
Rotholz. Mitglied der von Herbert Baum angeleiteten Gruppe um
Siegbert Rotholz und Heinz Joachim. Nach einer Haft im Zucht-
haus Cottbus im Oktober 1943 Deportation nach Auschwitz. Ihr
Sterbedatum ist unbekannt.

15 Charlotte Paech etwa 1935
Geboren am 7. 12. 1909. Kannte Baum seit 1928 aus der jüdischen Jugendbewegung, gehörte seit 1940 zu seiner Gruppe. Der Verhaftung entzog sie sich zunächst durch Flucht, wurde am 8. 10. 1942 gefaßt, jedoch wegen Krankheit vom Prozeß ausgenommen. Erneute Flucht 1944, überlebte illegal. Nach dem Krieg heiratete sie Richard Holzer, starb am 29. 9. 1980.

16 Richard Holzer nach dem Krieg
Geboren am 30. 3. 1911. Gehörte seit etwa 1940 zum engeren Kreis um Baum. Flucht nach Ungarn, von dort als Zwangsarbeiter in die besetzte Sowjetunion, dort Kriegsgefangenschaft. Rückkehr 1947 nach Deutschland, starb am 21. 2. 1975.

17 Suzanne Wesse, geb. Vasseur, mit ihrer Tochter Kata, etwa 1939
Geboren am 16. 1. 1914. Sie war Französin, keine Jüdin, schloß sich aus politischer Überzeugung und wegen ihrer freundschaftlichen Nähe besonders zu Sala Kochmann und Felix Heymann der Gruppe um Baum an. Hingerichtet am 18. August 1942.

18 Werner Steinbrinck
    Geboren am 19. 4. 1917. Arbeitete mit Baum schon 1933 bis zu
    seiner Verhaftung 1936 im Kommunistischen Jugendverband zu-
    sammen, leitete mit Joachim Franke seit 1941 eine eigene Wider-
    standsgruppe. Um die Jahreswende 1941/42 planten Baum und er
    gemeinsame Aktionen. Zusammen mit Franke technische Vorbe-
    reitung des Brandanschlages. Hingerichtet am 18. 8. 1942.
19 Hans Mannaberg
    Geboren am 24. 12. 1912, hatte als Kommunist und sogen. Halb-
    jude bereits eine mehrmonatige Haft im KZ Sachsenhausen hinter
    sich, als er sich der Gruppe um Werner Steinbrinck anschloß. Hin-
    gerichtet am 18. 8. 1942.

20 Hildegard Jadamowitz

Geboren am 12. 2. 1916. Freundin Werner Steinbrincks, gehörte zu seiner Gruppe. Galt als sogen. Halbjüdin. Hingerichtet am 18. 8. 1942.

21 Hildegard (Hilde) Loewy, Frühjahr 1942
   Geboren am 4. 8. 1922, gehörte zu dem Freundeskreis um Heinz
   Joachim. Hingerichtet am 4. 3. 1943. – Das Foto machte ihr
   Freund Georg Israel, der nicht zur Gruppe gehörte.
22 Die sogen. Arbeiterstube in der Ausstellung »Sowjetparadies«. In
   diesem Raum legten Joachim Franke und Werner Steinbrinck, begleitet von Herbert Baum und einigen anderen, vermutlich den
   Brandsatz ab. Aus den Gestapo-Vernehmungsprotokollen geht
   hervor, daß sie ein Bett dafür auswählten.

23 Siegbert Rotholz
   Geboren am 14. 9. 1919. War Mittelpunkt des Freundeskreises, der
   seit 1941 unter Heinz Joachims Leitung zu Herbert Baum kam.
   Gestapofoto unmittelbar nach der Verhaftung am 15. 7. 1942. Hin-
   gerichtet am 4. 3. 1943.
24 Lothar Salinger
   Geboren am 8. 5. 1919, gehörte zum Kreis um Siegbert Rotholz.
   Hingerichtet am 4. 3. 1943. Gestapofotos.

25 Herbert Budzislawski
   Geboren am 30. 12. 1920. Gehörte zum Kreis um Siegbert Rotholz
   und Heinz Joachim. Entzog sich zunächst durch Flucht seiner
   Verhaftung, durch Verrat verhaftet am 13. 11. 1942. Hingerichtet
   am 7. 9. 1943. Gestapofotos.

26 Helmut Neumann
   Geboren am 29. 6. 1921, gehörte zum Kreis um Siegbert Rotholz.
   Hingerichtet am 4. 3. 1943. Gestapofotos.

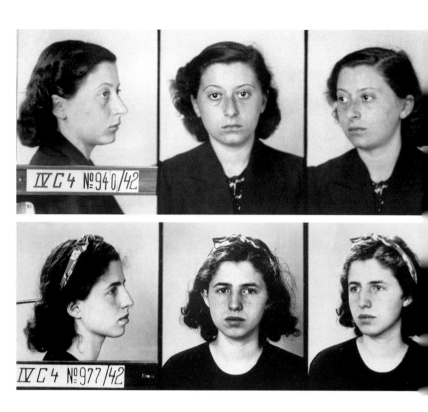

27 Hella Hirsch
    Geboren am 6. 3. 1921. Schwester Alice Hirschs und Freundin
    Felix Heymanns. Hingerichtet am 4. 3. 1943. Gestapofotos.
28 Hilde Loewy
    (Siehe Foto 21) Gestapofoto unmittelbar nach der Verhaftung am
    15. 6. 1942.

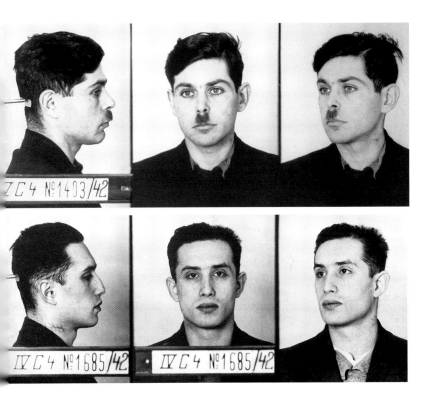

29 Martin Kochmann
(Siehe Foto 4) Entzog sich der Verhaftung durch Flucht, wurde gefaßt, entkam wieder und wurde am 7. 10. 1943 erneut verhaftet. Danach entstanden die Gestapofotos, die ihn mit einem Bärtchen, das er zur Tarnung trug, zeigen.

30 Felix Heymann,
Geboren am 23. 11. 1917. Leitete in Baums Auftrag eine Gruppe Jugendlicher um Heinz Joachim an. Flucht nach den ersten Verhaftungen, am 13. 10. 1942 gefaßt, versuchte, sich im Polizeigefängnis mit einer Rasierklinge das Leben zu nehmen. Die Gestapofotos vom November 1942 zeigen die Narbe am Hals. Hingerichtet am 7. 9. 1943.

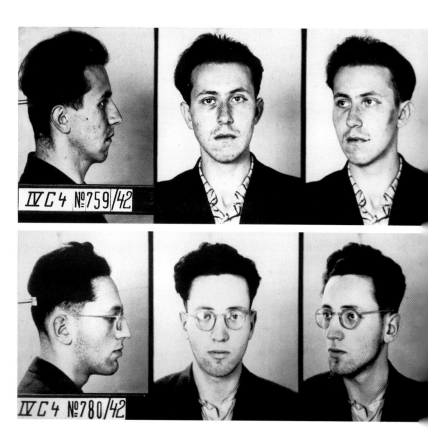

31 Heinz Birnbaum, genannt Buber
Geboren am 22. 9. 1920. Langjähriger, enger Gefährte Baums.
Flucht nach den ersten Verhaftungen, geriet am 1. 6. 1942 in eine
Gestapofalle. Hingerichtet am 4. 3. 1942. Gestapofotos.
32 Heinz Rothholz
Geboren am 28. 5. 1921. Gehörte zu Baums engerem Kreis. Hin-
gerichtet am 3. 4. 1942. Gestapofotos.

Bekanntmachung.

Die am 10. Dezember 1942 vom Volksgerichtshof wegen Vorbereitung zum Hoch=
errat und landesverräterischer Feindbegünstigung zum Tode verurteilten

Heinz Israel Rotholz, 21 Jahre alt,
Heinz Israel Birnbaum, 22 Jahre alt,
Lothar Israel Salinger, 23 Jahre alt,
Helmuth Israel Neumann, 21 Jahre alt,
Siegbert Israel Rotholz, 23 Jahre alt,
Hella Sara Hirsch, 21 Jahre alt,
Hanni Sara Mayer, 22 Jahre alt,
Marianna Sara Joachim, 21 Jahre alt, und
Hildegard Sara Loewy, 20 Jahre alt,

imtlich aus Berlin, sind heute hingerichtet worden.

Berlin, den 4. März 1943.

Der Oberreichsanwalt beim Volksgerichtshof.

Säulenreklame, Berlin C 2, Grünstr. 17-39 (K.-Nr. C/1380)

33 Nach dem 4. März 1943 wurden von der Abteilung Säulenreklame
    der Firma »Berliner Ausstellungen«, Eigenbetrieb der Reichshaupt-
    stadt, Berlin C 2, Grünstraße, grellrote Plakate gedruckt und an
    insgesamt 229 Litfaßsäulen geklebt. Der Auftrag hatte die Num-
    mer 420, für das Kleben wurden 89,90 Reichsmark berechnet.

DEN
ANGEHÖRIGEN DER GRUPPE
HERBERT BAUM
HINGERICHTET IN DEN JAHREN 1942/43

MARIANNE BAUM	30 JAHRE
MARTIN KOCHMANN	30 "
SALA KOCHMANN	30 "
GERD MEYER	22 "
HANNI MEYER	22 "
SUZANNE WESSE	29 "
IRENE WALTER	22 "
HEINZ BIRNBAUM	23 "
HEINZ ROTHOLZ	21 "
NELLA HIRSCH	22 "
ALICE HIRSCH	19 "
EDITH FRAENKEL	21 "
FELIX HEYMANN	22 "
WERNER STEINBRINK	26 "
HILDE JADAMOWITZ	26 "
HANS ADLER	30 "
HANS JOACHIM	21 "
MARIANNE JOACHIM	21 "
SIEGI ROTHOLZ	20 "
LOTTE ROTHOLZ	20 "
LOTHAR SALINGER	29 "
HILDE LÖWY	20 "
HERBERT BUDZISLAWSKY	22 "
HELMUT NEUMANN	21 "
HARDEL HEYMANN	31 "
KURT BERNHARD	40 "
HERBERT MEYER	32 "

SIE SIND IM KAMPFE FÜR FRIEDEN
UND FREIHEIT GEFALLEN

34 Gedenkstein für die Herbert-Baum-Gruppe auf dem Jüdischen Friedhof in Berlin-Weißensee, 1951 errichtet

das später mit »persönlichen Differenzen«. Worum es wirklich ging, läßt sich nicht mehr herausfinden.

Heinz Joachim aber besuchte im Frühjahr 1941 Lothar Salinger in der Wohnung seiner Eltern in den Hackeschen Höfen und sprach sich mit ihm aus. Er lud ihn ein, wieder mitzumachen, erzählte von dem Schulungszirkel, den sie inzwischen aufgebaut hätten, er selbst, Sigi Rotholz, der fünfzehnjährige Lothar Wittenberg und Herbert Budzislawski aus der Großen Hamburger Straße.

In Salingers Wohnung begegnete Heinz Joachim einem Mädchen, das Lothar inzwischen kennengelernt hatte: der achtzehnjährigen Hilde Loewy. Sie arbeitete damals um die Ecke in der Oranienburger Straße im Büro der Jüdischen Gemeinde als freiwillige Hilfskraft und war nur zufällig zu Besuch bei Lothar Salinger. Heinz Joachim lud dieses Mädchen ein, auch an den Schulungsabenden teilzunehmen, und so kam auch Hilde Loewy zu der Gruppe.

Ich stelle ihr Foto aus dem Archiv neben das der anderen, diese jungen Gesichter gehören zusammen. Vielleicht ist auch dieses ein Gestapo-Foto, nach der Verhaftung aufgenommen. Es zeigt das feine Profil Hilde Loewys, ihr dunkles, schulterlanges Haar trägt sie mit einem bunten Band zusammengebunden. Ihr Blick ähnelt dem von Lothar Salinger, von Siegbert Rotholz: Schmerz, der die Züge starr macht. Sie wirkt zart, sehr weiblich, selbst auf diesem Paßfoto, noch mehr auf einem Klassenfoto von 1940, auf dem sie inmitten ihrer Mitschüler vom Jüdischen Gymnasium in der Wilsnacker Straße sitzt, das einzige Mädchen unter den Jungen, eine junge Frau mit ernstem Blick. Dies war nicht nur der frühe Ernst, der auch die Gesichter ihrer Mitschüler prägte, die Spur der Abschiede, die Unsicherheit gegenüber dem Kommenden, die unterdrückte Wut über die Demütigungen – in Hilde Loewys Gesicht lag noch eine besondere Erfahrung. Hilde hatte als Kind bei einem Straßenbahnunfall die rechte Hand und den Unterarm verloren. Sie trug eine Prothese und bewegte sich so, daß ihre Behinderung kaum auffiel. Aber ihr Wunsch, nach Palästina auszuwandern, erfüllte sich wegen dieser Behinderung nicht. Hilde wurde nicht einmal zur Hachscharah zugelassen, nur gesunde Jugendliche wurden ausgewählt. Hilde hätte gern Medizin studiert, ihr Abitur war das beste des Jahrgangs gewesen, sie wollte sich an der Universität von Jerusalem einschreiben lassen. Recha Freier, die eigensinnige Begründerin der Jugendalijah, die sich jedes einzelnen Falles annahm und sich immer wieder über Vorschriften und Verordnungen hinwegsetzte, unterstützte sie und vermittelte ihr einen Wohnplatz in einer Siedlung für Arbeiterinnen. Das Leben in Palästina wäre hart geworden für Hilde Loewy, aber es wäre ein Leben gewesen. Doch der zuständige Arzt verweigerte ihr auch diese Bestätigung – wegen Kurzsichtigkeit. So kurzsichtig wie dieser korrekte Mediziner war auch Hildes Vater Erich Loewy gewesen, der sich als mehrfach verwundeter Weltkriegsteilnehmer in Deutschland sicher fühlte und den Gedanken an Ausreise lange wegschob, zu lange. Er war Korrespondent für mehrere Firmen, sprach einige Sprachen, die Familie, die im Bayerischen Viertel wohnte, war nicht arm. Aber wie viele deutsche Juden begriff er erst nach dem Novemberpogrom von 1938 wirklich, in welcher Gefahr sie alle lebten. Hildes zwei Jahre jüngere Schwester Eva war gesund und konnte 1939 das Hachscharahlager in Gut Winkel absolvieren und über Dänemark nach Palästina entkommen. Aber Hilde und ihre Eltern mußten bleiben. Hilde begann nach ihrem ausgezeichneten Abitur an einer privaten Schule der Jüdischen Gemeinde eine Ausbildung zur Gebrauchsgrafikerin und Dekorateurin. »Sogar Schwimmen und Radfahren habe ich gelernt und kann auch ganz hübsch zeichnen«, steht in einem verzweifelten Gnadengesuch an den Volksgerichtshof, das sie am 22. Dezember 1942 aus dem Frauengefängnis in der Barnimstraße schrieb.

Aber ihr Zeichentalent und ihre Willensstärke halfen ihr

schon früher nicht; die Schule für Gebrauchsgrafik mußte nach neun Monaten schließen, und Hilde blieb ohne Berufsausbildung. Noch kurz vor ihrer Verhaftung wurde sie vom Arbeitsamt für Juden an den Kohlenhändler Wilhelm Schulz in der Kulmbacher Straße vermittelt, wo sie im Büro half.

Es gibt ein Foto von ihr, das im Mai 1942 aufgenommen wurde, ihr Mitschüler Georg Israel hat es fotografiert. Georg Israel hatte mit ihr zusammen das Abitur abgelegt, er und Hilde waren ein Liebespaar. Trotzdem wußte Georg nichts von der Gruppe Joachim, die seit Beginn des Jahres 1942 zu einem Teil der Gruppe um Herbert Baum wurde. Zu Hildes Stärken gehörte offenbar Verschwiegenheit. Sie wird von Anfang an gespürt haben, wie gefährlich ihre Treffen waren, und hatte Georg wohl nicht zusätzlich gefährden wollen. Seine Mutter war keine Jüdin, er hätte überleben können. Bei Hildes Verhaftung beschlagnahmte die Gestapo das Buch »Die Soziale Forderung der Stunde« von Franz Oppenheimer, einen Gedichtband, Briefe und ein Foto von Georg Israel. Dies alles wurde »als wertlos der Vernichtung zugeführt«.

Auf dem Foto, das Georg Israel wenige Wochen vor ihrer Verhaftung aufnahm, sieht Hilde noch jünger aus, fast wie ein Kind. Sie steht vor noch kahlen Bäumen im gegürteten Wintermantel mit Pelzkrägelchen, ein kleines Kopftuch hält den Wind ab, sie lacht vertrauensvoll, aber es ist kein fröhliches Bild, der Stern auf ihrem Mantel mit den Buchstaben JUDE wirkt groß und bedrohlich.

Georg Israel wußte nichts von der Baum-Gruppe, nichts von dem Kreis um Heinz Joachim. Aber er wurde ein paar Monate nach dem Tod seiner Liebsten zu einer Zuchthausstrafe verurteilt. Als Zwangsarbeiter mußte er Säcke mit Bonbons verladen und hatte sich ein paar, die herausgefallen waren, eingesteckt. Nach der Haft kam er ins sogenannte Arbeitserziehungslager Großbeeren, wo er wenige Monate vor dem Ende des Krieges starb.*

Die Jugendlichen der Gruppe Joachim, zu der nun auch Hilde Loewy gehörte, hatten bei allen Unterschieden ihrer Elternhäuser und des bisherigen Lebenswegs sehr viel Gemeinsames. Sie waren Ausgestoßene, die jüdischen Jugendbünde, denen sie angehört hatten, waren längst verboten, die Hoffnung auf Ausreise hatte sich zerschlagen. Der Besuch von Kinos, Theatern, öffentlichen Sportplätzen, Badeanstalten war ihnen längst verwehrt. Eine kurze Zeitlang versuchten sie, durch gemeinsame Ausflüge mit der S-Bahn, gesellige Stunden in den engen Wohnungen, durch ihre Diskussionsabende sich gegenseitig Bestätigung zu geben, so zu leben, wie es zu anderen Zeiten normal gewesen wäre. Aber nichts war normal.

»Ich suchte nach einem Ausweg.«

Der zwanzigjährige Herbert Budzislawski kam 1941 zu der Gruppe Joachim. Im November 1942 fiel er der Gestapo in die Hände. Da war Heinz Joachim schon hingerichtet, Siegbert Rotholz und die meisten anderen längst verhaftet, anders als seine vor ihm verhafteten Gefährten versuchte er gar nicht erst, zu leugnen, sondern unterschrieb nach seiner Vernehmung eine Erklärung:

»Ich hatte das Empfinden, daß mir als Juden im national-sozialistischen Deutschland Unrecht geschieht. Ich suchte nach einem Ausweg, der es mir ermöglichte, weiterhin in Deutschland als Mensch zu leben. Ich kam zu der Überzeugung, daß ich nur in einem ›sozialistischen Staat‹ als Mensch anerkannt würde. Vor etwa zwei Jahren unterhielt ich mich über das Judenproblem mit dem mir aus der jüdischen Jugendbewegung bekannten Heinz Israel Joachim. Er brachte mir gegenüber zum Ausdruck, daß er die Rettung für die Juden im Kommunismus erblickt. Weiter sagte mir Joachim, daß er bereits einige Leute an der Hand hätte, mit denen er in seiner Wohnung zusammenkommen würde. Einer Auf-forderung des Joachim, ihn ebenfalls in seiner Wohnung zu besuchen, kam ich nach. Bei einem der ersten Besuche fragte mich Joachim, ob ich Siegbert Israel Rotholz kennen würde. Nachdem er mir eine Beschreibung des Rotholz gegeben hatte, bejahte ich dies. Kurz nach Silvester 1940/41 erschien eines Tages Joachim zusammen mit Rotholz in meiner Wohnung. Beide erzählten mir, daß in der Wohnung des Rotholz Zusammenkünfte mit Juden stattfinden und for-derten mich auf, ebenfalls daran teilzunehmen. Ich besuchte dann zunächst wieder einmal Heinz Joachim und lernte bei diesem Besuch Helmut Neumann kennen.«*

Herbert Baums Jugendfreund Rudi Barta erinnert sich gut an Herbert Budzislawski. Er erzählte mir im Herbst 2001, schon in den frühen dreißiger Jahren kam Budz, wie sie ihn nannten, mit auf Wochenendfahrten. Er war von einer schnellen Auffassungsgabe, witzig und redegewandt. Seine Familie wohnte in der Großen Hamburger Straße 15, gegenüber der Jüdischen Knabenschule. Der Vater war Schlächtermeister mit einem Stand in der Markthalle am Alexanderplatz, aber er war schon 1932 an einem Nierenleiden gestorben, als Budz noch nicht einmal zwölf Jahre alt war. Seine Mutter Hedwig führte den Stand alleine weiter, sie handelte mit Geflügel. Rudi Barta erinnerte sich vor allem an Herberts schöne, schwarzhaarige Schwester Ruth, drei Jahre älter als er, um derentwillen er manchmal Vorwände suchte, den jüngeren Herbert Budzislawski zu besuchen. Er erinnerte sich, daß Budz eigentlich Ingenieur werden wollte, aber wegen der wirtschaftlichen Situation der Familie die Schule abgebrochen und eine Lehre zum Dreher begonnen hatte. Rudi Barta verließ Mitte der dreißiger Jahre Deutschland und ging nach Palästina; daß der junge Herbert Budzislawski im Zusammenhang mit dem Brandanschlag der Baum-Gruppe hingerichtet wurde, hat er erst nach dem Krieg erfahren. Er wußte nicht, daß Budz auch die Lehre hatte abbrechen müssen, weil die Firma in der Dresdener Straße »arisiert« wurde. Er hat nicht erfahren, daß daraufhin Moritz Sack, der Vater seines und Herberts alten Freundes Walter Sack, den siebzehnjährigen Budz in seine Kunstschlosserei in der Skalitzer Straße 9 holte und ihn zwei Monate dort beschäftigte, bis auch dieser jüdische Betrieb schließen mußte. Zu dieser Zeit hatte Hedwig Budzislawski ihren Stand schon aufgeben müssen und war ohne Einkommen. Von dem wenigen, das ihr Sohn verdiente, lebten sie beide. Budz war Laufbursche und Bauarbeiter, zum Schluß Zwangarbeiter bei einer Firma in Weißensee.

Die schöne Ruth, seine Schwester, hatte geheiratet. Sie hieß nun Brodtmann, war fünfundzwanzig Jahre alt und

Mutter einer zweijährigen Tochter, als sie im September 1942 aus der Großen Hamburger Straße deportiert wurde. Ihr Mann war wohl schon fort. Hedwig Budzislawski, einundfünfzig Jahre alt, gehörte auch zu diesem Transport, dem 19., der wahrscheinlich in Riga endete. Da war ihr Sohn auf der Flucht. Als am 15. Juli an seiner Arbeitsstelle in der Gustav-Adolf-Straße die Gestapo nach ihm fragte, wurde er gewarnt und verließ den Betrieb durch den Hinterausgang. Vielleicht wußte seine Mutter, wo er sich aufhielt. Sein Versteck lag gar nicht weit von seinem Zuhause, in der Ackerstraße 15, bei dem Apotheker Kurt Bernhardt. Ob die Flucht ihres Sohnes Hedwig Budzislawski ein Trost war, als sie von der Sammelstelle auf der anderen Straßenseite der Großen Hamburger Straße aus zum Güterbahnhof gebracht wurde? Vielleicht konnte sie hoffen, ihr Sohn würde durchkommen.

Er ist nicht durchgekommen, die Gestapo erfuhr, wo er sich aufhielt, und er und Kurt Bernhardt und fast alle Helfer wurden im November 1942 verhaftet.

Aber das erfuhr Hedwig Budzislawski nicht mehr, und Rudi Barta erfuhr es auch nicht, das erfuhren nach dem Krieg nur die wenigen, die die Akten lesen konnten.

Ich stecke Herbert Budzislawskis Paßfoto zu den anderen. Dies ist wohl kein Gestapo-Foto, sondern ein normales Paßfoto aus der Zeit vor dem Brandanschlag. Budz trägt darauf einen dunklen Pullover, unter dem ein Hemdkragen zu sehen ist, er blickt aufmerksam, ohne Scheu, hinter seiner Brille; nein, es ist kein normales Paßfoto, sondern eines aus der Zeit, als man glaubte, die Rassezugehörigkeit am Ohrläppchen zu erkennen, der Fotograf hat ihn so hingesetzt, daß sein linkes Ohr überdeutlich ins Bild kommt. Von seiner schönen Schwester habe ich kein Foto, auch keines von der Mutter.

Aber der Name der Mutter ist zurückgekehrt in die Große Hamburger Straße 15. Das Haus gibt es nicht mehr, es wurde am 3. Februar 1945 durch Bomben zerstört, nur die Seitenflügel blieben stehen. 1990, nach dem Fall der Mauer, kam der französische Künstler Christian Boltanski nach Berlin und ging auch durch die Große Hamburger Straße. Er sah die Einschußlöcher in den grauen Fassaden, er sah das katholische Sankt-Hedwig-Hospital, die evangelische Sophienkirche, den alten Jüdischen Friedhof von 1671, geschändet und seiner jüdischen Grabsteine beraubt, bis auf den von Moses Mendelssohn, und auch der war ein nachträglich aufgestellter. Er sah die Jüdische Knabenschule, die eine Berufsschule geworden war, sah den Platz daneben, an dem die Gestapo aus dem Jüdischen Altersheim eine Sammelstelle für sechsundfünfzigtausend Berliner Juden vor ihrer Deportation gemacht hatte, dann ein Gefängnis für politische Häftlinge und rebellische Zwangsarbeiter, und er sah die Figurengruppe von Will Lammert, die an Stelle des verschwundenen Gebäudes stand; die in der Luft liegenden Schreie waren in Bronze verwandelt worden. Christian Boltanski sah auf dem Jüdischen Friedhof die Gräber der deutschen Bombenopfer aus den letzten Kriegstagen, und er sah die Leere auf der anderen Straßenseite, wo ein Teil des Wohnhauses Große Hamburger Straße 15/16 gestanden hatte. Er forschte nach den Namen der ehemaligen Bewohner und ließ sie an die stehengebliebenen Seitenwände schreiben. »The Missing House« nannte er seine Installation, mit der er »diesen Raum als Stätte der Erinnerung und gleichzeitig als poetischen Ort konstruieren« wollte. Zwischen den Namen ihrer Nachbarn steht jetzt dort auch der Hedwig Budzislawskis, und es steht, wann sie in dem verschwundenen Haus wohnte: 1933–1942.

Mehr blieb nicht von ihr.

Doch, ein Fußbänkchen fanden Christian Boltanskis Assistenten bei ihrer Recherche, das Hedwig Budzislawski gehört hatte. Ein ganz gewöhnliches, hölzernes Fußbänkchen, wie es früher in jedem Berliner Haushalt zu finden war. Vielleicht hat Herbert Budzislawski darauf gesessen, vielleicht schon seine Schwester, zum Schluß gewiß die kleine Tochter der Schwester, ein süßes, lockenköpfiges Mädchen, an das sich Frau K., die dieses Fußbänkchen als ihr Eigentum ansah, gut erinnerte. Sie wohnt noch immer in der Großen Hamburger Straße. Als sie das Fußbänkchen 1942 zum Andenken, wie sie sagte, an sich nahm, war sie neunzehn Jahre alt. Jetzt ist sie eine alte Frau, und das Fußbänkchen, sagte sie mir, hat sie weggegeben, als sich damals der französische Künstler und noch andere Leute dafür interessierten. Plötzlich war es, als klebe Blut an dieser harmlosen Rutsche, damit wollte Frau K. nichts zu tun haben. Ich habe sie im Januar 2002 gefragt, ob sie sich auch an Budz erinnert, an den Jungen mit dem aufgeweckten Blick. Ich war nicht die erste, die fragte. Schon gleich nach dem Krieg war ein junger Mann gekommen, dünn und abgerissen, ein jüdischer, der suchte nach dem Herbert, und er weinte, als er keine Antwort bekam. Über Herbert Budzislawski weiß sie nichts, oder sie hat es vergessen, sie zog ja erst Anfang 1942 in das Haus. Im Luftschutzkeller saß er nicht, der Junge war schon verschwunden, bevor seine Familie wegkam und ihre Wohnung versiegelt wurde. An das süße Kind der Ruth erinnert sie sich, das soll mit seiner Mutter überlebt haben und in Japan wohnen. Wer ihr das erzählt hat, weiß sie nicht mehr. Ich könnte Frau K. etwas über Herbert Budzislawski erzählen, den Sohn ihrer ehemaligen Nachbarin, deren Fußbänkchen sie jahrzehntelang besaß. Ich könnte ihr seine letzten Briefe zeigen, ich könnte ihr sagen, daß er am 7. September 1943, in der sogenannten Blutnacht von Plötzensee, in einer beispiellosen Massenexekution aufgehängt wurde, zusammen mit 186 anderen. Das Schafott war von Bomben getroffen worden, und die Justizbehörden wollten sich der Todeskandidaten von Plötzensee eilig entledigen. Das und noch mehr könnte ich Frau K. erzählen, aber sie wollte nur das Fußbänkchen haben, nicht die Geschichte seiner Besitzer. Sie will nichts wissen. Sie sei beinahe achtzig Jahre alt, das solle ich bitte nicht vergessen, und das sei damals eine schlimme Zeit gewesen, schon die Bombenangriffe. Aber Gott sei Dank sei das alles lange vorbei.

Im August 1941, als Marianne Prager vom Arbeitseinsatz in Rathenow zurückkam, fand sie bei Heinz Joachims Freunden etwas von der verlorenen Gemeinsamkeit, die sie aus dem »Ring« kannte. Auch Herbert Budzislawski kannte sie aus dem »Ring«. Durch Heinz traf sie Gerd Meyer wieder, seinen Kollegen bei der Zwangsarbeit, der zu Baums Gruppe gehörte. Auch seine Freundin Hanni Lindenberger aus der Georgenkirchstraße lernte sie kennen, die nur ein paar Monate älter war als sie selbst. Mit Hanni verstand sie sich besonders gut, die hatte eigentlich, wie sie auch, Kindergärtnerin werden wollen. Aber das Jüdische Kindergärtnerinnenseminar war geschlossen worden, und Hanni Lindenberger mußte in Kreuzberg Lampenschirme nähen. Marianne war zur Zwangsarbeit in eine Fabrik nach Wittenau verpflichtet worden.

Heinz Joachim und Marianne achteten darauf, die Beziehungen nicht durcheinanderzubringen. In der Stralauer Straße war Baum mit seinen Leuten, in der Rombergstraße waren die anderen. Dennoch gab es vielfache Querverbindungen. Ellen Compart, die Siegbert Rotholz schon seit 1935 aus dem »Ring« kannte, war mit Hella Hirsch zusammen bei der Zwangsarbeit, Budz kannte mehrere von Baums Leuten aus der Jugendbewegung, fast alle waren sich schon einmal irgendwo begegnet.

Nun traf sich die Gruppe um Siegbert Rotholz nicht mehr nur in der Kellerwohnung, sondern auch bei den Pragers in der Belforter Straße, nach Mariannes Hochzeit mit Heinz auch in ihrem Zimmer in der Rykestraße.

Nachdem sie den Stern tragen mußten, konnten sie an den Wochenenden nicht mehr nach Ladeburg bei Bernau fahren, wie sie es früher oft getan hatten. Trotzdem versuchten sie, das Leben zu genießen. Wie »eine Schale voller Kirschen«, hatte Ellen Compart gesagt. Eine andere Freundin Mariannes, Inge Gerson, berichtete später, Heinz Joachim und Marianne waren in diesen letzten Monaten vor der Verhaftung so verliebt, daß um sie eine Aura von Glück strahlte, die jeder spürte, der sie ansah.*

Auch Siegbert Rotholz hatte sich verliebt. Im Oktober 1940 hatte er die siebzehnjährige Lotte Jastrow kennengelernt, das »Dumpfe und Brütende« verschwand, nach Ellen Comparts Beobachtung, aus seinem Wesen. Lotte wohnte mit ihren Eltern im Vorderhaus der Synagoge in der Kreuzberger Lindenstraße, ihr Vater Willy Jastrow war dort Religionslehrer und Prediger. Lottes Bruder Manfred war schon 1936 nach Argentinien emigriert. Willy Jastrow gelang die Flucht nicht mehr. Er starb im Juni 1941, vor seinem Tod hatte er noch erleben müssen, wie seine Synagoge zum Getreidespeicher verkam. Seine Frau Cecilie, geborene Brzesinski, blieb mit Lotte allein zurück. Lotte war nach einem Haushaltspflichtjahr zwei Jahre in eine Schneiderinnenlehre gegangen und arbeitete nun als dienstverpflichtete Jüdin in der Großwäscherei Spindlersfeld.

Der Gestapo gegenüber sagte sie später, sie hätte von Oktober 1941 bis zum April 1942, also in der Zeit, in der die Gruppe sich Herbert Baum anschloß, kaum an den Gruppenabenden teilgenommen, weil sie »infolge einer Schwangerschaft oft unpäßlich war«. Diese Schwangerschaft wird in keinem der erhaltenen Schriftstücke sonst erwähnt. Von einem Kind ist nirgends die Rede. Sie wird es verloren haben. Hatte sie den Mut, sich zu freuen über diese Schwangerschaft im Winter 1940/41? War sie nach der Fehlgeburt verzweifelt? Oder erleichtert? Als Lotte Jastrow, die im Dezember 1941 Siegbert Rotholz heiratete und seinen Familiennamen annahm, schwanger wurde, war dies die Zeit des kurzen Lebens von Uri, dem Sohn Edith Fraenkels und Robert Mohns. Lotte wird ihn nicht gekannt haben, sie kannte wohl auch Edith und Robert nicht, die gehörten ja zu dem anderen Kreis, aber spätestens vor dem Volksgerichtshof, an ihrem ersten Hochzeitstag, begegnete sie ihrer Mitangeklagten Edith Fraenkel, und wenig später kam sie mit ihr auf den Gefangenentransport nach Cottbus. In der Judenzelle des Zuchthauses Cottbus, in der sie zeitweise zugleich saßen, werden sie einander vielleicht auch von den verlorenen Kindern erzählt haben und von den glücklich-bitteren Monaten ihrer Schwangerschaft.

Nach der Eheschließung zog Siegbert Rotholz aus der engen Kellerwohnung in der Rombergstraße, wo außer seinen Eltern auch seine Schwester Irma Joseph mit ihrem Mann und vier Kindern lebte, in die Lindenstraße zu Lotte und ihrer Mutter. Jetzt trafen sich die Freunde auch dort, im Vorderhaus der ehemaligen Synagoge.

Lotte lächelt auf dem Foto, das ich im Archiv fand, ihr dunkles, volles Haar hat sie nach hinten frisiert, ihre Brauen über den dunklen Augen sind schön geschwungen, auch Lotte war eine hübsche Frau, lebendig, voller Anmut.

Als sie heiratete, war die Gruppe um Heinz Joachim und Siegbert Rotholz gerade zu einem Bestandteil der Baum-Gruppe geworden. Die Deportationen hatten begonnen. Und doch war das die Zeit ihres Glücks. Es war die Zeit, in der auch Heinz Joachim und Marianne Prager diese Aura von Glück verbreiteten, als das Leben für sie noch eine Schale voller Kirschen war.

Nein, selbst wenn Ellen Compart, die überlebende Freundin Mariannes, das so sah, eine Schale voller Kirschen war das Leben im Jahr 1941 für keinen der Freunde.

Ich nehme das Paßfoto von Helmut Neumann in die Hand, den Budz in seiner Erklärung gegenüber der Gestapo erwähnte. Auch Lothar Salinger sprach in seinen Vernehmungen von ihm. Helmut, zwei Jahre jünger als Lothar, war sein Freund. Auch er kannte Heinz Joachim und Siegbert Rotholz seit Jahren, vom Sportplatz des Jüdischen Sportklubs im Grunewald und aus der Jugendbewegung.

Ich weiß nicht, wie sein Paßfoto ins Archiv gelangte. Es wird kein Gestapo-Foto sein, denn Helmut Neumann trägt darauf ein helles Hemd und einen Schlips und ein Tweedsakko, in dieser Kleidung wurde er bestimmt nicht verhaftet. Vielleicht hatte er sich solche Bilder für seinen falschen Ausweis machen lassen, den er von Felix Heymann auch bekam, aber nach den ersten Verhaftungen verbrannte.

Ihn hatten sie am Arbeitsplatz festgenommen, in der Kodak-Filmfabrik in Köpenick, wo er seit dem Herbst 1940 Transportarbeiter sein mußte. Seine Schneiderlehre hatte er längst abbrechen müssen. Die Filmfabrik lag in der Wendenschloßstraße, dicht neben der Firma Vogel, in der Lothar Salinger arbeitete. Manchmal fuhren sie nach der Schicht zusammen nach Hause. Helmut Neumann wohnte im Prenzlauer Berg, in der Senefelder Straße 27, im vierten Stock vorne.

Helmuts Vater, der Glasergeselle Alexander Neumann, war schon seit über einem Jahr im KZ Sachsenhausen. Niemand wußte, warum. Er war Jude, das genügte. Seine Mutter, Jettka Neumann, geborene Blankenstein, lag seit Monaten krank. Sein ein Jahr älterer Bruder Wolfgang war Kohlenarbeiter, die sechzehnjährige Schwester Edith, die er zärtlich liebte und »kleine Maus« nannte, Zwangsarbeiterin in einer Spinnstoff-Fabrik.

Vielleicht war es die Verantwortung, die er für seine Familie empfand, für die kranke Mutter, für die »kleine Maus«, daß Helmut Neumann sich, nachdem sein Vater verhaftet wurde, von dem Kreis um Siegbert Rotholz und Heinz Joachim zurückgezogen hatte, etwa zu der Zeit, als Heinz Joachim die Führung in der Gruppe übernahm und der Freundeskreis immer mehr zu einer politischen Gruppe wurde. Der Gestapo gegenüber begründete er sein monatelanges Fernbleiben später mit »persönlichen Differenzen«, die er mit Siegbert Rotholz und Heinz Joachim gehabt hätte. Möglicherweise waren das dieselben Differenzen, die Lothar Salinger veranlaßten, sich zeitweise zurückzuziehen. Wir werden es nicht mehr erfahren. Helmut Neumann, der nach der Erinnerung von Ellen Compart begabt für technische Dinge und auf diesem Gebiet besonders erfinderisch war, hätte die Arbeit als Transportarbeiter in der Kodak-Roh-filmfabrik eigentlich Spaß gemacht, wenn, wie er ihr sagte, »die Umstände anders wären und sie mir einen Lohn gäben, der zum Leben reicht«. Er fuhr dort ein Motorfahrzeug, und solche Maschinen faszinierten ihn. Ellen Compart, die ihn in Siegberts Kellerwohnung kennengelernt hatte, erinnerte sich gegenüber Eric Brothers: »Seine Familie hielt sehr zusammen, sehr warm, offen und liebevoll. [...] Und am allerwichtigsten war für ihn, daß seine Familie von seinen politischen Aktivitäten und Verbindungen nichts erfuhr.«

Und doch – im Februar 1942, nach einer fast einjährigen Pause, kam er erneut zu der Gruppe, nachdem Heinz Joachim ihn aufgesucht und überzeugt hatte.

Inzwischen war allen Freunden um Heinz Joachim bewußt, daß sie Teil einer größeren Widerstandsgruppe waren. Auch daß es sich um Herbert Baum handelte, der diese größere Gruppe führte, wußten sie, obwohl sie seinen Namen nicht kannten. Im Frühjahr 1942 erschien Herbert mindestens einmal selbst zu einem Schulungsabend. Es war davon die Rede, daß sie zum Malen von Losungen an Häuserwände herangezogen werden würden oder zu Flugblattaktionen, dazu kam es aber nicht mehr. Heinz Joachim hatte Ende 1941 einen Abziehapparat besorgt, der in einem Keller des Wohnhauses von Herbert Baum in der Stralauer Straße untergestellt wurde. Woher er im dritten Kriegsjahr einen Abziehapparat bekam, bleibt ein Rätsel. Es gibt in den erhaltenen Dokumenten keinen Hinweis darauf. Die anderen um Siegbert Rotholz werden von diesem Apparat nichts erfahren haben, aber die Schriften, die Herbert Baums Leute darauf herstellten, das Flugblatt »An die Hausfrau« und die Zeitungen, werden sie gekannt haben. Daß ihre Treffen gefährlich waren, daß sie darüber schweigen mußten, war jedem klar.

Bald nachdem Helmut Neumann wieder dazugekommen war, spürte er Unzufriedenheit mit Heinz Joachim als

Gruppenführer. Aus den späteren Vernehmungsprotokollen wird nicht klar, was er ihm vorwarf. Aber auch andere aus der Gruppe waren unzufrieden mit Heinz Joachim. War er zu autoritär? Ließ er die anderen seine Überlegenheit spüren? Schließlich waren er und wahrscheinlich seine Frau die einzigen, die bei Baum in der Stralauer Straße verkehrten. Er besaß Herbert Baums Vertrauen. Er kannte das sogenannte »18-Seiten-Material«, in dem zum Bürgerkrieg gegen das nationalsozialistische Regime aufgefordert wurde.

War er den anderen zu doktrinär? Teilten sie die Idee von der bevorstehenden bolschewistischen Revolution nicht vorbehaltlos? Waren sie erschrocken über den angestrebten radikalen Weg zum Widerstand? Hielten sie ihn für leichtsinnig? Oder waren sie, im Gegenteil, unzufrieden damit, wie langsam und vorsichtig alles gehen sollte? Oder war alles ganz anders? Waren es wirklich nur ganz persönliche Gründe, die Lothar und Helmut dazu brachten, Heinz Joachim als Führer abzulehnen? Schließlich waren sie jung, auch in diesen Zeiten gab es gewöhnliche Konflikte, Freundschaften und Feindschaften, die sich wandeln konnten, Liebe und Zärtlichkeit, Neid und Konkurrenz, manchmal alles zugleich.

Im Gestapo-Schlußbericht – aber was begriff die Gestapo schon? – vom 27. August 1942 hieß es: »Baum besuchte schließlich einen Schulungsabend der Gruppe Joachim, und es kam zu heftigen Auseinandersetzungen zwischen Joachim und Baum, weil Baum festgestellt hatte, daß die Mitglieder noch nicht genügend geschult und gefestigt waren, um im Falle eines Einsatzes für die revolutionäre kommunistische Idee einstehen zu können.« Was wirklich geschah, läßt sich aus den erhaltenen Dokumenten und Erinnerungen nicht herauslesen. Herauslesen läßt sich, daß Lothar Salinger, Helmut Neumann und Ursel Ehrlich aus dem Kreis um Siegbert Rotholz an einem Februartag 1942 zusammen zu Herbert Baum in die Wohnung gingen und die Ablösung Heinz Joachims verlangten.

Und Herbert Baum handelte. Offenbar entzog er Heinz

Joachim nicht sein Vertrauen, schließlich war er der einzige der später so genannten Gruppe Joachim, der im Mai am Brandanschlag im Lustgarten teilnahm. Er ging auch weiter zu den Zusammenkünften bei Herbert und Marianne Baum. Aber Herbert teilte die Gruppe Joachim. Er setzte in diesem Frühjahr 1942 zwei seiner engsten Freunde, Sala Kochmann und Felix Heymann, ein, sie zu leiten.

Sala war nur wenige Monate jünger als Herbert und Marianne Baum, die im Februar dreißig geworden waren. Ich habe nur ein oder zwei kopierte Fotografien von ihr, und die mag ich jetzt nicht zu den anderen stellen, weil Franz Krahl, der Sala gut kannte, 1983 gesagt hat, die Fotos geben Salas besondere Ausstrahlung nicht wieder, ihre Schönheit, die nichts mit der Ebenmäßigkeit ihrer Züge zu tun hatte, sondern mit ihrer inneren Harmonie, ihrer Weichheit und gleichzeitigen Unbeugsamkeit. Auch Charlotte Holzer hatte 1966 gesagt. »Sie war etwas Besonderes. Ein ruhiger Mensch, ausgeglichen. Nicht übermäßig vergnügt, aber doch … Heiter war sie.«* Und Rita Zocher sagte, in Sala waren alle Jungen verliebt. Sala übernahm nach der Teilung der Jugendgruppe Lotte und Siegbert Rotholz, Lothar Wittenberg, Herbert Budzislawski und Hilde Loewy. Sie trafen sich in der Lindenstraße bei Sigi und Lotte, zweimal auch bei Hilde Loewy in der Wohnung ihrer Eltern. Das waren schon konspirative Treffen, die als harmlose Geselligkeit getarnt wurden, bei denen auch besprochen wurde, wie man sich im Falle einer Verhaftung zu verhalten hätte.

Im März und April waren Herbert Baum und der Kern der Gruppe schon dabei, über eine »Gegenpropaganda« zur Hetzausstellung »Das Sowjetparadies« zu beraten. Das wußte auch Sala, ihre Schützlinge erfuhren es wohl nicht. Sie bot ihnen offenbar keine gefälschten Ausweise von französischen und belgischen Zwangsarbeitern an, wie Felix Heymann es mit seinem Teil der Jugendgruppe tat.

Felix Heymann war 1917 geboren, also fünf Jahre jünger als seine alten Freunde Herbert, Marianne, Sala und Martin und etwa fünf Jahre älter als die, die er anleiten sollte. Er ist auf vielen Fotografien von Ausflügen des »Bunds deutsch-jüdischer Jugend« um 1935 zu sehen. Günter Prager, der zusammen mit Bonzo im August 1939 nach England ging, nahm ein kleines Foto mit, das er über die Jahrzehnte bewahrte. Es zeigt Judith Kozminski, die Führerin der Parallelgruppe von Walter Sacks drittem Zug, und Felix Heymann in einem Boot. Felix beugt sich zurück, die Ruder in der Hand, das Gesicht angestrengt, dabei lachend, vielleicht ist es eine Pose in einem fröhlichen Moment: Schaut her, wie stark ich bin. Auf einem anderen Bild ist er mit Ismar Zöllner, Herbert Baums Freund und Cousin, zu sehen, wohl auch auf einer Fahrt ins Grüne. Ilse Held hatte mir von ihm erzählt, er hatte ein Motorrad und war ein bißchen verliebt in sie, bei ihrer Abreise im März 1939 stand er mit Herbert Baum und Hella Hirsch am Bahnhof.

Was Ilse nicht wußte, war, daß Felix nach dem Kriegsbeginn im September 1939 alles versuchte, um auch aus Deutschland zu entkommen. Seine beiden Schwestern waren schon in England. Mit seinem Kameraden und Arbeitskollegen Alfred Eisenstädter, dem Freund seiner schon ausgereisten Schwester Hanna, wurde er an der dänischen Grenze gefaßt und für zwölf Wochen in Schutzhaft genommen. Entlassen wurde er, weil das Palästinaamt für ihn bürgte. Alfred Eisenstädter gelang die Ausreise in die USA, Felix bekam kein Visum und keinen Platz in einer Ausreisegruppe nach Palästina, er mußte sich in Jänickendorf und Paderborn auf Hachscharah bewähren. Dann war es zu spät. Erst Ende 1941 kehrte er nach Berlin zurück, wurde sofort wieder in den Kreis um Herbert Baum aufgenommen. Hella Hirsch und er wurden ein Liebespaar.

Felix, da er zu den Älteren gehörte, hatte seine Berufsausbildung noch abschließen können, er war Eisendreher und arbeitete seit Dezember 1941 als zwangsverpflichteter

Jude bei der Firma Erich & Graetz. Zu seiner weitverzweigten Familie hatte auch der Kreuzberger Stadtverordnete Paul Robinson gehört, ein jüdischer Sozialdemokrat, der bei der Besetzung des »Vorwärts«-Gebäudes von der SA verschleppt wurde. Bei seiner Beisetzung 1935 sprach vor etwa 300 Trauergästen der ehemalige Berliner SPD-Vorsitzende Franz Künstler und wurde noch auf dem Friedhof festgenommen. Ein Cousin von Felix war der Ingenieur Richard Wesse, der die Französin Suzanne Vasseur heiratete. Während Richard vorsichtig gegenüber der Gruppe um Herbert Baum blieb, brachte Suzanne sich mit all ihrer Klugheit und Leidenschaft ein. Richards Vater, der Schriftsteller Curt Wesse, schrieb Filmdrehbücher für die Ufa. Seine jüdische Mutter war eine Schwester von Felix Heymanns Mutter. Felix war auch mit Bernhard Heymann aus der Fruck-Gruppe verwandt. Auf den Fotos sieht man einen gutaussehenden, großen jungen Mann mit dunklem, störrischem Haar, fröhlich und stark. Aber irgendwie ist sein Blick auch skeptisch. Im Archiv gab man mir noch die Kopie eines kleinen Paßfotos von Felix Heymann, ich stecke sie zu den anderen. Darauf ist sein Blick schwermütig, in eine unbestimmte Ferne gerichtet, seine Züge, obwohl ungeheuer ernst, wirken gelöst, sein sinnlicher Mund ist leicht geöffnet, er wirkt irgendwie hochmütig, nicht erreichbar. Ich wußte nicht, ob dieses Foto vor seiner Verhaftung aufgenommen wurde oder danach. Da sah ich die Narbe an seinem Hals und wußte es.

Er konnte am 30. November 1942, als er von der Gestapo vernommen wurde, niemanden mehr gefährden, alle waren verhaftet, Baum tot, der Kern der Baum-Gruppe schon hingerichtet. Nur Richard Holzer hatte ins Ausland fliehen können. Und Ursel Ehrlich aus der Gruppe Joachim war ihnen entkommen.

Ursel Ehrlich hatte mit Lothar Salinger, Marianne Joachim und Helmut Neumann zu dem Teil der Gruppe Joachim gehört, den Felix Heymann in Baums Auftrag übernahm. Nun, am 30. November, als alles zu spät war, sagte Felix der Gestapo gegenüber, was die sowieso schon wußten, berichtete von den vier Heimabenden, die er geleitet hatte, meist in Lothar Salingers Wohnung: »[...] versuchte ich, sie erst theoretisch mit dem Gedankengut des Bolschewismus vertraut zu machen. Ich machte ihnen klar, daß diese Studien vorerst erforderlich seien, damit sie später bei der schärferen Zuspitzung der politischen Lage gereift sind, um dann ihren Mann stehen zu können. Vor allem arbeitete ich daraufhin, daß sie versuchen müssen, sich der Evakuierung zu entziehen und versuchte sie zu überzeugen, daß ihre Anwesenheit in Deutschland unbedingt erforderlich sei, weil sich das jetzige Staatssystem nicht behaupten würde.«*

Das Paßbild von Felix Heymann stelle ich ins Regal, schaue das Bild an, wie es da steckt neben dem Foto der lachenden Marianne Joachim mit ihrem Freund Heinz, neben der schönen Hilde Loewy, neben Lothar mit dem eleganten Hut, neben dem erschrocken blickenden Helmut Neumann, der still lächelnden Lotte Rotholz, neben Budz und Siegbert Rotholz, neben einem kleinen Bild Martin Kochmanns, auf dem er einen gestutzten Oberlippenbart trägt. Aber Charlotte Holzer hat berichtet, daß Martin nie so einen Bart trug, nur auf seiner Flucht wollte er sein Aussehen verändern, dem Belgier ähnlich sehen, dessen Ausweis er gekauft hatte.

Ich nehme alle diese Fotos, die vielleicht Gestapo-Fotos sind, wieder weg, nur das Familienbild von Edith Fraenkel mit Robert Mohn und ihrem Kind lasse ich stehen und das von Marianne Prager, die auf dem Fensterbrett sitzt. Die Paßfotos lege ich zurück in die Mappen, zu den Notizen und Kopien aus den Archiven. Und suche weiter nach den Gesichtern der Baum-Gruppe.

Beweismittel Nummer 10

Aus dem Frühjahr 1942, diesem letzten ihres Lebens, stammen handschriftliche Aufzeichnungen, die Werner Steinbrinck und sehr wahrscheinlich auch Herbert Baum anfertigten. Von Herbert ist sonst kaum ein schriftliches Zeugnis erhalten, nur ein paar alte Postkarten, kein Tagebuch, keine Briefe.

Diese Aufzeichnungen gibt es nur noch in einer Kopie, die die Gestapo in Vorbereitung des Prozesses als Beweismittel Nummer 10 zu den Akten nahm. Dieser Beweismittelband wurde mit anderen Justizakten 1945 nach Moskau gebracht, Ende der fünfziger Jahre wieder nach Berlin. Aus dem Archiv der SED gelangte er in das der Staatssicherheit nach Hohenschönhausen und nach dem Ende der DDR nach Hoppegarten, nunmehr verwaltet vom Bundesarchiv Koblenz.

Dort lagen die Kopien nun in einem schlichten Pappdeckel vor mir, ich konnte sie nur mühsam lesen. Nicht nur die Schrift der Stichpunkte und Notizen, denn um solche handelt es sich eher als um einen geschlossenen Text, ist verblaßt, sondern auch die Gedanken sind heute schwer verständlich, aber sie machen die Motive des Brandanschlags vom 18. Mai verständlicher, der so wenig zu Steinbrincks bisheriger Besonnenheit, zu Herberts in der Illegalität gereifter Erfahrung zu passen schien.

Die Aufzeichnungen kamen spätestens nach Joachim Frankes Verhaftung vom 22. Mai 1942 in die Hände der Gestapo. Am 8. Juni wurden sie dem aus dem Polizeigefängnis vorgeführten Werner Steinbrinck bei der Gestapo in der Burgstraße »aus der Effektensammlung Franke« vorgelegt, zu der auch die Schriften der Franke-Steinbrinck-Gruppe und das »18-Seiten-Material« gehörten, das Steinbrinck von Baum bekommen und an Franke weitergegeben hatte. Nachdem Werner Steinbrinck Aussagen zu den Flugschriften gemacht hatte, sagte er: »Die unter rot 10 bei Franke vorgefundenen handschriftlichen Aufzeichnungen stammen z. T. von Herbert Baum zum anderen Teil von mir.« Er sagte, es handele sich um den Entwurf eines offenen Briefes an die Zentrale. Baum würde Leute mit Verbindung zur Zentrale kennen. Diese Leute wären aber der Ansicht, eine zentrale Organisation sei gar nicht erforderlich, es genüge, wenn die einzelnen Gruppen lose arbeiteten.

Die Leute mit der Verbindung zur Zentrale waren höchstwahrscheinlich Hans Fruck und seine Gruppe. Wahrscheinlich hatte Fruck es Baum gegenüber abgelehnt, einen direkten Kontakt zu vermitteln, so daß Herbert Baum darauf angewiesen war, seine Gedanken schriftlich mitzuteilen.

Werner Steinbrinck, mit den Aufzeichnungen konfrontiert, gab an, er und Baum hätten je einen Beitrag zu dem offenen Brief liefern wollen. »Franke sollte das Ganze dann unter Beisteuerung einiger Gedanken zurechtformen.«

Ich stelle mir vor, wie Werner Steinbrinck vor diesem Gestapo-Schreibtisch stand, auf dem seine und Herberts Aufzeichnungen lagen. Er hatte es schon aufgegeben zu leugnen, die Einzelheiten des Brandanschlags und der Arbeit seiner Gruppe hatte er schon zu Protokoll gegeben. Er war Marianne und Herbert gegenübergestellt worden, sicherlich auch Franke, denn er hatte seiner Mutter nach Pfingsten durch einen Kassiber übermitteln können, Franke sei zum Verräter geworden, der alles, was er wisse, bereitwillig aussage. Vötter wurde erst am 30. Juni verhaftet. Auch Hilde und Hans waren in der Hand der Gestapo. Werner Steinbrinck wußte, daß er nicht überleben würde.

Drei Tage später war Herbert Baum tot. Es ist anzunehmen, daß auch er nach dieser »Zentrale« gefragt wurde, nach den Leuten, die die Verbindung zu ihr hatten. Es scheint, Herbert Baum entzog sich dieser wichtigen Aussage durch den Tod, denn Hans Fruck wurde erst vierzehn Monate später verhaftet.

Das Beweismittel »rot 10« beweist vor allem, welche verzweifelten Hoffnungen und Illusionen seine Autoren in diesem Frühling 1942 hatten, gesteigert wohl durch den Aufruf »Organisiert den revolutionären Massenkampf« im sogenannten »18-Seiten-Material«.

Steinbrinck und Baum glaubten an Hitlers Niederlage im Sommer, sahen sich im Vorfeld einer revolutionären Situation, eines Bürgerkriegs, den sie mit vorbereiten wollten. Sie spürten, wie eng ihr Spielraum wurde, aber dialektisch geschult, sahen sie darin wohl eine Bestätigung ihrer Theorien. Robert Uhrig war seit Februar in den Händen der Gestapo, die Verhaftungen unter Berliner Kommunisten hielten an, die Deportationen der Juden zeigten, wie wenig Zeit Herbert Baum und seiner Gruppe blieb. Sie wollten etwas tun, und sie wollten die »Zentrale« zu Taten drängen. Wahrscheinlich als Antwort auf die Ermahnungen von Hans Fruck, sich geduldig der Betriebsarbeit zu widmen und vorsichtiger zu sein, wandten sie sich im Entwurf ihres offenen Briefes gegen eine Übertreibung der Konspiration, deren Konsequenz Untätigkeit wäre. Sie wollten nicht zu denen gehören, »die sich scheuen, ihr Leben für die Sache der proletarischen Revolution aufs Spiel zu setzen«, wie es im Entwurf von Werner Steinbrinck heißt.

Der Tod war im dritten Kriegsjahr schon allzu gewöhnlich geworden. Die beiden jungen Männer, fünfundzwanzig und dreißig Jahre alt, die man kurze Zeit früher noch der »Alte« und der »Student« genannt hatte, standen seit einem Jahrzehnt in der illegalen Arbeit. Für Baum, den Juden, wurde immer deutlicher, daß die konspirativen Regeln, ein nach außen unauffälliges Leben, ihm und seinen jüdischen Genossen nichts nützen würden. Und Steinbrinck hatte beim Oberkommando der Wehrmacht gedient, da zählten Menschenleben anders. »Gestorben, gestorben, gestorben muß sein«, hatte Herbert Baum bei seiner letzten Silvesterfeier gesungen, zusammen mit seinen Freunden, die längst für die Deportation vorgesehen waren.

Nein, sie scheuten sich nicht, ihr Leben für die Revolution aufs Spiel zu setzen. Das wollten sie der »Zentrale« mitteilen, die gar keine Zentrale war und die diese Botschaft auch nicht erreichte. Statt dessen wurde dieser verzweifelte und entschlossene Ruf im »Beweismittelband« als Beweis Nummer 10 aus der »Effektensammlung« Joachim Frankes abgeheftet, umfassend die Blätter 46 bis 61, er ging durch die Hände von Gestapoleuten, Richtern des Sondergerichts, sowjetischen Offizieren und Historikern, deutschen Archivaren und Parteihistorikern, durch die Hände von Stasi-Offizieren und Mitarbeitern des Bundesarchivs und kann in dem stickigen Lesesaal von Hoppegarten unter der Signatur BAZw, Z-C 12437 zu wissenschaftlichen Zwecken eingesehen werden.

Hans Fruck, der diesen nie zu Ende geschriebenen Brief an die »Zentrale« weitergeben sollte, starb 1990 mit dem Land, dessen Geheimdienst er mit aufgebaut und geleitet hatte. Nie hat er zurückgenommen, was er schon am 28. Mai 1945 geschrieben hatte: »Die Lösung von der Gruppe Baum (Siemens) war durchaus richtig, da sie in vollkommener Verkennung der illegalen Arbeit handelten und ja auch leider selber die Opfer wurden.«

Im Zwielicht

Ich sehe meine Aufzeichnungen von den Besuchen bei Robert Mohn durch, die Abschriften meiner Tonbandaufnahmen und finde eine, datiert vom 17. Mai 1993. Der 17. Mai ist ein besonderer Termin in der Geschichte der Baum-Gruppe, für diesen Sonntag war 1942 der Brandanschlag in der Ausstellung »Sowjetparadies« geplant worden. Sie waren auch dort, Herbert und Marianne Baum, Heinz Joachim, Sala, Gerd, Suzanne, Irene. Sie trafen vor dem Eingang Werner Steinbrinck und seine Leute, die den Kanister mit dem Schwarzpulver und die Brandplätzchen mitbrachten, aber weil der Besucherandrang zu groß war, verschoben sie den Plan auf den nächsten Tag, Montag, den 18. Mai. Robert Mohn war nicht dabei, er hatte von dem Plan nichts gewußt. Sonst hätten wir uns an diesem 17. Mai, einundfünfzig Jahre danach, nicht treffen können. Aus den Notizen geht nicht hervor, ob wir uns des Datums bewußt waren, wir sprachen nicht anders als sonst miteinander; Edith Fraenkel, Baums Gruppe, die vor Angst unberechenbare Olga Fraenkel, Roberts Verzweiflung, weil er Edith nicht helfen konnte, alle unsere Gespräche begannen mit diesen Themen und kehrten zu ihnen zurück.

Dabei hatte ich von Robert Mohn längst erfahren, was ich über Edith, dieses Mädchen, über das jahrzehntelang angeblich »nur äußerst spärliche Angaben erreichbar« waren, wissen wollte. Er hatte die Kopien der an ihn gerichteten Briefe längst bekommen, es gab keinen wirklichen Grund mehr für unsere Treffen. Inzwischen war in den Hackeschen Höfen die Ausstellung »Juden im Widerstand« gezeigt worden, in der auch das Familienbild mit Edith, Robert und Uri zu sehen war. Zumindest in ihren äußeren

216

Abläufen war die Geschichte Edith Fraenkels und ihres Freundes Robert Mohn im Zusammenhang mit der Baum-Gruppe erzählt.

Und doch hatte ich das Gefühl, das war noch nicht alles, Robert Mohn wollte noch etwas mitteilen, und er hatte mich dafür ausgesucht. Am Telefon, wenn er mich um einen Besuch bat, stellte er in Aussicht, mir etwas sagen zu wollen, was er noch keinem gesagt hatte. So hatte er mir die Geschichte von der Teppichbrücke aus dem Arnheimschen Haushalt erzählt, die er Herbert Baum nach Ediths Umzug in die Pfalzburger Straße übers Treppengeländer zuwarf. Darüber habe er noch nie gesprochen, betonte er. Aber auf Fragen reagierte er nur unwillig oder überhörte sie. Trotzdem kam ich gern zu ihm, wenn ich Zeit hatte. Ich mochte seine kluge, manchmal sarkastische Art, die politischen Tagesereignisse zu kommentieren, mich interessierte seine Erinnerung an die Baum-Gruppe, der er bei jedem Besuch neue Facetten hinzufügte, und ich versuchte zu verstehen, wer dieser alte, schmerzgeplagte und hellwache Mann ein halbes Jahrhundert zuvor gewesen ist.

An diesem 17. Mai bat ich ihn, mir genauer zu beschreiben, wovon er damals eigentlich gelebt hatte. Er hatte mir schon früher bruchstückhaft von Auktionen erzählt, bei denen er Kunstwerke im Auftrag von Antiquitätenhändlern ersteigerte, von Devisengeschäften, ganz durchsichtig war mir dies alles nicht erschienen. Zu meiner Überraschung überhörte er diesmal meine Frage nicht, sondern berichtete mir ausführlich von diesen Kontakten, die ihm sein Vater vermittelt hatte, der sich auf diesem Gebiet gut auskannte, aber selbst kein guter Geschäftsmann war, nach 1933 auch kränklich und ohne Antrieb. Als sogenanntem Nichtarier waren Robert, der eigentlich studieren sollte, die deutschen Universitäten verschlossen. Um 1937 fand er Kontakt zu einer Gruppe von Finanziers, die im Ausland, in England vor allem, die Entwicklung des Filmtonbandes förderten. Er lernte auch den Erfinder dieser technischen Neuheit kennen, Darius von Mihaly, der ein Genie und ein Säufer gewesen sein soll. Auch deutsche Stellen, Robert Mohn nannte sie nicht ausdrücklich und ignorierte meine Fragen, hätten Interesse gezeigt, dieses Verfahren in Deutschland weiterzuentwickeln. Da sei den Förderern des Projekts in England, zu denen auch jüdische Emigranten gehörten, die Idee gekommen, der deutschen Seite vorzuschlagen, die auf Sperrkonten eingefrorenen Guthaben vermögender deutscher Juden für die Forschung freizugeben. Die Bedingung sei gewesen, daß die Inhaber dieser Konten damit einverstanden wären, sie sollten frei ausreisen können und in Argentinien, Brasilien oder Chile einen Platz in einem Altersheim bekommen. Robert Mohn sagte mir, einer der Vertreter dieses Mihaly-Projekts sei er gewesen, bis kurz vor dem Kriegsbeginn habe er die Verhandlungen zwischen deutschen Devisenstellen und der Gruppe in England vermittelt.

Deshalb also war er mehrmals nach London gereist. Er hatte mir erzählt, bei seinem letzten Besuch dort habe es schon Luftschutzübungen gegeben. Er sei nur nach Deutschland zurückgekommen, um Edith herauszuholen. Aber ohne die Mutter wollte sie nicht gehen. Und dann war es zu spät.

Schon wieder waren wir bei diesem Thema. Unsere Gespräche drehten sich im Kreis.

Ich fragte ihn, ob seine braune Ledertasche, in der er die Erinnerungen an Edith aufbewahrte, diese SS-Tasche – ich sprach den Namen nicht aus –, von seinen damaligen Verhandlungspartnern herrühre. Er stutzte und lachte. Nein, das habe er mir doch schon erklärt. Die hatte er sich erst 1943 besorgt, als Edith im Zuchthaus Cottbus saß und er Lidas Eltern in Łódź besuchte. Aber natürlich waren seine Kontakte zu diesem und jenem in deutschen Dienststellen von Vorteil. Die Sache mit Ediths Ehelichkeitsanfechtungsverfahren zum Beispiel hätte er nicht gewagt, ohne sich vorher eingehend zu beraten. Und es hätte geklappt, wenn nicht zum 1. Juli 1943 die 13. Verordnung zum Reichsbürgergesetz in Kraft getreten wäre, nach der jüdische Angelegenheiten nicht mehr vor deutschen Gerichten verhandelt wurden.

Robert Mohn beugte sich plötzlich aus seinem Sessel vor und sagte mürrisch: »Die passen da nicht rein.« Er meinte die Blumen, die ich ihm mitgebracht und in ein Glas gestellt hatte, das ich in der Küche gefunden hatte. Er wies mir den Schrank, aus dem ich eine nach seiner Meinung passende Vase nehmen sollte. Während ich in der Küche Wasser einfüllte und die Blumen neu sortierte, überlegte ich, ob diese Aufmerksamkeit für kleine Dinge, für scheinbare Äußerlichkeiten, Teil seines Wesens oder nur ein Vorwand war, das Gespräch zu unterbrechen. Als ich zurückkam, erzählte er mir wieder von der Bar in der Pariser Straße, in die er oft mit Edith gegangen war. Der Inhaber dieses Lokals, in dem eine kleine Jazzkapelle spielte, sei sein Freund gewesen. Dort hätten seit 1942 auch untergetauchte Juden verkehrt, er sah es ihnen an. Aber dort verkehrten auch SS-Männer, obwohl Jazzmusik unerwünscht war. Es gab eben Unterschiede, und in seiner Lage achtete man auf die Unterschiede, machte sie sich zunutze. Ein SS-Obersturmführer, der in der Pariser Straße verkehrte, erzählte er weiter, sei sein guter Bekannter, Hein Zimmermann, gewesen. Der Familie Zimmermann habe ein elegantes Hotel am Kurfürstendamm gehört. Der alte Zimmermann war zweimal verheiratet gewesen, das erste Mal mit einer Jüdin, aus der Ehe gab es einen Sohn. Der Sohn aus der zweiten Ehe war dieser Hein Zimmermann. In der Nazizeit wurde das Hotel zu einer Absteige für SS-Offiziere. Und in einem der Zimmer, mittendrin, lebte versteckt der jüdische Halbbruder von Hein Zimmermann. Robert Mohn unterbrach seine Erinnerungen und musterte zufrieden meine Blumen.

Ich wußte immer noch nicht genau, woher er die Ledertasche hatte und wie es ihm möglich gewesen war, nach Łódź ins sogenannte Generalgouvernement zu fahren, aber ich begriff, daß es Zusammenhänge gab, über die er nicht sprechen wollte. So wie er lange nicht darüber berichten wollte, daß Herbert Baum mit der geklauten Brücke auf dem Fahrrad davongefahren war, als würde dieser Diebstahl das Andenken an den Widerstandskämpfer beschädigen. Als könnte er meine Gedanken lesen, sagte er: »Das wichtigste war damals Geld. Zum Überleben brauchte man nicht nur Ausweise, sondern auch viel Geld. Das wußte auch Baum, und das war auch seine große Sorge. Deshalb haben sie ja dann diese wahnsinnige Geschichte in der Lietzenburger Straße gemacht, wo sie sich als Gestapoleute ausgaben. Von dieser Aktion wußte ich vorher, ich sollte die Sachen verkaufen. Aber ich wollte keine Einzelheiten wissen, nur das Nötigste. Später, nach dem Brandanschlag, als er bei mir gewohnt hat, hat mir Buber genau erzählt, wie es gewesen ist. Es war Leichtsinn, und es hätte nicht sein dürfen, wenn man schon so eine gewaltige Sache wie das Attentat im Lustgarten plant. Aber vielleicht hatten sie das ja Anfang Mai noch gar nicht geplant.«

Ich wußte, wovon er sprach. Vor der Gestapo hatten Heinz Birnbaum und Werner Steinbrinck diese Aktion in der Lietzenburger Straße beschrieben, die Protokolle sind teilweise erhalten. Auch Richard Holzer hatte 1948 und 1972 über die Aktion berichtet. Die Gestapo-Protokolle und Richards Berichte waren bis 1990 verschlossen, aber gerüchteweise hatte ich schon vorher davon gehört. Unter ehemaligen kommunistischen Widerstandskämpfern hieß es, Herbert Baum sei mit seinen Leuten in Wohnungen deportierter Juden eingebrochen, sie hätten, bevor die Oberfinanzdirektion alle Vermögenswerte einziehen konnte, selbst die Wertsachen geholt. Aber darüber dürfe man nicht reden, das könnte ein falsches Bild auf die Widerstandsgruppe werfen. Wenn es so war, dachte ich damals, warum soll man nicht darüber reden? Als ich die Akten und Berichte gelesen hatte, erfuhr ich, daß es nur einen einzigen solchen Vorfall gab, der von der Baum-Gruppe ausging. Aber die jüdische Familie, die an diesem 7. Mai 1942 von Birnbaum, Baum, Steinbrinck und nach seiner eigenen Aussage auch von Holzer ausgeraubt wurde, war noch nicht deportiert. Sie hatten noch nicht einmal die Aufforderung zur Deportation bekommen und gerieten in Angst und Schrekken, als die vermeintlichen Gestapoleute morgens vor sieben Uhr an ihre Tür klopften. Die Familie hieß Freundlich, ihre Adresse war Lietzenburger Straße 43.

Als ich diese Adresse in den Gestapo-Unterlagen fand, wußte ich nicht sofort, woran sie mich erinnerte. Dann las ich in Richard Holzers Bericht Ilse Haaks Namen, und es fiel mir wieder ein. Ilse Stillmann, die frühere Ilse Haak, hatte mir von dieser Familie Freundlich erzählt, mit ihrer Mutter war sie zu ihnen in die Lietzenburger Straße in die großbürgerliche Wohnung zur Untermiete eingewiesen worden. Ilse, die in der proletarischen Jablonskistraße aufgewachsen war, lehnte die bürgerlichen Freundlichs ab. Es gab viel Streit in ihrem erzwungenen Zuammenleben. Ilses Mutter litt unter dem Hochmut der Familie Freundlich, deren Küche und Bad sie benutzen mußte. Von Ilse also erfuhr Herbert Baum, daß die ehemals wohlhabenden Freundlichs wertvolle Gegenstände und Bilder, auch eines von Max Liebermann, besaßen. Wahrscheinlich sah Ilse in ihnen weniger jüdische Schicksalsgefährten als Vertreter einer anderen Klasse. Aber weshalb informierte sie Herbert Baum, von dem sie sich doch auf Verlangen Hans Frucks zurückhalten sollte? Hatte sie sich doch erst in der frühen Nachkriegszeit von Baums Gruppe distanziert, weil die Genossen den Brandanschlag als Fehler einschätzten, Baum als anarchistisch und leichtfertig beurteilten! Später, als Herbert Baum zum vorbildlichen Beispiel eines kommunistischen Widerstandskämpfers erklärt wurde, trat Ilse wieder als überlebendes Mitglied der Baum-Gruppe auf, erzählte aber nur das, was dem üblichen Bild einer antifaschistischen Widerstandsgruppe entsprach. Von Herbert Baums Auftreten als falscher Gestapomann sprach sie sowieso nicht, schon gar nicht von ihrem Anteil an dieser Aktion. Immerhin muß sie Herbert einmal so sehr vertraut haben, daß sie ihn auf die

Freundlichs hinwies, obwohl sie, wie sie mir erzählt hatte, entsetzt über seine Leichtfertigkeit und Schwarzmarktgeschäfte war. Aber das war noch vor dem Beginn der Deportationen, im Mai 1942 hatte die Situation sich zugespitzt, die Gefahr, in der sie alle schwebten, überstieg ohnehin jedes Maß. Natürlich war Ilse im Grunde, auch wenn sie ihn als politischen Leiter ablehnte, auf Herbert Baums Seite. Richard Holzer schrieb 1948: »Wir wollten noch am nächsten Tag hingehen, um weitere Sachen zu holen, doch sind wir von Ilse Haak, die dort wohnte, gewarnt worden, daß die Polizei verständigt war.«* Ilse selbst, das hatte sie mir erzählt, stieg lange nach der Deportation der Freundlichs, die im Spätsommer 1942 nach Theresienstadt kamen, in ihren Keller ein, holte dort eine Kiste mit wertvollen Briefmarken, von deren Erlös sie während ihrer Zeit als »U-Boot« lebte.

Robert Mohn sagte mir, er hätte jetzt, nach mehr als einem halben Jahrhundert, viele Einzelheiten vergessen. Nur daß ein großer Bettsack mit wertvollen Teppichteilen eine Zeitlang in seinem Zimmer in der Pension Lau in der Ecke stand, weiß er noch. Wahrscheinlich brachten die Freunde ihn noch am Morgen des 7. Mai zu ihm, er wohnte ja nur ein paar Häuser weiter in derselben Straße wie die Familie Freundlich. Er sollte sie verkaufen, und unter anderen Umständen wäre das kein Problem gewesen. Auch ein Bild gaben sie ihm, keinen Liebermann, ein nicht so bedeutendes Landschaftsbild, den Namen des Malers habe er vergessen. »Heffner«, sage ich. »Eine Landschaft mit Fischerdorf.« Das hatte ich in den Akten gelesen, Rosetta Freundlich hatte noch am selben Tag Anzeige erstattet, nachdem sie sich mit einem jüdischen Konsulenten besprochen hatte, der mit ihr bezweifelte, daß es die Gestapo war, die sie beraubt hatte. In ihrer Anzeige listete sie die gestohlenen Gegenstände auf. »Richtig«, erinnerte sich Robert Mohn. »Ein paar Tage später stand es auch in den Zeitungen. Banditenstück falscher Kriminalbeamter oder so ähnlich. Das Bild wurde genau beschrieben. Und das wäre beinahe mein Verhängnis gewor-

den. Ich hatte es in den entsprechenden Kreisen ja schon angeboten, vorsichtig, aber solche Ware mußte man schnell
loswerden. Schließlich habe ich es dem Kunsthändler Ludwig Wisnet in die Uhlandstraße gebracht, der fragte nichts,
und politisch sympathisierte der sowieso mit mir. Das war
ein Bayer, hatte mit der Räterepublik zu tun gehabt. Wir haben uns oft gegenseitig geholfen. Davor noch hatte ich es
vergeblich einem Griechen angeboten, den ich aus der Eisdiele am Olivaer Platz kannte. Und eines Morgens, ein paar
Tage nach dieser Geschichte, komme ich in meine Eisdiele,
und dieser Grieche sitzt da mit der Zeitung, ›Völkischer Beobachter‹ war es wohl oder ›Morgenpost‹, die haben das alle
gebracht, und zeigt mir den Artikel. ›Komisch‹, sagt er. ›Die
haben da ein Bild mitgenommen, das du mir zum Verkauf
angeboten hast.‹ Da bin ich zum Ludwig Wisnet, bei dem
war schon Hausdurchsuchung gewesen, der war den Nazis
bekannt. Nur hatte er das Bild im Keller, da war so eine verborgene Klappe im Fußboden, darunter war der Keller. Die
hatten in seinem anderen Keller gesucht, von diesem Ver-
schlag unterm Fußboden wußte keiner. Nur der Hausmeister, und der stellte sich dumm, als die nach weiteren La-
gerräumen fragten. Jedenfalls ist Wisnet davongekommen,
aber das Bild mußte ich wieder mitnehmen. Wir schnitten
es aus dem Rahmen, rollten es zusammen, und Herbert
selbst hat es abgeholt, mit dem Fahrrad. Ich glaube, er hat es
zu irgendeinem Glaser gebracht, und dort blieb es. Die Glaser waren ohnehin überlastet, bei den Bombenangriffen zer-
sprangen überall die Fensterscheiben, so ein Bild mußte
warten. Die Teppiche waren nun auch nicht mehr zu verkaufen. Bei mir konnten sie nicht bleiben, die Jungs haben
sie abgeholt.«

Der alte Mann brach seine Erzählung plötzlich ab und
stöhnte. Seine Krankheit machte sich bemerkbar. Trotzdem
wollte er, daß ich bleibe. Eine Weile saßen wir ohne Worte.
Ich stellte mir Herbert Baum vor, wie er irgendwann Mitte
Mai 1942 durch Berlin radelte, dieses zusammengerollte, in

Zeitungen gewickelte Bild unterm Arm oder auf dem Gepäckständer. Trug er den Stern? Jede Polizeistreife hätte ihn anhalten und die Rolle untersuchen können. Hatte er Angst? Er wird verzweifelt gewesen sein, daß sein Plan, auf diese Weise zu Geld zu kommen, nicht aufgegangen war. Nun besaß die Gestapo ihre Steckbriefe. Nur einen Monat später war er tot. Hat er das Bild wirklich zu einem Glaser gebracht? Oder in seinen Keller zu den anderen, nun unverkäuflichen Beutestücken? Ich wußte aus den Vernehmungsprotokollen und aus Richard Holzers Berichten, daß die Gestapo nach Herberts und Mariannes Verhaftung diesen Keller nicht gleich fand. Auch Herbert Baum hatte zwei Keller, einen, den die Gestapo nach der Verhaftung am 22. Mai durchsuchte, und einen anderen, in dem das Vervielfältigungsgerät stand, das Heinz Joachim besorgt hatte. Auch Papier bewahrte er dort auf und Lebensmittelvorräte für die Zeit nach dem Untertauchen. Und nun auch noch die Teppiche.

Am Pfingstmontag, das war der 25. Mai, genau eine Woche nach dem Brandanschlag und drei Tage nach den ersten Verhaftungen, trafen sich nachts Martin Kochmann, Felix Heymann und Heinz Birnbaum, nach denen bereits gefahndet wurde, sie gingen in den Keller Herbert Baums und räumten ihn aus. Gemeinsam versenkten sie zwischen der Jannowitzbrücke und der Waisenbrücke den kostbaren Abziehapparat, der nur fünf Monate lang in ihrem Besitz gewesen war, die Bücherbündel und die Pistole. Vielleicht lag auch die »Landschaft mit Fischerdorf« am Grund der Spree, das Bild wurde in den Akten nicht mehr erwähnt. Es hieß nur im Schlußbericht der Gestapo vom 27. August 1942, Teile des Diebesguts aus der Lietzenburger Straße habe man in der illegalen Wohnung Herbert Baums in Schulzendorf sichergestellt. Den Abziehapparat holten im Juni Taucher im Auftrag der Gestapo aus dem Wasser.

Robert Mohn kannte diese Vorgänge. Aber nicht, wie ich, aus irgendwelchen Akten,* sondern aus den Erzählungen

Richard und Charlotte Holzers nach dem Krieg. Vielleicht auch hat Birnbaum ihm gleich danach davon erzählt, den Koffer mit den Teppichen jedenfalls brachte er nicht mehr zu Robert Mohn in die Pension Lau. Vielleicht auch hat er nicht davon gesprochen, man informierte ja nur über das Notwendige. Am 1. Juni 1942 war Buber bis nachmittags bei Robert Mohn in dem Pensionszimmer. Von dort aus ging er in die Falle.

Das hatte mir Robert Mohn schon erzählt, unsere Gespräche streiften immer wieder dieselben Dinge. Diese Erinnerungen griffen ihn sichtbar an; in wenigen Wochen würde er achtzig Jahre alt werden. Wir wechselten das Thema, er fragte mich nach meiner Reise, vor kurzem war ich aus Leningrad wiedergekommen, das nun Sankt Petersburg hieß, und er wollte wissen, was ich in dieser Stadt erlebt hatte, wie sie nach dem Zusammenbruch des Sowjetsystems aussah. Nur zögernd berichtete ich, denn ich wußte, auch das war kein leichtes Thema für ihn.

Zu Hause holte ich meine Archivkopien hervor und las noch einmal, wie die sogenannte Aktion bei der Familie Freundlich geschildert wurde. Heinz Birnbaum, der nach seiner Verhaftung tagelang versucht hatte zu leugnen, was zu leugnen war, sagte in seiner Vernehmung vom 10. Juni darüber aus. Ob er Herbert Baum gegenübergestellt wurde? Der starb in der Nacht nach diesem Tag. Seine Vernehmungsprotokolle sind verschwunden. Birnbaum bleibt in seiner Vernehmung vom 10. Juni »nach eingehendem Vorhalt« zunächst auch weiter bei »den Angaben meiner ersten Vernehmung«. Was ist ein »eingehender Vorhalt« der Gestapo? In den Akten gibt es einen Vermerk, daß er am 30. Juni und am 7. Juli »verschärft vernommen« wurde, »in Form von Stockhieben«, ebenso Heinz Rothholz.* Ein »eingehender Vorhalt« ist eine Behandlung auf dem Weg zu einer »verschärften Vernehmung«. Die Gestapo wußte, wie sie Persönlichkeiten brechen konnte. Und trotzdem hat Buber nicht ein Wort über seinen Quartiergeber Robert Mohn verloren, bis zum Schluß nicht, statt dessen hat er wochenlang von einem erfundenen »Peter« geredet, über den er nichts weiter wisse, den er zufällig kennengelernt und der ihn unterstützt habe.

Es kann nur vermutet werden, warum er am 10. Juni recht genau berichtete, wie sie die Familie Freundlich am 7. Mai ausraubten. Am selben Tag noch erklärte Werner Steinbrinck, dem man Birnbaums Foto vorlegte, er kenne ihn nicht, habe ihn nur einmal bei Baum gesehen. Am nächsten Tag, am 11. Juni, Baum ist schon tot, sagt Werner Steinbrinck über die Angelegenheit aus – in seinem Vernehmungsprotokoll steht das Wort Judenaktion, das mich daran erinnert, daß es der Kriminaloberassistent Otto Neumann von der Gestapo, Judenreferat IV A 1a, war, der diese Protokolle formulierte, und nicht Werner Steinbrinck. Über die Vorgänge steht in diesem Protokoll fast dasselbe wie in den Aussagen Heinz Birnbaums vom Vortag, dessen Namen Steinbrinck nicht kennen will, auch nicht seinen Spitznamen Buber, er nennt ihn »Bobby«. Er sagt, er hätte nach seiner Wiederbegegnung mit Baum im Frühjahr 1942 in Herberts Wohnung mit ihm überlegt, wie sie an Geld kommen könnten. Marianne sei dabeigewesen, sonst nur dieser »Bobby«. Steinbrinck sagte, jedenfalls steht es so in seinem Protokoll: »Derartige Gelder benötigten wir wohl für die gesamte illegale Arbeit, insbesondere aber zur Herstellung von Propagandamaterial.« Buber hatte von der »Finanzierung für die Herstellung von falschen Papieren und Ausweisen« gesprochen. Daß es um »illegale Propagandazwecke« – dies war bestimmt nicht seine Sprache – gegangen sei, stritt er ab. Als ob es nun noch darauf ankam.

Vielleicht aber hatte Heinz Birnbaum bei dieser Geldbeschaffungsaktion im Mai 1942 auch eher ans Überleben als an die illegale Arbeit gedacht. Er war einundzwanzig Jahre alt; als er sechzehn war, starb sein Vater, der mit Eiern gehandelt hatte, seine Mutter war zwei Jahre später nach London ausgereist. Als sie fort war, wurde er Untermieter bei Herbert und Marianne Baum. Vergeblich bemühte er sich, nach Australien, Südamerika oder die Philippinen zu entkommen. Deshalb stritt er sich mit Baum, der eine Ausreise damals ablehnte und meinte, sein Genosse Birnbaum, den er schon vom Kommunistischen Jugendverband seit 1934 kannte, dürfe seinen Posten in Deutschland nicht verlassen. 1940 mietete Buber ein anderes Zimmer, blieb den Freunden aber eng verbunden. Robert Mohn hatte Buber vom ersten Moment ihrer Bekanntschaft an für erwachsener und lebenserfahrener gehalten als andere seines Alters, sie verstanden sich ohne viele Worte, wohl auch deshalb war Buber zu dem sieben Jahre älteren Robert gekommen, als sein Zimmer in der Wilmersdorfer Straße nicht mehr sicher war.

Trotz ihres früheren Streits vertraute Buber Baum bedingungslos, auch wenn er vielleicht nicht in alles eingeweiht war. Steinbrinck sagte am 11. Juni 1942 aus, es sei Baums Idee gewesen, »etwas bei reichen Juden durchzuführen, die evakuiert werden sollten«. Vielleicht schob er Baum die Idee zu, weil er wußte, daß Baum seit ein paar Stunden nicht mehr lebte. Buber erinnerte sich am Vortag, daß »uns allen drei Beteiligten die Idee« kam.

Schließlich habe die Idee, sagten beide, sich zum Plan verdichtet. Was sie nicht sagten, Richard Holzer hat 1948 darüber berichtet, war, daß Baums Leute in dieser Zeit versuchten, vor der Deportation stehende Juden zu bewegen, freiwillig Teile ihres Vermögens abzutreten »und die noch Zurückbleibenden, die mittellos waren, zu unterstützen. Leider fanden wir nirgends Gehör. So schritten wir zur Selbsthilfe.« In einem späteren Bericht, 1972, behauptete Richard Holzer sogar, daß auch die Familie Freundlich vorher gebeten worden sei, der Gruppe Wertgegenstände zu überlassen. Sie habe dies abgelehnt, weil sie, wie die meisten der zur Deportation Bestimmten, irgendwie hofften, zurückkehren und ihr Eigentum wieder übernehmen zu können.

Am Abend des 6. Mai, sagte Steinbrinck gegenüber der Gestapo aus, sei er zu Joachim Franke in dessen Köpenicker Wohnung gekommen, und dort wartete zu seinem Erstaunen Marianne Baum auf ihn. Sie bestellte ihm von Herbert, er solle am nächsten Morgen um halb sechs in die Wohnung der Baums kommen.

Er schildert nun, ähnlich wie Buber, wie sie frühmorgens zu dritt mit der S-Bahn von der Jannowitzbrücke bis zum Bahnhof Zoo fuhren, von dort in die Lietzenburger Straße liefen. Herbert Baum und Birnbaum hatten den gelben Stern von ihren Jacken abgetrennt. Baum sollte unten warten, weil er zu jüdisch aussah. Die beiden anderen hätten sich, so steht es in Birnbaums Protokoll, »tadellos angezogen, um einen guten und glaubhaften Eindruck zu erwecken«. Die Wohnungsinhaberin öffnete. Buber gab sich als Gestapo aus. Für den Fall, daß sie sich ausweisen müßten, hatte Baum Buber eine Mappe mit irgendeiner Siegelmarke eines Finanzamtes gegeben, steht in Steinbrincks Protokoll. Aber die überraschte Rosetta Freundlich habe keine Dienstmarke verlangt.

Oder wußte sie, fragte ich mich, als ich das las, wer vor ihr stand, daß die beiden jungen Männer, 21 und 25 Jahre alt, nicht von der Gestapo kamen? Wenn nicht, müssen die fünfundsechzigjährige Frau, ihr dreiundsiebzigjähriger Ehemann, die dreißigjährige Tochter – Ilse Stillmann hatte mir erzählt, sie war geistig zurückgeblieben – und die ein oder zwei anderen, nicht näher bezeichneten älteren Menschen, die in der Wohnung waren, eine entsetzliche Bedrohung gespürt haben. Es war früh, noch nicht sieben Uhr, sie waren aus dem Schlaf geholt worden und wußten nicht, was geschehen würde. Buber ließ sich zum Schein ihre Kennkarten vorlegen, dann ging er mit Steinbrinck durch die Räume, sie begutachteten die Bilder und Wertgegenstände, dabei berieten sie sich leise. Steinbrinck trug die Beutestücke, um der Sache einen offiziellen Anstrich zu geben, in eine Liste ein. Vom Wert der Bilder, die da hingen, hatten sie keine Vorstellung.

Ein Liebermann war nicht dabei, der sei ausgelagert, erfuhren sie. Sie entschieden sich, dieses Landschaftsbild von Heffner mitzunehmen und eine Reiseschreibmaschine, zwei Fotoapparate, ein Opernglas, zum Schluß noch diesen Bettsack mit Teppichen, der auf einem Hängeboden verborgen war. Das Ehepaar Freundlich brachte ihn selbst herbei, als die angeblichen Gestapomänner nach weiteren Wertgegenständen fragten. Buber und Steinbrinck erklärten die Beute für beschlagnahmt; um sie fortzuschaffen, mußte Baum doch heraufgeholt werden.

Oder war es Holzer? Frau Freundlich beschrieb später in ihrer Anzeige den dritten Mann völlig anders, als Baum sonst beschrieben wird. Vielleicht aber sagte sie nicht die Wahrheit – um Herbert Baum trotz allem zu schützen? Vielleicht beschrieb sie Richard Holzer. Der wird mit keinem Wort erwähnt, in Steinbrincks und Birnbaums Aussagen ist nur von drei Beteiligten die Rede. Wußten sie, daß Richard Holzer nicht verhaftet war, wollten sie ihn decken? Auch Robert Mohn, zu dem der Bettsack gebracht wurde, wird mit keinem Wort erwähnt. Buber, der mit einer jüngeren Frau, wahrscheinlich der Tochter Margarete, die Wohnung der Freundlichs verließ, um in einer anderen Wohnung in der Kaiserallee nach den ausgelagerten Bildern zu fahnden, war, sagte er, beim Transport nicht dabei. Er fand in der Kaiserallee kein Bild von Max Liebermann, die Frau wollte es bis zum nächsten Tag herbeischaffen. Buber fuhr, sagte er, mit der S-Bahn in Baums Wohnung, wo die Wertgegenstände inzwischen lagerten. Im Korridor, sagte er auf Befragen. Dann hätten sich die beiden anderen beeilen müssen, um rechtzeitig an ihren Arbeitsstellen zu sein. Er mußte erst am Nachmittag zu seiner Zwangsarbeit nach Reinickendorf.

Werner Steinbrinck legte sich in seinem Verhörprotokoll nicht so fest, wo die Gegenstände, die sie in Baums Wohnung transportiert hätten, dort abgestellt wurden. »Es kann in der Stube, es kann auch auf dem Korridor gewesen sein«, antwortete er auf Befragen.

Der Bettsack, wie ich von Robert Mohn wußte, lag weder in der Stube noch im Korridor Herbert Baums. Er lagerte in der Pension Lau, Lietzenburger Straße 17.

Das Unbehagen, das mich befiel, während ich las, wie Baum, Buber und Steinbrinck sich gegenüber einer jüdischen Familie als Gestapomänner gebärdeten, wurde etwas abgeschwächt durch die Vorstellung, die Freundlichs hätten gewußt oder wenigstens geahnt, daß ihre Besucher in einer ähnlich verzweifelten Lage waren wie sie selbst, daß ihnen von den drei jungen Männern keine wirkliche Gefahr drohte. Und doch.

Ich erinnerte mich daran, wie mir ehemalige Sachsenhausen-Häftlinge in Interviews Ende der achtziger Jahre erzählt hatten, daß im April 1945 einige Kameraden, bewährte politische Häftlinge, zum Schein auf die Seite der Bewacher wechselten. Sie nahmen das Angebot in letzter Minute an, zogen sich die verhaßten Uniformen an, um für ihre Kameraden bei der später Todesmarsch genannten Evakuierung des Lagers nützlich sein zu können, um sie vor noch Schlimmerem zu bewahren. Die mir das erzählten, hatten sich dem verweigert. »Man streift nicht ungestraft die Maske des Feindes über«, hatte einer gesagt und gemeint, man verändere sich ungewollt, wenn man zum Schein die Seiten wechsle. Einer, dem das geschehen sein soll, vor dessen plötzlich lustvoll ausgeübter Macht seine Kameraden sich zum Schluß fürchteten, war später Bürochef von Walter Ulbricht.

Daran mußte ich denken, als ich in den Akten ein Detail las, das mein Unbehagen verstärkte. In Werner Steinbrincks Verhörprotokoll vom 11. Juni 1942 stehen die Sätze: »In einem weiteren Zimmer sah ich eine Armbanduhr auf dem Nachttisch liegen. Dem im Zimmer anwesenden Manne erklärte ich, daß es sich bei der Uhr auch um einen Wertgegenstand handelte, der mitgenommen werden müßte. So steckte ich die Uhr ein. Von der Entwendung dieser Uhr hat Bobby im Zimmer nichts bemerkt, davon hat er, wie später auch Baum von mir nichts erfahren, da ich die Uhr für mich verwenden wollte. Ich habe dann auch die Uhr für mich getragen, sie befindet sich gegenwärtig bei den mir abgenommenen Effekten.«

Vielleicht war dieser ganze widerwärtige Raubüberfall – Robert Mohn nannte ihn Geldbeschaffungsaktion – gerechtfertigt durch die Umstände. Baums Leute lebten unter einem wahnsinnigen Druck, sie brauchten Geld für ihre Ausweise, zum Überleben. Sie brauchten, wie auch Steinbrinck, Geld für ihre Widerstandsarbeit, mit der sie ihr eigenes Leben zusätzlich gefährdeten, zu der sie sich aber entschlossen hatten, um den Nationalsozialismus beenden zu helfen – ein Irrtum, eine Illusion, aber eine edle Illusion und verzweifelte Hoffnung. Doch als Steinbrinck die Uhr nahm, als er sie für sich selbst nahm, als er sie heimlich nahm, ohne Baums und Bubers Wissen, als er, der kein Jude war, sie dem alten Juden nahm, dem schon fast alles genommen war, bald auch das Leben, da hatte er eine Grenze überschritten. Da war er tatsächlich für einen Moment auf der anderen Seite.

Lange habe ich überlegt, ob ich dieses Detail in den Akten lasse, ob ich darüber schweige, wie ja über diese ganze Angelegenheit jahrzehntelang geschwiegen wurde. Charlotte Holzer hat noch 1966 in Tonbandgesprächen mit dem Journalisten Dieter Heimlich – die nie veröffentlicht wurden – gesagt: »Ich war nicht dagegen, daß man den Wohlhabenden ihre Teppiche nahm, die sie kaum noch gebraucht haben werden, aber daß wir uns der Gestapomethoden und des Begriffs überhaupt bedienten, dagegen war ich. [...] Es war eine schlimme Geschichte, und sie soll auch unter keinen Umständen veröffentlicht werden.«

Aber auch wenn man verschweigt, was geschehen ist, so ist es doch geschehen. Und das Nichtausgesprochene ist da, man spürt es, es schafft Legenden, nährt die Lügen und kränkt die Wahrheit.

Werner Steinbrinck wurde am 18. August 1942 hingerichtet, zusammen mit den anderen am Brandanschlag Beteiligten. Er starb um 5.03 Uhr, als erster der Gruppe, drei Minuten vor Hans Mannaberg, zwölf Minuten vor seiner geliebten Gefährtin Hilde Jadamowitz. Ich habe nicht das Recht, wegzulassen, was zeigt: Er war nicht nur ein Held des Widerstands, nicht nur ein starker Kämpfer, der mutig sein Leben einsetzte und andere, so lange es ging, beschützte; er war auch ein schwacher Mensch.

Ich saß am Abend dieses 17. Mai 1993 immer noch über den Akten, als mich Robert Mohn anrief. Ich wußte es schon, als ich den Hörer abnahm, nach jedem Besuch rief er mich spätabends an, daran merkte ich, wie unsere Gespräche ihn bewegten, wie rissig die dünne Kruste über der Vergangenheit geworden war.

Er wolle mir noch etwas sagen, begann er wie meist. Ich richtete mich auf einen seiner langen Monologe ein. Wieder sprach er von Edith. Sie sei ein so besonderes junges Mädchen gewesen, so rein, er wisse kein anderes Wort. Wie in diesem Spruch von Steiner, »Erst wenn ich Lichtes denke …«, habe ihre Seele geleuchtet. Aber er mußte, anders als in Steiners Spruch, mit den schlechtesten aller Möglichkeiten rechnen und sich darauf einstellen. Er konnte nicht Lichtes denken. Die Zeit war nicht so. Er konnte nur an praktische Dinge denken, ans Überleben. Damals lebte er so, wie er heute lebe, von einem Tag auf den anderen, immer das Ende vor Augen.

Ob ich übrigens wisse, wechselte er scheinbar das Thema, daß so eine Sache wie mit dem Ehepaar Freundlich damals mehrmals vorkam in Berlin, wenn der Staat kriminell wird, schließen sich gewöhnliche Kriminelle an, nutzen die Hilflosigkeit ihrer Opfer aus. Es gab noch mehr falsche Gestapoleute, die Juden die Wohnung leerräumten.

Ich hatte davon gehört, vielleicht waren diese falschen Gestapoleute nicht immer Kriminelle, möglicherweise handelten sie manchmal im Einverständnis mit den Beraubten, niemand wird es mehr erfahren. Im Totenbuch von Plötzensee stehen die Namen von drei sogenannten Geltungsjuden, Gerhard Redlich, Heinz Riechert, Max Gottscheer. Sie wurden am 8. Juli 1943 hingerichtet, weil sie als angebliche Beamte der Gestapo »räuberische Erpressungen und Bandenüberfälle« verübt hatten. Eine Weile sprach ich mit Robert Mohn über diese drei jungen Männer, über die niemand mehr etwas weiß. Brauchten auch sie einfach Geld zum Überleben, vielleicht für eine Flucht ins Ausland? Kannten sie ihre Opfer?

Nichts sei so einfach, wie es aussehe, wiederholte Robert Mohn, und ich spürte, daß dieser Satz mit dem Grund seines Anrufs zu tun hatte.

Er wolle mir noch erklären, warum er die Teppiche nicht bei sich behielt, nachdem die Sache in den Zeitungen stand. Denn daß die Jungs sie abholen mußten, wahrscheinlich war es Birnbaum, der den Bettsack holte, hätte sie ja zusätzlich gefährdet. Aber er sei kein unbeschriebenes Blatt gewesen, er hätte jederzeit mit einer Hausdurchsuchung rechnen müssen. Als Birnbaum zwei Wochen später selbst bei ihm in der Pension Lau Unterschlupf suchte, sei das etwas anderes gewesen, da ging es um Leben oder Tod, und er sei auch schon dabei gewesen, ein besseres Versteck für Buber zu finden, nur sei der ja dann von diesem Treff am 1. Juni nicht wiedergekommen. Er habe Buber, der in der kurzen Zeit sein Freund geworden war, nur noch einmal wiedergesehen. In der Bellevuestraße, im Gebäude des Volksgerichtshofs. Die Urteile waren schon gesprochen, als sie noch ein paar Sätze miteinander reden konnten. Buber, der soeben zum Tode verurteilt worden war, bat ihn um eine Zigarette. Und Robert Mohn hatte keine Zigarette. Er war damals Nichtraucher und hatte nicht damit gerechnet, den Angeklagten so nahe zu kommen. Er hatte keine Zigarette und konnte Buber nichts geben. Sooft er mir das erzählte, und er erwähnte es immer wieder, brach er den angefangenen Satz ab.

Diese Zigarette, die er dem Freund nicht geben konnte, könne er nicht vergessen.

Das wußte ich schon, er hatte es mir oft erzählt, und jedesmal versagte ihm die Stimme, wenn er berichtete, wie es ihm überraschend möglich war, mit Buber von Angesicht zu Angesicht zu sprechen, wie er seine Dankbarkeit gegenüber dem Freund zeigen wollte, der ihn in all den Vernehmungen, ein halbes Jahr lang, nicht verraten hatte. Ihm fehlten damals die Worte, und wenn er darüber sprechen wollte, daß er nicht einmal eine Zigarette hatte, fehlten ihm wieder die Worte.

»Warum mußtest du denn vor dem Brandanschlag schon mit einer Hausdurchsuchung rechnen?« fragte ich in die lange Pause hinein.

»Darüber spreche ich eigentlich nicht gern«, antwortete er. Aber dann erzählte er es doch, und deswegen hatte er mich wohl angerufen. Ich sollte verstehen, daß es ihm nicht möglich war, die Teppiche und das Bild in seinem Zimmer zu behalten, er sei, wie gesagt, kein unbeschriebenes Blatt gewesen.

Dann erzählte er eine Geschichte, die mir vorkam wie aus einem Kriminalroman.

Um 1940 kannte er einen etwa vierzigjährigen Mann. Von Walden hieß der, er lebte mit einer Jüdin zusammen, einer schönen Frau. Edith und er waren mit diesem Paar etwas befreundet, obwohl dieser von Walden irgendwie undurchsichtig war. Edith mochte seine Frau. Eines Tages sprach er Robert an, er kenne jemanden, der brauche dringend 10 000 Dollar, ob Robert das Geld nicht gegen Reichsmark tauschen könne. Eine horrende Summe, aber tatsächlich kannte Robert einen Armenier, der bei der türkischen Botschaft angestellt war. Der haßte die Nazis und wickelte ab und zu illegale Devisengeschäfte ab. Robert suchte ihn auf, bot ihm das Geschäft an und sich als Vermittler. Damals hatte er den Gedanken noch nicht aufgegeben, auf irgendeine Weise mit Edith ausreisen zu können. Das hätte in jedem Fall Geld gekostet, die zu erwartende Provision wäre ihm recht gekommen. Der armenische Türke vertraute ihm, gab ihm die Dollars in Bündeln. In einem Café am Wittenbergplatz wartete Robert zu der verabredeten Zeit auf von Walden, der kam und setzte sich zu Robert. »Haben Sie das Geld dabei?« Robert nickte, aber bevor sie miteinander redeten, stand von Walden auf und ging weg. Gleichzeitig traten zwei Männer an den Tisch. Robert ließ den Beutel mit dem Geld unter den Tisch fallen. Die Männer baten ihn höflich, mitzukommen. Sie waren schon in der Tür, als ein Gast vom Nebentisch rief: »Sie haben etwas vergessen«, und ihm den Stoffbeutel nachtrug. Robert Mohn saß in der Falle. Aber nicht zur Gestapo, sondern zur Zollfahndung wurde er gebracht. Die Fahnder hatten seit seinen Englandreisen ein Auge auf ihn geworfen, dieser von Walden war offenbar ein Spitzel und Provokateur. Damals hatten Edith und er gerade Herbert Baum kennengelernt und ihn schon mehrmals besucht. Außerdem hielt Robert noch immer Kontakt zu seinen alten Genossen Rudi und Berta Waterstradt aus der Dreiergruppe von 1933. Rudi war zur Organisation Todt nach Thüringen eingezogen worden, mußte mit Fremdarbeitern und KZ-Häftlingen Wehrbauten errichten. Berta war in Berlin, nach ihrer Zuchthaushaft war sie als Jüdin zur Zwangsarbeit geholt worden. Robert wußte, daß sie noch immer Verbindungen zur illegalen Partei hatte, einmal war eine Schreibmaschine bei ihm untergestellt gewesen. Er mußte jede tiefere Prüfung seiner Kontakte vermeiden und beschloß, sofort zuzugeben, woher die Dollars stammten. Die Botschaftsangehörigen waren geschützt, im schlimmsten Falle würden sie ausgewiesen werden. Drei oder vier Tage blieb Robert damals in Haft, für Edith war er einfach verschwunden, sie suchte ihn überall. Man prüfte seine Angaben und entließ ihn. Der Armenier hielt ihn für den Spitzel und wurde tatsächlich ausgewiesen, das konnte er nie richtigstellen. Später gab es einen Prozeß,

Robert Mohn, bis dahin ohne Vorstrafen, wurde wegen Devisenvergehen zu einer Gefängnisstrafe auf Bewährung verurteilt, außerdem hatte er 3000 Mark Geldstrafe zu zahlen. Das Geld zahlte er in Monatsraten ab, wichtig war ihm, daß er politisch unbelastet geblieben war.

Von Walden sah er nur noch von weitem und mied ihn. Wahrscheinlich war der wegen seiner jüdischen Frau erpreßbar. Nach dem Krieg blieb er verschwunden. Aber diese längst verjährte Vorstrafe aus der Nazizeit habe ihm, Robert Mohn, die Nachkriegskarriere verdorben. Als er diese Sache schon vergessen hatte, zwei Jahrzehnte später, war er als höherer Beamter im Senat vorgesehen, aber man fand die Eintragung dieses Devisenvergehens im Strafregister, und er wurde zurückgestellt. Er habe die Eintragung dann natürlich löschen lassen, aber: »Man kann das alles doch niemandem mehr erklären. Deswegen rede ich sonst auch nicht darüber.«

Jedenfalls wisse ich nun, warum er vorsichtig sein mußte, vorsichtiger, als es seinem Gefühl entsprach, denn Baum und Buber, das waren seine Leute, zu denen gehörte er, wenn er auch über Baum manchmal nur den Kopf schütteln konnte.

Er mußte die Teppiche und das Bild loswerden, er stand doch unter Bewährung, bei jemandem wie ihm hätten sie jederzeit suchen können.

Er schwieg, ich hörte ihn am Telefon schwer atmen. Ich spürte, daß er sich schuldig fühlte, und versuchte, ihm dieses Gefühl zu nehmen, aber ich wußte auch, daß es mir nicht gelingen konnte.

Mai 1942

Am 8. Mai 1942, einen Tag nachdem Herbert Baum, Birnbaum und Steinbrinck als Gestapomänner aufgetreten waren, wurde die Ausstellung »Das Sowjetparadies« eröffnet.
Schon seit Anfang April überboten sich die gleichgeschaltete
Presse, der Rundfunk und die Kino-Wochenschau gegenseitig in Begeisterung für die gigantische Schau, die auf neun-
tausend Quadratmetern in riesigen Zeltbauten Spektakel,
Volksbelustigung und Propaganda zugleich sein sollte. Nach
dem Willen der Reichspropagandaleitung, in deren Händen
sie lag, sollte dies die »erfolgreichste politische Ausstellung
überhaupt« werden. Es war für jemanden wie Herbert Baum
oder Robert Mohn offenkundig, daß dieser Aufwand dazu
dienen sollte, die nachlassende Kriegsbegeisterung der Bevölkerung anzufachen. Die realen Erfolge an der Ostfront
blieben aus, da mußte die Propaganda verstärkt werden, zumal die große Sommeroffensive bevorstand, deren Ausgang
ungewiß war, die auf jeden Fall noch mehr Opfer kosten
würde.

In zynischer Weise suggerierte »Das Sowjetparadies« die
Überlegenheit der »germanisch-deutschen« Herrenmen-
schen über die angeblich primitiven Völker der Sowjet-
union. Die Besucher sollten Stolz auf die eigene historische
Größe empfinden und Furcht und Ekel vor »Armut, Elend,
Verkommenheit, Hunger und Not« in der Sowjetunion,
wie es im Katalog hieß. Schon seit dem 9. April war die
Ausstellung angekündigt worden, die in Teilen bereits in
Paris, Prag und Wien zu sehen gewesen war. In Wien und
in Paris hatte es Anschläge auf die Ausstellung gegeben, die
Täter in Wien wurden nie gefaßt, die in Paris am 17. April
1942 hingerichtet. Aber das wußten Herbert Baum und

seine Freunde nicht. Die Ankündigung für Berlin stand unter dem Motto »Die Hölle des Sowjetparadieses – Originaldokumente zerreißen den Schleier«.

Herbert Baum wird schon dieser Propagandatitel mit unbändiger Wut erfüllt haben. Er und Marianne, Sala und Martin, auch Birnbaum und Irene Walther hatten ihre Lieder nicht vergessen, die sie vor 1933 und manchmal noch danach gesungen hatten: »Lenin ruft: Seid bereit! / Nur ein Land ist befreit / Rußland reicht zum Gruß die Bruderhand / Vorwärts, voraus in das Sowjetland!« Sie liebten das Lied der sowjetischen Flieger und das der roten Soldaten: »Und richten sie die Gewehre gegen die Sowjetunion, dann rüsten rote Heere zum Kampf, zur Revolution.«

Keiner von ihnen war je in der Sowjetunion gewesen, sie glaubten nicht, was über Hungersnöte und Folgen der Zwangskollektivierung schon vor 1933 berichtet wurde, sie wußten nichts Genaues von den Straflagern, den Prozessen, der Angst, die in der Sowjetunion auch unter den Parteimitgliedern fraß. Baum und Kochmann kannten Genossen, die Anfang der dreißiger Jahre im Parteiauftrag in die Sowjetunion emigriert waren; wenn ihnen jemand gesagt hätte, daß die längst erschossen waren oder in Arbeitslagern vegetierten, hätten sie dies für eine Lüge gehalten. Alle Nachrichten, die nicht mit ihrem Bild von der Sowjetunion übereinstimmten, wären ihnen vollkommen unglaubwürdig erschienen. Hans Fruck, der sich ja als Herbert Baums Vorgesetzter in der illegalen Partei empfand und ihm nach dem Krieg in internen Berichten viele Fehler ankreidete, zweifelte niemals an Herbert Baums unbedingter Treue zur Sowjetunion. 1964 sagte er, von der Partei wieder einmal nach Herbert Baum befragt: »Unser Vertrauen in die Sowjetunion war grenzenlos und die Haltung zur Sowjetunion war Maßstab für alle unsere Handlungen.«[*]

Mitte April wurde mit Blasmusik und unter Siegesgejubel ein großer sowjetischer Panzer durch die Hauptstraßen Berlins gefahren, ein erbeuteter T 52. Einige aus der Gruppe hatten ihn gesehen, der Anblick des klobigen Tanks erfüllte sie mit Zärtlichkeit. Für sie symbolisierte er die Sowjetunion, ihre Kraft, ihre Überlegenheit, an die sie glaubten. Aber daß der Panzer jetzt durch Berliner Straßen gefahren wurde, war eine Demütigung für die Sowjetunion, für sie selbst. Der Jubel des Publikums löste heftige Gefühle in ihnen aus: Ohnmacht, Wut, das Bedürfnis, irgendwie loszuschlagen. In Baums Gruppe wurde, noch bevor einer die Ausstellung gesehen hatte, darüber diskutiert, was man tun könne. Das Wort Gegenpropaganda fiel. Flugblätter wurden erwogen.

In diesem letzten Frühjahr der Baum-Gruppe war alles anders als in den Jahren zuvor. Sie hatten das »18-Seiten-Material« ausführlich diskutiert und sich den Inhalt der von Steinbrinck zu Baum gekommenen Schrift »Zur Lage« zu eigen gemacht. Sie glaubten – ein verhängnisvoller Irrtum –, bald schon würde ein revolutionärer Massenkampf in Deutschland Hitler beseitigen und dafür würden sie gebraucht. Nur dieser Massenkampf, der zum Sieg des Bolschewismus führen würde, nur ein politisches System wie in der Sowjetunion würde sie als Juden gleichberechtigt leben lassen. Vor allem käme es im Moment darauf an, »die maßlose Sowjethetze« zu bekämpfen, dazu hatte das »18-Seiten-Material« aufgerufen.

Sie spürten, wie die Situation sich zuspitzte, auch und gerade für sie selbst. Keiner wußte, wann die Aufforderung zur Deportation kommen würde. Edith Fraenkel hatte ja schon am 15. November notiert: »Unter uns Juden wird jetzt wieder mal sehr gehaust. [...] Wir sind bis jetzt noch verschont geblieben. Ich bin aber vollkommen beruhigt, Edith Fraenkel nebst Mutter werden schon nicht vergessen werden.«

Sie wußten noch nicht, was die Deportierten erwartete. Vielleicht ahnten sie es. Noch im März 1942 wurden die zur Deportation bestimmten Berliner Juden aufgefordert, in ihrem Gepäck Werkzeug mitzunehmen, man glaubte deshalb, sie kämen in Arbeitslager. Aber wie sollten die Alten und Kranken, wie die Kinder das überleben? Der Bestimmungsort der Transporte vom 28. März, vom 2. April, vom 14. April war Trawniki bei Lublin. Sala Kochmanns Eltern kamen aus Rzeszów, sie wurde dort geboren, das war nicht weit von Lublin, aber unter Trawniki konnte auch sie sich nichts vorstellen. Und erst recht wußte niemand, daß im März das Durchgangslager Trawniki für Ankommende gesperrt wurde und die Güterzüge aus Berlin umgeleitet wurden, wahrscheinlich ins Warschauer Ghetto, das damals in Berlin auch kein Begriff war. Erst im Juni begannen die sogenannten Alterstransporte nach Theresienstadt, und erst im Spätherbst war auch Auschwitz Zielort der Berliner Judendeportationen, die den ganzen Sommer über »nach Osten« gingen, bis heute weiß niemand genau, ob nach Riga oder Reval. Schon im Januar 1942 waren in Auschwitz-Birkenau im Bunker Juden mit Zyklon B getötet worden, aber die vier Vernichtungsanlagen mit den Gaskammern waren noch im Bau, als die großen Transporte aus Berlin Ende 1942 eintrafen.

Im Frühjahr 1942 konnten Baum und seine Freunde noch nichts von den Gaskammern wissen. Dennoch waren sie entschlossen, sich der Deportation zu entziehen, nicht nur, um ihr Leben zu retten, von dem sie wußten, daß es für die Nazis nur den Wert der Arbeitskraft hatte. Sie wollten bleiben, um die illegale Arbeit gegen Hitler, für die Sowjetunion fortzusetzen.

»Und richten sie die Gewehre gegen die Sowjetunuion, dann rüsten rote Heere zum Kampf, zur Revolution.«

Wahrscheinlich schon im März hatte Herbert Baum mit dem von Werner Steinbrinck entwendeten Soldbuch die Wohnung in Schulzendorf gemietet, in der er sich auch mit Werner Steinbrinck, Hilde Jadamowitz und Hans Mannaberg aus der Franke-Gruppe traf und darüber beriet, wie die beiden Gruppen gemeinsam arbeiten könnten. In Schulzendorf wohnte auch Artur Illgen, der Arbeitskollege Joachim Frankes, der zusammen mit Franke und Steinbrinck

HITLER ABTRETEN an die Fabrikmauern geschrieben hatte. Ob das Zufall war oder ob auch Herbert Baum ihn kannte, weiß niemand mehr. In Herbert Baums Gespräche mit Steinbrinck und seinen Genossen waren höchstens seine engsten Freunde eingeweiht, die anderen, besonders die Jugendlichen um Siegbert Rotholz und Heinz Joachim, ahnten nichts davon.

Ob seine eigenen Leute überhaupt von Herberts illegalem Quartier wußten, ist nicht gewiß. Sie alle hatten zu tun, sich auf die neue Situation einzustellen. Die Not in den Familien wuchs, die Angst saß allen im Nacken. Eine Verordnung gegen die Juden folgte der anderen. Seit dem 15. April mußte jede Wohnung, in der auch nur ein Jude wohnte, mit einem schwarzen Judenstern auf weißem Grund gekennzeichnet werden. Seit dem 22. April durften Juden keine Friseure mehr aufsuchen. Zwei Tage später durften sie überhaupt keine öffentlichen Verkehrsmittel mehr benutzen, nicht einmal auf dem Weg zur Arbeit. Mehrere von Baums Leuten begannen, sich illegale Quartiere zu suchen. Hella Hirsch und Felix Heymann hatten zusammen in Fredersdorf, bei einer Frau Westphal in der Akazienstraße, ein Zimmer gemietet. Als Geneviève Sauteurs und Pierre Rappaud verbrachten sie dort die Wochenenden. In Berlin und Umgebung waren inzwischen Tausende sogenannter Fremdarbeiter eingesetzt, die in Massenquartieren, früheren Tanzsälen, Turnhallen oder eilig errichteten Barackenlagern, untergebracht waren. Die meisten arbeiteten in der Rüstungsindustrie, aber auch in privaten Haushalten und Geschäften, in Handwerksbetrieben und auf Friedhöfen, überall gehörten die Ausländer jetzt zum Straßenbild. Französische und belgische Fremdarbeiter durften sich, anders als die Russen und Polen, frei bewegen. Unter ihnen waren viele mit südländischem Aussehen, für die meisten Deutschen war ihr Anblick nicht von dem angeblich typischer Juden zu unterscheiden. Auch für ihre Schwester Alice hatte Hella Hirsch von Herbert Baum einen falschen Ausweis bekommen, mit dem sie sich dort, wo man sie nicht kannte, ohne Stern bewegen konnte. Alice mietete unter dem Namen Margarit Le Guevel in Hermsdorf-Glienicke für zwölf Mark im Monat ein Zimmer bei einer Frau Möllers, die sie tatsächlich für eine Französin hielt. Auch Hanni und Gerd Meyer, die im Januar geheiratet hatten, besaßen Ausweise französischer Zwangsarbeiter und mieteten in Petershagen bei einer Frau Herzog ein Zimmer. Die Namen ihrer falschen Ausweise tauchen nicht in den Akten auf. Es gibt niemanden, den ich danach fragen könnte, denn Hannis Mutter Dora Lindenberger, fünfundfünfzig Jahre alt, wurde am 28. Juni 1943, drei Monate und drei Wochen nach Hannis Hinrichtung, nach Auschwitz deportiert, inzwischen waren die vier großen Gasanlagen dort in Betrieb. Hannis Onkel Nathan Lindenberger, der im selben Haus in der Georgenkirchstraße 31 wohnte, war schon am 3. Oktober 1942 nach Theresienstadt gekommen, wo er im August 1943 mit achtundsechzig Jahren starb. Hannis Bruder Manfred, ein Zahnarzt, emigrierte schon 1937 nach Seattle; selbst wenn er heute noch lebte, wüßte er nicht, unter welchem Namen seine kleine, hübsche Schwester, die sich manchmal fotografieren ließ wie ein Ufa-Star, im Frühjahr 1942 mit Gerd Meyer ein Zimmer mietete, in dem sie sich verborgen glaubten.

Nur vier oder fünf Wochenenden blieben ihnen, diese Zimmer zu nutzen. Der Frühling im Jahr 1942 war wie jeder Frühling. Sie sahen das Grün aufbrechen, den Flieder blühen, fühlten die Sonne auf der Haut, den Regen, tauchten in das glitzernde Wasser der Seen ein und spürten, daß sie jung waren. In diesem letzten Mai freute sich Sala Kochmann über eine Bluse und ein Kleid, die ihre Schwiegermutter Therese Kochmann, früher Betreiberin einer Nähstube, ihr geschenkt hatte. Zu dem Kleid gehörte ein roter, geflochtener Gürtel.

Ob Felix und Hella im April noch Zukunftspläne machten? Oder lebten sie nur in den kurzen, kostbaren Momenten dieses Frühlings, der wohl ihr erster gemeinsam verbrachter und ihr letzter war? Ende Mai waren sie schon gehetzt von den Häschern, da konnten sie das Zimmer in Fredersdorf nicht mehr aufsuchen. Ob Marianne und Heinz im April noch immer diese »Aura von Glück« um sich hatten? Sie besaßen zwar französische Ausweise, aber noch keine Sommerwohnung. Im April verbrachten sie ihre freie Zeit noch in ihrem Zimmer in der Rykestraße, vielleicht gingen sie manchmal auf den Wörther Platz, der heute Kollwitzplatz heißt.

Ob Frau Herzog aus Petershagen sich später gegenüber der Gestapo an das Lachen Hanni Meyers erinnerte? Vielleicht hatte Gerd seine Gitarre mitgenommen, vielleicht spielte er an den Abenden ihre Lieder, ganz leise. Vielleicht auch das Lied vom reitenden Tod.

Als die Ausstellung »Das Sowjetparadies« am 8. Mai 1942 vom Staatssekretär Gutterer aus dem Propagandaministerium vor zwanzigtausend Zuschauern eröffnet wurde, war keiner von Baums Leuten dabei. Vielleicht hörten sie die Rede irgendwo, sie wurde im Radio übertragen, auch die Zeitungen druckten diese Rede, eine eifernde Beschimpfung und Verhöhnung der Sowjetunion. Zwar hatten Juden ihre Radiogeräte schon 1939 abgeben müssen, und Zeitungen durften sie seit dem 17. Februar 1942 auch nicht mehr kaufen, aber diese Rede werden einige von ihnen gekannt haben, und sie werden gespürt haben, wie ihnen das Blut zu Kopfe stieg. Sie gingen, einzeln und zu zweit, in die Ausstellung, ohne den Stern natürlich.

Auf dem großen Platz zwischen dem Alten Museum und dem Berliner Schloß, dem Lustgarten an der Straße Unter den Linden, waren die zeltartigen Pavillons aufgebaut. Die Ausstellung arbeitete mit allen damals hochmodernen Mitteln der visuellen Propaganda; Dioramen, Fotos, Panoramabilder, Grafiken und Gemälde erzeugten eine suggestive Wirkung, die noch übertroffen wurde durch den angeblich naturgetreuen Nachbau eines Stadtteils von Minsk mit vollkommen echt wirkenden Gebäuden. Zu sehen und teilweise zu begehen waren ein Lebensmittelgeschäft, ein medizinischer Stützpunkt, eine Fabrik sowie Arbeiterwohnungen und ein Sowjetdorf mit beinahe tierischen Erdhöhlen als Behausungen, eine Bauernhütte und ein Gemeinschafts-Speisehaus. Diese Gebäude waren mit angeblich originalen Gegenständen ausgestattet und erzeugten in ihrer Dürftigkeit und ihrer Verwahrlosung Befremden und Abscheu beim deutschen Publikum.

Dazu wurden Fotos von primitiven, stumpfen und elenden Gestalten gezeigt.

Es wurden Folterwerkzeuge des sowjetischen Geheimdienstes, der GPU, wie in einem Gruselkabinett vorgeführt, um zu suggerieren, was den deutschen Besuchern blühe, sollten diese Bolschewisten über sie kommen. Auch die sowjetischen Zwangsarbeiterlager wurden dargestellt und erläutert.

Die insgesamt sehr effektvolle, geschickt gestaltete Ausstellung, die propagandistische Verzerrungen, Lügen, infame Greuelpropaganda und bittere Tatsachen miteinander vermengte, war von Anfang an ein großer Erfolg. Ganze nationalsozialistische Gefolgschaften besuchten sie, teilweise in der Arbeitszeit, verbunden mit politischen Demonstrationen. Familien stellten sich stundenlang an, um das Spektakel zu sehen, alle nationalsozialistischen Organisationen und Verbände verteilten Karten an ihre Mitglieder.

Auf Herbert Baum und seine Freunde muß die Wirkung niederschmetternd und aufrüttelnd zugleich gewesen sein. In den Tagen der Eröffnung traf Baum sich in seiner Wohnung mit den engsten Freunden, neben seiner Frau Marianne waren Sala und Martin dabei, Suzanne, Heinz Joachim, Gerd Meyer und Irene. Er forderte sie auf, sich die Ausstellung anzusehen und Vorschläge für die Flugblätter zu machen. Als Martin Kochmann und er am 14. Mai durch die Ausstellung gingen, hatte Herbert sie schon gesehen. Er zeigte Martin eine sogenannte Arbeiterstube und eine Glasvitrine, die er für geeignet hielt, dort Flugblätter anzubringen. Schon nach zwanzig Minuten verließen sie die Ausstellung, beim Hinausgehen, so sagte es Martin nach seiner Verhaftung am 10. Oktober 1942, Herbert war längst tot, die anderen am Brandanschlag Beteiligten hingerichtet, beim Hinausgehen habe Baum voller Zorn gesagt, es sei am besten, wenn sie die ganze Ausstellung anzündeten. Er, Martin, habe sich dazu nicht geäußert. »Hierzu muß ich erklären, daß ich an und für sich nicht mit der Durchführung derartiger Terroraktionen einverstanden war.« Martin habe den Entschluß gefaßt, an einem solchen Anschlag nicht teilzunehmen, dies aber nicht ausgesprochen.

Heinz Rothholz, der am 22. Mai gegen 12 Uhr bei Siemens verhaftet wurde, stritt zunächst ab, mit seinen ebenfalls verhafteten Kollegen Herbert und Marianne Baum und Gerd Meyer etwas zu tun zu haben.[*] Bis zum 5. Juni leugnete er tapfer. Dann wurde ihm Marianne Baum gegenübergestellt. Nun entschloß er sich, »ein Geständnis abzulegen«. Danach sei sie am Sonnabend, dem 16. Mai, an seinem Arbeitsplatz vorbeigegangen und hätte ihn aufgefordert, sonntags um drei in der Wohnung von Sala und Martin Kochmann in der Gipsstraße zu erscheinen. Die Kochmanns habe er nur flüchtig gekannt. Trotzdem sei er am Sonntag nachmittags zu ihnen gefahren, den Judenstern habe er vorher abgetrennt. Davor hätte er von sechs Uhr bis halb eins gearbeitet. Martin Kochmann sei nicht in der Wohnung gewesen, aber das Ehepaar Baum, eine Irene und ein Heini – er meinte Heinz Joachim. Baum habe gesagt, daß er eigentlich eine Flugblattaktion in der Ausstellung »Sowjetparadies« geplant hätte, »daß aber eine andere Gruppe, mit der er zusammenarbeite, beschlossen habe, durch Anlegung eines Brandes in der Ausstellung einen Sabotageakt durchzuführen«. Rothholz sagte weiter aus, daß er mit Irene Walther als Paar gehen sollte, um den eigentlichen Brandanschlag zu decken. Irene, das erwähnte er nicht, war die Freundin von Buber, der im Frühjahr 1942 ständig Spätschicht hatte und deshalb an den Zusammenkünften und auch am Brandanschlag nicht teilnahm. Irene habe sich aber geweigert, weil Heinz Rothholz eine zu große Nase hätte und sie, keine Jüdin, fürchtete, mit ihm aufzufallen. Auch die anderen hätten gefunden, daß Heinz Rothholz zu jüdisch aussähe, und deshalb sollte er gar nicht mitgehen.

So ungefähr scheint es gewesen zu sein. Auch Richard Holzer, den Rothholz übrigens nicht erwähnt, erinnerte sich in seinen Berichten nach dem Krieg daran. Aber wie mag es Heinz Rothholz gegangen sei, als er von den anderen, deren Vertrauen und Anerkennung ihm viel bedeutete, wegen seiner jüdischen Nase zurückgewiesen wurde? Das Gefühl verlorener Zugehörigkeit war ihm vertraut. Seine Eltern trennten sich, als er fünf Jahre alt war. Er hatte keinen Kontakt zu seiner Mutter, obwohl, wie ich in den Gestapo-Unterlagen las, die bei seiner Verhaftung sechsundvierzigjährige Charlotte Rothholz, geborene Heskel, in einem Berliner Untermietzimmer lebte. Heinz wurde vier Tage vor seinem einundzwanzigsten Geburtstag verhaftet. Er lebte mit seinem sechsundfünfzigjährigen Vater, früher Handelsvertreter, jetzt Zwangsarbeiter, und der sechsundsiebzigjährigen Stiefgroßmutter, der zweiten Frau seines verstorbenen Großvaters, zusammen. Seine Mechanikerlehre hatte er abbrechen müssen, wie auch Felix Heymann war er in Paderborn und Bielefeld zur Hachscharah gewesen, wie dieser bekam er kein Zertifikat. Er kam schon im Juli 1940 zurück nach Berlin, wurde als Zwangsarbeiter zu Siemens geschickt und lernte dort Herbert Baum kennen.

Er wurde also von den anderen abgelehnt, ging jedoch auf eigenen Wegen allein zum Lustgarten und erfuhr noch am selben Tag, daß die Aktion wegen der vielen Besucher auf Montag verschoben worden sei. Er habe dann nicht mehr mit Herbert Baum darüber gesprochen. Am Ende dieser Vernehmung vom 5. Juni bestätigt er trotzig: »Wenn ich nicht von den übrigen Personen wegen meines jüdischen Aussehens abgelehnt worden wäre, so wäre ich am Montag mit in die Ausstellung gegangen und hätte ebenfalls an der Ausführung des Vorhabens teilgenommen.«

Die frühe Verhaftung des jungen Heinz Rothholz, der ja am 18. Mai im Lustgarten gar nicht dabei war, wurde von Historikern und den überlebenden Holzers als Hinweis gewertet, daß die Aktion schon vorher verraten worden sein mußte, von jemandem, der die Namen der vorgesehenen Teilnehmer kannte. Warum sonst sollte der unbelastete Heinz Rothholz bereits am 22. Mai verhaftet worden sein? Aber als ich sein erstes Vernehmungsprotokoll gelesen hatte, schien mir möglich, daß er zunächst ohne konkreten Verdacht verhört wurde, vielleicht weil er mit Herbert Baum am Arbeitsplatz auffällig oft im Gespräch gesehen wurde. Vielleicht vermuteten Beobachter aus der Werkhalle, daß Rothholz zu Baums Gruppe gehörte. Daß es die gab, hatte sich unter jüdischen Zwangsarbeitern herumgesprochen. Vielleicht war er nicht der einzige aus der Judenabteilung, der vernommen wurde, vielleicht wurden die anderen nur wieder freigelassen, und ihre Vernehmungsprotokolle sind nicht in dieselben Akten gelangt, sondern mit den vielen Tonnen Papier aus dem Reichssicherheitshauptamt zum Kriegsende verbrannt worden. In dieser ersten Vernehmung gibt Heinz Rothholz sich ahnungslos: »Der Grund meiner heutigen Festnahme ist mir nicht bekannt. Ich nehme an, daß diese deshalb erfolgt ist, weil ich heute früh ohne die vorgeschriebene Aufsicht meinen Arbeitsplatz aufgesucht habe. Von meinem Meister Glaubith bin ich deshalb zur Verantwortung gezogen worden.« Er bestreitet, mit Herbert und Marianne näher befreundet zu sein und sie außerhalb der Arbeitszeit zu treffen, er wisse nicht einmal, wo sie wohnen.

Daß Baum sich für andere Juden einsetze, sei ihm nicht bekannt, er habe nur einmal Zulagekarten für sich selbst verlangt. »Es trifft wohl zu, daß ich mich mit Baum des öfteren unterhalten habe, aber nur deshalb, weil er als Elektriker mir über fachliche Dinge Auskunft geben sollte.« Offenbar waren der Kriminalkommissar Möller von der Gestapo IV A1 (Sonderaktion) und der Kriminalassistent Franz Fischer sich nach dieser ersten Vernehmung nicht sicher, ob sie Heinz Rothholz wieder laufenlassen sollten. Jedenfalls ließen sie ihn am Schluß unterschreiben: »Ich habe die reine Wahrheit gesagt und bin darauf hingewiesen worden, daß ich über die heutige Vernehmung strengstes Stillschweigen zu bewahren habe, andernfalls ich mit strengen staatspolizeilichen Maßnahmen zu rechnen habe.« Niemand sonst mußte bei seiner Verhaftung so etwas unterschreiben, wozu auch, sie waren ja bereits in den Händen der Gestapo und hatten gar keine Gelegenheit, das Stillschweigen über die Vernehmung zu brechen. Um 13 Uhr durchsuchten die Gestapoleute das Zimmer von Heinz Rothholz in der Droysenstraße, seine Stiefgroßmutter Hulda war Zeugin. Sie fanden nichts, aber sie ließen Heinz Rothholz nicht wieder frei. Vielleicht hatte inzwischen ein anderer seine Beziehung zur Gruppe bestätigt. Die Verhörprotokolle von Herbert und Marianne, Gerd Meyer und den anderen aus der ersten verhafteten Gruppe von Baums Leuten sind bisher in keinem Archiv aufgefunden worden. Obwohl Heinz Rothholz mit den am Brandanschlag Beteiligten gemeinsam verhaftet wurde, gehörte er doch wieder nicht zu ihnen, er wurde nicht von dem Sondergericht V am 16. Juli verurteilt wie die anderen, sondern erst im zweiten Prozeß vom 10. Dezember vor dem Volksgerichtshof, mit Edith Fraenkel, den Schwestern Hirsch, Birnbaum und denen aus Heinz Joachims Gruppe. Der Prozeß bekam seinen Namen: »Hilfsmechaniker Heinz Israel Rothholz und andere …« Die in diesem Prozeß zum Tode Verurteilten starben am 4. März 1943 in Plötzensee, auch Heinz Rothholz.

Am 5. Juni, zwei Wochen nach seiner Verhaftung erst und nachdem er Marianne gegenübergestellt worden war, hatte

Heinz Rothholz gesagt, was er wußte. Und er sagte, daß es »eine andere Gruppe«, mit der Herbert Baum zusammenarbeite, gewesen sei, die die Brandstiftung beschlossen habe.

Dies geht auch aus Werner Steinbrincks Vernehmungen hervor.* Er wurde, wie auch Franke, Hilde und Hans Mannaberg, ebenfalls am 22. Mai verhaftet. Die bürokratische Sprache seiner Vernehmungsprotokolle läßt nur ahnen, was bei diesem Verhör vor sich ging. Steinbrinck, der nicht weiß, daß Herbert Baum auch schon gefaßt ist, versucht, Baums Identität nicht preiszugeben. Aber ein »Herbert« ist der Gestapo bekannt. Franke hat ihn wohl bereits genannt. Wahrscheinlich weiß Steinbrinck nicht sofort, was die Gestapo schon weiß, ob er wegen des Brandanschlags oder wegen der illegalen Arbeit mit Franke und Vötter festgenommen wurde. Er versucht, dem ominösen »Herbert«, den er in Freiheit glaubt, von dem er hofft, er würde untertauchen, die Verantwortung für die sogenannten Ärztebriefe zuzuschieben, die vierhundert Flugblätter, die sie an Arztpraxen geschickt hatten. In seinem langen Verhör wird er offenbar auch nach dem Brandanschlag gefragt, die Fragen wurden nicht protokolliert. Steinbrinck sagt, daß er sich bereits vor Eröffnung der Ausstellung mit »Herbert« über die »Gegenpropaganda« unterhalten habe. Später besprach er das mit Franke, und mit ihm hätte er beschlossen, in der Ausstellung einen Sabotageakt zu verüben. »Wir wurden uns einig, daß wir in der Ausstellung Feuer anlegen wollten, und ich übernahm den technischen Teil zur Ausführung dieses Planes.«

Und er beschreibt sehr genau noch am Tage seiner Verhaftung, wie er an seinem Arbeitsplatz, im Kaiser-Wilhelm-Institut, ein Kilo Schwarzpulver aus Salpeter, Kohle und Schwefelstoff herstellte. Franke habe einen schwarzen Blechkanister und eine Taschenlampenbatterie dafür beschafft. Am Sonnabend, dem 16. Mai, also einen Tag vor dem zuerst geplanten Termin, habe er dann nachmittags in Frankes Wohnung mit ihm zusammen den Brandsatz und die Brandplättchen vorbereitet. Er beschreibt genau, wie das technisch vor sich ging. Auch den Brandanschlag selbst beschreibt er so, wie er sich wohl abgespielt hat, aber er nennt nur den Namen »Herbert« und die Namen der bereits Verhafteten seiner eigenen Gruppe. Baums Leute bezeichnet er als »übrige Personen«, als würde er sie nicht kennen. Dies alles wird er nicht so zusammenhängend gesagt haben, wie es protokolliert wurde. Mag sein, daß sie Wort für Wort aus ihm herausprügeln mußten, wir wissen es nicht.

Offenbar wird das Verhör unterbrochen. Aber noch am selben Tag wird es fortgesetzt. »Nochmals vorgeführt erscheint der Beschuldigte Werner Steinbrinck, Personalien bekannt, und erklärt [...].«

Er erklärt, daß die ihm gegenübergestellte Frau Marianne Baum heißt. Daß »der außerdem soeben gegenübergestellte Jude« mit »Herbert« identisch ist, dessen Nachname Baum lautet. Er leugnet nicht mehr, ihre Wohnung zu kennen. Aber offenbar ist ihm Marianne zunächst allein gegenübergestellt worden, und noch bei ihrem Anblick hat er abgestritten, etwas über Herbert zu wissen. Nun gibt er auf und begründet sein Leugnen: »... weil ich annahm, daß Baum noch nicht hier war und ich wollte ihn nicht belasten.« Es ist ein sehr kurzes Protokoll, das der niedergeschlagene Werner Steinbrinck unterschreibt. Mehr kann man an diesem 22. Mai aus ihm nicht herausholen. Aber es genügt ja auch fürs erste. Die Kriminaloberassistenten Neumann und Koch schließen das Protokoll.

Streit

Richard Holzer, der von Heinz Rothholz in seiner Schilderung der Besprechung vor dem Brandanschlag nicht erwähnt wird, hat nach dem Krieg berichtet, er sei in Kochmanns Wohnung dabeigewesen. Ebenso berichtete er, daß er dabei war, als die Familie Freundlich am 7. Mai ausgeraubt wurde, was die anderen Beteiligten nicht erwähnten. Immer war nur von drei Männern die Rede. Richard Holzer war der einzige Überlebende dieser Geschehnisse, und sein Wort muß mehr zählen als alle Vernehmungsprotokolle und andere Akten, die die Gestapo anlegte. Richard hatte 1948 berichtet: »Ich hatte bereits, als der Plan aufkam zu dem Attentat, dagegen Stellung genommen und zwar aus dem Grunde, weil mir klar war, daß diese Aktion auch bei bestem Gelingen scharfe Repressalien gegen Juden und Antifaschisten zur Folge haben würde. Am Freitag vor dem Sonntag, als ich den endgültigen Plan erfuhr, riet ich nochmals streng davon ab. Es kam zu einer Auseinandersetzung zwischen Baum und mir, die man bereits als feindlich ansehen könnte. Jedoch war der Einfluß von Baum stärker und die Ausführung wurde beschlossen. Ich nahm an dem Attentat nicht teil.«*

Der Freitag vor dem Sonntag, das war der 15. Mai. Es ist wahrscheinlich, daß Richard, der in der Gruppe eine besondere Stellung hatte, mit zu den ersten Eingeweihten gehörte.

Richard war ein Jahr älter als Herbert. Er wurde in Berlin in einer Arbeiterfamilie geboren, sein Vater war ein ungarischer Jude, seine Mutter bulgarische Jüdin. Wie Hans Litten, Rudi Arndt, die spätere Ilse Stillmann, Siegbert Kahn, Lothar Cohn und Bernhard Heymann, wie viele jüdische Kommunisten war Richard im »Schwarzen Haufen« gewesen, einer anarcho-kommunistischen Abspaltung des Wanderbunds »Kameraden«, die bis 1928 bestand. Ein großer Teil des »Schwarzen Haufens« trat in die Kommunistische Partei ein. Richard Holzer war Textilkaufmann, oft arbeitslos, bis zum Februar 1933 hatte er im Vertrieb der Parteizeitung »Rote Fahne« gearbeitet. In den dreißiger Jahren gehörte er zu der kommunistischen Gruppe um Siegbert Kahn, in der auch Günter Stillmann und seine spätere Frau Ilse waren. Als er 1939 oder 1940 zu Herbert Baum kam, lebte er vom Verkauf von Knöpfen, zur Zeit des Brandanschlags war er Zwangsarbeiter. Den Stern mußte er nicht tragen, weil er als Ausländer galt. Sein zwei Jahre jüngerer Bruder Gerhard war früh in die Sowjetunion emigriert, Ende 1934 war er zurückgekommen, im Parteiauftrag, um in Deutschland illegal zu arbeiten. Dieser Bruder war sehr klein, er hatte brandrote Haare und war damit sehr auffällig, zu auffällig für die illegale Arbeit. Daß man ihn, den Juden, trotzdem damit beauftragt hatte, zeigt, daß man in Moskau die Verhältnisse in Deutschland völlig falsch beurteilte. Mitte 1935 wurde Richards Bruder verhaftet, 1936 wegen Hoch- und Landesverrat verurteilt und im Juli 1937 hingerichtet. Etwas von der Bewunderung und der ohnmächtigen Trauer seiner Genossen fiel auf Gerhard Holzers Bruder Richard. Auch im Kreis um Herbert Baum kannte jeder sein Schicksal. Deshalb und weil Richard im Vergleich mit den jüngeren ein erfahrener, theoretisch geschulter Kommunist war, hatte er in der Gruppe eine Sonderstellung.

Daß Richard heftig gegen den Brandanschlag gewesen war, sagte auch Martin Kochmann, der ja selbst ein Unbehagen verspürte, nach seiner Verhaftung im Oktober aus.* Ob Martin sich wirklich der Auseinandersetzung entzog, weiß niemand. Wenn er mit Herbert, der von Kindheit an sein enger Gefährte war, zum Schluß im Streit gelegen hatte, wird er es nicht der Gestapo erzählt haben, zumal sein Freund und seine Frau, fast alle seine engen Freunde, längst tot waren und sein eigenes Todesurteil ihm bevorstand. Richard schrieb in einem seiner späteren Berichte, auch Felix Heymann sei gegen eine solche Aktion gewesen. Felix behauptete nach seiner Verhaftung gegenüber der Gestapo, er habe gar nichts von dem Brandanschlag gewußt. Wir werden wohl nie genau erfahren, wie es wirklich gewesen ist.

Als Richard Holzer betonte, gegen den Brandanschlag gewesen zu sein, etwa 1948, wurde dieser Brandanschlag unter den Genossen und auch in der Jüdischen Gemeinde als schwerer Fehler angesehen. Aber auch in den sechziger Jahren, als der Brandanschlag längst als »heldenhaftes Fanal für die Sowjetunion, für Frieden und Sozialismus« galt, sagte Charlotte, Richards Frau, in ihren Tonbandgesprächen mit dem Journalisten Heimlich, sie sei, wie Richard, gegen diesen Anschlag gewesen. »Obwohl du in der Veröffentlichung nichts gegen die Aktion sagen darfst! Noch nicht. Diese Aktion war von unserem Kreis aus nicht richtig. Denn das stellte eine solche Gefährdung für die Juden überhaupt dar.« Charlotte erzählte Dieter Heimlich, Richard sei damals aus der Gruppe ausgeschlossen worden. Sie selbst auch. Hans Fruck, der 1952 von der Zentralen Parteikontrollkommission, dem obersten Untersuchungsorgan in der Sozialistischen Einheitspartei, nach Richard Holzer befragt wurde, selbstverständlich vertraulich, berichtete schriftlich, er habe Richard Holzer vor 1945 nur ein einziges Mal gesehen, »und zwar erschien er eines abends bei mir in der Straße und holte die Genossin Susanne ab«. Das muß in den Monaten gewesen sein, als Suzanne und Irene, die einzigen aus dem inneren Kreis um Herbert Baum, die nicht jüdisch waren, aus Sicherheitsgründen in die Gruppe von Fruck übernommen werden sollten. Wie Hans Fruck mehrmals berichtete, blieben die beiden Frauen jedoch schon vor dem Brandanschlag weg und kehrten, entgegen den von Fruck erlassenen konspirativen Regeln, in Baums Kreis zurück. Fruck schrieb in seinem Bericht von 1952, sein Genosse Ringel, der während Suzannes Zugehörigkeit zu der Fruck-Gruppe oft mit ihr sprach, habe erfahren, »daß Holzer in der Gruppe Baum als Nörgler und Feigling betrachtet wurde«. »Von dem Genossen Bernhard Heymann erfuhr ich dann, daß die Gruppe den Beschluß gefaßt hatte, Holzer auszuschließen, da er gegen die Gruppe opponiert habe, und sie begründeten seinen Ausschluß mit Feigheit.«*

Wann genau dieser Ausschluß stattfand und ob er tatsächlich mit der Ablehnung des Brandanschlags begründet wurde, wird aus Frucks Bericht nicht ganz klar.

Wenn Richard tatsächlich ausgeschlossen wurde, nachdem er Herbert Baums Plan, in der Ausstellung Feuer zu legen, entschieden abgelehnt hatte, kann das erst ganz kurz vor dem Brandanschlag gewesen sein. Denn noch zwei Wochen zuvor hatten sie ja an eine Flugblattaktion gedacht, nicht an einen Brandanschlag.

Erst am 14. oder 15. Mai, das sagte Steinbrinck in seiner Vernehmung vom 8. Juni, hätten Franke und er die Einzelheiten beredet. »Noch am selben Tage suchte ich Herbert Baum in seiner Wohnung auf und gab ihm Kenntnis von dem Plan, mit dem Bemerken, daß er mit seinen Leuten, etwa 5 bis 6 Mann, am Sonntag um 16.00 Uhr am 52 T-Panzer erscheinen sollte. Ich sagte ihm ferner, daß Franke im Sowjetdorf, im Speisehaus, einen Feuerwerkskörper niederlegen wird und daß darüber hinaus an anderen Stellen sogenannte Brandplättchen abgelegt werden sollten. Eines dieser Brandplättchen würde er in der Ausstellung selbst bekommen, und dieses müßte er selbst an einem Ort, den er für geeignet hält, niederlegen. Baum hatte also somit an diesem Tage von mir volle Kenntnis von der Durchführung des beabsichtigten Anschlages gegen die Ausstellung erhalten.«

Also am 14. oder 15. Mai. Viel früher kann in der Gruppe Baum nicht darüber diskutiert worden sein. Früher kann Richard nicht dagegen gesprochen haben. Früher kann er nicht wegen des Brandanschlags ausgeschlossen worden sein. Und Lotte Paech auch nicht, denn sie war in diesen Tagen krank, wurde operiert. Wenn am 15. Mai die von

Richard als feindlich bezeichnete Diskussion mit Herbert stattfand, war dies zwei Tage vor dem beabsichtigten Termin des Brandanschlags, drei Tage später fand er tatsächlich statt, am 22. wurden Herbert und Marianne, Gerd und Heinz Rothholz verhaftet, am 23. Mai Sala und Suzanne, auch Irene. Wann hatte Suzanne Zeit, mit dem Genossen Ringel über Richards Ausschluß zu reden? Oder wurde er schon früher ausgeschlossen? Haben sie vielleicht früher schon, ganz theoretisch, über so etwas wie einen Brandanschlag, ein gewaltsames Signal, diskutiert?

Die erhaltenen Erinnerungsbruchstücke, die sicheren Daten, die Dokumente und die Erinnerungen der Überlebenden sind manchmal wie ein Puzzle, in dem Teile für immer fehlen.

Auch den Aussagen vor der Gestapo ist nicht einfach zu glauben. Abgesehen davon, daß die Vernehmer wahrscheinlich nur protokollieren ließen, was ins Konzept ihrer Ermittlungen paßte, versuchten auch die »Beschuldigten«, besonders nach dem anfänglichen, durch die Verhaftung ausgelösten Schock, die Dinge so darzustellen, wie sie ihnen nützlich erschienen. Es gibt ein Vernehmungsprotokoll Steinbrincks, in dem er die Vorgeschichte des Brandanschlags ganz anders schildert. Es ist datiert vom 12. Juli, mehr als einen Monat nach Herberts Tod, vier Tage vor der Verhandlung des Sondergerichts V, von dem alle Angeklagten zum Tode verurteilt werden würden.

Plötzlich schiebt er Herbert Baum die Initiative zu, der habe »das Hauptinteresse an einer Gewaltaktion in der Ausstellung« gezeigt. Dieses Protokoll, das nur in einer Kopie erhalten ist, trägt nicht die Unterschrift Werner Steinbrincks, anders als die erhaltenen Protokolle seiner anderen Vernehmungen. Am Schluß heißt es in einer auffallend bürokratischen Sprache, die gewiß nicht die Steinbrincks war: »Ich führe nochmals zusammenfassend aus, daß, wie aus meiner letzten Darstellung ja auch eindeutig hervorgeht, die ideenmäßige Anregung einer Brandstiftung in der Ausstellung von der Gruppe Herbert ausging. Ich habe den Plan nur aufgegriffen und ihn Franke unterbreitet, der darauf sein grundsätzliches Einverständnis zur Mithilfe an der Verwirklichung dieses Planes gab. Insofern erfahren meine früheren Aussagen über diesen Punkt eine Korrektur, denn ich hatte seinerzeit angegeben, daß der Plan von Franke ausgegangen ist.«

Natürlich wäre es vernünftig, einen Toten zugunsten noch Lebender zu belasten. Vielleicht sah Werner noch ein Fünkchen Hoffnung, wohl kaum für sich selbst, aber für Hilde oder Hans. Aber auch die Gestapo hatte ein Interesse daran, die Gruppe Herbert Baums, diese nach ihrem Verständnis von zersetzenden jüdisch-bolschewistischen Elementen gesteuerte Widerstandsgruppe, in ihrer Bedeutung und Gefährlichkeit hochzuspielen, ihren großen Fahndungserfolg herauszustellen und damit ihre Arbeit aufzuwerten.

Die Frage, ob es nun Baum oder Steinbrinck und Franke gewesen sind, die als erste auf den Brandanschlag drängten, läßt sich, solange nicht neue Dokumente auftauchen, nicht mit letzter Sicherheit beantworten. Mir scheint, die meisten Indizien sprechen dafür, daß Joachim Franke die Idee hatte und Steinbrinck ohne Mühe überzeugte. Und auch Herbert Baum zögerte wohl nicht, sich diese Idee zu eigen zu machen. Möglicherweise waren ihre Motive unterschiedlich, aber es war eine gemeinsame Aktion.

In der DDR wurde der Unterschied zwischen der Gruppe um Franke und Steinbrinck und Baums Gruppen so verwischt, als sei das eine einzige Widerstandsgruppe gewesen und diese ein »untrennbarer Bestandteil der von der KPD geführten deutschen Widerstandsbewegung gegen das faschistische Regime«, wie 1977 die »Überlebenden der Widerstandsgruppe« erklärten. Die jüdische Herkunft fast aller jungen Leute um Herbert Baum, diese wesentliche, ihr Leben bestimmende Erfahrung des Ausgestoßenseins vor allem derjenigen, die 1933 noch Kinder waren, wurde in ihrer Bedeutung nicht gesehen.

Aber die am Brandanschlag beteiligten Gruppen als eine jüdische und eine nichtjüdische darzustellen wäre auch stark vereinfacht. Zwar waren in Baums großem Kreis nur zwei Nichtjüdinnen, aber gerade Suzanne und Irene gehörten zu den aktivsten und wichtigsten Mitgliedern, sie stellten die Flugschriften mit her, sie nahmen am Brandanschlag teil.

Und die drei Genossen, die Steinbrinck und Franke mit zu dem Brandanschlag brachten, waren keine sogenannten Arier. Sowohl Hilde Jadamowitz als auch Hans Mannaberg und Walter Bernecker waren nach der nationalsozialistischen Gesetzgebung Halbjuden oder Mischlinge I. Grades. Sie hatten ganz eigene, in ihren tiefsten Erfahrungen wurzelnde Gründe, das Ende der Naziherrschaft von Herzen zu wünschen, und spürten seit langem ihre persönliche existentielle Gefährdung.

Der Brandanschlag

Ich stelle mir vor, wie sie auf verschiedenen Wegen am 17. Mai in den Lustgarten kamen. Von Sala und Martins Zimmer im dritten Stock der Gipsstraße 3 aus war es nicht weit. Man ging rechts die Gipsstraße hoch bis zur Rosenthaler, bog dort rechts ein bis zum Hackeschen Markt, vorbei an der Rosenthaler 26 mit Theodor Görners Druckerei auf dem 2. Hof, in der Stoffballen lagerten, auf denen wenige Monate später Menschen auf der Flucht schlafen würden. Theodor Görner saß vielleicht dort oben in seinem Büro, als Baum und die anderen unten vorbeigingen. Vielleicht war der jüdische Arzt Dr. Julius Nagel bei ihm, und sie besprachen, wie Görner ihm Papiere drucken, seiner Frau ein Zimmer mieten, ihn in der Illegalität unterstützen würde. Julius Nagel und seine Frau sind zwei von neunzehn Juden, denen Theodor Görner half zu überleben. Herbert Baum und seine Freunde gingen auf dem Weg zum Lustgarten an seiner Druckerei vorbei, an dem ehemaligen Warenhaus Wertheim, vorbei an der Nummer 39 mit Otto Weidts Bürstenfabrik, in der, auch das wußten sie nicht, blinde Juden unter dem Schutz des Besitzers »kriegswichtige« Bürsten herstellten und das Versteck für die jüdische Familie Horn schon vorbereitet wurde. Dieses Versteck würde verraten werden, und als Alice Hirsch und Lotte Rotholz aus der Baum-Gruppe im Oktober 1943 auf den 44. Osttransport nach Auschwitz gingen, waren Machla und Chaim Horn mit ihren Kindern Ruth und Max im selben Güterzug. Vielleicht begegneten Baums Leute auf dem Weg in den Lustgarten Otto Weidts hübscher Sekretärin Alice Licht. Die war die Nummer 68 auf den Listen für den 44. Osttransport. Lotte Rotholz und Alice Hirsch waren die Nummern 63 und 64. Aber die Nr. 68 ist

auf der Liste durchgestrichen. Alice Licht ging mit dem
44. Transport nicht nach Auschwitz. Otto Weidt ließ Dobberke in der Großen Hamburger Straße bestechen, vielleicht
am selben Tag, an dem auch Robert Mohn diesen Dobberke
aufsuchte, um für Edith Fraenkel um Aufschub zu bitten.
Robert wußte nicht, daß Dobberke bestechlich war, Otto
Weidt wußte es, und so wurde Alice im Herbst 1943 noch
einmal verschont, da waren Herbert und Marianne und die
anderen, die am 17. Mai 1942 an der Rosenthaler Straße 39
vorbeigegangen waren, schon tot. Selbst wenn Herbert Baum
und seine Freunde ihr auf dem Weg von der Gipsstraße in
den Lustgarten begegnet wären, hätten sie sie nicht wahrge-
nommen, weil sie sie nicht kannten und nicht wissen konnten, was geschieht. Das kann man nur heute wissen, wenn
man diesen Weg in Gedanken mit ihnen geht, wenn man die
Transportlisten anschaut und einige der Geschichten hinter
diesen Listen kennt, wenn man hinter die von den Jahrzehnten zerrissenen und von Einschußstellen durchlöcherten Fassaden in der Rosenthaler Straße geschaut hat, die heute wieder verputzt und frisch gestrichen sind, als wäre nichts gewesen. Wenn man weiß, was Herbert und seine Freunde nicht
wissen konnten, sieht man die verborgenen Fäden, die die
Menschen an diesem 17. Mai 1942 miteinander verknüpften.
Vielleicht gingen Baums Leute ja auch nicht zusammen.
Suzanne und Gerd Meyer waren wohl gar nicht in Kochmanns Wohnung gewesen, vielleicht waren sie schon vorher informiert worden. Heinz Rothholz hatte nur Herbert
und Marianne, Irene und Heinz Joachim erwähnt.

Heinz Rothholz ging nicht mit den anderen, die ihn nicht
dabei haben wollten, sondern tat, als würde er sich auf den
Heimweg begeben. Wahrscheinlich ging er aus der Gipsstraße nach links, an der Großen Hamburger Straße vorbei,
wo aus dem Altersheim schon die jüdischen Alten heraus-
geworfen waren und Handwerker Scheinwerfer montierten
und Gitter anbrachten, weil das Haus seit April Sammel-

stelle für Juden vor ihrer Deportation war. Er ging die Auguststraße hoch, am Kinderheim AHAWAH vorbei, von dem aus fünf Tage später die Leiterin Dora Bahnmüller telefonisch Martin Kochmann vor der Gestapo warnen würde, was sie, die als »Mischling« hätte überleben können, ihr Leben kosten würde. Dann bog Heinz Rothholz in die Artilleriestraße links ein, ging über die Oranienburger Straße hinweg, wo die goldene Kuppel der Neuen Synagoge wegen der Luftangriffe schwarz gestrichen war, lief an der Artilleriestraße 9 vorbei, an der Hochschule des Judentums, die seit 1934 nur noch Lehranstalt heißen durfte und als letzte der drei Rabbinerseminare in Deutschland noch nicht geschlossen war. Als Heinz Rothholz dort vorbeiging auf dem Weg in den Lustgarten, saß da oben vielleicht der Rabbiner Leo Baeck, der einzige noch verbliebene Dozent, Präsident der Reichsvereinigung der Juden in Deutschland, und lernte mit den letzten drei Schülern. Vielleicht auch schrieb er fieberhaft an der wissenschaftlichen Arbeit, die die Gestapo ihm abverlangt hatte und die, um den Preis seines Lebens, bis zum Juni fertig sein sollte. Am 29. Mai würde Leo Baeck zusammen mit den anderen Vertretern der Reichsvereinigung wieder einen Auftrag des Reichssicherheitshauptamts, also der Gestapo, entgegennehmen müssen. Diesmal sollte er den Juden bekanntgeben, daß auf die Ausstellung »Das Sowjetparadies« ein Sabotageakt verübt worden sei »und deshalb 500 Juden in Berlin festgenommen, davon 250 erschossen und 250 in ein Lager überführt worden sind«.* Aber an diesem 17. Mai 1942 wußte Leo Baeck noch nichts von dem geplanten Anschlag und schon gar nichts von den Folgen. Und Heinz Rothholz, selbst wenn er in der Artilleriestraße an der Lehranstalt vorbeiging, konnte nicht wissen, welche Fäden ihn mit dem Rabbiner verknüpften, den er wohl nur dem Namen nach kannte. Er wußte nicht, daß dies der letzte Sonntag seines Lebens war, den er in Freiheit verbrachte, als er über die Artilleriebrücke ging, an den Kasernen vorbei in Richtung

Unter den Linden. Vielleicht hat er in den Monaten seiner Gefängnishaft und in der Todeszelle von Plötzensee an das schwarze Wasser der Spree gedacht, das er an diesem Sonntag zum letztenmal sah. Vielleicht blieb er auf der Brücke stehen und spuckte herab, vielleicht war er traurig, vielleicht wütend, wahrscheinlich trotzig. Dann ging er nach links bis zum Lustgarten, vorbei an Hakenkreuzfahnen, Lautsprechern, Gruppen von erwartungsvollen Leuten, die der Ausstellung »Das Sowjetparadies« zustrebten. Einen Moment lang fühlte er wohl den fehlenden Judenstern, spürte etwas wie Angst, man könnte ihn erkennen, ihn, den Judenjungen mit der langen Nase, den nicht einmal seine Mutter behalten wollte, den selbst seine Genossen nicht neben sich duldeten, aber dann sah er schon den Panzer, vor dem die anderen sich treffen wollten, und versteckte sich in der Menge.

Ich stelle mir vor, wie sie zu zweit und zu dritt an den Hackeschen Höfen vorbeigingen. Hier wohnte Lothar Salinger, vielleicht dachte Heinz Joachim kurz an ihn, als sie dort vorbeikamen, vielleicht mit einem unangenehmen Gefühl, schließlich war Lothar es gewesen, der seine Ablösung gefordert hatte. Aber nun war er unterwegs mit Herbert Baum zu einer wichtigen Aktion, bei der er den Freunden beweisen könnte, wie zuverlässig er war. Lothar Salinger, der vielleicht dort oben in seiner Dunkelkammer saß, wußte nicht einmal etwas davon, doch er, Heinz Joachim, war bereit, sein Leben zu geben. Daß er es wirklich verlieren würde, daß auch Lothar sterben würde und die schöne Hilde Loewy, die er in Salingers Wohnung dort oben kennengelernt hatte, sie alle, das spürte Heinz Joachim vielleicht einen Moment lang an diesem 17. Mai 1942, aber er schob den Gedanken wieder fort. Jetzt gingen sie auf die andere Straßenseite. Ich stelle mir vor, wie Marianne Baum und Heinz Joachim am Eckhaus Nummer 42 vorbeigingen, wo im ersten Stock der Arzt Dr. Gustav Held wohnte, seit Jahren Mariannes und

Herberts Hausarzt. Vielleicht verhielt sie den Schritt, blickte auf das blaue Schild neben der Haustür, wo unter dem Stern mit schwarzer Schrift stand: KRANKENBEHANDLER. ZUR ÄRZTLICHEN BEHANDLUNG AUSSCHLIESSLICH VON JUDEN BERECHTIGT. Vielleicht kam Marianne in diesem Moment der Gedanke, sich nach dem Brandanschlag krankschreiben zu lassen, vielleicht auch wurde sie danach wirklich krank. Ich erinnere mich daran, daß die Frau dieses Arztes, Inge Held, die ich in den achtziger Jahren oft besuchte, mir 1985 erzählte, daß Marianne Baum am Mittwoch oder Donnerstag nach dem Brandanschlag krank lag, daß Gustav Held es ihr bescheinigte. Und als er seine Patientin, von der er immer glaubte, sie sei die Schwester Herbert Baums, in der Stralauer Straße besuchen wollte, am 26. Mai 1942 – das Datum hatte Inge Held behalten, weil es der Geburtstag ihres Pflegekindes war –, eine Nachbarin sich aus dem Parterrefenster des Wohnhauses der Baums lehnte und dem in der Gegend bekannten jüdischen Arzt zuraunte: »Oben sitzt Gestapo.«

Den Brandkanister und die Brandblättchen, das muß ich mir nicht vorstellen, das ist in den Akten genau beschrieben, hatten Franke und Steinbrinck am Vortag in Frankes Küche fertiggestellt.* Steinbrinck hatte in der Stadtbibliothek ein Buch gefunden, in dem die Herstellung des Pulvers beschrieben war. Aus seinem Labor brachte er eine 100-Kubikzentimeter-Glasflasche mit eingeschliffenem Glasstopfen mit, in der sich Phosphor in Schwefelwasserstoff befand. Franke hatte in Luftschutzkursen eine Zündmöglichkeit nach dem Prinzip der englischen Brandbomben kennengelernt, die sie anwenden wollten. Während die Männer mit den gefährlichen Chemikalien, Wattebäuschen, Wachs, Korken, Pappe und Glasröhrchen hantierten, kamen Frankes Frau Erika und der achtjährige Sohn Peter nach Hause. Frau Franke murrte, weil ihr Küchentisch besetzt war und weil sie das Kind von der Küche fernhalten mußte, weil die Männer die Brandwirkung auf der Toilette ausprobierten, und vielleicht paßte ihr ohnehin nicht, was die beiden taten und was sie vorhatten. Nach Stunden unterbrachen sie ihre Arbeit und aßen mit der Frau und dem Kind gemeinsam im Wohnzimmer zu Abend. Gegen 22 Uhr waren der Kanister mit dem Sprengstoff und die Brandblättchen fertig, Werner Steinbrinck, der seit dem ersten April als Untermieter bei dem Ehepaar Vötter in Britz wohnte, fuhr nicht nach Hause, sondern zu seiner Freundin Hilde nach Tegel. Er übernachtete bei Hilde, am nächsten Tag kam Hans Mannaberg auch dazu und erfuhr jetzt, daß er am Nachmittag bei dem 52-T-Panzer vor der Ausstellung sein sollte, da würde die schon früher besprochene Aktion stattfinden. Hilde und Hans blieben in den späteren Vernehmungen dabei, sie hätten nicht gewußt, daß es um etwas anderes als Flugblätter gehen sollte. Auch Steinbrinck bestätigte, er habe ihnen vorher nichts von dem Plan eines Brandanschlags gesagt.

Zu dritt fuhren sie dann am Sonntagnachmittag zum Lustgarten, wahrscheinlich mit der U-Bahn bis zum Alexanderplatz, von dort liefen sie.

Ich stelle mir jetzt vor, wie sie sich etwa zur selben Zeit dort trafen. Herbert und Marianne. Heinz Joachim. Sala, die vielleicht ihr neues Kleid mit dem roten, geflochtenen Gürtel trug. Suzanne, die von zu Hause kam. Sie lebte mit ihrer fünfjährigen Tochter, ihrem Mann und dessen Mutter in einer großen Wohnung in der Leibnizstraße. Vielleicht hatte sie am Vormittag noch an einer Übersetzung für den Scherl-Verlag gesessen. Vielleicht war sie, wie oft, mit ihrer Tochter Katarina auf dem Olivaer Platz gewesen, vielleicht am Wannsee, wo ihr Mann ein Segelboot liegen hatte. Ob ihr Mann wußte, wohin sie ging? Ich stelle mir vor, Irene kam mit Gerd Meyer zusammen, denn mit dem sollte sie jetzt als Paar gehen. Ich versuche, mir den dreiundzwanzigjährigen Gerd Meyer vorzustellen. Ich kenne Fotos von ihm, er hatte dichtes Haar, links gescheitelt und zu einer

Art verwegener Tolle gekämmt. Sie nannten ihn Gerdchen. Ilse Stillmann hat mir erzählt, daß die jungen Frauen den Schlosser in der Judenabteilung von Siemens gern hatten, weil er so schöne Augen hatte und immer gut gelaunt war. Er war nicht groß, ein bißchen eitel, witzig und gleichzeitig ernsthaft. Für Herbert Baum war er einer der zuverlässigsten Genossen, sie kannten sich schon seit Mitte der dreißiger Jahre.

Nun stand er da irgendwo bei diesem Panzer, hielt Irene untergefaßt und wartete ab. Ob seine Frau Hanni wußte, was er vorhatte? Wartete sie in Petershagen bei Frau Herzog auf ihn? Oder in der Georgenkirchstraße bei ihrer Mutter und ihrem Onkel Nathan?

War Heinz Joachims Frau Marianne in den Plan eingeweiht?

Hatten Martin und Sala darüber gesprochen? Hatte er ihr gesagt, daß er eigentlich gegen einen Brandanschlag war? An diesem Sonntagnachmittag war er bei seinen Eltern in der Köpenicker Straße 56.

Als Steinbrinck mit Hilde und Hans eintraf, er mußte sich durch die Menge drängeln, um zum Panzer zu kommen, sah er Herbert und dann in dessen Nähe die anderen. In den Gestapoprotokollen steht, wie es – vielleicht – war. Für einen kurzen Moment ließ er Hilde und Hans stehen und begrüßte Herbert. Dann die anderen. Da steht nicht, ob er ihnen die Hand gab oder ihnen nur zunickte. Ich weiß nicht, wie es üblich war im Jahr 1942, ich denke, er wird ihnen die Hand gegeben und sie angeschaut haben. Marianne kannte er. Auch Sala. Vielleicht Irene und Gerd.

Heinz Rothholz kannte er nicht, aber den sah er ohnehin nicht. Heinz Rothholz wird sich so hingestellt haben, daß er die anderen sehen konnte, sie aber nicht ihn. Er wird beobachtet haben, wie Steinbrinck Herbert Baum begrüßte und dann wegging, er wird gesehen haben, wie die anderen enger zusammenrückten, und es wird ihm einen Stich gegeben haben. Vielleicht sah er, wie Steinbrinck sich suchend umblickte, dann auf einen Mann zuging, der etwas abseits von Tank stand. Der Mann trug ein Einkaufsnetz mit einem in Papier gewickelten Päckchen. Neben ihm standen eine Frau und ein anderer Mann.

In Steinbrincks Vernehmungsprotokoll steht, Baum habe ihm gleich gesagt, es sei zu voll heute, er schlage einen anderen Termin vor, vielleicht in der letzten Woche der Ausstellung, Mitte Juni. Steinbrinck habe geantwortet, er müsse das erst mit Franke besprechen, habe den gesucht und ihn – zu seiner Überraschung – in Begleitung seiner Ehefrau gesehen. Auch ein ihm nicht namentlich bekannter Arbeitskollege Frankes sei dabeigewesen.

Franke sei einverstanden gewesen, den Termin zu verschieben, sie einigten sich aber schon auf den nächsten Tag, Montag, den 18. Mai, um 19 Uhr.

Steinbrinck nahm dann noch die Brandblättchen entgegen, die Franke in der Brusttasche getragen hatte. Inzwischen waren Hilde und Hans zu der Gruppe getreten. Steinbrinck ging wieder fort, sagte Baum Bescheid, und dann ging er über den Schloßplatz mit Hilde und Hans in Richtung Spittelmarkt, um von dort mit der Straßenbahn zu Hildes Schwester Beatrice zu fahren. Die Brandblättchen trug nun er in der Brusttasche. Joachim Franke, der unbekannte Kollege und Erika Franke gingen zum Alexanderplatz. Den Einkaufsbeutel mit dem Sprengstoffpaket nahm Franke wieder mit.

So steht es im Vernehmungsprotokoll. Was Baums Leute taten, steht dort nicht. Waren sie enttäuscht? Waren sie erleichtert, oder beides? Nun mußten sie noch einmal diesen Weg gehen. Vielleicht kam der junge Heinz Rothholz jetzt hervor, sie werden zu abgelenkt gewesen sein von der wogenden Menschenmenge, den riesigen Plakaten mit Fotomontagen, die den Weg zur Ausstellung säumten, von der Nähe des Panzers, der eigenen nachlassenden Anspannung, um sich über sein Erscheinen zu wundern. Einer, vielleicht sein Arbeitskollege Gerd, sagte ihm, die Aktion sei verschoben worden.

Ich stelle mir vor, wie sie auseinandergingen, wieder zu zweit oder einzeln, in Richtung Alexanderplatz oder Hackescher Markt oder nach Westen, zur Friedrichstraße, eilig oder auch zögernd, mit langsamen Schritten, plötzlich begreifend, daß es Mai war, daß die Linden dufteten, daß sie keinen Stern trugen.

Ich versuche, mir den Lustgarten an diesem Maitag 1942 vorzustellen, die vielen Menschen und die Straße Unter den Linden, aber ein anderes Bild schiebt sich schemenhaft dazwischen.

Es ist ein Mittwoch im Mai 1967, ein paar Tage vor meinem siebzehnten Geburtstag. Ich trage ein blaues FDJ-Hemd und einen kurzen orangefarbenen Rock aus Kord, den ich mir selbst genäht habe. Er ist zu kurz, wie irgendein ältlicher, dicklicher Mensch von der FDJ-Kreisleitung findet, der immer wieder unsere Namen mit einer Liste vergleicht. Und orange gehöre sich auch nicht. Trotzdem schickt er mich nicht weg, wie ich einen Moment lang hoffe, denn die Sache hier ist mir schon zuviel, bevor sie begonnen hat. Seit Stunden üben wir die Aufstellung, Block A, Block B, beim ersten Trommelwirbel nach links drehen, dann wieder nach rechts, aber gleichzeitig. Aus meiner Schule sind noch mehr hier, freiwillig, auch aus anderen Berliner Oberschulen und Berufsschulen. Wir haben dafür heute keinen Unterricht und bekamen Verpflegungstüten mit Vanillewaffeln, Wurst, Pfefferminzriegeln und pappigen Schrippen. Am Museum für Deutsche Geschichte wird Tee ausgeschenkt. Zum Mittagessen könnte ich in unsere Schule gehen, das ist nicht weit, in der Auguststraße, aber wir sind hier schon im Zeitverzug und müssen weiterüben. Der Dicke kommandiert, aber es gibt noch Wichtigere, die hier bestimmen. In Blauhemden rennen sie umher, dabei sind sie mindestens vierzig Jahre alt. Ich hätte mich nicht freiwillig gemeldet, wenn sie in der Schule nicht etwas von der Widerstandsgruppe Herbert Baum gesagt hätten. Da dachte ich an den schwarzen Grabstein in Weißensee, an diese Schwestern Hirsch, an Edith Fraenkel, Lotte Rotholz, von denen ich nur die Namen kannte und wußte, wie jung sie gewesen waren. Sie sollten geehrt werden, und da meldete ich mich.

Als der Kampfappell, für den wir den ganzen Tag üben mußten, endlich begann, war ich erschöpft. Manche aus meiner Schule waren schon einfach gegangen, aber bei mir wäre das aufgefallen, denn ein Glatzkopf, einer von den Wichtigen, hatte mich gegriffen und mir einen Platz in der ersten Reihe des Blocks zugewiesen. Direkt vor den Fernsehkameras, die noch kommen würden. Da sollte ich nun stehen, klatschen, rufen, winken, mich nach rechts drehen, nach links. Mein kurzer orangeroter Rock war plötzlich passend.

An den Kampfappell habe ich keine Erinnerung, ich weiß nur, es hatte mit Edith Fraenkel, mit Alice Hirsch, mit der Gruppe Baum nichts zu tun.

Am diesem Tag soll ich in der »Aktuellen Kamera« zu sehen gewesen sein, ganz kurz nur, aber meine Mutter hatte mich gesehen und ein paar Freundinnen auch, mit meinem kurzen Rock und zwei Zöpfchen in der ersten Reihe des Blocks zwischen anderen im Blauhemd. Über den Kampfappell stand etwas in der Zeitung. Meine Mutter hat den Artikel aufgehoben, und vor zwei Jahren bekam ich ihn mit anderen, längst vergilbten Zeitungsartikeln und Fotos in einem Karton. Der Bericht war überschrieben: »Berliner Jugend ehrt Widerstandskämpfer«. Dort stand: »Ein eindrucksvolles Bekenntnis zu ihrem sozialistischen Vaterland und zur deutsch-sowjetischen Freundschaft legten am Mittwochabend Tausende FDJ-Mitglieder der DDR-Hauptstadt vor dem Mahnmal für die Opfer des Faschismus und Militarismus Unter den Linden ab. Der Kampfappell der Berliner Jugend galt dem 25. Jahrestag der mutigen Aktion der antifaschistischen Widerstandsgruppe Herbert Baum. Die hatte im

Jahr 1942 eine antisowjetische Hetzausstellung der Nazis im Lustgarten in Brand gesetzt. Der Erste Sekretär der Berliner FDJ-Bezirksleitung Lothar Witt begrüßte mit besonderer Herzlichkeit die Ehrengäste, unter ihnen auch Richard Holzer, den einzigen Überlebenden der Gruppe Herbert Baum, sowie weitere antifaschistische Widerstandskämpfer. Zu den Ehrengästen gehörte auch das Mitglied des ZK und Sekretär der SED-Bezirksleitung Konrad Naumann sowie eine Abordnung des Komsomol. Feierliche Stille lag über dem Platz, als Delegationen unter Trommelwirbel im Ehrenmal Kränze niederlegten. Zuvor hatte der Sekretär des Zentralrats der FDJ Erich Rau noch einmal die mutige Tat der Widerstandsgruppe gewürdigt. Aufrüttelnde Worte richtete Richard Holzer an die versammelten Jugendlichen. In einer Willenserklärung der Teilnehmer dieses Kampfappells heißt es: Wir gedenken dieser Tat, ehren sie und erneuern unser Bekenntnis, daß die Freundschaft zur Sowjetunion eine Herzenssache eines jeden von uns ist.

Aus der Hand Lothar Witts erhielt die Abordnung der FDJ-Grundorganisation des Postscheckamts Berlin die Ehrenurkunde über die Verleihung des verpflichtenden Namens Herbert Baum.«

Am nächsten Tag trafen sie sich um neunzehn Uhr an derselben Stelle. Heinz Rothholz war nicht dabei. Im Gestapo-Schlußbericht vom 27. 8. 1942 heißt es: »Rothholz wurde zur Teilnahme an diesem Tage mit Rücksicht auf die gegen seine Person geltend gemachten Bedenken nicht mehr aufgefordert, was er sehr bedauert hat.«* Auch Martin Kochmann, der als Zwangsarbeiter in Lichtenberg eingesetzt war, sagte nach seiner Verhaftung: »Ich selbst wurde zum Erscheinen nicht aufgefordert und nehme an, daß dies unterlassen wurde, weil dem Baum bekannt war, daß ich ständig bis 16.45 Uhr arbeitete und häufig länger arbeiten mußte.«*

An diesem Montagabend war der Andrang nicht ganz so

groß, die Gestapo sprach später von etwa 2000 Besuchern. Diesmal trug Franke den Kanister mit dem Sprengstoff nicht in einem Einkaufsnetz, sondern in einer Aktentasche. Er war wieder mit seinem fünfunddreißigjährigen Arbeitskollegen Walter Bernecker gekommen, den er erst vor kurzem für seine kommunistische Gruppe geworben hatte; Steinbrinck kannte ihn nur von der flüchtigen Begegnung am Vortag. Frankes Frau Erika war Verkäuferin in einem Warenhaus, sie mußte noch arbeiten, aber ihre Teilnahme war ja ohnehin nicht verabredet gewesen und hatte am Vortag eher Steinbrincks Erstaunen ausgelöst.

Hilde und Hans waren pünktlich gekommen, auch Herbert mit Marianne, Sala, Irene, Suzanne, Gerd und Heinz Joachim.

Sie redeten nicht viel, jedem war seine Aufgabe klar. Die Karten, jede für fünfzig Pfennige, hatte Hans Mannaberg schon am Vortag gekauft, zu viele; als Steinbrinck ihm gesagt hatte, daß nur dreizehn gebraucht wurden, wurden die überzähligen gleich an andere Besucher weiterverkauft. Werner übergab Herbert im Vorraum der Ausstellung eines der Brandblättchen aus seiner Brusttasche, das er an einer passenden Stelle in der Ausstellung anbringen sollte. Zunächst aber wollten sie das Speisehaus aufsuchen, weil Steinbrinck und Franke beschlossen hatten, daß Franke den Sprengstoff dort in einem Schrank deponieren sollte. Die anderen sollten paarweise hinter ihnen gehen und sie decken. Hilde war mit einem Blumenstrauß erschienen, denn anschließend wollte sie mit Werner dessen Mutter in Neukölln besuchen, um ihr nachträglich zum Muttertag zu gratulieren. Sie faßte Hans Mannaberg unter und ging mit ihm im einen und dem Blumenstrauß im anderen Arm in einem gewissen Abstand hinter Franke durch die Ausstellung. Aber das Speisehaus war an diesem Tag nicht zur Besichtigung geöffnet, sie liefen kreuz und quer durch das sogenannte Sowjetdorf, auf der Suche nach einem anderen Platz für ihren Sprengstoffkanister. Steinbrinck schilderte das in seinem Vernehmungsprotokoll vom 26. Mai. Hinter der nüchternen Sprache, wahrscheinlich der des Protokollanten, der nur auf Fakten bedacht ist, ahnt man so etwas wie Panik: »Durch ein Fenster entdeckte ich zusammen mit Franke einen Raum, welchen man durchlaufen konnte und in dem ein Bett stand. Franke sagte mir kurz, daß er die Apparatur auf dem Bett niederlegen wollte. Wir begaben uns, ohne auf die anderen Personen unserer Gruppe zu sehen, sofort in den Raum und Franke legte die Apparatur nieder. Über Einzelheiten kann ich nichts angeben, weil ich mich mit Franke in diesem Augenblick allein in dem Raum befand und darauf achtete, daß niemand hinzukam. Als ich ihm ein Zeichen geben wollte, daß er nun den Apparat niederlegen könnte, hatte er es schon ausgeführt und verließ bereits mit schnellen Schritten den Raum. Ich ging schnell hinterher und er sagte mir nur kurz: Meine Tasche brennt. In diesem Augenblick bemerkte ich eine kleine Rauchfahne, die aus der Tasche kam. Ich sagte ihm: Los, hau ab!, drehte mich um und sagte zu den übrigen, daß sie ebenfalls sofort abhauen sollten. Dann verließ ich selbst auf dem schnellsten Wege die Ausstellung. Mein Brandblättchen habe ich nicht mehr niedergelegt, weil mir die Sache in der allgemeinen Aufregung zu gefährlich war. Hilde und Hans hatte ich vorher noch schnell gesagt, daß sie abhauen sollten und daß wir uns bei meiner Mutter wieder treffen würden.«

Werner Steinbrinck behauptete, sein Brandblättchen am Bahnhof Friedrichstraße in einen Gully geworfen zu haben.

Auch Herbert Baum hatte seines nach Steinbrincks Meinung nicht anbringen können. Nach seiner Darstellung suchte er am Mittwoch nach der Aktion, also am 20. Mai, Herbert Baum auf und erfuhr, daß das Brandblättchen schon in Herberts Hand zu brennen angefangen hatte und daß sein Mantel dabei versengt worden sei. Auf die Vorwürfe seines Freundes habe Steinbrinck erklärt, das Brandblättchen habe sich sicher zu früh entzündet, weil er es zu

lange in der Hand gehalten habe und dadurch der Schwefel-
kohlenstoff zu schnell verdunstet sei.

So etwa wird der Ablauf des Brandanschlags auch in den
anderen erhaltenen Vernehmungsprotokollen beschrieben,
jedoch von Herbert Baum selbst oder einem aus seiner
Gruppe ist keine Schilderung der Vorgänge überliefert.

Hildegard Jadamowitz kam mit Marianne Baum zusammen
aus der Ausstellung. Herbert war nicht zu sehen, einen kurzen Moment standen sie noch zusammen, dann erschien
Hans Mannaberg, und zusammen mit Hilde machte er sich
auf den Weg nach Neukölln.

Sie waren beide sehr erregt, weil sie, ihren Aussagen
nach, erst in der Ausstellung selbst begriffen hatten, daß es
sich hier um mehr als eine Flugblattaktion handelte. Hilde
sagte den Gestapo-Vernehmern am 11. Juli, jedenfalls steht
es so im Protokoll, sie sei außerordentlich erstaunt gewesen, mit welcher Kühnheit hier doch der »bisher propa-
gierte Weg der illegalen Arbeit verlassen« wurde. Aber wegen ihres »besonderen Vertrauens« zu Werner Steinbrinck
habe sie vorher nicht nach Einzelheiten gefragt. Und sie
wäre auch dann mit in die Ausstellung gegangen, wenn sie
gewußt hätte, worum es sich handele. Aber daß Mannaberg
und sie gar nicht eingeweiht waren, schien ihr als »ein zu-
sätzliches Gefahrenmoment, das man hätte ausschalten
können«. Und weiter: »Im Grundprinzip war ich natürlich
mit diesem Schritt von Flugblattpropaganda zur Aktion
einverstanden, denn sonst hätte ich mich ja logischerweise
sogleich von der Gruppe trennen müssen.«*

Als Werner Steinbrinck bei seiner Mutter in der Herz-
bergstraße eintraf, waren Hilde und Hans schon da. Gegen
zwanzig Uhr hatten sie die Ausstellung verlassen, eine
halbe Stunde später saßen sie schon zu dritt bei seiner Mutter und plauderten, Werner begründete sein spätes Kommen mit Überstunden im Kaiser-Wilhelm-Institut. Als sie
zwei Stunden später wieder auf die Straße traten, mußte

Werner den beiden erst einmal berichten, was eigentlich geschehen war. Sie waren, sagte er aus, entrüstet und machten ihm Vorwürfe. Gegen 23 Uhr hätten sie noch versucht, Herbert Baum zu erreichen, aber er war nicht zu Hause.

War er nach Schulzendorf in sein illegales Quartier gefahren? Mit seinem versengten Mantel? Oder saß er noch mit den Freunden irgendwo zusammen? Vielleicht in der Gipsstraße bei Sala und Martin? Martin Kochmann sagte im Oktober nach seiner Verhaftung aus, er sei zu Hause gewesen, als Sala gegen zwanzig Uhr kam. Sie habe ihm erzählt, daß sie mit den anderen in der Ausstellung gewesen sei, daß sie aber gar nicht genau sehen konnte, was eigentlich abgelaufen sei. Bis zu Salas Verhaftung am 23. Mai habe er dann mit niemandem aus der Gruppe Kontakt gehabt.

Während die anderen nach dem Brandanschlag schnell auseinandergingen, saß Joachim Franke, jedenfalls erzählte er das Werner und Hilde in den Tagen vor der Verhaftung, noch eine Weile auf einer Bank und beobachtete, wie die Feuerwehr kam und wie starke Polizeikräfte das Gelände abriegelten.

Am nächsten Tag, dem 19. Mai, war die Ausstellung wie immer geöffnet. Keine Zeitung berichtete über das Geschehene, es gab eine Nachrichtensperre.

Aber die Gestapo arbeitete, bildete sofort eine Sonderkommission. Gegen 15 Uhr bekam der Reichsführer-SS und Chef der deutschen Polizei, Heinrich Himmler, der gerade in den besetzten Niederlanden war, ein Fernschreiben, den internen Bericht des Reichssicherheitshauptamtes, aus dem er erfuhr, was am Vorabend geschehen war. »Betrifft: Sabotageanschläge auf die antibolschewistische Ausstellung ›Das Sowjetparadies‹«.

In dieser knappen Information an Himmler wird von zwei Brandherden berichtet, die sich innerhalb von fünf Minuten entzündet hätten. Neben dem Sprengstoffpaket im sogenannten Arbeiterhaus, das eine Verpuffung ausgelöst hätte, wäre ein mit Phosphor getränkter Watte-bausch mit einer Sicherheitsnadel an einem mit Stoff über-zogenen Holzpfeiler befestigt worden. Es ist von »bisher unbekannten Tätern« die Rede.

Der Wattebausch, das war eines der beiden sogenannten Brandblättchen, die in Tablettenröhrchen transportiert wor-den waren. Da Werner Steinbrinck seines weggeworfen hatte, muß es Herbert Baum gelungen sein, dieses Brandblättchen, das seinen Mantel versengte, als er den Korken aus dem Röhrchen zog, doch noch anzubringen. Deshalb also war er etwas später aus dem Pavillon gekommen. Sein Brandblätt-chen richtete aber keinen großen Schaden an. Nur etwa fünf Quadratmater der Stoffbespannung waren beschädigt, sie wurden über Nacht ausgewechselt. Durch den Qualm erlit-ten elf Besucher leichte Rauchverletzungen.

Trotz der Nachrichtensperre verbreitete sich die Nach-richt von dem Attentat in Berlin. Auch unter den jüdischen Zwangsarbeitern bei Siemens sprach man darüber, daß eine Gruppe von Unbekannten, wahrscheinlich Kommunisten, versucht hatte, die Ausstellung »Das Sowjetparadies« in Brand zu setzen.

Verhaftungen

Wie Robert Mohn von dem Brandanschlag erfuhr, wußte er nicht mehr, als ich ihn danach fragte. Wahrscheinlich in dieser Eisdiele am Olivaer Platz oder in einem anderen Café, das er täglich besuchte, um Zeitungen zu lesen und Geschäfte anzubahnen. Er erinnerte sich nur daran, wie erschrocken er war und froh, daß der Bettsack mit den Teppichen nicht mehr bei ihm stand. Denn er vermutete gleich Herbert oder mit ihm verbundene Genossen hinter der Aktion. Am Montag, dem 18. Mai, oder am Dienstag hatte er in einer Seitenstraße vom Sachsendamm an einer Hauswand und an einer Litfaßsäule Klebezettel gesehen: STÄNDIGE AUSSTELLUNG DAS NAZIPARADIES KRIEG HUNGER LÜGE GESTAPO WIE LANGE NOCH? Er glaubte, daß diese Zettel von Baums Leuten stammten, und sah sie mit einer Mischung aus Freude und Entsetzen. Erst nach dem Krieg erfuhr er, daß eine andere kommunistische Gruppe, aus dem Kreis um Harro Schulze-Boysen, diese Klebezettel in der Stadt verteilt hatte. Und er las die Erinnerungen des Romanisten Werner Krauss, der seine Mitkämpfer vergeblich gewarnt hatte, weil er meinte, daß der Einsatz für eine solche symbolische Aktion zu groß und zu gewagt wäre. Aber die anderen gingen über diese Bedenken hinweg, die Zettel waren schon gedruckt, und sie wollten, wie zur selben Zeit Baum und Steinbrinck, von denen sie nichts wußten, ein Zeichen setzen. Schließlich fügten sich auch Werner Krauss und seine Freundin Ursula Goetze der Disziplin ihrer Gruppe und klebten selbst Zettel mit der Anspielung auf die Ausstellung »Das Sowjetparadies«.

Robert hatte sich die Ausstellung gar nicht angeschaut. Wenn er die Plakate in der Stadt sah, wandte er sich ab.

Ein paar Tage nach dem Brandanschlag kam Edith nach ihrer Arbeit atemlos zu ihm in die Lietzenburger Straße und sagte ihm schon in der Tür, daß Herbert Baum verhaftet sei, sie hätte es nicht gesehen, aber bei Siemens gehört. Er nahm sie in den Arm und beruhigte sie. Nur einen kurzen Moment lang überlegte er, ob er sie an ihre Monate zurückliegenden Streitgespräche erinnern sollte, als er Edith gebeten hatte, auf die Abende mit der Gruppe zu verzichten, sie aber eigensinnig ohne ihn dorthin gefahren war.

Als am nächsten Tag Heinz Birnbaum ins Eiscafé kam, die Mütze ins Gesicht gezogen, sah er ihn schon, bevor der ihn entdeckt hatte. Ihm war sofort klar, daß Buber auf der Flucht war. Er wußte nicht, ob sie ihm schon auf der Spur waren. Trotzdem nahm er ihn mit. Buber ging nicht einmal mehr in seine Wohnung, sondern paßte eine Arbeitskollegin ab, schickte sie unter einem Vorwand zu seiner Wirtin in die Wilmersdorfer Straße, die ihm ein paar Sachen zusammenpackte und nach seinen Anweisungen Papiere aus der Schublade nahm.* Buber wollte weg aus Berlin, vielleicht mit Fluchthelfern über die Schweizer Grenze, dafür brauchte er Geld. Robert Mohn hatte noch den Posten Pariser Seifen und Duftwässer. Er überließ Birnbaum die Ware, und der verkaufte sie tatsächlich in Friseursalons am Kudamm. So bekam er in wenigen Tagen eine Summe zusammen. Aber plötzlich hatte er auch anderswoher Geld, Robert Mohn wollte nichts darüber wissen.

Edith ging jeden Tag zu ihrer Zwangsarbeit, sie erfuhr nicht, wer bei Robert untergekommen war. Der sagte ihr auch nicht, was er über die anderen wußte.

Von Birnbaum hatte er gehört, daß einige der noch nicht Verhafteten sich am 24. Mai, dem Pfingstsonntag, um Mitternacht an der Berolina am Alexanderplatz trafen. Richard Holzer, Lotte Paech, Felix Heymann und Heinz Joachim, Birnbaum und der völlig verstörte Martin Kochmann. Am Vortag war seine Frau Sala aus dem Kindergarten Gipsstraße abgeholt worden. Vor den Augen der Kinder und ihrer schockierten Kollegen wurde sie in Handschellen abgeführt. Über diese Verhaftung berichtete mir 1992 Hanna Gold, eine jüdische Kindergärtnerin, die neben den gleichaltrigen Kochmanns in der Gipsstraße 3 ganz oben ihr Zimmer hatte und wußte, daß ein Kreis junger Kommunisten sich dort regelmäßig traf.* Sie kannte auch Herbert Baum, und sie wußte, daß auf dem Boden des Hauses hinter der Dachdämmung ein Karton mit Formularen, Flugblättern und gefälschten Lebensmittelkarten versteckt war. Sie hatte ihn gesehen und nichts gesagt, obwohl sie alle dadurch gefährdet wurden. Martin, der als Transportarbeiter bei einer Firma für Eisenröhren in der Lichtenberger Rittergutstraße eingesetzt war, wurde am 23. Mai 1942 mittags, ein paar Minuten vor zwölf Uhr, dort ans Telefon gerufen. Am Apparat war Dora Bahnmüller, die Leiterin des benachbarten jüdischen Kinderheims AHAWAH in der Auguststraße. Sie sagte ihm, er solle nicht nach Hause gehen, Sala sei schwer erkrankt und soeben ins Krankenhaus gekommen. Da es der Pfingstsonnabend war, wurde ohnehin nur bis zwölf Uhr gearbeitet. Martin fuhr in die Auguststraße, wo ihn in der AHAWAH nicht nur Dora Bahnmüller, sondern auch ein Kollege aus der Gipsstraße, Jakob Berger, erwartete. Sie sagten ihm, was geschehen war. Martin bat Berger, die Kiste auf dem Boden zu beseitigen, ihm einige Kleidungsstücke und Papiere zu bringen. Berger tat es, gab ihm noch 350 Mark, und Martins Flucht begann, die erst im Oktober endete.

Daß Dora Bahnmüller ihn angerufen hatte, daß Jakob Berger die Kiste mit den Papieren verbrannte, daß der Hausmeister und der Erzieher Erich Marcuse dies billigten, kostete sie alle das Leben. Berger, der Hausmeister und Erich Marcuse wurden schon am 3. Juni verhaftet. Am 1. Juni vormittags waren Julius Blumenthal und Arthur Lilienthal von der »Jüdischen Kultusvereinigung zu Berlin« in der Gipsstraße 3 erschienen, um »eine Nachprüfung über das Verhalten der Kochmann« durchzuführen. Schließlich war sie ihre Angestellte, der jüdische Kindergarten war eine Einrichtung der

Gemeinde. Zwei Tage vorher, am 29. Mai um 10.30 Uhr, hatte ein Gruppenführer im Auftrage des Reichsführers-SS im Beisein von Eichmann, Guenther und Suhr den Vertretern der Reichsvereinigung im Reichssicherheitshauptamt mitgeteilt, »daß im Zusammenhang mit einem Anschlag auf die Ausstellung ›Das Sowjet-Paradies‹, an dem fünf Juden aktiv beteiligt waren, 500 Juden in Berlin festgenommen, davon 250 erschossen und 250 in ein Lager überführt worden sind. Es ist außerdem eröffnet worden, daß weitere Massnahmen dieser Art ergriffen werden, falls noch einmal ein Sabotageakt vorkommen sollte, an dem Juden beteiligt sind.«* Die Herren von der Kultusvereinigung in der Oranienburger Straße gingen also von ihren Büros in der Oranienburger Straße fünf Minuten zu Fuß, um sich ein Bild von den Vorgängen zu machen. Dabei befragten sie auch die Oberin Elsa Stein, Leiterin des aufgelösten jüdischen Säuglingsheims in Niederschönhausen, die mit einigen ihrer Pflegekinder in der Gipsstraße untergekommen war. Sie sagte den Herren, jedenfalls steht es so in dem Bericht, den diese für die Akten anfertigten, es habe »der ebenfalls dort wohnhafte Jakob Israel Berger am 25. 5. 1942 etwa in der Zeit zwischen 20 und 21 Uhr im Heizungskessel Papiere verbrannt. Auf nachheriges Befragen durch die Heimleiterin hat Berger erklärt, es handle sich um Papiere des Ehepaares Kochmann, die er auf Veranlassung des Ehemanns von Frau Kochmann verbrannt habe.« Vielleicht glaubte die Oberin, diese korrekte Auskunft würde ihren Kindern nützen. Außerdem waren es ja jüdische Repräsentanten und nicht die Gestapo, der sie die Wahrheit sagte. Aber es war die Gestapo, die am 3. Juni kam, Berger abzuholen. Und den Hausmeister und Erich Marcuse. Dora Bahnmüller aus der AHAWAH wurde erst im November verhaftet. Lotte Paech traf sie Ende Dezember im Arbeitslager Fehrbellin, barfuß, in einem dünnen Overall, mit einem Strick um den Bauch, an dem der Eßnapf hing. Dora Bahnmüller, die als »Mischling I. Grades« hätte überleben können, kam in Auschwitz um. Hanna Gold, die mir das alles, was ich auch durch erhaltene Akten des Dr. Paul Eppstein von der Reichsvereinigung bestätigt fand, erzählt hat, ging im August mit ihrer Freundin Laureen Jacoby in den Untergrund und überlebte als einzige aus der Gipsstraße 3. Nach dem Krieg arbeitete sie eine Zeitlang in der deutschen Verwaltung, reiste dann, zutiefst desillusioniert, in die USA aus. Während ihrer eigenen Flucht traf sie auch Martin noch ein- oder zweimal, einer ihrer Quartiergeber half auch ihm. Sie kannte auch Lotte Paech, spätere Holzer, aber sie suchte nicht ihre Nähe. Und nach dem Krieg wollte sie wie viele der Überlebenden lange Zeit nicht über das sprechen, was hinter ihr lag.

Als Martin Kochmann, Heinz Birnbaum, Richard Holzer, Lotte Paech, Felix Heymann und Heinz Joachim sich am Pfingstsonntag an der Berolina trafen, waren sie schon Gejagte. Birnbaum, dessen Freundin Irene auch am Vortag verhaftet worden war, wußte, daß er nicht lange bei Robert Mohn bleiben könnte. Auch Felix ging nicht mehr zu seinen Eltern in die Kreuzberger Urbanstraße, er versteckte sich erst einmal als Pierre Rappaud in Fredersdorf in dem möblierten Zimmer, das er mit Hella Hirsch gemietet hatte, die dort als Geneviève Sauteurs auftrat. Hella, die in den Aceta-Werken der IG Farben arbeitete, nahm in der letzten Maiwoche Urlaub. Da sie nichts mit dem Brandanschlag zu tun hatte, hofften sie und ihre Schwester Alice, die noch immer bei ihren Eltern Jacob und Hanchen Hirsch in der Linienstraße 220 gemeldet waren, sie würden unbeachtet bleiben. Obwohl sie ihre kleine Chance davonzukommen dadurch gefährdete, ging Hella am Pfingstmontag spätabends mit Felix zu der nächsten nächtlichen Verabredung. Im Schutz der verdunkelten Stadt räumten Martin, Felix und Birnbaum Baums zweiten Keller in der Stralauer Straße aus, den die Gestapo noch nicht entdeckt hatte. Dort fanden sie auch eine Pistole, Geld und Zigaretten, Bücher und Aufzeichnungen. Bei den Vernehmungen sagten sie später, der

Keller sei unverschlossen gewesen. Vielleicht besaß einer von ihnen den Schlüssel oder wußte, wo er versteckt war. Sie schleppten den Abziehapparat und mehrere Bündel zur Jannowitzbrücke, wo am Spreeufer außer Hella Richard Holzer und Heinz Joachim auf sie warteten.*

Denen hatte Lotte Paech zu einer Krankschreibung verholfen, Richard bereitete schon seine Flucht ins Ausland vor, und Heinz Joachim wollte erst einmal nicht zu Siemens gehen und abwarten.

Hanni Meyer, die Frau des mit Herbert Baum und Heinz Rothholz verhafteten Gerd Meyer, hatte ihm und Marianne Joachim den Schlüssel zu ihrem Quartier in Petershagen gegeben. Marianne hatte sich dort als französische Fremdarbeiterin André Alla gemeldet, Heinz Joachim besaß einen französischen Ausweis als Maurice Lejour. Er war zu dem Treffen mit den Freunden gekommen, um zu retten, was zu retten war, um die Spuren der illegalen Arbeit zu beseitigen. Heinz Joachim nahm nichts aus Baums Keller, nicht einmal die Zigaretten, die sie da gefunden hatten.

Die in Koffern verstauten restlichen Teppiche der Familie Freundlich teilten sich Felix, Martin und Birnbaum. Von den tausend Reichsmark, die in Herberts Keller versteckt gewesen waren, den Rücklagen der Gruppe für die Zeit der Illegalität, nahm Richard achthundert mit. Zweihundert Mark nahm Felix Heymann.

Martin Kochmann brachte seine Teppiche zur Gepäckaufbewahrung und besorgte sich am nächsten Tag in Spandau den Ausweis des Belgiers Alfons Buys.

Felix und Hella blieben bis Anfang Juni in Fredersdorf. Es muß für sie wie für Heinz Joachim und Marianne in Petershagen eine Woche voller Angst gewesen sein. Sie wußten nicht, was kommen würde, und sahen keinen Ausweg. Lotte Paech hat später berichtet, Felix und Hella hätten in dieser Zeit noch geheiratet. Natürlich nicht auf dem Standesamt, aber nach jüdischem Ritus. Es gab solche heimlichen Hochzeiten in Berlin, mehrmals haben Rabbiner im Untergrund lebende Paare getraut; aber weder Felix noch Hella waren religiös. Wie es wirklich war, werden wir wohl nicht mehr erfahren. Auch Ellen Compart, Hellas Freundin und Kollegin bei der Zwangsarbeit, hat berichtet, Hella hätte ihr von der heimlichen Eheschließung erzählt, als sie im Juni wieder zur Arbeit kam.

Vielleicht war es nur nach ihrem eigenen inneren Gesetz eine Hochzeit, denn die Gesetze der äußeren Welt waren für sie zur mörderischen Falle geworden. Frau Westphal, die Zimmerwirtin, verlangte von ihren angeblich französischen Mietern, sie sollten sich polizeilich anmelden. Da mußten sie das Quartier in Fredersdorf verlassen. Eine Nacht lang schlief Felix bei der Krankenschwester Renate Moratz, zu der Lotte Paech ihn brachte. Renate Moratz war ihre Kollegin im Jüdischen Krankenhaus, sie hatte dort eine Wohnung. Es war nicht das einzige Mal, daß Renate Moratz Baums Leuten auf der Flucht half, auch Felix würde bis zu seiner Verhaftung im Oktober noch mehrmals bei ihr übernachten. Aber erst einmal war er froh, daß Hellas jüngere Schwester Alice in Hermsdorf bei einer Frau Möllers ein Zimmer gemietet hatte, sie trat es Felix und Hella ab. Dort hielt er sich nun auf, als Pierre Rappaud natürlich, der Wirtin gegenüber behauptete er, Urlaub zu haben. Alice und Hella gingen den Juni über zu ihrer Zwangsarbeit, nach der Arbeit und an den Wochenenden traf Hella Felix, der fieberhaft nach einer Lösung suchte. Er brauchte auch Geld. Für ein paar Tage arbeitete er als angeblich ungarischer Eisendreher in einer kleinen Firma am Moritzplatz, in der früher auch Heinz Birnbaum gearbeitet hatte. Einer von Birnbaums früheren Arbeitskollegen, Wolfgang Knabe aus Schönow, half Felix Heymann, dort unterzukommen. Aber schon am dritten Tag blieb Felix weg, weil der Chef der Firma ihn beim Arbeitsamt melden wollte. Die Teppiche brachte er zu einem ehemaligen Arbeitskollegen, Heinz Overbeck, der deshalb ein paar Monate später verhaftet wurde. Jeden, den er um Hilfe bat, bat er damit, sein Leben aufs Spiel zu setzen. Tatsächlich wurde Wolfgang Knabe, der Felix im Sommer einige Male bei sich übernachten ließ, später in den Strudel der Verhaftungen gezogen, kam in der Untersuchungshaft in Moabit um. Auch die Krankenschwester Renate Moratz wurde verhaftet, als Jüdin starb sie in Auschwitz. Fast jeder, der einem aus der Baum-Gruppe half, fand am Ende dafür den Tod.

Aber in den Wochen nach den ersten Verhaftungen glaubten sie noch, sie könnten es schaffen zu überleben.

Herbert Baum soll in den letzten Maitagen oder Anfang Juni noch gesehen worden sein. Er soll morgens, als die jüdischen Zwangsarbeiter zu Siemens strömten, in der Nähe des Eingangs gestanden haben. Sein Mantel soll so seltsam über den Schultern gehangen haben, wahrscheinlich waren seine Hände auf dem Rücken gefesselt. Sein Gesicht soll zerschlagen gewesen sein. Mit seinen Augen soll er jeden gewarnt haben, der ihn ansprechen wollte. Niemand sprach ihn an, seine Kollegen gingen vorüber und sahen sich nur vorsichtig nach den Gestapoleuten um, die in der Nähe lauerten.

Kochmann hatte in den frühen Morgenstunden des 27. Mai mit Richard Holzers Fahrrad Berlin verlassen. Es war der siebzigste Geburtstag seines Vaters, des Fleischermeisters Michaelis Kochmann, der diesen Tag nicht gefeiert haben wird. Martin wollte sich mit seinem Ausweis nach Belgien durchschlagen. Bis Potsdam fuhr er mit der S-Bahn, dann mit dem Fahrrad bis Brandenburg. Dort gab er das Rad auf und kaufte eine Fahrkarte bis Hannover. In Magdeburg mußte er aussteigen, um eine neue Fahrradkarte zu kaufen, denn die alte galt nur bis zu 100 km. Aber er mußte der Bahnpolizei seinen Urlaubsschein vorweisen und wurde als flüchtiger Fremdarbeiter festgenommen.

In Berlin hatte inzwischen die Jagd auf die Geiseln für den Brandanschlag im Lustgarten begonnen.

Am selben 27. Mai verübten in Prag tschechische Patrioten ein Attentat auf den verhaßten Reinhard Heydrich, den Chef der Sicherheitspolizei und des Sicherheitsdienstes.

Als das Attentat in Berlin bekannt wurde, waren schon Hunderte jüdische Männer verhaftet. Man sprach von Vergeltungsmaßnahmen, und viele glaubten, die Verhaftungen hätten mit dem Anschlag auf Heydrich zu tun, der schließlich am 5. Juni starb. Da waren 154 jüdische Geiseln, Männer aus Berlin, über deren Festnahme er noch am Vortag in einem Telefongespräch mit Himmler gesprochen hatte, längst tot. Sie waren am 28. Mai in Sachsenhausen erschossen worden wie auch 96 jüdische Männer aus Berlin, die schon länger Häftlinge in diesem Lager waren. Weitere 250 Männer aus Berlin brachte man nach Sachsenhausen, ohne sie gleich zu erschießen. Die Überlebenden unter ihnen kamen im Oktober nach Auschwitz. Und die Angehörigen der 154 sofort ermordeten Geiseln deportierte man nach Theresienstadt.

Noch lange nach dem Krieg wurden die Geiselerschießungen vom 27. und 28. Mai 1942 mit der Rache für das Attentat auf Heydrich in Verbindung gebracht. Die Dokumente, die den Zusammenhang mit dem Anschlag im Lustgarten belegen, waren nur wenigen zugänglich.

Robert Mohn sagte mir, er habe von Anfang an gewußt, daß die Geiselnahme die Rache der Nazis für den Brandanschlag war. Als am 27. Mai die Autos mit den Abholern durch die Straßen rasten, wußte er Bescheid. Daß die Geiseln in Sachsenhausen erschossen wurden, erfuhr er nicht, er glaubte dem Gerücht, das sei in Lichterfelde geschehen, in den durch den Röhm-Putsch berüchtigten Kasernen. Aber an dem Zusammenhang mit dem Brandanschlag zweifelte er nicht. Woher er das so genau wußte, erinnerte er sich nicht mehr, als ich fragte. Vielleicht hatte er es durch ihm bekannte SS-Männer erfahren, vielleicht aus Kreisen der Reichsvereinigung.

Wie es Martin Kochmann erging, Felix Heymann und den andern noch nicht Verhafteten, wußte er nicht. Birnbaum sagte nur das Nötigste, Robert wollte auch nicht allzuviel wissen. Manches erzählte ihm Lotte nach dem Krieg, anderes erfuhr er erst in den neunziger Jahren durch Michael Kreutzer oder aus meinen Aktenkopien.

In den Archiven hatte ich die Hafteinlieferungspapiere von Buber gefunden, die Kopien zeigte ich Robert Mohn. Die gelblichen Kopien sahen inzwischen selbst aus wie alte, zerlesene Originale, so oft hatte ich sie angeschaut. Am 1. Juni gegen 17.40 Uhr war der einundzwanzigjährige Heinz Birnbaum im Dahlemer Kaiser-Wilhelm-Institut für physikalische Chemie und Elektrochemie festgenommen worden, als er nach Werner Steinbrinck fragte, der jedoch schon am 22. Mai in diesem Institut verhaftet worden war.[*] Steinbrincks Kollege, der technische Assistent Herbert Wiesemann, hatte Birnbaum im Auftrag der Gestapo mehrmals am Telefon in Gespräche verwickelt. Warum Birnbaum sich hinhalten ließ und schließlich selbst ins Institut ging, warum er trotz der Warnung Robert Mohns in die Falle lief, bleibt ein Rätsel. Vielleicht wußte Birnbaum gar nicht, daß Steinbrinck beim Brandanschlag dabei war, er kannte ihn wohl nur von zwei oder drei Treffen bei Baum und natürlich von der gemeinsamen Aktion in der Lietzenburger Straße. Vielleicht wollte er ihn warnen, vielleicht glaubte er, Steinbrinck könnte ihm zur Flucht aus Deutschland verhelfen. Birnbaum wurde festgehalten und das 164. Polizeirevier verständigt. Der dortige Oberwachtmeister Weidner übergab Birnbaum schließlich dem Kriminal-Obersekretär Hermann Schulz von der Gestapo. Es wurde unter der Tagebuchnummer 144/42 vermerkt, daß Birnbaum den Judenstern zwar bei sich trug, aber nicht an seiner Oberbekleidung befestigt hatte. Auch sei bei seinen Sachen ein Paket mit Kondomen gewesen, Markenzeichen »Fromms Akt«. »Es besteht der dringende Verdacht, daß der Jude den Stern auch noch deshalb entfernt hat, um den Eindruck zu erwecken, als sei er ein Christ, um sich an deutsche Mädchen heranzumachen. Auch dürfte er verbotswidrig mit der Bahn nach Berlin-Dahlem gefahren sein.« Die Polizisten des 164. Reviers wußten zwar nicht, worum es bei dieser Verhaftung ging, aber sie richteten ihre eigenen lüsternen Phantasien auf diesen jungen Juden und gaben ihm in ihren Augen strafverschärfende Unterstellungen mit auf den Weg. Der Gestapo war es recht, aber ihr ging es nicht um »Rassenschande« oder eine Fahrt mit der S-Bahn ohne Stern, sie wußte, was für einen Fang sie da gemacht hatte.

Anders als Ediths Briefe, die ich ihm schon vor Monaten gegeben hatte, las Robert Mohn die Protokolle von Birnbaums Einlieferung sofort, als sie vor ihm lagen. Ich saß ihm am Tisch gegenüber, blätterte in anderen Papieren und schaute ab und zu auf ihn. Ganz gründlich las er die Protokolle, jedes Wort. Ich sah, daß er sich Tränen aus den Augen wischte. Es war das einzige Mal, daß ich ihn weinen sah. Als ich den Raum verlassen wollte, bat er mich zu bleiben. Dann begann er wieder, von seiner letzten Begegnung mit Birnbaum in der Bellevuestraße zu reden, von der Zigarette, um die der Freund ihn bat und die er nicht hatte. Voller Genugtuung machte er mich auf Bubers Taktik bei den Vernehmungen aufmerksam. Ich hatte auch herausgelesen, daß Birnbaum versucht hatte, die Vernehmer hinzuhalten, Geschichten zu erfinden, sie zu widerrufen, zuzugeben, was sich nicht mehr leugnen ließ, und bis zum Schluß wichtige Teile der Wahrheit für sich zu behalten. Seine Überzeugung jedoch hat er nicht verleugnet. Am 10. Juni sagte er den Vernehmern: »Es ist leicht zu erklären, daß wir vor allem als Juden naturgemäß gegen den heutigen Staat eingestellt sein mußten und gegebenenfalls seinen Umsturz erhofften.« Robert Mohn starrte stumm auf eine Aktennotiz, aus der hervorging, daß sein Freund am 30. Juni und am 7. Juli »verschärft vernommen« wurde.

»Er hat mich nicht verraten«, sagte Robert Mohn leise, jedes der Worte betonend.

Ich besaß auch Edith Fraenkels Einlieferungprotokolle, sie wurde am 8. Juli 1942 verhaftet, doch weil er ihre von mir gefundenen Briefe nie gelesen hatte, zögerte ich, ihm die

Kopien zu zeigen. Aber er wollte sie sehen, er fragte danach, bat um ein Glas Wasser und griff nach der Akte.

Über das Formblatt von Edith Fraenkels Einlieferungsanzeige hatte jemand, wohl ein Gestapo-Mitarbeiter, mit der Hand geschrieben: »Mittäter in der KPD-Sache Franke und Andere«.

Die Gestapo hatte alle Beteiligten und auch die Unbeteiligten aus Baums Umfeld zum Beginn der Ermittlungen als kommunistische Franke-Gruppe bezeichnet. »Später hat auch die Gestapo von der Gruppe Baum gesprochen«, sagte Robert Mohn und vertiefte sich in die Papiere.

Ediths Akte war am 8. Juli 1942 angelegt worden, am Tag ihrer Verhaftung.

Wie schon am 22. Mai Herbert Baum, Gerd Meyer und Heinz Rothholz wurde die Ankerwicklerin Edith Fraenkel direkt im Werkgebäude der Firma Siemens & Schuckert am Rohrdamm festgenommen, um zwölf Uhr fünfundvierzig. Die anderen hatte man direkt aus der Halle 133 geholt, Ilse Stillmann hat es gesehen. Von Ediths Verhaftung hatte sie nichts bemerkt. Vielleicht war Edith Fraenkel in der Pause verhaftet worden, oder man hatte sie unter einem Vorwand zum Abteilungsleiter, diesem Herrn Ließmann, gerufen. Von Spandau müssen die Geheimpolizisten mit ihr direkt in die Pfalzburger Straße 86 gefahren sein. Um dreizehn Uhr dreißig, diese Akten wurden genau geführt, fand dort eine Hausdurchsuchung durch Kriminalsekretär Linke statt, anwesend waren »die Beschuldigte und deren Mutter«. Aber man fand offenbar nichts Besonderes und beschlagnahmte nur »1 Briefumschlag mit 2 Notizbüchern sowie einige Bilder«.

Weiter stand auf der Einlieferungsanzeige der Name von Ediths Vater: »Leo Fraenkel, ausgewandert i. Okt. 1940 nach Amerika«. Robert Mohn gab, als er das las, ein kurzes Lachen von sich. »Der stand für die Vaterschaftsuntersuchungen nicht mehr zur Verfügung. Das war wichtig für das ›Ehelichkeitsanfechtungsverfahren‹ beim Landgericht.« Auf die

Frage nach der Deutschblütigkeit ihres Vaters hatte Edith denn auch angegeben: ungeklärt. Bei den Angaben »Zur Person« stand in Maschinenschrift Ediths Erklärung: »Politisch war ich nie tätig. Lediglich war ich im Jahre 1938 Mitglied des J.S.K. (Jüdischer Sportklub) bis zu dessen Auflösung. Eine Funktion in diesem Sportverein hatte ich nicht inne.« Sie unterschrieb mit ihrer steilen Schulmädchenschrift: Edith Sara Fraenkel.

Robert Mohn betrachtete diese Unterschrift, dann zeigte er mir einen handschriftlichen Eintrag neben dem Vermerk über die beschlagnahmten Notizbücher und Bilder: »Der Vernichtung zugeführt, da als Beweismittel wertlos.«

Das war am 25. August geschrieben. Edith saß schon sieben Wochen im Polizeigefängnis am Alexanderplatz. Genau eine Woche zuvor waren die zehn aus dem ersten Prozeß, die am Brandanschlag teilgenommen hatten, sechs aus dem Kreis um Baum und vier aus der Franke-Steinbrinck-Gruppe, in Plötzensee hingerichtet worden. »Der Vernichtung zugeführt«, wiederholte Robert Mohn und legte die Papiere wieder aus der Hand.

Aufschub

Als Edith verhaftet wurde, lebte sie mit ihrer Mutter im Judenhaus in der Pfalzburger Straße, das einmal das Wohnhaus des jüdischen Rechtsanwalts Dr. Rudolf Arnheim gewesen war. Er wurde im Oktober 1942 nach Theresienstadt deportiert und war schon tot, als Edith genau ein Jahr später selbst dorthin kam. Aber Robert Mohn und Edith hatten doch schon vor Uris Geburt zusammen gelebt. Warum war sie wieder zu ihrer Mutter gezogen?

Dies fragte ich, als auf dem Tisch zwischen uns noch die Kopien der Einlieferungsanzeigen von Edith und Buber lagen. Er antwortete, daß er nach der Ausreise seiner Eltern im Frühjahr 1939 die große Wohnung in der Konstanzer Straße aufgegeben hatte. Bei einem Freund in der Wichmannstraße am Lützowplatz mietete er ein Zimmer. Dort wohnten sie, bis das ganze Viertel zerbombt wurde. Dann fand er in der Pension Lau dieses möblierte Zimmer, in dem Edith aber nicht wohnen durfte. Unter normalen Umständen hätten sie geheiratet, aber da sie sich bemühten, Ediths eheliche Geburt anzuzweifeln zu lassen, mußten sie abwarten. Auch er war schließlich nach den Papieren »Mischling« und wollte keine schlafenden Hunde wecken. Die Ehe mit einer Jüdin hätte ohnehin diesem privilegierten Status geschadet, auch für Ediths »Abstammungsverfahren« wäre die Ehe mit einem »Nichtarier« ungünstig gewesen. Also zog sie schwanger zu ihrer Mutter zurück. Ich fragte nach dem Namen seines Freundes aus der Wichmannstraße. Er hieß Fritz Neuweck.

Fritz Neuweck.

Diesen Namen kannte ich.

Überlebende aus dem Sammellager Große Hamburger Straße hatten ihn mir beschrieben, auch Lotte Paech war ihm dort begegnet und hatte in den sechziger Jahren über ihn gesprochen. Er war Jurist, zwischen dreißig und vierzig Jahre alt, ein großer und schwerer Mann, lärmend und selbstbewußt. Ein »Greifer«, einer der Juden, die wie Spürhunde mit der Gestapo zusammenarbeiteten und andere Juden auslieferten. Neuweck war außerdem dafür berüchtigt, daß er sich bestechen und von den Opfern bezahlen ließ, die er dann doch verriet. In der Großen Hamburger Straße hatte er sich gebrüstet, mehr als 500 Juden ausgeliefert zu haben. Er wurde so großmäulig, daß er dem SS-Lagerleiter, dem Hauptsturmführer Walter Dobberke, gefährlich schien und mit seiner Frau selbst auf eine Transportliste für Auschwitz kam. Das muß Anfang 1944 gewesen sein. Das Lager war schon aus der Großen Hamburger in die Schulstraße zum Jüdischen Krankenhaus umgezogen. Dort erschoß Fritz Neuweck mit der Pistole eines SS-Mannes seine Frau und dann sich selbst, um der Deportation zu entgehen.

Robert Mohn sah mir an, daß ich wußte, wer Fritz Neuweck war, und beeilte sich, zu versichern, daß er damals, als Edith und er in seiner Wohnung lebten, noch kein Fahnder der Gestapo gewesen sei. Er sei ein »aufrechter und bewußter Jude« gewesen, kein Verräter. Ein anständiger Charakter, sie hätten geschäftlich miteinander zu tun gehabt. Ich fragte, um was für Geschäfte es sich gehandelt habe. Neuweck, der als Jude seine Zulassung als Anwalt verloren hatte, handelte mit Gold und Brillanten. Ein Gramm Gold, erinnerte sich Robert Mohn, wurde damals für etwa siebzig Mark angekauft und für neunzig weiterverkauft. Viele, die ausreisen wollten, versuchten, ihr Vermögen in leicht transportablem Schmuck anzulegen, andere zwang die Not, ihr Gold zu verkaufen. Der Handel blühte, und Neuweck war ein guter Geschäftspartner für Robert Mohn. Und ein guter Freund, sagte er beinahe trotzig in mein Schweigen hinein. Damals sei Fritz Neuwecks Entwicklung, Robert Mohn sagte »miserable Entwicklung«, noch nicht abzusehen gewesen. Er war zuverlässig und hilfsbereit.

Nachdem es die Wohnung in der Wichmannstraße nicht mehr gab, habe er den Kontakt zu Fritz Neuweck verloren. Einmal habe er ihn noch auf der Straße getroffen, ohne Judenstern. Auf seine erstaunte Frage habe er lachend geantwortet: »Du kennst doch Neuweck. Der bleibt übrig.« Dann sei er aber doch draufgegangen. Erst nach dem Krieg habe Robert Mohn, sagte er, von einem Freund, dem jüdischen Geschäftsmann Abraham Zajdmann, erfahren, was aus Neuweck geworden war und wie er endete.

Das Schweigen zwischen uns wuchs.

Ich könne mir eben nicht vorstellen, sagte Robert Mohn nach einer langen Pause, wozu Menschen fähig würden, wenn es um ihr Leben ginge. Er habe da keine Illusionen mehr. In solchen Situationen sei sich jeder selbst der Nächste.

Ich blickte auf den Tisch, wo noch die Akten der Verhörprotokolle von Heinz Birnbaum lagen, seine und Ediths Einlieferungsanzeigen. »Nicht alle werden so gedacht haben«, sagte ich vorsichtig. Robert Mohns Gesicht veränderte sich. Wieder glaubte ich, Tränen in seiner Stimme zu spüren, als er sagte: »Buber hat nicht so gedacht. Edith auch nicht. Deshalb sind sie tot. Umgekommen mit zweiundzwanzig Jahren.«

Was ich mir nicht vorstellen könne, sagte ich schließlich, sei, daß ein Charakter wie der des Greifers Neuweck erst in der Großen Hamburger Straße zu erkennen war. Seine Habgier, seine Bereitschaft, andere Leben auszulöschen, um seines zu retten, müssen doch auch vorher angelegt gewesen sein. »Du verstehst die Zeit nicht«, sagte Robert Mohn nur. Neuweck habe außerdem keine Leben ausgelöscht, nur sein eigenes und das seiner Frau. Er habe die Listen nicht zusammengestellt, er habe Auschwitz nicht erfunden. Aber er wolle nichts beschönigen, außerdem war er nicht dabei. Übrigens habe auch Edith ihn nicht gemocht. In seiner Nähe habe sie sich beklommen gefühlt, und auch ohne den Bombenangriff wären sie bei ihm ausgezogen. »Dabei hat er sich später ihr gegenüber anständig verhalten. Er hat mich informiert, als sie aus dem Zuchthaus Cottbus in die Sammelstelle Große Hamburger Straße kam.«

»War er es, der Edith von der Auschwitz-Liste nahm und nach Theresienstadt deportieren ließ?« fragte ich. »Das hätte er wohl nicht gekonnt. Aber ein Dr. Jacobsohn war in der Großen Hamburger Ordner. Der verwaltete die Listen. Den habe ich angefleht, etwas für Edith zu tun. Theresienstadt war ja mindestens ein Aufschub, vielleicht eine Überlebensmöglichkeit. Mehr konnte ich nicht für sie tun.«

»Habt ihr euch noch einmal gesehen?« – »Nein«, antwortete Robert Mohn und stand mühsam auf, verließ das Zimmer. Als er wiederkam, bat er mich, meinen Besuch für heute abzubrechen. Es strenge ihn zu sehr an, er habe Schmerzen. Während ich meinen Mantel anzog, lehnte er im Türrahmen und summte leise das Landsknechtslied, das Lied von der letzten Silvesterfeier mit Baums Leuten, über die wir heute gar nicht gesprochen hatten.

»Der Tod kann auch die Trommel rühren, du kannst den Wirbel im Herzen spüren. Der Tod kann Rappen und Schimmel reiten, der Tod kann lächelnd im Tanze schreiten. Er trommelt laut, er trommelt fein: Gestorben, gestorben, gestorben muß sein.«

Am späten Abend rief er mich an. Es wurde einer seiner Monologe, die stundenlang dauerten, die ich durch Fragen kaum unterbrechen konnte, bei denen ich das Gefühl hatte, er wollte mir etwas sagen, aber ich verstand nicht, was.

Seine Stimme war noch immer wie am Nachmittag schwer, traurig. Langsam, nach den Worten suchend, wiederholte er, was er mir schon gesagt hatte. Daß Edith ein idealistisches Mädchen gewesen sei, auch aus ihrem Tagebuch vom November 1941 gehe ja hervor, wie sie gedacht und gefühlt habe – eben wie ein anthroposophisch erzogenes junges Mädchen, das auf die Grausamkeit ihrer Zeit gar nicht vorbereitet gewesen sei. Sie sei eigentlich gar nicht politisch gewesen. Zu Herbert Baums Gruppe habe sie sich mehr emotional hingezogen gefühlt, sie habe einfach einen ausgeprägten Gerechtigkeitssinn gehabt. Er habe alles getan, um sie zu beschützen. Aber sie sei tot, und er sei am Leben. Alles habe seinen Preis.

Er erzählte wieder, was nach Ediths Verhaftung geschah. Auch von dieser Verhaftung hatte Robert Mohn in der Eisdiele erfahren. Der Besitzer hatte ihn am Nachmittag des 8. Juli 1942 beiseite gewinkt. Von Siemens habe eine Frau angerufen. Man solle Robert Mohn ausrichten, Edith Fraenkel sei verhaftet worden. Er hat nie erfahren, wer die Anruferin war. Wie benommen ging er in sein Pensionszimmer zurück. Inzwischen hatte er nicht mehr mit einer Verhaftung gerechnet, Birnbaum war schon fünf Wochen fort, ohne daß etwas geschehen war. Er war sicher, daß Ediths und seine Wohnungen nicht beschattet worden waren. Kurz darauf kam Olga Fraenkel zu ihm, zitternd vor Angst und Aufregung. Er ließ sich von der Hausdurchsuchung berichten, beruhigte sie, soweit das ging, und begleitete sie zurück in die Pfalzburger Straße. Dort lebte auch ein jüdischer Rechtsanwalt, Dr. Ernst Maass, mit seiner nichtjüdischen Ehefrau. Zu dem ging Robert Mohn sofort. Der hatte aber seine Zulassung schon 1938 verloren und riet Robert Mohn, sich an einen anderen jüdischen Rechtsanwalt, Dr. Kurt Jacobsohn, zu wenden. Der sei noch als »Konsulent« zugelassen. Robert suchte ihn am selben Tag auf. Jacobsohn, damals etwa fünfundvierzig Jahre alt, wohnte zwar mit seiner jungen Frau und seinem kleinen Sohn noch in seiner eigenen Wohnung, aber hatte auch keine Zulassung mehr. Robert Mohn erzählte ihm, was er von den Verhaftungen wußte, und Jacobsohn empfahl einen Kollegen, Masius. Der sei deutschnational, kein Nazi, ein erfahrener Anwalt. Der Rechtsanwalt Masius war bereit, die Pflichtverteidigung für Edith Fraenkel zu übernehmen, und erklärte Robert, was er dafür tun müsse. Diese Pflichtverteidiger hatten keinen Einfluß auf die Verhandlung und das Urteil. Aber sie konnten den Kontakt zu den Verhafteten halten, konnten Erleichterungen durchsetzen, Grüße bestellen, ihnen Mut zusprechen.

Der Kontakt nach draußen war so wichtig für die Verhafteten, und deshalb tauchte Robert Mohn nicht unter, wie es sein erster Impuls an diesem 8. Juli gewesen war. Edith würde ihn im Gefängnis brauchen, seine Flucht hätte sie zusätzlich belastet. Außerdem – was konnte man ihm nachweisen? Er war zwar mehrmals mit ihr bei Baums gewesen, aber sie wußte nicht, das er außerhalb dieser Treffen Kontakt zu Baum hatte, sie wußte nichts von den Teppichen und dem Bild, nichts von Bubers Flucht. Er beschloß, ganz offen als ihr Verlobter aufzutreten, und begann sie zu suchen.

Auf der Flucht

Nach den ersten Verhaftungen arbeitete die Gestapo-Maschinerie weiter. Am 3. Juni war Gerd Meyers Ehefrau, die hübsche Hanni, verhaftet worden. Am 9. Juni Heinz und Marianne Joachim, denen sie ihre Sommerwohnung in Petershagen überlassen hatte. Auf einem der Papiere steht, daß Heinz und Marianne in der Rykestraße verhaftet wurden. Also waren sie nach Berlin gekommen, wahrscheinlich lauerte die Gestapo schon in ihrem Zimmer.

Hanni hatte ihre Verhaftung erwartet. Mit ihrer Schwägerin Rita Meyer, die mit Herbert Meyer, dem neun Jahre älteren Bruder Gerds, verheiratet war, hatte sie verabredet, daß Rita ihr im Falle der Verhaftung Wäsche und ähnliches in die Untersuchungshaft schicken sollte, in denen sie Kassiber und Bleistiftminen verstecken würde. Rita kannte Herbert und Marianne Baum schon aus der jüdischen Jugendbewegung, später aus dem Kommunistischen Jugendverband, sie war in den dreißiger Jahren bei Ausflügen und Schulungsabenden oft dabeigewesen. Schon 1936 hatte die Gestapo die kleine, dunkelhaarige, sehr lebhafte Rita wegen ihrer Mitgliedschaft im Kommunistischen Jugendverband vierzehn Tage lang festgehalten. In ihrem großen Bekanntenkreis galt sie als besonders herzlich und hilfsbereit. Ihr Mann Herbert war zurückhaltender und, obwohl sein Bruder Gerd zum engen Kreis um Herbert Baum gehörte, an Politik eigentlich nicht besonders interessiert. Durch ihren Bruder und Schwager Gerd Meyer wußten Herbert und Rita von den regelmäßigen Gruppenabenden der Baum-Gruppe, auch wenn sie selbst kaum daran teilnahmen. Sie kannten auch Sala und Martin gut, ihre fünfjährige Tochter Barbara ging in den jüdischen Kindergarten Gipsstraße, sie war in Salas Gruppe.

Auch Richard Holzer war ihnen schon lange bekannt. Herbert und Rita Meyer wußten von Anfang an, daß der Kern der Gruppe verhaftet worden war. Sie waren beide Zwangsarbeiter, lebten mit der kleinen Barbara in einem Judenhaus in der Neanderstraße 7, nicht weit von Baums Wohnung, nahe auch der Köpenicker Straße, in der Salas und Martins Eltern noch immer lebten. Rita und Herbert hatten dort ein einziges Zimmer, eine Kochstube, die vorschriftsmäßig mit dem Judenstern gekennzeichnet war. Diese äußerst gefährdete Wohnung wurde im Sommer 1942 zu einer Anlaufstelle für die Flüchtigen der Baum-Gruppe.*

Martin Kochmann war nach seiner Verhaftung in Magdeburg vom dortigen Gefängnis ins Berliner Polizeigefängnis überstellt worden. Richard Holzers Fahrrad ging mit ihm, kam zu den Effekten. Er blieb in den offenbar routinehaft geführten Vernehmungen dabei, der Flame Alfons Buys zu sein, dessen Ausweis er besaß. Deutsch sei seine Muttersprache. Sein Arbeitsplatz sei beim Flugzeuggerätebau in Spandau, nur habe er leider keinen Urlaubsschein. Man forderte einen Beauftragten dieser Firma zur Gegenüberstellung an. Lotte hat später berichtet, was Martin ihr erzählt hatte: Es kam ein Belgier. Wer immer dieser Mann war, er bestätigte Martins Angaben. Möglicherweise, weil er den richtigen Alfons Buys schützen, den Verkauf des Ausweises vertuschen wollte. Möglicherweise auch, weil er nicht jeden Arbeiter kannte und Martins Angaben glaubte. Martin wurde als Alfons Buys entlassen, bekam das Fahrrad ausgehändigt. Gemeinsam fuhren er und der Beauftragte mit der S-Bahn nach Spandau. Es ist kaum denkbar, daß dem anderen nicht spätestens auf dieser Fahrt aufgefallen ist, daß Martin kein Belgier war. Kaum zu glauben ist auch, was Martin nach seiner erneuten Verhaftung im Oktober angab: Er habe, als der andere in die Straßenbahn 154 einstieg, vorgeschlagen, mit dem Fahrrad nebenher zu fahren, um das Fahrgeld zu sparen. Kaum sei die Straßenbahn abgefahren, habe er eine andere Richtung eingeschlagen.

Er radelte in den Wedding, zu Lotte Paech. Inzwischen hatten sie und Richard Holzer die Wohnung in der Zechliner Straße verlassen und bei Renate Moratz in den Schwesternwohnungen des Jüdischen Krankenhauses Unterschlupf gesucht. Richard wußte, daß er gesucht wurde, bereitete seine Flucht nach Ungarn vor, und Lotte hatte sich krankschreiben lassen. Martin fand sie trotzdem, schließlich kannte er das Quartier. Der Gestapo gegenüber behauptete er nach seiner erneuten Verhaftung im Oktober, er habe Richard zufällig in der Soldiner Straße getroffen. Durch die Krankenschwestern Lotte und Renate erfuhr er, was mit Sala geschehen war.

Sala Kochmann hatte sich ein paar Tage nach ihrer Verhaftung aus dem fünften Stock des Polizeipräsidiums in den Lichtschacht gestürzt. Sie überlebte, weil das Geländer den Aufprall abfing, aber ihr ganzer Körper war aufgerissen, und sie hatte eine doppelte Schädelbasis-Fraktur. Man brachte sie ins Jüdische Krankenhaus, sie war der erste Häftling auf der neu eingerichteten Polizeistation. Ihr Zimmer wurde bewacht, aber nicht sehr gründlich, denn sie konnte sowieso nicht aufstehen, außerdem war sie fast immer bewußtlos.

Lotte arbeitete ja zu der Zeit nicht, aber weil sie alle Schwestern im Krankenhaus kannte, die Dienstabläufe, jeden Gang und jede Tür, konnte sie sich zweimal nachts an Salas Bett schleichen.

Am 8. Juni hatte Sala Geburtstag, sie wurde dreißig Jahre alt.

Vielleicht war es dieser Tag, an dem Lotte Paech ihr durch die Krankenschwestern einen kleinen Kuchen schickte, auf der Pfanne gebacken, eine Art Plätzchen. Sie hat in den sechziger Jahren dem Journalisten Dieter Heimlich darüber berichtet. In der unveröffentlichten Tonbandabschrift steht: »Habe ihr eine halbe Rasierklinge eingebacken, damit sie sich nicht noch mal quälen lassen muß. Habe ihr auch ein Zettelchen beigelegt und draufgeschrieben: Zur Selbstentscheidung. Die Schwester, die bei Sala war, Lucie, ein ganz

tapferes Mädchen, vielleicht dreiundzwanzig oder vierundzwanzig Jahre, ist später nach Auschwitz gekommen und
da gegen den Stacheldraht gelaufen. Durch sie hat Sala mir
sagen lassen, sie will es nicht. Sie will mit unseren Kameraden gehen.«*

Rita Meyer hatte Kontakt mit Salas Mutter aufgenommen,
die ganz in der Nähe in der Schmidstraße wohnte. Sie
konnte ihrer Tochter nur hilflose Grüße bestellen. Rita
Meyer traf sich auch mit Marianne Joachims und mit Martin
Kochmanns Eltern, mit Hannis Mutter. Ein- oder zweimal
wurde Rita und Herberts Wohnung Ort der Begegnung zwischen Martin Kochmann, seinem alten Vater Michaelis und
seiner Mutter Therese, die Sala im Frühjahr noch das Kleid
genäht hatte, zu dem der geflochtene Gürtel gehörte. Martins Bruder Siegfried war schon vor Jahren nach Südafrika
emigriert, seine um ein Jahr ältere Schwester Margarethe, die
mit Martins Freunden gar nichts zu tun hatte, aber noch bei
den Eltern in der Köpenicker Straße wohnte, war nach seiner
Flucht ebenfalls in Polizeihaft genommen worden. Dort
blieb sie, bis die Gestapo ihren Bruder im Oktober wieder
gefangen hatte. Im November 1942 wurde Martins Schwester nach Auschwitz deportiert, da waren ihre Eltern schon
in Theresienstadt. Aber im Sommer waren sie noch in Freiheit und trafen sich in Ritas kleiner Kochstube mit ihrem
Sohn, der jetzt ein kleines Schnurrbärtchen trug und dessen
Blick ihn trotz einer Brille verriet, weil es der Blick eines Ge-
jagten war.

Es ist nirgends festgehalten, wie diese Begegnungen zwischen Martin Kochmann und seinen Eltern verliefen.

So wie auch niemand weiß, wie die letzte Begegnung zwischen Martin und Sala im Jüdischen Krankenhaus war.
Wenn es sie gegeben hat. Lotte Paech hat über eine solche
Begegnung nie berichtet. Sie sprach in den sechziger Jahren
nur von diesem Kuchen mit der Rasierklinge und ihren
eigenen beiden Besuchen bei Sala am Krankenbett. »Sala
war ein wenig durcheinander in ihren Gedankengängen,

aber doch soweit klar. Es kam nicht alles in der richtigen Reihenfolge und auch stockend. Aber ich mußte doch erfahren, was war. Ich konnte sie auch nicht so sehr schonen. Sie hat mir von drinnen erzählt. Hat mir auch erzählen können, was alles schon klar war der Gestapo, wer schon genannt ist von denen, die noch draußen sind, also gesucht wird! Das war ganz, ganz wichtig für uns.«[*]

Aber Rita hat von dem heimlichen Besuch Martins bei seiner Frau auf der Polizeistation vom Jüdischen Krankenhaus berichtet. Ein einziges Mal nur, 1982, bei den Dreharbeiten für einen Dokumentarfilm[*] über die Baum-Gruppe. In keinem ihrer früheren Berichte ist von diesem Besuch die Rede. Als Rita davon sprach, saß sie zwischen Scheinwerfern, Kameras und den Filmleuten in ihrem Wohnzimmer. In dem Raum waren außerdem Mitarbeiter vom Antifa-Komitee und vom Institut für Marxismus-Leninismus. Der Regisseur hatte die Genossen nicht davon abhalten können, die Filmarbeiten ständig zu begleiten. Sie wollten selbstverständlich auch dabeisein, wenn Rita Zocher als letzte Überlebende der Widerstandsgruppe – Charlotte Holzer war 1980 gestorben – vor der Kamera sprach. Was Rita sagen sollte, war vorher mit ihnen abgesprochen worden. Vielleicht hat Ritas Erinnerung in dieser besonderen Situation andere Worte gefunden als sonst. Vielleicht auch war dieser Moment zwischen den Scheinwerfern, unter den vielen erwartungsvollen Augen, einer, in dem eine Legende entsteht. Rita erzählte, daß Martin von ihrer Kochstube aus zu Sala ins Krankenhaus gegangen sei. Daß er sie sehen konnte. »Es war ein schreckliches und wunderschönes Wiedersehen und ein fürchterliches Abschiednehmen.«

Im selben Film erinnert sich Franz Krahl, daß Sala einmal zu ihm über Martin gesprochen hatte. Das muß 1936 gewesen sein, damals lebten sie eine kurze Zeitlang zusammen in einem Haus in der Alten Jakobstraße. Krahl zitierte Salas Worte: »Ich liebe es, wie er geht, wie er sich bewegt. Wenn er sich eine Zigarette anzündet, dann liebe ich diese

Bewegung.« Mitte Juli wurde Sala vom Krankenhaus aus mit einer Trage zur Verhandlung des Sondergerichts V geholt, bei dem sie und alle ihre Mitangeklagten zum Tode verurteilt wurden. Danach kam sie nicht zurück ins Krankenhaus, sondern ins Frauengefängnis Barnimstraße.

Martin hielt sich inzwischen in Kummersdorf versteckt, bei dem Bauern Otto Sielisch, in dessen Scheune er früher bei Wochenendfahrten mit Sala und den anderen manchmal übernachtet hatte.

Am 8. Juli, am selben Tag wie Edith Fraenkel, wurden die Schwestern Hella und Alice Hirsch verhaftet.

Ellen Compart hat nie vergessen, wie sie an diesem Tag zur Schicht kam und im Umkleideraum zwei riesigen Polizisten begegnete, die in ihrer Mitte die zarte Hella gepackt hatten, sie in Handschellen abführten. In einem Tonbandgespräch mit Eric Brothers von 1985 erinnerte sie sich: »Und ich sagte sehr laut, daß ich ihre Mutter aufsuchen würde und sie keine Angst haben solle, es müsse alles ein Irrtum sein. Ihre großen, traurigen Augen wurden noch größer und trauriger, wir wußten beide, was geschehen würde. In diesem Moment, glaube ich, habe ich erfahren, was dies für ein Gefühl sein muß: die Welt erreicht dich nicht, an diesem Punkt, und man ist völlig überwältigt von dem Gefühl im Innern.«

Laut Einlieferungsanzeige wurde Hella Sara Hirsch, einundzwanzig Jahre alt, gegen 13.30 Uhr verhaftet. Ihre Schwester Alice Sara Hirsch, neunzehn Jahre alt, war bei der Firma Max Schaede in der Blücherstraße schon um 12.45 Uhr verhaftet worden. Die Hausdurchsuchung in der Linienstraße 220 fand um 15.30 Uhr statt. Weil die Eltern von ihrer Schicht bei der Zwangsarbeit noch nicht zurückgekehrt waren, mußte die sechsundfünfzigjährige Nachbarin Flora Jacoby anwesend sein, in den Protokollen steht Flora Sara Jacoby.

Am selben Tag empfing die Zimmerwirtin Frau Möllers in Hermsdorf ihren angeblich französischen Untermieter mit der Nachricht, die Polizei habe sich nach ihm erkundigt. Als Hella auch nicht zum vereinbarten Treffen erschien, wußte Felix Heymann, was geschehen war.

Eine Woche später wurde die Gruppe Joachim aufgerollt. Zu Helmut Neumann kamen sie am 15. Juli um 11 Uhr vormittags. Nach seiner Verhaftung stritt er zunächst alles ab, behauptete, den Namen Felix Heymann nie gehört zu haben. Erst zwei Wochen später, als er begriffen hatte, wie sinnlos sein Leugnen längst war, sagte Helmut Neumann aus, Felix sei der von Herbert Baum eingeführte Leiter seiner kleinen Gruppe gewesen, und sie hätten sich ein paarmal bei Lothar Salinger getroffen. Felix sei am 9. Juli noch einmal während seiner Abwesenheit zu ihm in die Senefelder Straße 27 gekommen, aber seine kranke Mutter Jettka habe den ihr unbekannten Felix nicht hineingelassen.

Wollte Felix die Jugendlichen der Gruppe Joachim warnen? Oder suchte er selbst Hilfe? Er sagte zu Frau Neumann, daß er wiederkommen würde. Vielleicht hat er es noch einmal versucht, aber dann war es zu spät.

Eine Stunde vor Helmut Neumann hatten sie am 15. Juli Lothar Salinger geholt, zur selben Zeit floh Herbert Budzislawski durch die Hintertür seines Betriebes in Weißensee, um zehn Uhr kamen sie zu dem Kohlenhändler Schulz in der Kulmbacher Straße und holten aus seinem Büro Hilde Loewy, das einarmige Mädchen mit den großen Augen, am selben Vormittag Siegbert Rotholz und seine Frau Lotte. Siegbert wurde am Arbeitsplatz verhaftet, seine Frau aber lag krank im Bett, sie hatte hohes Fieber, war kaum ansprechbar und begriff nur vage, was vorging. Fassungslos wird ihre Mutter Cecilie Jastrow daneben gestanden haben, als die Wohnung von der Gestapo durchsucht wurde, als ihre fiebernde, von der Fehlgeburt noch geschwächte Tochter, die nun Scharlach hatte, fortgebracht wurde.

Ob Lottes Mutter Cecilie Jastrow geahnt hat, daß die jungen Leute, die sich in ihrer Wohnung regelmäßig trafen, mit dem Brandanschlag im Lustgarten zu tun hatten, über den seit Wochen geredet wurde? Vielleicht kannte sie den Namen Herbert Baum. »Es wurde nach seiner Verhaftung in Judenkreisen viel von ihm gesprochen«, sagte ihre Tochter der Gestapo, als sie Wochen später vernehmungsfähig war. Aber sie habe erst begriffen, nachdem Sala Kochmann und Heinz Joachim festgenommen wurden, »daß dieser Baum in irgend einer Weise auch mit unserer Gruppe in Verbindung gestanden haben muß«. Ihre Mutter Cecilie wird noch weniger begriffen haben. Sie hatte die jungen Leute gesehen, die sich im ehemaligen Arbeitszimmer ihres Mannes trafen und diskutierten, Bücher lasen, leise sangen. Vielleicht war sie froh gewesen, daß ihre Tochter in dieser Zeit der Einsamkeit Freunde gefunden hatte, daß sie liebte und geliebt wurde. Vielleicht hatte die immer wieder für Stunden unbeschwerte Fröhlichkeit der jungen Leute sie über ihre eigene Trostlosigkeit nach dem Tod ihres Mannes hinweggetröstet. Vielleicht auch hatte sie Angst und ihrem Schwiegersohn Vorwürfe gemacht. In seinem letzten Brief vor der Hinrichtung ließ Siegbert Rotholz Monate später seine »liebe Schwiegermutter« grüßen. »Ich danke ihr für all das Gute, was sie an mir getan hat. Sie möchte mir nicht böse sein«. Wahrscheinlich hatte ihr nicht gefallen, daß ihre Kinder sich trotz der Gefahr, in der sie ohnehin alle lebten, mit politischen Dingen beschäftigten. Als Frau eines Predigers war ihr vertraut, daß man saß und lernte. Aber es war das »Kapital« von Karl Marx, das ihr Schwiegersohn und seine Freunde studierten, es waren verbotene Bücher, die sie lasen. Keines dieser Bücher fand die Gestapo bei der Hausdurchsuchung, als hätte ihr Schwiegersohn geahnt, daß sie kommen würden. Gar nichts Belastendes fanden sie, trotzdem nahmen sie Lotte mit und brachten sie als Häftling in die Iranische Straße ins Jüdische Krankenhaus, auf die Polizeistation.

Auch Ursel Ehrlich konnte am 15. Juli fliehen. Sie hatte an diesem Tag ihren Freund Lothar Salinger besuchen wollen, und jemand auf den Hackeschen Höfen sagte ihr, daß er und seine Eltern soeben verhaftet wurden. Sie floh zu einer jungen Frau, die sie aus dem Kreis um Siegbert kannte. Gerda May, geborene Fichtmann, war zwar selbst Jüdin, aber geschützt durch ihre Ehe mit dem Mechaniker Willy May, der bei Siemens auch Herbert Baum kennengelernt hatte. Sie gehörten der Gruppe nicht an, aber bei Gerdas Schwester Minna in der Keibelstraße, deren Sohn Heinz Krause mit Siegbert Rotholz zusammen bei der Zwangsarbeit war, hatten Gerda und Willy May auch Siegbert und einige seiner Freunde kennengelernt. Sie nahmen nicht nur Ursel Ehrlich auf, sondern auch Ellen Compart aus diesem Kreis. Ursel Ehrlich fand später als seine Nichte Unterkunft in der Langestraße bei dem Dreher Hans Krause, dem ehemaligen Schwager Gerdas und Adoptivvater Heinz Krauses. Heinz selbst war im Oktober 1942 als Jude deportiert worden. Ellen Compart überlebte bei dem Ehepaar May in der Badstraße im Wedding. Gerda May zog später mit den Kindern in die Tschechoslowakei und überließ Ellen einen Teil ihrer Papiere.*

Felix Heymann hatte nicht solches Glück. Aus den Untersuchungsakten geht hervor, daß er kein festes Quartier fand. Er schlief bei Wolfgang Knabe in Schönow, bei den mit ihm verwandten Heymanns aus Frucks Gruppe in der Wullenweberstraße, bei seinem Cousin Wolfgang Heymann in der Paulsborner Straße, bei Renate Moratz im Wedding, bei einem Forstarbeiter in Heidekrug bei Strausberg, bei verschiedenen ehemaligen Arbeitskollegen, bei Fremden, auch bei seinen Eltern in Kreuzberg, bei Herbert und Rita Meyer ... Inzwischen hatten Lotte Paech und Richard Holzer sich an den Neuköllner Arzt Dr. Benno Heller gewandt, der bekannt dafür war, Juden zu helfen. Der vermittelte Richard an ein älteres Ehepaar, die Schneiderin Margarethe Roth und ihren Mann Josef, sie waren staatenlos, früher Ungarn gewesen. Durch ihre Hilfe konnte Richard Holzer über Wien nach Budapest entkommen. Er wollte Lotte irgendwie nachholen, Nachrichten an sie wollte er an die Roths schicken.

Lotte erinnerte sich in den sechziger Jahren. »Ich hab ihn noch bis an den U-Bahnhof Gesundbrunnen gebracht. Da geht eine Rolltreppe runter, und ich weiß noch, wie er immer kleiner geworden ist, immer kleiner.«*

Nun war Lotte Paech vogelfrei. Auch sie verbrachte einige Zeit in Kummersdorf, bei dem Bauern Grasse, den sie dafür bezahlte, daß er nichts fragte. Zweimal traf sie sich hinter dem Dorf am Bahndamm mit Martin Kochmann. Ihre neunjährige Tochter Eva war bei der Großmutter im Wedding, die keine Jüdin war. Lotte hatte kein gutes Verhältnis zu ihrer ehemaligen Schwiegermutter und litt unter der Trennung von dem Kind. Nach dem Krieg berichtete Lotte, sie habe sich in Kummersdorf beobachtet gefühlt, der Gestapokommissar Franz Fischer – dessen Namen sie damals noch nicht kannte – sei dort aufgetaucht. In anderen Berichten sprach sie von einem Soldaten, der dort angelte und sie wohl beobachten sollte. Lotte Paech war in einer äußerst schwierigen Situation. Am 27. Juli hatte sie eine Gefängnisstrafe antreten sollen. Am 5. Dezember 1941 war sie verhaftet worden, weil in ihrer Wohnung, auf ihrem Küchentisch, der jüdische Arzt Laboschin und sie eine Abtreibung bei einer Jüdin durchgeführt hatten, die sie inständig darum gebeten hatte. Fünf Tage war Charlotte Paech im Dezember 1941 im Gewahrsam der Polizei gewesen, dann wurde sie entlassen. Entlassen, als Jüdin, während die Deportationen schon begonnen hatten. Es war ein ungewöhnliches Glück.

Aber sie war zu einem Monat Gefängnis verurteilt worden. Als sie die Strafe antreten sollte, hatte sie Strafaufschub erwirkt. Aber nun, am 27. Juli 1942, sollte sie sich in der Barnimstraße melden. Richard war schon weg, das Sondergericht hatte seine ersten Todesurteile bereits gefällt. Lotte tauchte unter. Ihr geschiedener Mann Gustav Paech war eingeweiht, er meldete sie polizeilich ab, als hätte sie ihre Strafe angetreten. Manchmal fuhr Lotte aus Kummersdorf nach Berlin, sie hatte einen Schlüssel zu Rita Meyers Wohnung. Salas Mutter gab ihr, weil ihre Kleider inzwischen schäbig und abgerissen waren, Salas schönes Sommerkleid. Das mit dem geflochtenen Gürtel. Lotte, klein und dünn, sah aus wie ein junges Mädchen. Sie mochte dieses Kleid, das auch Sala gern getragen hatte. Martin sagte nichts dazu. Er war schweigsam geworden. Auch Felix redete nicht viel, wenn er kam, um sich zu waschen und die Wäsche zu wechseln. Einmal kochte Lotte ihm dort in der Neanderstraße 7 ein Mittagessen. Sie mußten sich leise bewegen in Ritas und Herberts Zimmer. Die kleine Barbara war tagsüber im jüdischen Kindergarten, abends wurde sie in diesen Wochen oft zu Ritas Verwandten gebracht, damit sie nicht sah, wer zu ihren Eltern kam. Lotte sagte später, Felix Heymann sei in dieser Zeit schwermütig geworden, seine Seele hatte sich verdunkelt, und er sah ihrer aller Lage aussichtslos. Trotzdem half er ihr. Als sie nicht mehr zurückgehen konnte nach Kummersdorf, vermittelte Felix Heymann Lotte den Kontakt zu Bernhard Heymann aus der Fruck-Gruppe, Hardel genannt. Von Hardel bekam Lotte Paech die Adresse eines anderen Genossen, der wohnte in der Ackerstraße 15, in einem Haus mit mehreren Hinterhöfen. Das war der ehemalige Apotheker Kurt Bernhardt. Weil er Jude war und gleichzeitig politisch arbeitete, hatte er sich von seiner Frau scheiden lassen, um sie und den Sohn zu schützen. Kurt Bernhardt war Freidenker und gehörte zu einer oppositionellen Gruppe, die aus der Liga für Menschenrechte hervorgegangen war. Er hatte Kontakt zu Kommunisten aus der illegalen Partei und zu solchen, die als Trotzkisten galten. Kurt Bernhardt fragte nicht viel, sondern gab Lotte Quartier, einmal, dann wieder, mehrmals. Sie hatte auch zu seiner Wohnung einen Schlüssel. Er brachte sie mit seinen Genossen Wilhelm Markstahler aus der Straßburger Straße 31 zusammen und mit einem Mann namens Martin Joseph, der auch ein illegal lebender Jude war, ein Kommunist. Die besorgten ihr große Mengen Lebensmittelkarten für die Untergetauchten der Baum-Gruppe. Geld hatten sie, außerdem verkaufte Rita einen der Teppiche für 1500 Mark an eine Bekannte ihrer Tante Ella Weißkirchner aus Pankow. Einmal, als Lotte in die Acker-straße kam, saß da ein junger Mann in der Küche, den sie sofort als Juden erkannte. Auch er sah, daß sie eine Illegale auf der Flucht war, und sie beruhigten sich gegenseitig. Der Junge erzählte Lotte seine Geschichte, das hätte er nicht tun sollen. Aber er vertraute ihr, denn es war Budz, Her-bert Budzislawski aus dem Kreis um Joachim, der da in Bernhardts Küche saß. Lotte und er hatten sich nie zuvor gesehen, aber sie fühlten sich zusammengehörig, der ein-undzwanzigjährige Budz und die zwölf Jahre ältere Lotte, zumal sie schnell herausbekamen, daß sie beide zu Herbert Baums Gruppe gehörten.

Budz erzählte Lotte auch, was er über die anderen aus seinem Kreis wußte. Lotte kannte bis dahin ihre Namen gar nicht. Ursel Ehrlich sei bei einer »Frieda« untergekommen.

Vielleicht wußte Budz nicht, daß sie inzwischen bei dem Adoptivvater seines Kameraden Heinz Krause wohnte, bei dem nichtjüdischen Dreher Hans Krause in der Lange-straße. Budz sprach auch davon, daß er Verbindung mit Lo-thar Wittenberg, dem Jüngsten aus der Gruppe, hielt.

18. August 1942

Herberts Baums Frau Marianne hat kaum Spuren in den
Akten hinterlassen. Ihre Verhörprotokolle sind verschwunden, in den Vernehmungen der anderen taucht sie nur schemenhaft auf. Sie muß mehreren ihrer Gefährten gegenübergestellt worden sein. Wie sie dabei aussah, was sie sagte,
bleibt undeutlich. Aber es gibt eine Zeugin, die Tänzerin
und Choreographin Annie Peterka. Sie traf in der sogenannten Judenzelle Nr. 9 im Polizeigefängnis am Alexanderplatz
mit Marianne Baum zusammen. Das war in den ersten Juni-
tagen 1942. Die Zelle war mit zwei dreistöckigen Holzge-
stellen ausgestattet, abends wurden die Strohsäcke herein-
geworfen. Es gab eine Kloschüssel, ein Waschbecken und
ein Fenster ganz oben. Dahinter lag die S-Bahn. Zwanzig bis
fünfundzwanzig Frauen waren in dieser Zelle zusammenge-
pfercht, man schlief im Sitzen, einige Frauen lagen auf dem
Fußboden. Michael Kreutzer hat Annie Peterka im November 1992 in Hamburg besucht, und sie hat ihm von ihrer
nächtlichen Ankunft in der Judenzelle erzählt. »Und dann
stand da eine junge Frau plötzlich vor mir und sagte: Ich bin
Marianne Baum. Ich bin hier Stubenälteste. Erzähl mal: Was
ist mit dir? Na, ich sagte Marianne: Soundso. Ich bin Choreographin, ich komme aus Ulm, ich hab keine Ahnung, es
heißt auf einmal, daß ich Jüdin bin, und ich weiß überhaupt
nichts davon. Und da zeigte ich ihr meine Papiere, da sagt
sie: Ah, das ist doch alles Quatsch, das ist doch ein Blödsinn, deine Papiere sind einwandfrei. Das muß ein Irrtum
sein, und du wirst bestimmt bald rauskommen. Und außerdem, wenn du, selbst wenn du Jüdin wärst ... der Staat
bricht sowieso in spätestens einem Vierteljahr zusammen,
du mußt unbedingt deinen Beruf erhalten [...].«

Und Marianne bewog Annie Peterka, in der engen Zelle täglich zu üben. Ganz selbstverständlich hatte sie in dieser Gemeinschaftszelle die Führung übernommen. Und sie glaubte noch immer, eine Wende der politischen Verhältnisse stünde unmittelbar bevor. Ich weiß nicht, ob sie Anfang Juni noch an ihr eigenes Überleben glaubte. Als Annie Peterka sie traf, war Herbert noch am Leben.

Im Gestapo-Schlußbericht vom 27. August 1942 über die »Mitglieder der kommunistischen Gruppe Baum« heißt es: »Der zu 1) genannte Herbert Israel Baum hat am 11. 6. 1942 im Polizeigefängnis Berlin Selbstmord durch Erhängen verübt. Die von 2) bis 7) aufgeführten Beschuldigten wurden wegen der Brandlegung in der Ausstellung ›Das Sowjetparadies‹ bereits abgeurteilt und hingerichtet.«

Sie wurden am 18. August hingerichtet.

Am Vorabend gegen 19 Uhr waren die Frauen aus der Barnimstraße eingeliefert worden: Marianne Baum, Hilde Jadamowitz, Sala Kochmann, Irene Walther, Suzanne Wesse. Die Männer, Werner Steinbrinck, Hans Mannaberg, Heinz Joachim, Gerd Meyer und wahrscheinlich Joachim Franke, waren schon nach der Urteilsverkündung am 16. Juli nach Plötzensee ins Todeshaus gebracht worden.

Im Frauengefängnis Barnimstraße gab es eine Kartei der zum Tode Verurteilten, die heute im Bundesarchiv Dahlwitz-Hoppegarten liegt. Jemand, wahrscheinlich eine Aufseherin, hatte handschriftlich hinter Marianne Baums Namen geschrieben: »Stolz, überzeugt, tapfer, reif, klug.« Dort steht: »Voll Wärme u. Mitgefühl und Großzügigkeit«.

Sie sollen zusammen in einer Zelle gewesen sein in dieser letzten Nacht. Sie sollen gesungen haben. Sie sollen zusammengerückt sein, als man Joachim Franke zu ihnen brachte. Er soll sie um Verzeihung gebeten haben. Und sie sollen ihn zum Schluß in ihren Kreis aufgenommen haben.

Das alles haben mir in der DDR alte Genossen erzählt, die es von anderen gehört hatten, die es genau wußten. Von einer Aufseherin aus der Barnimstraße. Manche sagen, sie hieß Lore Grund, andere, sie hieß Lotte Schanuel, war nach 1945 für kurze Zeit die Ehefrau Erich Honeckers.*

Wieder andere sagen, es war ein Aufseher, ein Mann, der das berichtet hat. Und sie haben Franke nicht in ihren Kreis aufgenommen. Er saß allein neben den anderen in der Todeszelle.

Vielleicht war jeder von ihnen allein in der Todeszelle.

Vielleicht war alles ganz anders.

Ich kann es mir nicht vorstellen. Ich weiß nur, was dokumentiert ist:

Der 18. August 1942 war ein heißer Tag. Die tiefste Temperatur wurde in Berlin um fünf Uhr gemessen und betrug 15,3 °Celsius. Die Sonne schien ununterbrochen und ging erst um 19 Uhr unter. Da waren sie schon tot. Sie wurden zwischen 4.57 Uhr und 5.37 Uhr hingerichtet. Zwischen fünf und sieben Uhr bildete sich etwas Nebel. Dadurch trat Tau in starker Konzentration auf.

Werner Steinbrinck war der erste. Sala Kochmann war die letzte. Sie soll aufgestanden sein von ihrer Trage, sie soll selbst zum Schafott gegangen sein.

Ediths Briefe

Edith Fraenkels erste Vernehmung war am 12. Juli 1942. Sie wurde aus ihrer Zelle im Polizeigefängnis geholt und zur Gestapo in die Burgstraße gebracht. Von ihren Vernehmungen gibt es sauber getippte, ordentliche Protokolle, die sie in ihrer klaren Mädchenschrift unterschrieb. Wie diese Protokolle zustande kamen, sieht man ihnen nicht an. Edith versuchte gar nicht erst abzustreiten, daß sie manchmal bei Baum war, daß sie dort über politische Fragen redeten, Vorträge hielten. Dafür gab es zu viele Zeugen. Von gefälschten Ausweisen und illegalen Wohnungen habe sie nichts gehört, sagte sie. Ihrem Bräutigam sei der Weg wegen seiner Prothese meistens zu anstrengend gewesen. Sie nennt nur Namen, die nicht zu leugnen waren: Herbert Baum, Suzanne, Richard Holzer. Robert Mohn natürlich. Sich selbst stellt sie als ein unerfahrenes Mädchen dar, das sich nur politisch schulen wollte. Ja, von der bolschewistischen Revolution sei die Rede gewesen. »Damit bin ich eigentlich nicht so ganz einverstanden gewesen, weil ich an und für sich nicht für Gewaltsachen bin«, steht in ihrem Protokoll vom 24. August. Da waren die ersten aus der Gruppe schon tot.

Am 25. August wurden ihre bei der Hausdurchsuchung beschlagnahmten Papiere »der Vernichtung zugeführt.« Am 27. August schrieb der Kriminaloberasistent Neumann einen handschriftlichen Vermerk unter das Protokoll. Dort steht unter dem Kürzel Stapo IV A 1a:

»Der Kontorist [...], 16. 7. 13 in Berlin geb., Berlin W 15, Lietzenburgerstr. 17 bei Lau wohnh., hat sich an den regelmäßig bei Baum stattfindenden kommunist. Schulungsabenden nicht beteiligt. Da er in keiner Weise diesbezüglich belastet wurde und auch sonst politisch nicht nachteilig in

Erscheinung getreten ist, wurde gegen ihn nichts weiter veranlaßt.«

Der berüchtigte Gestapokommissar Neumann aus dem Judenreferat hatte Robert Mohn eine Art Unbedenklichkeitszeugnis gegeben. Auch in der Urteilsbegründung des Volksgerichtshofs vom 10. Dezember wurde Robert Mohn entlastend erwähnt. In dem Abschnitt über Edith Fraenkel heißt es: »Von ihrem Bräutigam Robert Mohn, der gleichfalls an Schulungsabenden teilgenommen, sich dann aber zurückgezogen hatte, wurde sie wiederholt vergeblich gewarnt, sich mit den Mitgliedern der Gruppe Baum einzulassen.«

Ich wollte ihm diesen Vermerk zeigen, aber er winkte ab. Anders als Birnbaums Vernehmungsprotokolle, die er so aufmerksam gelesen hatte, wollte er sich Ediths nicht ansehen. Außerdem wisse er selber, wie es zu dem Vermerk vom 27. August kam.

An einem Winternachmittag Ende 1993 fragte ich Robert Mohn, warum er so glimpflich davongekommen war. Es war eine heikle Frage. Man kann sie fragen, wie man will, in ihr klingt eine beinahe obszöne Verwunderung an, der Anflug einer Unterstellung. Vielleicht war dies der Grund, daß er etwas mürrisch reagierte. Er erzählte, was nach Ediths Verhaftung geschehen war.

Nachdem er herausbekommen hatte, wo Edith Fraenkel war, nämlich bis zum 1. September im Polizeipräsidium am Alexanderplatz, dann im Gerichtsgefängnis Kantstraße, konnte Olga ihrer Tochter Wäsche ins Gefängnis bringen und die schmutzige Wäsche mitnehmen. Im Zwickel eines Schlüpfers fand sie einen eingenähten Kassiber, der für Robert bestimmt war. Edith teilte ihm dort mit, was sie ausgesagt, welche Rolle sie ihm zugeschrieben hatte. Robert beschloß, bei dieser Darstellung zu bleiben. Er hatte von Herberts Tod erfahren und wußte, daß ihm von dieser Seite keine Gefahr mehr drohte.

In der Pension Lau gab es ein Telefon. Als die Geheime Staatspolizei im August dort anrief und ihn freundlich in die Burgstraße bestellte, war er auf alles gefaßt. Wenige Tage vorher waren die ersten der Gruppe hingerichtet worden. Wieder erwog er unterzutauchen. Aber er hatte nur noch wenig Geld, und durch seine Gehbehinderung fiel er überall auf. Nun, da eine Sonderkommission der Gestapo ihn suchen würde, gab er sich als »U-Boot« keine Chance mehr. Und sie hätten sich an Edith gerächt. So aber hatte er noch immer die Hoffnung, sie könnte davonkommen, es würde eine Zukunft für sie beide geben. Nein, unterbrach er seine Erzählung an dieser Stelle nachdenklich. Eigentlich dachte er an keine Zukunft. Nur an den nächsten Tag.

Sein Auftritt in der Burgstraße begann damit, daß er, nachdem er geklopft hatte, die nach innen gehende Tür zu heftig öffnete und sie dem Gestapokommissar, es war wohl Neumann, an den Kopf schlug. Robert Mohn entschuldigte sich zwar, maulte aber, daß eine solche Tür ja nicht nach innen gehen solle und daß man seinen Kopf, er sagte auf berlinerisch Birne, eben nicht hinhalten dürfe. Er war selbst erschrocken über seine Frechheit, aber er wollte unbefangen wirken, wie jemand, der nichts zu verbergen hat. In Wirklichkeit war er einer, der nichts zu verlieren hatte. Neumann war verblüfft über diesen ungewohnten Ton, die junge Sekretärin grinste. Robert Mohn sagte mir, das Verhör sei ein Katze-und-Maus-Spiel gewesen. Er sei die Maus gewesen, habe schneller sein müssen, die Bewegungen des anderen im voraus erraten, ihn ermüden, aber nicht verärgern. Es habe Stunden gedauert. Er habe sich kooperativ gezeigt, dabei aber nur die Toten belastet und darauf geachtet, dem Bild zu entsprechen, das Edith von ihm gegeben hatte. Die politischen Ansichten Baums habe er als lächerlich, vorsintflutlich geschildert. Die hätten ihn angeblich gar nicht interessiert. Er habe zugegeben, vor 1933 durchaus auch mal mit den Kommunisten sympathisiert zu haben, aber angesichts der Erneuerung Deutschlands und vor allem angesichts der großen existentiellen Schlacht, in der das deutsche Volk stünde, sei das gegenstandslos.

Schließlich habe er einen gewisssen Heinz Birnbaum beschreiben sollen. Einen Moment lang habe ihm das Herz gestockt, aber wenn sie die Wahrheit wüßten, wäre er sowieso verloren. Also habe er das Spiel weitergetrieben. Birnbaum sei ein netter Kerl, nur leider etwas dumm, dem Baum völlig hörig, der Junge sei zu früh ohne Elternhaus gewesen, der gehöre ordentlich erzogen, aber so gut kenne er ihn nun auch wieder nicht. Politisch sei der doch nicht ernst zu nehmen.

Zwischendurch habe er, sagte Robert Mohn über dieses Verhör bei der Gestapo, immer wieder zu der Sekretärin hingeschaut, der er zu gefallen schien. Auch der Gestapokommissar sei zufrieden gewesen. Am Schluß sei er zu Stillschweigen verpflichtet worden, mußte das Protokoll unterschreiben und wurde laufengelassen.

Draußen schien die Sonne, er kam sich vor, sagte er, wie neu geboren.

Als er mir davon erzählte, schien nicht die Sonne. In seinem Wohnzimmer war es so dämmerig, daß ich sein Gesicht kaum erkennen konnte.

Ich wußte nicht, was ich sagen sollte. Dieses Gestapoverhör war so anders als alle, von denen ich gehört hatte.

»Und das haben sie dir, einem Mischling I. Grades, geglaubt?« fragte ich. Der alte Mann antwortete, plötzlich gereizt, ich könnte mir ja das Protokoll ansehen.

Dabei wußte er, genau wie ich, daß es bisher nicht aufgefunden wurde. Wahrscheinlich gehörte es zu den vernichteten Akten des Reichssicherheitshauptamtes. Erhalten sind einige Justizakten, zu denen auch Ediths Vernehmungsprotokoll mit dem Vermerk über Robert Mohn gehört. Ich sagte es ihm, obwohl ich wußte, daß Michael Kreutzer es ihm auch schon erklärt hatte. Aber er wiederholte mürrisch, ich könnte das Protokoll seiner Vernehmung vom 27. August 1942 ja suchen, wenn mir seine Erinnerung nicht genüge. Ich fände ja offenbar dauernd so altes Zeug, warum nicht dieses. Es war das erste Mal, daß so ein unguter Ton zwischen uns schwang.

Altes Zeug. Meinte er Ediths Briefe?

Es waren drei, die ich ihm gegeben hatte. Der aus dem Frauenzuchthaus Cottbus, den ich ihm schon bei unserer ersten Begegnung überreicht hatte, und zwei, die ich in derselben Akte wie die Einlieferungsanzeige gefunden hatte.

Als hätte er meine Gedanken erraten, sagte er plötzlich mit veränderter Stimme, er sei froh, daß Edith nicht vergessen ist, nicht so spurlos von der Welt gegangen, wie es jahrzehntelang schien. Daß diese Briefe ihn nun doch noch erreichten. Dafür sei er mir dankbar. Nur könne er sie nicht mehr lesen, es sei zu spät für ihn.

Zu Hause nahm ich die Kopien, ich hatte sie lange nicht mehr angeschaut. Als ich die Briefe gefunden hatte, steckten sie in einem halbzerfallenen Umschlag, aus dem man das dünne, mehrfach gefaltete, schon brüchige Papier ganz vorsichtig herausnehmen mußte. Diese Kopien jedoch sehen aus wie alle Archivkopien, nicht besonders dünn, nicht gefaltet, nicht vergilbt. Ich hatte sie in Klarsichtfolie gesteckt. Wieder vertiefte ich mich in die mir schon bekannte Mädchenschrift. Ein Brief, zwei auf beiden Seiten dicht beschriebene Blätter, war am 1. November 1942 an »Mein liebes Muttilein!« gerichtet, das erste Blatt war ein Kopfbogen vom Gerichtsgefängnis Charlottenburg. Der andere Brief war auch am 1. November geschrieben, aber nicht auf amtlichem Briefpapier, offenbar war er ein Kassiber. Ein abgefangener Kassiber, denn sonst wäre er nicht in die Akten gekommen. Ediths Schrift war hier winzig klein, noch gedrängter als im anderen Brief. Sie hatte ein großes und ein kleines Blatt auf beiden Seiten eng beschrieben. Dieser Brief war an Robert Mohn gerichtet.

Als Edith dies schrieb, saß sie schon zwei Monate lang im Gerichtsgefängnis in der Kantstraße. Robert hatte sie bereits zweimal besuchen können, ihre Mutter war einmal allein und einmal mit ihm zusammen zur Sprechstunde gekommen. Diese Begegnungen unter den Augen der Wärter, hatte mir Robert erzählt, waren quälende Gespräche, die in

Gedanken lange vorbereitet waren, in denen jedes Wort kostbar sein sollte und bei denen dann ganz andere Worte gesprochen wurden.

Und doch sehnten sie sie herbei. Offenbar hatte Olga sich darüber beschwert, daß Robert Edith öfter besuchen konnte, denn sie beruhigte ihre Mutter, die sich zurückgesetzt fühlte. Edith versicherte ihr in dem Brief, sie würde selbstverständlich wieder eine Sprecherlaubnis für sie beantragen. Olga Fraenkel war am 1. Oktober vierundfünfzig Jahre alt geworden. Aber Ediths Ton ist so, als sei sie selbst die Ältere, zumindest die Stärkere. »Du schriebst mir, Du seist einsam und Du glaubtest, wenn ich bei Dir wäre, so könnte und würde ich Dich aufrichten.« – »Vor allem aber, Mutti, mußt Du Dir bewußt sein, daß Hilfe nie Stütze bleiben darf, sondern Kraft werden muß, durch die sich der Mensch, dem geholfen werden soll, von innen heraus ganz selbständig aufrichtet. Sonst ist es keine Hilfe, denn der Mensch soll und muß selbständig und aufgerichtet durchs Leben gehen.« – »Aber, Muttilein, Du schreibst auf den Satz von Deiner Vereinsamung hin etwas sehr Wichtiges, nämlich: Vielleicht liegt es auch an mir.«

Als Robert Mohn mir erzählt hatte, daß ihm Olga Fraenkel auf die Nerven gegangen sei, fand ich ihn ungerecht. Er hatte nur Augen für Edith, dachte ich, und kein Verständnis für das Unglück der Mutter. Alles, was sie besaß, war Edith. Ihr Enkelkind war gestorben, ihr geschiedener Mann in Amerika, der frühere Liebhaber schon tot, die eigene Zukunft ungewiß. Erst im März hatten Olga und Edith aus ihrer Zweieinhalbzimmerwohnung an der Sächsischen Straße in das Judenhaus ziehen müssen. Da hatte sie auch den Mittagstisch schon aufgegeben, ohnehin waren einige ihrer alten Damen bereits aus Berlin deportiert. Ihre einzige Tochter saß in Untersuchungshaft und hatte die Anklageschrift wegen »Mitwirkung am Hochverrat« schon zugestellt bekommen. Es gab genug Gründe für Olga Fraenkel, ängstlich und nervös zu sein. Auch hatte sie ohne den Mittagstisch kein Einkommen mehr. Nachdem auch Ediths Lohn wegfiel, war sie auf Robert Mohns Hilfe angewiesen. Lange hat er sie nicht mehr unterstützen müssen.

Olga muß wirklich sehr hilflos gewesen sein, wenn ihre Tochter aus dem Untersuchungsgefängnis heraus, statt selbst Trost und Hilfe zu suchen, ihr Ratschläge gab, versuchte, sie aufzurichten. »Du wirst sehen, Muttilein, wenn Du es fertig bringst, nicht so oft mit allen zu schimpfen, daß die Menschen gar nicht so böse sind.« Der Brief endet: »Laß Dich vielmals küssen von Deiner Edith.« Aber Olga Fraenkel hat diesen Brief nie gelesen. Vielleicht war es der letzte Brief Ediths an ihre Mutter, gesehen haben sie sich nicht mehr.

Daß der Brief an Olga Fraenkel nicht befördert wurde, sondern in die Akten kam, wird an dem nicht genehmigten zweiten Brief gelegen haben, den man abgefangen hatte. »Mein geliebter Robby!« schrieb Edith. »Ach, wie danke ich Dir für Deine Zusage, Du nimmst mir damit einen Felsblock vom Herzen. Ja, ich weiß genau, daß diese Aufgabe ein großes Stück Arbeit ist.« Wahrscheinlich ging es um die Sorge für Olga Fraenkel. »Du hast ganz recht, wenn Du mit mir schimpfst, wenn ich den Kopf manchmal hängen lasse. Ich sehe hier viel ärmere, bedauernswertere Menschen als ich es bin, Menschen, die hier sind und sonst keinen auf der Welt mehr haben, zu dem ihre Gedanken gehen können und den sie um Hilfe oder auch nur einige liebe Worte bitten können. Und ich weiß immer, ich habe draußen Menschen die mich lieb haben und auf mich warten und die mir schreiben und mich besuchen.« – »Schreib mir doch, was Du liest, Deine Gedanken darüber, was Du anerkennst und ablehnst u. s. w. Mir fehlt hier so sehr ein frischer Gedankenaustausch auf den Gebieten, die mich beschäftigen und interessieren; und was Du denkst und tust liegt mir natürlich besonders am Herzen.« – »Ich bin hier eigentlich immer nur physisch anwesend, mein eigentliches Ich ist immer draußen bei Euch und spricht mit Euch.« – »Ob Ihr wohl morgen kommt? Die 14 Tage sind immer wie ein

314

Berg, der erklommen werden muß. Nach 8 Tagen bin ich auf der Spitze, aber dann platze ich auch förmlich schon vor Gedanken, die ich Dir mitteilen möchte.«

»Dir mitteilen«, schrieb sie, nicht »Euch mitteilen«. Robert war es, nach dem sie sich sehnte.

Sie hoffte, daß er die Genehmigung bekäme, ihr ein Englischlehrbuch zu schicken, und fragte nach einem Buch, das sie Lilian geborgt hatte. Lilian N. war eine Freundin aus der Zwangsarbeit, von der Robert Mohn mir schon erzählt hatte. Sie überlebte versteckt in Berlin, heiratete nach dem Krieg, bekam einen Sohn, ist bis heute in der Berliner Jüdischen Gemeinde bekannt. Ich habe sie gefragt, ob sie sich an Edith Fraenkel erinnere, und sie hat mir geantwortet, sie habe alles, aber auch alles vergessen, was mit dieser Zeit zu tun hatte. Alle Gesichter, alle Namen. Nur nicht die Gefühle.

Ich wendete jedes Wort in Ediths Brief und suchte nach einer Mitteilung über das, was sie wahrscheinlich jede Minute beschäftigte: Die Baum-Gruppe war zerschlagen, die ersten Freunde hingerichtet, das Urteil über sie selbst stand bevor. Aber sie erwähnte es nicht, auch nicht in diesem Brief, der ja an der Zensur vorbeigehen sollte. Oder doch? Sie schrieb über den Tod eines Dr. Zipkin. »Seine Frau sagte doch, es ginge ihm gut dort, wo er war. Er war ein lieber Mensch aber er hatte leider auch nicht den Mut Entweder-Oder zu sagen. Vielleicht ist das ein Grund für seinen frühen Tod, denn das habe ich jetzt gelernt: man muß immer klar wissen, wohin man gehört und nach seiner Herzensüberzeugung gehen, dann braucht man nie zu bereuen.«

Im Jüdischen Adreßbuch von 1931 war ein Dr. Naphtal Zipkin in der Hardenbergstraße 13 eingetragen. Vielleicht war es Ediths Hausarzt. Über seinen Tod konnte ich nichts erfahren. Vielleicht sind Ediths Worte »man muß immer klar wissen, wohin man gehört« als Antwort auf ihre eigene Lage zu lesen. Das Wort »Herzensüberzeugung« ist unterstrichen.

Während Edith in dem Brief an Olga nur der Mutter Mut

zusprach, gar nichts über sich selbst mitteilte, schrieb sie zu Robert auch von ihren Ängsten. Sie dachte an das Judenhaus: »Die Räume haben dort in der Pfalzbstr. so etwas Dunkles, nicht wahr?« – »Ich habe eine merkwürdige Feststellung gemacht, die eine Ahnung bestätigt. Nämlich, daß alle Familien, die in die Wohnung in der Pfalzburgerstr. zogen, ein Schicksalsschlag trifft.« Sie erinnerte daran, daß gleich nach dem Einzug der alte Herr Simonson gestorben sei, erwähnte, ohne es zu benennen, das Schicksal des Hausbesitzers Arnheim, »und weißt Du, Robby, jetzt ist mir bange um Isr.«.

Wahrscheinlich hatte sie erfahren, daß Dr. Rudolf Arnheim, der jüdische Besitzer des Hauses Pfalzburger Straße 86, am 3. Oktober nach Theresienstadt deportiert worden war. Israel war der Name eines Ehepaares, das auch in dem Judenhaus wohnte. Robert hatte sich oft mit dem alten Herrn unterhalten, der vor dem Ersten Weltkrieg Mitglied des Kaiserlichen Automobilklubs gewesen war. »Aber sage ihnen bitte davon nichts, denn die Wohnung ist natürlich nicht daran Schuld.«

Wenige Monate später lebten in dem Haus keine Juden mehr. Ediths »Ahnung daß uns allen da irgend etwas geschieht«, hatte sich erfüllt. Sie schrieb, daß sie in der Pfalzburger Straße in ständiger Erwartung gelebt hatte, »wann wir und in welcher Art wir nun rankämen. Na, es ist ja dann auch eingetroffen.«

»Hast Du mal an Hilde Bock geschrieben? Ich möchte wirklich gerne wissen, wie es ihr und dem Jungchen geht. Der ist ja auch schon über 1½ Jahre. Denk mal, so alt wäre Urilein auch schon. Ach ja, hoffentlich werden wir auch noch einmal ein Kindchen haben. Bringst Du auch jedesmal, wenn Du auf den Friedhof fährst, Blumen von mir hin?«

Sie berichtete Robert auch über die wenigen Freuden ihres Gefängnisdaseins. »Denk mal, hier ist eine Schweizerin, die lange Jahre in Dornach gelebt hat und deren Vater Steiner gut gekannt und mit ihm befreundet war. Ich kann hinkommen wo ich will, überall stoße ich auf solche Menschen. Ist das nicht wie eine Aufforderung?«

Und sie schilderte ihm ihren Tagesablauf, in dem natürlich die Mahlzeiten sehr wichtig waren: »Ach, ich muß Dir noch erzählen wie wir hier uns ein ›feudales‹ Abendbrot zusammensparen. Aber bitte, bemitleide mich nicht, es geht ganz wunderbar. Morgens um 7 Uhr bekommen wir ein Stück tr. Brot. Daraus machen wir uns 3 dünne Scheiben. Davon werden 1½ gegessen und 1½ zurückgelegt. Um 10 Uhr, nach der Freistunde, essen wir eine halbe Stulle mit Salz und dann arbeiten wir weiter bis um 12 Uhr. Meistens ist das Mittag zusammengekocht und wir füllen unseren Kaffeetopf voll (unser Geschirr ist übrigens aus weißem Steingut, also kein ›Hundenapf‹ wie am Alex) und den Rest essen wir. Wenn es Pellkartoffeln mit Soße gibt, wie heute, heben wir uns einige Kartoffeln zum Abend auf. Und dann halten wir wieder durch bis abends. Da gibt es manchmal Suppe mit tr. Brot o. es gibt 2 Scheiben Brot, wovon eine mit Margarine bestrichen ist und ein Stückchen Wurst, Sülze o. Käse dazu. So, nun haben wir also erstens noch eine Scheibe Brot von früh und zweitens unsern Topf Mittag oder die Kartoffeln von Mittag und drittens unser Abendbrot. Das ist immer ein Festessen. Danach sind wir wenigstens satt. Dann machen wir unser Bett und legen uns gemütlich rinn und lesen. Das ist immer das Schönste vom ganzen Tag. Wenn das Licht ausgemacht wird und es ist klares Wetter, kann ich ein Stück Himmel und Sterne sehen, (ich hab nämlich meine Matratze so gelegt) und dann denke ich immer noch eine Weile an Mutti und Dich und Urilein und dann schlafe ich ein.«

Im Gefängnis in der Charlottenburger Kantstraße ging es offenbar erträglicher zu als im Polizeigefängnis am Alexanderplatz, in dem Edith vorher war. Als sie verhaftet wurde, hatte Sala Kochmann sich schon in den Lichtschacht gestürzt. Ob Edith das erfahren hat? Hinter Gefängnismauern gibt es Informationskanäle, von denen Außenstehende nichts ahnen.

Für die Wochen, die Edith Fraenkel in der Kantstraße verbrachte, gab es eine überlebende Zeugin: Hilde Schaumann. Sie war eine einunddreißigjährige Kommunistin aus dem Umfeld von Steinbrinck und Franke, die im September 1942 verhaftet wurde. In den geplanten Brandanschlag war sie nicht eingeweiht. Zu ihrem Entsetzen hatte sie nur Mitte Mai erfahren, daß in Joachim Frankes Wohnung Sprengsätze hergestellt wurden. Hilde Schaumann war die Lebensgefährtin Karl Kungers, der sich zuletzt aus Vorsicht von der Gruppe um Vötter, Franke und Steinbrinck zurückgezogen hatte, auch weil er selbst Kontakte zu anderen kommunistischen Kreisen unterhielt. Als Hilde mit ihm verhaftet wurde, waren ihr geschiedener Mann Werner Schaumann und dessen neue Ehefrau Friedel, geborene Topp, bereits in den Fängen der Gestapo. Friedel Schaumann brachte sich im Polizeipräsidium um, wie auch Walter Bernecker, der Arbeitskollege Frankes, den er zum Anschlag im Lustgarten mitgebracht hatte. Werner Schaumann wurde im Mai 1943 hingerichtet, am selben Tag wie Hans-Georg Vötter. Karl Kunger starb am 18. Juni 1943 unterm Fallbeil. Da war Hilde Schaumann schon im Frauenzuchthaus Cottbus, sie war im April vom Volksgerichtshof zu fünf Jahren verurteilt worden. Aber sie saß dort nicht wie Lotte Rotholz, Rita Meyer, Alice Hirsch und Edith Fraenkel in der Judenzelle. Die Judenzellen der deutschen Zuchthäuser wurden 1943 geleert, ihre Insassen in Konzentrationslager gebracht. Hilde Schaumann aber blieb bis fast zum Schluß in Cottbus, sie überlebte. 1964 schrieb sie in einem Bericht für das Erinnerungsarchiv der SED: »Während meiner Untersuchungshaft im Gefängnis Charlottenburg gelang es meiner Zellennachbarin, der jüdischen Antifaschistin Edith Fraenkel, mir ihre Anklageschrift zuzustecken. Auch sie war im Zuge der Aktion gegen die faschistische Ausstellung ›Sowjetparadies‹ verhaftet worden. Anhand der Anklageschrift erkannte ich zum ersten Mal die Breite der Widerstandsbewegung, auch daß viele jüdische Antifaschisten beteiligt waren, fand viele bekannte Namen darin.« *

Auch Edith wird vor ihrer Verhaftung nicht gewußt haben, in welchem größeren Zusammenhang ihre Treffen bei Baum standen. Von dem Brandanschlag hatte auch sie erst danach erfahren. Daß Baum zu anderen Gruppen Kontakt hatte, wird sie höchstens geahnt haben. Und doch hatte sie in den Wochen im Gefängnis begriffen, daß Baums Leute und Steinbrincks Gruppe zusammenhingen, daß es auch für andere Verhaftete wichtig sein könnte, wie die Anklageschrift gegen den »Hilfsmechaniker Heinz Paul Israel Rothholz und andere« lautete, um sich in den Vernehmungen darauf einstellen zu können. Edith wußte natürlich, daß es verboten war, ihre Anklageschrift weiterzureichen. Die Übertretung des Verbots hätte das Urteil gegen sie verschärfen können. Aber das nahm sie in Kauf, um der ihr bis dahin unbekannten Hilde Schaumann zu helfen. Sie sei ihre Zellennachbarin gewesen, schrieb Hilde. Bedeutet das, daß sie in der Nachbarzelle saß, oder saß sie, keine Jüdin, mit Edith in der Kantstraße in derselben Zelle? Im Gerichtsgefängnis konnten die Gefangenen täglich auf den Hof gehen. Aber es ist schwer vorstellbar, daß man dabei seine Anklageschrift weitergeben konnte. Die Frauen mußten arbeiten, wahrscheinlich stellten sie zu dieser Zeit im Akkord Gasanzünder her. Vielleicht ergab sich während der Arbeit, wenn das Material durch Häftlinge verteilt wurde, oder beim Einsammeln der fertigen Gasanzünder eine Gelegenheit, etwas auszutauschen. Wir werden es nicht mehr erfahren. Hilde Schaumann starb Ende 1971. Sie lebte in Ostberlin, trug den Vaterländischen Verdienstorden. Nach ihrem Lebensgefährten Karl Kunger waren Straßen und Betriebe benannt. Sein letzter Brief, geschrieben am Tage seiner Hinrichtung, war in Büchern veröffentlicht. Er galt nicht ihr, sondern der Ehefrau, die er drei Jahre zuvor ihretwegen verlassen hatte.

Darüber sprach sie nicht. Und nach ihrer Zellennachbarin Edith Fraenkel wurde sie nicht gefragt.

Frankes Witwe

In fast allen Veröffentlichungen zur Baum-Gruppe wird vermutet, daß ein Spitzel der Gestapo die Pläne zum Brandanschlag verraten habe. Anders konnte man sich die schnellen Verhaftungen nicht erklären. Als dieser Spitzel galt Joachim Franke. Darüber wurde in der DDR nicht öffentlich gesprochen, der Verdacht erschien höchstens in Fußnoten, aber in der mündlichen Überlieferung wurde er als Tatsache weitergetragen.

Überlebende aus dem Umfeld der Steinbrinck-Franke-Gruppe hatten sich bei Gegenüberstellungen von Franke verraten gefühlt. Während fast alle Verhafteten versuchten, die noch nicht bekannten Genossen zu schützen, nur das zuzugeben, was bekannt war, fielen schon in seinen ersten Vernehmungen die Namen, die er kannte.

Werner Steinbrinck soll gleich nach der Verhaftung aus dem Gefängnis heraus vor Joachim Franke gewarnt haben. Er soll einen Kassiber an seine Mutter, Frau Augustin, übermittelt haben, die nach Pfingsten 1942 die noch nicht verhafteten Freunde ihres Sohnes warnte. Hilde Schaumann hat das berichtet, sie erhielt die Warnung von Friedel Schaumann, die dann in der Haft Selbstmord verübte. Auch Marianne Baum soll über eine Wärterin aus der Judenzelle vor Franke gewarnt haben, so hat es Charlotte Holzer berichtet.

Joachim Frankes Kollege, Olaf B., erklärte in einer »Ergänzung zum Lebenslauf« vom 5. August 1959 gegenüber der Partei, er sei am 1. Juni 1942, also, was er damals nicht wußte, nach Frankes Verhaftung, von dem angerufen und zu einem Treff bestellt worden. Auf dem Weg zum Treff habe er sich beobachtet gefühlt und sei umgekehrt. Am nächsten Tag sei er verhaftet und Franke gegenübergestellt worden, der ihm zugeredet habe, sich auf die Gestapo einzulassen.* Olaf B. ging darauf ein, zum Schein, wie er nach dem Krieg erklärte. Seine Frau erwartete ihr drittes Kind. Er wurde am 3. Juni 1942 wieder entlassen und agierte scheinbar im Auftrag der Gestapo. Im Februar 1943 wurde er erneut verhaftet und im März 1943 zusammen mit Karl Kunger zum Tode verurteilt. Kunger wurde tatsächlich hingerichtet, Olaf B. jedoch begnadigt. Die Gestapoleitstelle Berlin gab ihm im April 1943 ein aus ihrer Sicht günstiges Zeugnis, vor allem wegen seiner Mitarbeit. In dem Zeugnis heißt es: »B., welcher nach der Machtübernahme in politischer Hinsicht sich in jeder Weise einwandfrei geführt und sich offensichtlich von der kommunistischen Idee losgesagt hatte, erlag infolge seines anscheinend wenig gefestigten Charakters Anfang 1942 dem Einfluß des sehr redegewandten Joachim Franke und geriet dadurch wieder in das kommunistische Fahrwasser.«*

Auch aus diesen Dokumenten läßt sich nicht herauslesen, ob Franke erst nach seiner Verhaftung am 22. Mai 1942 oder schon vorher mit der Gestapo zusammenarbeitete.

Charlotte Holzer, die frühere Lotte Paech, war es vor allem, die die Vermutung äußerte, Franke sei ein V-Mann der Gestapo gewesen. Sie schilderte in schriftlichen Berichten, wie er angeworben wurde.* Seine Ehefrau Erika sei bei einer Verhaftung in den dreißiger Jahren vor seinen Augen so gefoltert worden, daß er sich schließlich auf die Gestapo einließ. Aber Erika Franke überlebte und wurde nach dem Krieg mehrfach von verschiedenen Stellen, auch von der Polizei, befragt. Von einer solchen Verhaftung oder Folter hat sie nicht berichtet.

Andere enge Gefährten Frankes hielten ihn zwar für einen, der schnell schwach geworden war, nicht aber für einen Provokateur. Charlotte Vötter, die 1947 von der Staatlichen Kriminalpolizei, Leitstelle Berlin, Alexanderstraße, nach den Frankes befragt wurde, sagte über ihn: »Soviel mir bekannt, ist Franke zwar kein Spitzel der Gestapo gewesen, jedoch [...] muß ich annehmen, dass er um seine Familie, Frau und

Kinder zu retten, vollkommen weich geworden ist und alles verriet. Er hat sogar Menschen angegeben, mit denen er gar keine Verbindung in illegaler Tätigkeit hatte.« Auch Hilde Schaumann sagte, im Mai 1947 nach Franke befragt: »[...] möchte ich feststellen, daß Franke selbst aus einem gut bürgerlichen Hause stammt und dass er meiner Meinung nach wahrscheinlich ursprünglich kein Spitzel war. Ich möchte vielmehr sagen, daß sein unvorsichtiges Verhalten im Betrieb und auch bei der illegalen Arbeit auf seinen starken Geltungsdrang zurückzuführen war. [...] Dass Franke soviel Angaben gemacht hat ist geschehen, um vielleicht sein Leben, bestimmt aber das Leben seiner Frau zu retten.«[*]

Joachim Franke war 1905 in Eisleben geboren worden. Er wurde Laboringenieur und heiratete 1933 die sechs Jahre jüngere Berliner Verkäuferin Erika. Schon 1932 arbeiteten sie beide für die KPD, damals in der Straßenzelle Rykestraße in Berlin, Prenzlauer Berg. Ihr Sohn Peter wurde 1934 geboren. 1936 zogen sie um nach Köpenick. Nach außen hin führten sie ein angepaßtes Leben, gehörten nationalsozialistischen Vereinen und Organisationen an. Sie lebten in bescheidenem Wohlstand, Frau Franke war zunächst Hausfrau und arbeitete seit 1939 im Warenhaus Kepa als Aushilfe. Nach dem Krieg sagte sie, das von ihr verdiente Geld habe ihr Mann für Material ausgegeben, das er für Flugschriften und ähnliches brauchte. Sie habe so seine illegale Arbeit finanziert.

Erika Franke wurde mit ihrem Mann am 22. Mai 1942 oder bald darauf verhaftet. Erst am 19. April 1943, Joachim Franke war längst hingerichtet, fand vor dem Kammergericht die Verhandlung gegen Erika Franke, Hilde Schaumann, Helene Schlesinger und andere Teilnehmer des Schulungs- und Genossenkreises um Schaumann statt. Hilde Schaumann erhielt die höchste Strafe, fünf Jahre Zuchthaus. Erika Franke und Else Lehmann, die Braut von Walter Bernecker, der in der Untersuchungshaft Selbstmord verübt hatte, wurden freigesprochen.

Nach dem Prozeß wurde Erika Franke entlassen, hinter ihr lag ein Jahr Untersuchungshaft. Die Gestapo half ihr, eine Stelle als Registratorin bei der Reichsbahn zu finden.

Der Freispruch stieß natürlich auf Erstaunen bei den Gefährten ihres Mannes. Die Überlebenden aus ihrem Prozeß berichteten nach dem Krieg über die eigenartige Begründung des Gerichts. In der erhaltenen Anklageschrift vom November 1942 ist zu lesen, daß Frau Franke über alles informiert war, daß sie selbst an Schulungen und Gruppenbesprechungen teilnahm, daß sie wußte, wofür am 16. Mai 1942 die »Feuerwerkskörper« in ihrer Wohnung hergestellt wurden. Zwar habe sie ihm deshalb Vorhaltungen gemacht, aber dennoch ihren Mann am 17. Mai, dem ursprünglichen Termin des Brandanschlags, in den Lustgarten begleitet.

In der Anklageschrift steht: »Die Angeschuldigte ist geständig. Sie will das Verhalten ihres Mannes nicht gebilligt und deshalb wiederholt heftige Auseinandersetzungen mit ihm gehabt haben. Wenn sie zu ihrer Entlastung angegeben hat, ihr Mann habe ihr erklärt, daß er im Auftrage der Polizei und mit deren Wissen handle, und sie habe das geglaubt, so verdient eine derartige Einlassung keinen Glauben. Zudem hat der ebenfalls wegen Vorbereitung zum Hochverrat verfolgte Günter Schulz bekundet, daß er die Angeschuldigte auf die illegale Tätigkeit ihres Mannes hingewiesen, sie aber entgegnet habe, ihr Mann habe bisher immer Glück gehabt und werde es auch weiterhin haben.«

In der Urteilsbegründung vom 21. April 1943 heißt es jedoch: »Die Verteidigung der Angeklagten, sie habe bis zuletzt angenommen, dass ihr Mann, wenn er sich mit Kommunisten einlasse, in behördlichem Auftrag handle, erschien zuerst wenig glaubhaft. Es haben sich jedoch immer mehr Anzeichen dafür ergeben, die für die Richtigkeit der Angaben der Angeklagten sprechen: Diese hat schon im Ermittlungsverfahren erklärt, sie habe von jeher angenommen, dass ihr Mann sich nur zum Schein mit Staatsfeinden einlasse. Dieser selbst hat die Darstellung seiner Frau bestätigt, und zwar schon, bevor diese eine derartige Verteidigung hervorgebracht hat; er hat nach seiner Festnahme erklärt, er habe seiner Frau immer gesagt, er handle im Auftrag der Polizei. Da Joachim Franke zudem noch bei den polizeilichen Vernehmungen bis zuletzt seine Frau in diesem Glauben zu halten versuchte, sind schon von der Polizeibehörde, wie die Vernehmung des Kriminalsekretärs Neumann ergeben hat, die Angaben der Angeklagten für glaubhaft gehalten worden. [...] Es ist deshalb nicht unglaubhaft, daß Franke die seiner Frau gekommenen Bedenken immer wieder zu beheben verstand, insbesondere, indem er seinen Wunsch, daß seine Frau an den Diskussionsabenden anwesend sein solle, mit der gebotenen Notwendigkeit einer Tarnung begründet hat, und daß er tatsächlich seine Frau gerade durch den Hinweis, wenn sie ihn bei der ›Aktion im Lustgarten, bei der er die letzten Kommunisten fassen wolle‹, begleite, werde die Sache weniger auffällig sein, bewogen hat, mit ihm zu gehen.«*

All diese Dokumente verraten nicht, was hinter den Kulissen wirklich geschah. War Franke tatsächlich ein V-Mann? Oder, das scheinen mir die erhaltenen Dokumente und Erinnerungen eher nahezulegen, ein geltungssüchtiger, nach Anerkennung strebender Karrierist, der sich in der Einschätzung der politischen Lage geirrt hatte?

Ich halte für möglich, daß seine auffällige Geschäftigkeit vor dem Brandanschlag daher rührte, daß er glaubte, ein politischer Umschwung stünde unmittelbar bevor, und dann wollte er als »Widerstandskämpfer« in der Nachkriegsgesellschaft belohnt werden. Die Illusion über das baldige Ende des Nationalsozialismus teilte er mit Herbert und Marianne Baum, mit Werner Steinbrinck. Anders als diese wechselte er jedoch die Seiten, als er in den Fängen der übermächtigen Gestapo war.

Warum Werner Steinbrinck, der erfahrene illegale Arbeiter, nicht gewarnt wurde durch Frankes Geltungsdrang, durch seine Selbstüberschätzung und Unvorsichtigkeit, warum er ihm vertraute und warum auch Herbert Baum ihn respektierte, bleibt ein Rätsel.

Wenn Franke tatsächlich vor dem Brandanschlag als V-Mann der Gestapo gedient hat, dann findet sich dafür kein überzeugender Beleg in den zugänglichen Akten. Vielleicht hatte er vor, sich im Falle einer Verhaftung der Gestapo als selbsternannter V-Mann zu präsentieren. Möglicherweise war er den ängstlichen Vorhaltungen seiner Frau so begegnet, beruhigte sie damit, daß er die Sache im schlimmsten Falle ja umdrehen könnte, ihnen würde schon nichts passieren. Vielleicht auch kam ihm diese Idee erst während der Vernehmungen, weil er, wie auch Charlotte Vötter und Hilde Schaumann vermuteten, wenigstens seine Frau retten wollte.

Wenn es so war, scheint Erika Franke den Ball aufgefangen und der Gestapomann Neumann ihr dabei geholfen zu haben. Vielleicht unterstützte er sie als Gegenleistung für Frankes Aussagewilligkeit. Vielleicht auch, weil Erika Franke eine besonders hübsche junge Frau war. Hilde Schaumann berichtete 1947, Erika Franke hätte ihr im Polizeipräsidium geraten, sich nicht so sachlich und kühl zu verhalten, sondern zu versuchen, mit »weiblichen Mitteln, Tränen und Koketterie« ihre Lage zu verbessern.*

Sicher ist, Franke hat viele seiner Genossen genannt, hat über ihre politischen Ansichten, ihre Zusammenkünfte und die illegale Arbeit berichtet. Ein Urteil darüber steht nur denen zu, die in seiner Lage waren. Über die Baum-Gruppe wußte er nicht viel. Er kannte kaum die Vornamen der Kerngruppe, schon gar nicht waren ihm die Jugendlichen um Rotholz und Joachim bekannt.

Womöglich bedurfte es gar keiner V-Leute, sondern nur einiger der üblichen Denunziationen, um die Gestapo auf Baums Gruppe und die Franke-Steinbrinck-Gruppe hinzuweisen. Beide Gruppen waren in ihrem Arbeits- und Wohnumfeld längst aufgefallen. Aber in der »streng vertraulichen Mitteilung« des Amtes IV des Reichssicherheitshauptamtes vom 27. Mai 1942 hieß es: »Der Stapoleitstelle Berlin gelang es, in eine illegale kommunistische Gruppe einzudringen, die kurz nach Kriegsausbruch mit der Sowjetunion errichtet worden war und sich bis in die letzte Zeit hinein mit der Herstellung und Verbreitung von Hetzmaterial befaßt, in Berlin kommunistische Schmierarbeiten durchgeführt und eine Abhörgemeinschaft gebildet hatte. Auch waren von dieser Gruppe Sabotageakte geplant und schließlich am 18. Mai ein Anschlag auf die Ausstellung ›Das Sowjet-Paradies‹ im Lustgarten verübt worden, wobei Brandsätze in einigen Ausstellungsräumen ausgelegt wurden. Durch rechtzeitiges Einschreiten konnte jedoch größerer Schaden verhindert werden.«

Gemeint ist die »Gruppe Franke«, wie die Gestapo sie nannte, mit dem Schulungskreis um Schaumann. Die »Gruppe Baum« als eigene Gruppe erscheint erst danach in den Akten. Mag sein, daß die Behauptung, in die Gruppe eingedrungen zu sein, übertrieben war und sich auf die Tage nach dem Brandanschlag bezog. Denn weshalb hätte man sie den Anschlag ausführen lassen sollen? Oder waren die Brandsätze von vornherein unwirksam? Franke soll seiner Frau gegenüber behauptet haben, es handele sich nur um wenig wirksame Feuerwerkskörper, und der Ablauf des Brandanschlags scheint das zu bestätigen. Hatte er seine Genossen getäuscht und Attrappen hergestellt? Mit Wissen der Gestapo?

Es bleiben viele Fragen.

Ich dachte, daß vielleicht Erika Franke sie mir beantworten könnte, und suchte nach ihren Spuren.

Erika Franke war im Juni 1945 beim »Hauptausschuß Opfer des Faschismus (O. d. F.)« erschienen und hatte als Witwe des hingerichteten Joachim Franke einen Antrag auf Unterstützung für sich und ihr inzwischen elfjähriges Kind gestellt. In ihrem Antrag hob sie die Standhaftigkeit ihres Mannes hervor.*

Im Oktober 1945 schrieb der Kontorist Günter Schulz seinen Brief an den Magistrat, in dem er Joachim Franke für schuldig am Tod so vieler Menschen erklärte. Nun setzten

Untersuchungen ein, zunächst des »Hauptausschusses Opfer des Faschismus«, später der Staatsanwaltschaft.

Erika Franke, im Januar 1946 mit dem Brief von Günter Schulz konfrontiert, gab gegenüber der Kriminalpolizei zu, selbst verwirrt gewesen zu sein über manche Aussagen ihres Mannes. Er habe ihr bei einer Gegenüberstellung im Beisein der Gestapobeamten Neumann und Fischer plötzlich erklärt, sie wisse doch, daß er im Sinne der Polizei gearbeitet habe. Sie schäme sich seiner, weil er als Kommunist nicht treu zu seiner Überzeugung stand. Den Antrag auf Anerkennung als Opfer des Faschismus zu stellen sei eine Dummheit gewesen. Sie habe das für ihren Sohn Peter getan, der »von der unsauberen Handlungsweise meines Mannes während seiner Haft nichts erfahren sollte«. Die Kriminalpolizei nahm ihr daraufhin den Ausweis als Opfer des Faschismus ab und überließ weitere Maßnahmen dem »Hauptausschuß Opfer des Faschismus«.

Nun wurden Zeugenaussagen gesammelt. Charlotte Vötter, Hilde Schaumann und andere, deren Angehörige durch Frankes Aussagen umgekommen waren, mißtrauten auch seiner Frau und äußerten sich voller Verachtung. Andere Kommunisten, wie ein Richard Hermann aus Marienfelde, sagten für Franke aus. Er sei gewiß kein Verräter gewesen. Aber Hermann kannte ihn aus der Zeit nach 1933, nicht aus den Monaten vor der Verhaftung.

Am 1. Februar 1947 beschloß die Staatsanwaltschaft, Frankes Hinrichtung »als Tatsache zu würdigen, die gegen seine Spitzeltätigkeit sprach«.

Dennoch wurden Frau Franke und ihr Sohn nicht als Hinterbliebene eines Opfers des Faschismus anerkannt.

1949 heiratete sie erneut, nahm den Nachnamen ihres neuen Mannes an. Im September 1949 wurde das Ehrengrab für Herbert Baum auf dem Jüdischen Friedhof in Weißensee während der großen Gedenkfeier eingeweiht. Die Zeitungen schrieben über die Gruppe. Es war auch von dem »Verräter« die Rede.

Es blieb nicht aus, daß auch der fünfzehnjährige Peter Franke erfuhr, was er nach dem Willen seiner Mutter nicht wissen sollte. Wahrscheinlich erinnerte er sich noch an den Sonnabend im Mai 1942, als er acht Jahre alt war und sein Vater mit Werner Steinbrinck, der oft bei Frankes mit am Tisch saß, in der Küche und im Bad mit Feuerwerkskörpern experimentierte. Seine Mutter hatte ihm damals jede Frage verboten. Bald danach waren beide Eltern weg, der Vater für immer, die Mutter für ein Jahr. Wahrscheinlich hatte sie ihm später gesagt, er könne stolz sein auf den hingerichteten Vater. Im September 1949 nahm Peter Franke sich das Leben.

Frankes Witwe zog mit ihrem Mann nach Pankow. Im September 1950, einen Tag vor ihrem neununddreißigsten Geburtstag, gebar sie erneut einen Sohn. Er war schwer behindert. Sie trat aus der SED aus und widmete sich nur noch der Pflege ihres Kindes.

Anfang 1967 ging ihr Ehemann zur Beratungsstelle für die Verfolgten des Naziregimes (VdN) und verlangte im Namen seiner Frau, ihr den Verfolgtenstatus zuzuerkennen. Der war mit finanziellen und anderen Vorteilen verbunden. Damals gab es kaum staatliche Unterstützung für Behinderte. Möglicherweise war das das Motiv des Mannes, der angab, seine Frau habe wegen ihrer Mitarbeit in einer Widerstandsgruppe selbst ein Jahr in Untersuchungshaft verbracht und sei die Witwe eines Hingerichteten.

Man gab den Antrag weiter, suchte die alten Akten, die Staatssicherheit ermittelte im Hintergrund.

Im April 1967 erkundigte sich Frankes Witwe zaghaft nach dem Stand der Dinge. Sie unterschrieb »Mit sozialistischem Gruß«. Im Juni bat sie wenigstens um eine Eingangsbestätigung. Im Februar 1968 erhielt sie ein Schreiben der VdN-Stelle, in dem mit Verweis auf die alten Untersuchungsergebnisse ihre Anerkennung als Verfolgte oder Hinterbliebene eines Verfolgten abgelehnt wurde.

1980 zog die Staatssicherheit erneut Erkundigungen über

Frankes Witwe ein, aber es war nichts Besonderes zu berichten. Sie kümmerte sich um ihren Sohn.

Ihre Wohnung in Pankow war eine kleine Genossenschaftswohnung aus den dreißiger Jahren. Von hier zum Wochenmarkt geht man nur wenige Minuten. Ich wohne auch in Pankow. Ich glaube, ich habe sie dort manchmal mit ihrem Sohn gesehen, ohne natürlich zu wissen, daß ihre Geschichte sich mit der der Baum-Gruppe berührte. Ich traf auf dem Wochenmarkt manchmal eine ältere, bitter nach innen schauende Frau, die einen behinderten Mann hinter sich herzog, der freundlich lachte und nach den Äpfeln griff. Manchmal saßen sie im Park nebeneinander auf der Bank. Ich habe auch Olaf B. mehrmals in Pankow getroffen, den Kollegen Joachim Frankes, der zum Tode verurteilt und begnadigt worden war. Wenn Frankes Witwe und er sich begegnet sind, werden sie wohl aneinander vorbeigegangen sein. Vielleicht las sie in der Zeitung »Neues Deutschland« seine Texte über die Todeszelle in Plötzensee, über den heroischen Widerstandskampf, vielleicht las sie auch keine Zeitung. Im Februar 2001, ich trug ihre Adresse aus den Akten schon lange bei mir, ging ich zu der Genossenschaftswohnung. Ihr Name stand noch auf dem stillen Portier. Aber in der kleinen Wohnung lebten seit zwei Jahren andere Leute, die die Wohnung modernisiert hatten. In Berlin gibt es in fast allen alten Häusern eine Nachbarin, die alles weiß. Ich fand sie in der obersten Etage. Sie erzählte mir, die Frau, die ich suchte, sei um 1990 gestorben. Ihr Mann sei mit dem behinderten Sohn nach Süddeutschland gezogen, wo sie beide in einem Heim leben. Die Mutter des Behinderten sei freundlich und still gewesen, sehr zurückgezogen. Einen Moment lang überlegte ich, ob ich über das Einwohnermeldeamt nach der Adresse ihres Witwers suchen sollte. Aber warum sollte ich ihn mit der Vergangenheit seiner Frau verfolgen? Wenn Frankes Witwe gewußt hat, wann Joachim Franke die Seiten wechselte, wird sie dieses Wissen ohnehin mit sich genommen haben. Oder vergessen.

Auf dem schwarzen Gedenkstein in Weißensee steht Joachim Frankes Namen nicht. Er war ja der »Verräter der Baum-Gruppe«. 1981 wurde im Lustgarten ein Gedenkstein für die Baum-Gruppe eingeweiht, der Magistrat hatte ihn bei dem Bildhauer Jürgen Raue in Auftrag gegeben, weil der Gruppe inzwischen Kranzniederlegungen und Fahnenappelle gewidmet wurden, die man nicht auf dem Jüdischen Friedhof abhalten wollte. Der kubische Stein trug keine Namen, nur an zwei Seiten die Inschrift: Unvergessen die mutigen Taten und die Standhaftigkeit der von dem Jungkommunisten Herbert Baum geleiteten antifaschistischen Widerstandsgruppe.

Im März 2001 wurde diese Inschrift mit je einer Glasplatte überblendet. Auf einer der Platten steht in mehreren Sprachen, was am 18. Mai 1942 hier im Lustgarten »Mitglieder der antifaschistischen Widerstandsgruppen um Herbert Baum« taten. Anders als in der alten Widmung wird erwähnt, daß sie »zumeist jüdische junge Frauen und Männer« waren. Aber nun kommt das Wort kommunistisch nicht mehr vor. Auf der anderen Platte stehen vierunddreißig Namen. Es sind die Toten aus Baums Kreis, die der Gruppe Joachim und auch einige aus dem Umfeld von Steinbrinck und Franke, die eigentlich mit der Baum-Gruppe und mit dem Anschlag im Lustgarten nichts zu tun hatten. Dafür fehlt Walter Bernecker, der sogar beim Brandanschlag dabei war. Der Apotheker Kurt Bernhardt, der den Untergetauchten Herbert Budzislawski und Lotte Paech Hilfe gab, steht dort, nicht aber seine Genossen Markstahler und Joseph. Nicht Renate Moratz und die anderen Helfer. Bernhard Heymann aus der Fruck-Gruppe steht dort, nicht aber seine Frau Margot, die Suzanne und Irene das »18-Seiten-Papier« gab. Ein Gedenkstein kann keine Gerechtigkeit herstellen, er kann auch nur an das erinnern, was nicht vergessen ist.

Edith Fraenkels Name steht nun auf dem Gedenkstein neben dem von Joachim Franke. Man wollte ihn nicht länger verschweigen. Er war beim Brandanschlag dabei, er hat die Brandsätze sogar hergestellt. Nun steht sein Name neben dem der anderen; wie schon einmal, wie auf den roten Bekanntmachungen über die Hinrichtungen vom 18. August 1942.

»Ich bin ja noch so jung
und möchte so gerne leben!«

An dem Tag, als die roten Plakate in der Stadt hingen, auf denen der Tod von Sala und den anderen neun bekanntgegeben wurde, war Lotte Paech, so hat sie es später erzählt, aus Kummersdorf nach Berlin gekommen. Der 21. August war der Geburtstag ihrer Tochter Eva, sie hatte in den Wäldern Blaubeeren gesammelt und wollte sie ihrem geschiedenen Mann für das Kind bringen. Als sie in seinem Betrieb anrief, verhielt sich sein Chef merkwürdig. Gustav Paech sei nicht da. Mit gepreßter Stimme forderte er sie auf, selbst zu kommen, am besten gleich. Sie begriff: Gustav war verhaftet. Auch er hatte Martin einmal Quartier gegeben. Natürlich lief sie nicht in die Falle, aber ihre Panik wuchs. Mit Gustav war auch die Verbindung zu ihrer Tochter abgerissen. Als sie aus der Telefonzelle trat, sah sie die Plakate.

Das schreibe ich und zögere. Es gibt Historiker und Zeitgenossen, die bestreiten, daß die Hinrichtungen vom 18. August 1942 auf Plakaten bekanntgegeben wurden. Das Verfahren und was damit zusammenhing, sei als »Geheime Reichssache« der höchsten Stufe behandelt worden. Anders war es bei den Hinrichtungen der zweiten Gruppe. Nach dem 4. März 1943 wurden von der Abteilung Säulenreklame der Firma »Berliner Ausstellungen«, Eigenbetrieb der Reichshauptstadt, Berlin C 2, Grünstraße, solche roten Plakate gedruckt und an insgesamt 229 Litfaßsäulen geklebt. Einzelne Exemplare sind erhalten. Der Auftrag hatte die Nummer 420, und für das Kleben wurden 89,90 Reichsmark berechnet. Vom August 1942 ist kein Plakat erhalten geblieben und kein Beleg. Weil es keine Plakate gab, sagen die Historiker. Lotte Paech sagt es anders, und mir sind noch mehr Menschen begegnet, die meinen, diese Plakate im August 1942 gesehen zu haben. So viele erinnern sich daran, daß ich denke, es gab diese Plakate.

Lotte Paech erinnerte sich also, daß sie die Plakate sah und irgendwie zu Rita und Herbert Meyer kam, und da saß Martin und wußte schon, daß Sala tot war, denn er hatte, sagte sie, die Plakate auch gesehen. In dieser Nacht blieben Lotte und Martin über Nacht bei Rita und Herbert. Was diese vier Menschen miteinander redeten, wie sie einander trösteten, darüber konnten Rita und Lotte, die Überlebenden, nichts mehr sagen, weil sie es vergessen haben. Lotte erinnerte sich später nur, daß sie die Toilette im Treppenhaus nicht zu benutzen wagten und Rita ihnen einen Eimer gab, den sie dann hinaustrug. Am nächsten Morgen verließen sie einzeln das Haus, irrten herum. Lotte traf sich in den nächsten Wochen immer wieder mit Markstahler und Joseph, die sie mit den Lebensmittelkarten versorgten, ging zu Kurt Bernhardt, sprach mit dem jungen Budz, kümmerte sich um den Verkauf der Teppiche, suchte Schlafplätze. Vergeblich versuchte sie, ihr Kind, das als Jüdin galt, in einem katholischen Kinderheim unterzubringen. Ein Fräulein von Harnack, dessen Bekanntschaft Hilde Benjamin ihr vermittelt hatte, half ihr dabei. Hilde Benjamin war die Witwe des Weddinger Arztes Georg Benjamin, den Lotte Anfang der dreißiger Jahre durch ihre Arbeit kennengelernt hatte. Sie hatte damals auch einige Wochen lang das neugeborene Kind Hilde Benjamins gepflegt. Hilde Benjamin wollte ihr helfen, aber die kleine Eva, die schon oft hin und her gezerrt wurde, mußte doch zu ihrer Großmutter in den Wedding, nach Lottes Schilderung eine grobe, von den Nazis begeisterte Frau, die ihr jüdisches Enkelkind zwar versorgte, aber nicht liebte. Lotte war noch dünner geworden und mußte Salas Sommerkleid ändern, das tat sie auf der Nähmaschine einer mit Kurt Bernhardt befreundeten Frau Salingre in der Großen Hamburger Straße 21. Oft fuhr sie zu dem Ehepaar Roth nach Neukölln und fragte nach Nachrichten von Richard. Richard Holzer war in Budapest angekommen, hatte sogar Arbeit gefunden, aber keine Möglichkeit, seine Freundin aus Deutschland herauszuholen. Lotte mußte sich selbst helfen. Als Krankenschwester kannte sie viele Leute, das war in ihrer Lage ein Vorteil und gleichzeitig eine zusätzliche Gefahr. Sie ging zu ehemaligen Patienten, zu Freunden und Bekannten von Rita. Viele halfen ihr, und sei es nur, indem sie bei ihnen ausruhen konnte. Schließlich kam sie zu Minna Harder, einer älteren Kommunistin, die Rita und Herbert Meyer kannte. Minna Harder ließ Lotte bei sich übernachten, gab sie dann an eine Gertrud Richter weiter, deren Mann im Konzentrationslager saß.

Gertrud Richter gab Lotte ihren Werkausweis von Siemens. So hatte sie wenigstens ein Papier. In Lotte lebte noch immer die vage Hoffnung, nach Budapest fliehen zu können, zu Richard.

Martin Kochmann wagte nach seiner mißglückten Flucht vom Mai nicht mehr, sich weit von Berlin zu entfernen. Er trug noch immer den Ausweis des Belgiers bei sich, aber dessen Name stand jetzt wohl auf den Fahndungslisten. Immer öfter gab es Großrazzien, die sich gegen Deserteure richteten und gegen Juden, die sich der Deportation entzogen. Martin schlief manchmal unter freiem Himmel, ein paar Tage in Klein Köris beim Bauern Siebert, auch bei Rita und Herbert Meyer in der Neanderstraße. Dort wurden inzwischen mehrere Nachbarn deportiert. Wenn sie die Stiefel der Abholer im Treppenhaus hörten, verharrten sie still und hörten ihr eigenes Herz klopfen. Ende August wurde Martin Kochmann schwer krank. Mit hohem Fieber lag er in Ritas Kochstube. Lotte kam tagsüber und pflegte ihn.

Im September vermittelte Rita Meyer ihn zu entfernten Verwandten, zu Heinz und Maria Milkert nach Reinickendorf, bei denen er schlafen konnte. Milkerts waren keine Juden. Einmal in der Woche traf Martin sich mit Lotte, die ihm Lebensmittel oder Karten brachte.

Robert Mohn wußte von diesen Vorgängen nichts. Er wußte nicht, wer von der Gruppe noch frei war. Von Lotte Paech hörte er nichts in dieser Zeit und war auch froh darüber, denn sein einziges Bestreben war, Edith zu helfen.

Am 14. September 1942, einem Montag, erfuhr er beim Landgericht, bei dem er sich regelmäßig nach Edith Fraenkels Angelegenheit erkundigte, daß die Sache an den Oberreichsanwalt übergeben worden war. Die Anklage lautete Hochverrat. Robert mußte handeln, aber er wußte nicht, wie. So schrieb er den Brief an den Oberreichsanwalt in der wahnwitzigen Hoffnung, der könnte Aufschub gewähren. Der Krieg begann sich zu wenden. Am 12. September hatte Hitler den General Paulus empfangen, und gemeinsam hatten sie verkündet, die Stadt Stalingrad innerhalb der nächsten zehn Tage zu nehmen. Aber schon seit Wochen tobte der Kampf an der Wolga. Bereits im August waren deutsche Gebirgstruppen vor Suchumi liegengeblieben. Am 9. September war der Oberbefehlshaber der Heeresgruppe A, von List, abgelöst worden, und Hitler selbst hatte sein Kommando übernommen. Das alles waren Nachrichtensplitter, die Robert Mohn, der Radio Moskau und BBC hörte, drehte und wendete, bis er Hoffnung aus ihnen schöpfen konnte. Er schrieb den Brief an den Oberreichsanwalt und wartete auf eine Antwort, die nicht kam.

Vom Rechtsanwalt Masius, den er ab und zu traf, hörte er, daß der jüdische »Konsulent« Dr. Curt Eckstein die Betreuung von Alice und Hella Hirsch, von Helmut Neumann, Lothar Salinger und dem Ehepaar Rotholz übernommen hatte. Lotte Rotholz, deren Scharlach ausgeheilt war, war am 10. August von der Gestapo aus dem Jüdischen Krankenhaus abgeholt worden. In den Justizakten finden sich bis heute Zeichen der Bemühungen des Rechtsanwalts Eckstein. Er bat um Sprecherlaubnis für Hanchen Hirsch, die Mutter von Alice und Hella, für Irma Joseph, Schwester des »Siegbert Israel Rothfeld« und Schwägerin der Ehefrau »Lotte Sara Rothfeld«. Dr. Curt Eckstein, ehemals angesehener Rechtsanwalt und Notar, nunmehr Konsulent, der sein Büro an der Spandauer Brücke hatte, war überfordert. Er konnte sich offenbar nicht einmal alle Namen seiner jungen Klienten merken. In den Akten finden sich seine Gesuche an den Volksgerichtshof. Als Helmut Neumann am 10. Oktober nach Plötzensee überführt wurde, bat Eckstein darum, daß Edith Neumann, das ist die »kleine Maus«, die sechzehnjährige Schwester Helmut Neumanns, Wäsche für ihren Bruder bringen kann. Die Mutter der Geschwister, Jettka Neumann, geborene Blankenstein, zweiundfünfzig Jahre alt, war schon am 15. August mit den 18. Osttransport nach Riga deportiert worden. Und Alexander Neumann, der Vater, war, fünfundfünfzigjährig am 2. September in Sachsenhausen gestorben. Der Konsulent Eckstein bemühte sich vergeblich um eine Sprecherlaubnis für die »kleine Maus« und ihren Bruder. Am 27. November, da hatten sie ihre Anklageschrift schon gelesen, versuchte Helmut Neumann, seinem Mitangeklagten Lothar Salinger, der als »fluchtverdächtig« seit seiner Verhaftung in Einzelhaft saß, einen Brief zuzustecken. Der nahm ihn an, aber dieser Zettel wurde gefunden, wahrscheinlich bei Salinger. Der »Strafanstaltsabteilungsleiter« Apelt zeigte den Verstoß gegen die Bestimmungen der Strafanstalt Plötzensee am selben Tag dem Amtsgericht an. Diesen Apelt nannten die Häftlinge »Fuchs«. Überlebende berichteten später, er lag stets auf der Lauer und liebte es, plötzlich aufzutauchen, die Fesseln der Gefangenen zu kontrollieren. Dieser Vorsteher des Todeshauses ließ Salinger und Neumann je drei Tage in die Arrestzelle sperren. Der Kassiber wurde in die Akten gelegt. Da liegt er noch heute in einem längst vergilbten Umschlag. Er ist in viele kleine Teile zerrissen, die Bleistiftschrift darauf verwischt und verblaßt. Teile fehlen. Die Botschaft ist für immer verloren.

Einen Monat zuvor, am 23. Oktober, hatte Lothar aus seiner Einzelzelle einen erschütternden Brief an den »Sehr geehrten Herrn Dr. Eckstein« geschrieben.

Er liegt auch noch immer bei den Akten. Lothar bat um

Kontakt zu seinen Verwandten. Daß die Eltern fort waren, mit ihm zusammen abgeholt, wußte er, den Bruder erwähnte er nicht. Aber er fragte nach seinem Onkel Georg Salinger, der zwei Häuser weiter wohnte, in der Rosenthaler Straße 39, und nach seinem Onkel Felix Raphael, der im selben Haus wie er und seine Eltern im dritten der Hackeschen Höfe gewohnt hatte. Er schrieb, am 23. Oktober, ihm sei die Einzelhaft unerträglich, und flehte um einen Besuch des Rechtsanwalts oder eines Verwandten.

Aus den Akten geht nicht hervor, ob Lothar Salinger noch besucht wurde, viel Zeit blieb nicht mehr. Am 4. März 1943 wurde er hingerichtet. Sein Onkel Georg aus der Rosenthaler 39 war drei Tage zuvor nach Auschwitz deportiert worden, zusammen mit seinem Sohn Gerd, zwanzig Jahre alt. Vielleicht hatten sie in den Monaten davor Angst, Lothar in der Gestapohaft zu besuchen, denn ihre Tochter und Schwester Ursula Salinger, dreiundzwanzig Jahre alt, war schon einen Monat nach Lothars Verhaftung nach Riga deportiert worden. Vielleicht auch durften sie Lothar gar nicht besuchen oder wußten nicht, wo er war. So viele waren schon verschwunden. Lothars anderer Onkel, Felix Raphael, nach dem er den Rechtsanwalt vergeblich gefragt hatte, kam am 12. Januar 1943 mit seiner Frau Ella nach Auschwitz. Sie alle haben nicht überlebt. Seit dem Herbst 2002 gibt es vor der Toreinfahrt zur Rosenthaler Straße 39 ein paar messingfarbene Pflastersteine, sogenannte Stolpersteine, mit den Namen und Daten von Georg, Gerd, Ursula und Rosa Salinger. Sie sind vom Bürgerverein Luisenstadt für dieses Gedenkzeichen zufällig ausgewählt worden aus einer langen Liste jüdischer Namen von Menschen, die hier einmal wohnten. An die anderen Salingers aus den Hackeschen Höfen, an Lothar Salinger erinnert nichts. Aber sein Name steht auf dem schwarzen Grabstein in Weißensee und seit kurzem auch auf dem Gedenkstein im Lustgarten.

Sein in den Akten liegender Brief an den Konsulenten Eckstein wird auch deshalb nicht befördert worden sein, weil der

Konsulent Eckstein irgendwann Ende 1942 verschwunden war. Seine Klienten werden gedacht haben, er wurde deportiert. Das dachte ich auch, bis ich zufällig in meinen eigenen Schubladen ein Lebenszeichen von ihm aus dem Jahre 1943 fand. Ich hatte vor mehr als einem Jahrzehnt, durch Vermittlung von Barbara Schieb, die Tochter des längst verstorbenen Druckereibesitzers Theodor Görner aus der Rosenthaler Straße 26 kennengelernt, die mir Unterlagen über ihren Vater zeigte, die ich kopieren durfte. Theodor Görner erhielt im Jahre 1968, da war er fünfundachtzig Jahre alt, vom Staat Israel die Ehrung als Gerechter. Auf der Medaille steht: »Wer ein Leben rettet, rettet die ganze Welt«. Theodor Görner hat neunzehn Leben gerettet, und von mehr als 120 jüdischen Verfolgten weiß man, daß Görner versuchte, ihnen zu helfen. Seine Erinnerungen an die Geretteten und die trotz seiner Mühe Verlorenen haben er und seine Tochter aufgeschrieben, bis heute sind sie unveröffentlicht. Als ich die Kopien wieder in die Hand nahm, sah ich, daß einer seiner Schützlinge Curt Eckstein hieß. Damals war mir der Name unbekannt und ich hatte ihn wieder vergessen. Görner schrieb, daß Eckstein ein sehr kleiner Herr war, schon siebenundsechzig Jahre alt, als er Ende 1942 festgenommen wurde, weil er den Judenstern nicht vorschriftsmäßig trug. Er sei ins »Arbeitserziehungslager« Großbeeren gekommen, wo er mit anderen Häftlingen Bohlen und Bretter stapeln mußte. Ein Aufseher trat ihm ins Gesäß, so daß der kleine Rechtsanwalt stürzte und sich das rechte Handgelenk brach. Er kam, schrieb Görner, ins Jüdische Krankenhaus Iranische Straße, wo ihm wegen Wundbrand der rechte Zeigefinger amputiert werden mußte. Das war schon 1943, vom Juni 1943 stammt ein Dankschreiben, das Görners Tochter mit anderen Briefen jüdischer Schützlinge ihres Vaters aufbewahrt hat. Dr. Curt Eckstein bedankt sich für die Besuche Theodor Görners, für Lebensmittelspenden und Tabak, die der ihm ins Krankenhaus schickte. Er nennt Görner einen »uneigennützigen Menschenfreund« und »kann den lieben Gott nur bitten, daß er Sie für Ihre guten Taten im Diesseits und Jenseits belohnt«.

Was aus Curt Eckstein wurde, schrieb Görner nicht. Hat er überlebt? Sein Name steht nicht auf den Deportationslisten. Als er den Dankesbrief schrieb, mit seiner linken Hand, waren seine Klienten Lothar Salinger, Helmut Neumann, Hella Hirsch, Siegbert Rotholz, den er Rothfeld nannte, schon hingerichtet. Alice Hirsch und Lotte Rotholz saßen im Zuchthaus Cottbus, zusammen mit Edith Fraenkel.

Für Hilde Loewy war Curt Eckstein nicht als Konsulent beauftragt worden. Hilde Loewys Vater, früher Korrespondent, jetzt Hilfsschlosser in einem Rüstungsbetrieb, wollte seiner Tochter, die, für ihn unverständlich, plötzlich verhaftet worden war, selbst Beistand leisten. Ein handschriftlicher Brief des Erich Israel Loewy, Jude, wie er im Briefkopf vermerkte, liegt bei den Akten. Natürlich handschriftlich, denn die Schreibmaschine hatte Hildes Vater längst abgeben müssen. Am 19. Oktober 1942 wandte er sich an den Herrn Reichsanwalt beim Volksgerichtshof. Er wies auf Hildes Behinderung durch den Straßenbahnunfall hin und bat, ihm als gesetzlichem Vertreter der Minderjährigen mitzuteilen, was man ihr überhaupt anlaste und wann die Gerichtsverhandlung stattfinde. Der Herr Reichsanwalt ließ den Antrag zurückweisen. Das Antwortschreiben ist abgezeichnet von einem Dr. Paul Barnickel. Er schrieb: »Der Antragsteller ist als Jude ein Feind des deutschen Volkes. Es kann ihm deshalb nicht das Recht zugebilligt werden, vor dem Volksgerichtshof als Beistand das Verlangen, gehört zu werden, geltend zu machen. (§ 149 StPO) Das Auftreten jüdischer Beistände vor dem Volksgerichtshof ist in gleicher Weise untragbar wie die Vertretung von Angeklagten durch jüdische Verteidiger [...].«* Dieser Paul Barnickel überlebte, im Gegensatz zur Familie Loewy. Der ehemalige Reichsanwalt Paul Barnickel wurde vor dem amerikanischen Militärtribunal Nr. III in Nürnberg angeklagt, am 4. Dezember 1947 jedoch mangels Beweisen freigesprochen. Bis zu seinem Tode 1966 lebte er in München als Rechtsanwalt.

Ob er jemals an Erich Loewy und seine Tochter dachte?

Ein anderer dachte an Hilde Loewy, ohne ihren Namen zu kennen. Der Rechtsanwalt Heinrich F. Liebrecht, ein getaufter Jude, saß zwischen Juli und dem 10. September 1942 in Moabit ein, bevor er ins KZ kam. In seinen Erinnerungen* berichtete er: »Die Zellen über uns gehörten zum Frauengefängnis und waren mit je zwei Mädchen aus einer jüdischen Jugendgruppe belegt. Man hatte ihnen Beteiligung am Sabotageakt der Ausstellung ›Das Sowjet-Paradies‹ vorgeworfen. Sie erzählten sich viel; manchmal ließen sie uns an ihren Gürteln Lektüre herunter, die ihnen offenbar, im Gegensatz zu uns, erlaubt war. Oft sangen sie abends Kanons. In einer Zelle fing es an, dann setzte es sich fort in einer zweiten, dritten, vierten, bis der Kanon vollzählig war. Über mir hatte eine, scheinbar das Nesthäkchen, eines Tages Geburtstag. Sie wurde achtzehn Jahre. ›Ich habe etwas in die Wand eingeritzt‹, rief sie mir herunter. ›Was?‹ fragte ich. – ›Ich bin ja noch so jung und möchte so gerne leben!‹«

Das muß Hilde Loewy gewesen sein, die als einzige der Baum-Gruppe in dieser Zeit Geburtstag hatte. Sie wurde am 4. August nicht achtzehn, sondern zwanzig Jahre alt. Von den zu dieser Zeit in Moabit einsitzenden Mädchen der Gruppe war sie die jüngste.

Am 2. Dezember versuchte sie, aus dem Untersuchungsgefängnis Moabit zu fliehen. In der Woche zuvor hatte sie ihre Anklageschrift bekommen. Spätstens jetzt muß Hilde begriffen haben, daß sie sterben sollte. Am 3. Dezember gab sie zu Protokoll: »Nach all dem, was mir in der Anklageschrift zu Unrecht zur Last gelegt wird und bei der Unmöglichkeit, mich in der richtigen Form zu verteidigen, glaube ich, mit dem Todesurteil rechnen zu müsssen. Aus dieser Angst heraus habe ich den Fluchtversuch unternommen, weil ich glaubte, mich vielleicht dadurch retten zu können.«

Die einarmige Hilde, schmal und klein, hatte tagelang ihr

Laken in Streifen gerissen und sie aneinandergenäht. Als
ihre Zellengefährtin Freistunde hatte, »habe ich die anein-
andergenähten Lakenstreifen an einer Gitterstange meines
Fensters befestigt. Eine Fensterscheibe hatte ich vorher
dazu herausgeschlagen und einen Mantel und eine Tasche
mit meinen Sachen auf das Glasdach des Gerichtsganges
geworfen. Dann versuchte ich, mich durch das Eisengitter
hindurchzuzwängen. Mit dem Kopf und dem Oberkörper
wäre es mir sicher gelungen, nach den Versuchen, die ich
schon vorher gemacht hatte. Da ich aber mit den Beinen
und mit dem Unterkörper zuerst heraus wollte, merkte ich,
daß ich trotz aller Anstrengungen nicht herauskam.« Noch
ehe die Zellengefährtin wiederkam, waren die heraushän-
genden Stoffstreifen entdeckt worden, und Hilde wurde in
die »Beruhigungszelle« gebracht.*

Acht Tage später, am 10. Dezember 1942, fand um 9.30 Uhr
die Hauptverhandlung in der Strafsache gegen den »Hilfsmechaniker Heinz Israel Rothholz und andere« vor dem
2. Senat des Volksgerichtshofs in der Bellevuestraße statt.
Den Vorsitz hatte Dr. Wilhelm Crohne, seit kurzem Vize-
präsident des Volksgerichtshofs, der Beisitzer war Landgerichtsrat Heinrich Preußner. Vertreter des Oberreichsanwalts war der erste Staatsanwalt Heinz Wittmann, Richter
der SS-Oberführer Friedrich Tscharmann, der Reichshaupt-
amtsleiter Kurt Ulrich Giese und der Generalmajor der Luftwaffe, Ernst Cabanis. Dem Antrag des Staatsanwalts fol-
gend, wurde für neun der zwölf Angeklagten, für Heinz
Rothholz, Werner Birnbaum, Hella Hirsch, Hanni Meyer,
Marianne Joachim, Lothar Salinger, Helmut Neumann, Hildegard Loewy, Siegbert Rotholz, die Todesstrafe ausgesprochen. Lotte Rotholz bekam acht Jahre, Edith Fraenkel fünf
Jahre, Alice Hirsch drei Jahre Zuchthaus. In der Urteilsbegründung für Edith hieß es: »Gegen Edith Fraenkel war eine
Zuchthausstrafe von fünf Jahren gemessen, weil diese Angeklagte eine recht lange Zeit hindurch von den gefährlichen

und landesverräterischen Umtrieben der Gruppe Baum Kenntnis hatte, ohne sie anzuzeigen [...]. Die an sich ehrlose Handlungsweise der Angeklagten konnte die Aberkennung der bürgerlichen Ehrenrechte nicht zur Folge haben, weil sie als Juden diese nicht besitzen. Als Verurteilte haben die Angeklagten die Kosten des Verfahrens zu tragen.«

Die Verhandlung war öffentlich, doch nach einer kurzen Anhörung wurde der Saal für die Dauer der Hauptverhandlung geräumt. Erst zur Urteilsverkündung konnten die Besucher wieder hinein. Aber es waren nicht viele Besucher gekommen.

Robert Mohn war dort, er hat mir von dieser Gerichtsverhandlung erzählt. Olga Fraenkel war nicht dabei. Sie wußte wohl gar nichts von der Verhandlung. Sie war zu hilflos, um sich selbst zu informieren, und Robert Mohn hatte ihr einfach nicht Zeit und Ort gesagt, weil er nicht mit ihr zusammen dort sein wollte. Sie weinte seit Wochen nur noch und war kaum in der Lage, vernünftig zu reagieren.

Niemand wußte, daß diese Gerichtsverhandlung für Edith und ihre Mutter die letzte Gelegenheit gewesen wäre, einander zu sehen.

Die Mütter von Hanni Meyer, von Marianne Joachim, von Hella und Alice Hirsch hatten Kontakt zueinander aufgenommen. Vielleicht saßen sie nebeneinander, als gegen ihre Kinder verhandelt wurde, vielleicht gaben sie sich gegenseitig Trost. Edith Fraenkels Mutter Olga hätte niemanden gekannt außer Robert Mohn. In ihrer großen Verzweiflung richtete sie ihre letzte Hoffnung auf ihn, aber der spürte nur Ohnmacht und eigenen Schmerz und konnte die Frau nicht trösten.

In der Erinnerung blieb ihm von diesen Stunden in der Bellevuestraße nur ein Nebel, aus dem Ediths blasses Gesicht ragte, dessen Anblick ihm für immer ins Herz schnitt. Und Birnbaum, der Buber. Der ihn nicht verraten hatte. Dem er plötzlich gegenüberstand, mit dem er ganz unerwartet ein paar Sätze sprechen konnte, kurz nach dessen

Verurteilung zum Tod. Dem er nicht einmal eine Zigarette geben konnte.

Ich habe Robert Mohn nicht gefragt, wie Ediths Mutter das Urteil für ihre Tochter, fünf Jahre Zuchthaus, aufnahm. Vielleicht hat sie es gar nicht erfahren? Für Olga Fraenkel wird das eine unvorstellbar lange Zeit gewesen sein. Sie wußte ja nicht, daß fünf Jahre Zuchthaus, wenn Edith sie in Cottbus hätte absitzen können, eine Chance zum Überleben gewesen wären. Und daß die Zuchthaustore sich schon nach der Hälfte dieser Zeit öffnen würden. Sie konnte es nicht wissen, und das, was wirklich geschah, was auch ihr bevorstand, wird ihr noch unvorstellbarer gewesen sein.

Wir hatten mehrere Stunden in Robert Mohns Wohnung über den Herbst 1942 und die Verhandlung vom 10. Dezember gesprochen, und als es nichts mehr zu sagen gab, schwiegen wir. Ächzend erhob er sich und schlurfte ins Badezimmer, jede Bewegung verursachte ihm Schmerzen. Er sei gleich wieder da, müsse sich nur die Hände waschen, sagte er, und ich dachte an Ediths Waschzwang.

Als er wieder in seinem Sessel saß, begann er übergangslos von dem zu berichten, was vier Tage nach der Urteilsverkündung geschehen war.

Am 14. Dezember 1942 standen irgendwelche Leute in der Pension Lau und forderten Robert auf, sofort zu Frau Fraenkel in die Pfalzburger Straße zu kommen. Drei Abholer von der Gestapo stünden vor dem Haus und könnten die tobende Frau nicht bändigen. Sie sollte mit ihrem Gepäck mitkommen ins Sammellager, aber sie schrie, alles müsse ein Irrtum sein, sie habe gar keine Listen bekommen, sie könne nicht evakuiert werden, ihre Tochter sei im Gefängnis und brauche sie. Ihr Schwiegersohn solle kommen, Robert Mohn aus der Pension Lau, der würde ihnen schon erklären, daß man sie nicht wegbringen könne, der habe Einfluß in den höchsten Kreisen.

Schon seit dem Herbst war Alois Brunner in Berlin, ein Experte aus Wien, der die Abholungen effektiver gestalten sollte. Die Vermögenslisten wurden jetzt nicht mehr vorher ausgeteilt, sondern den Juden erst in der Sammelstelle gegeben. Es gab keine Warnung mehr, die Abholer konnten plötzlich vor der Tür stehen, und auch auf der Straße konnten Juden mitgenommen werden. Berlin sollte judenfrei werden. Robert wußte das, und er wußte, daß er nirgends Einfluß hatte. Er konnte Olga nicht helfen. »Ich bin nicht mehr in die Pfalzburger Straße 86 gegangen«, schloß Robert Mohn den Bericht. Ich wollte nichts sagen und nichts fragen, beugte mich über meine Notizen. Wieder erhob er sich, ging stöhnend, sich an den Möbeln festhaltend, aus dem Zimmer. »Ich muß mir die Hände waschen«, murmelte er, als habe er vergessen, was er gerade getan hatte.

»Nun habe ich noch diese entsetzliche Angst um meinen Bruder.«

Die Mädchen wurden zwei Tage nach dem Prozeß ins Frauengefängnis Barnimstraße gebracht. Als Jüdinnen wurden sie ohnehin von den anderen Gefangenen isoliert, die Todeskandidatinnen wurden noch einmal getrennt von den anderen Jüdinnen. Marianne Joachim, Hanni Meyer, Hella Hirsch und Hilde Loewy kamen in einen anderen Trakt als Edith Fraenkel, Lotte Rotholz und Alice Hirsch. Die warteten dort nur wenige Tage auf ihren Sammeltransport ins Zuchthaus, die anderen blieben in der Barnimstraße, bis sie am 4. März 1943, dem Tag ihrer Hinrichtung, nach Plötzensee gebracht wurden.

Die am 10. Dezember 1942 zum Tode verurteilten Männer der Baum-Gruppe saßen schon länger dort.

Sie alle schrieben Gnadengesuche. Sie liegen in ihren Justizakten, handschriftlich, auf Formblättern. Manche sind kurz und knapp, als wollten ihre Verfasser eine überflüssige Sache hinter sich bringen, von der sie ohnehin nichts erwarteten, andere drücken die bodenlose Verzweiflung der zum Tode Verurteilten aus. Zu verlieren hatten sie nichts mehr. Sie führten alles mögliche als Gründe für eine Begnadigung an. Sie bestritten, die politische Dimension ihrer Zusammenkünfte begriffen zu haben. Heinz Rothholz, der nicht abstreiten konnte, von dem Plan des Brandanschlags gewußt zu haben, behauptete, ihn gar nicht ernst genommen zu haben. Er erwähnte, daß sein Vater einmal eine deutsche Frau vor dem Ertrinken gerettet hatte. Hanni Meyer stellte sich dumm und schrieb von der hörigen Liebe zu ihrem Mann, auch Buber schrieb von seiner Jugend und Unerfahrenheit. Keiner versuchte, sich auf Kosten eines noch Lebenden zu entlasten. Natürlich wurde keiner von ihnen begnadigt, aber der Vorschrift gemäß forderte der Oberreichsanwalt Beurteilungen von den Gefängniswärtern an. Die für Siegbert Rotholz wurde von einem Oberregierungsrat der Strafanstalt Alt-Moabit mit unleserlicher Unterschrift am 23. Dezember unterzeichnet:

»Der Arbeiter Siegbert Israel Rotholz, 23 Jahre alt, verheiratet, keine Kinder, nicht vorbestraft, ist wegen Hochverrat u. a. zum Tode verurteilt.

Rotholz sass hier vom 1. 9. 42 bis 12. 12. 1942 ein. Er hat sich während dieser Zeit gut geführt und auch zur Zufriedenheit gearbeitet. Rotholz gehörte einer kommunistischen Gruppe an und fühlt sich auch heute noch als Kommunist. Es war ihm offenbar nicht möglich, sich zu der Erkenntnis durchzuringen, dass die von ihm begangene Tat ein Verbrechen ist und deshalb zu verurteilen sei. Das über ihn verhängte Todesurteil hat ihn nicht zu erschüttern vermocht, ja, er war sogar noch in der Lage, hierüber ein Lächeln aufzubringen. Besondere Umstände, die einen etwaigen Gnadenerweis rechtfertigen könnten, sind hier nicht bekannt geworden.«

Am selben Tag, an dem diese Beurteilung abgefaßt wurde, die ein weiteres Todesurteil war und gleichzeitig ungewollt ein Zeugnis über die Würde und Ungebrochenheit des jungen Siegbert Rotholz, am selben Tag schrieb seine Frau Lotte an seine Schwester Irma Joseph. An wen sollte sie sonst schreiben? Ihre Mutter Cecilie Jastrow wohnte nicht mehr in der Lindenstraße, Lotte kannte ihre Adresse nicht, wußte nicht, ob sie schon deportiert war. Ihre Verzweiflung ist nur zwischen den Zeilen zu ahnen »Hörst Du von Sigichen?« – »Bis jetzt habe ich noch mein bißchen Selbstbeherrschung. Ich hoffe das von Euch auch. Von mir ist weiter nichts zu schreiben. Ihr sollt nur Nachricht von mir haben … Manfreds genaue Adresse möchte ich unbedingt haben. Vielleicht sehe ich wenigstens meinen Bruder noch einmal wieder. Auf alles andere habe ich keine Hoffnung. […] Wenn Du Sigi sehen darfst, bestell ihm von mir nur Gutes!«

Sie hat ihren Bruder Manfred, der seit 1936 in Argentinien lebte, nicht wiedergesehen.

Am 28. Dezember, als Siegberts Gnadengesuch beim Volksgerichtshof einging, schrieb auch Helmut Neumanns »kleine Maus«, seine Schwester Edith, an den Oberreichsanwalt. Sie und ihr Bruder Wolfgang waren auf sich allein gestellt, der »Konsulent Eckstein« war verschwunden, ihre Mutter »mußte abwandern«, wie sie schrieb, der Vater war ja in Sachsenhausen umgekommen. »Nun habe ich noch diese entsetzliche Angst um meinen Bruder«, schrieb die Sechzehnjährige.

Auch Erich Loewy, Hildes Vater, Weltkriegsteilnehmer, kriegsbeschädigt, früher deutscher Patriot, jetzt »als Jude ein Feind des deutschen Volkes«, gab nicht auf, seiner Tochter helfen zu wollen. Am 16. Dezember 1942 schrieb auch er ein flehentliches Gnadengesuch, schon nicht mehr aus der Wohnung in der Luitpoldstraße, in der auch Hilde gelebt hatte, sondern aus einem Untermietzimmer in der Eisenacher Straße. Am 12. Januar 1943 wurde er, neunundvierzig Jahre alt, nach Auschwitz deportiert, zwei Monate vor seiner Frau. Vielleicht war das die Antwort auf das Gnadengesuch, die Quittung dafür, daß er nicht Ruhe gab. Sein Transport umfaßte 1190 Menschen, nur 127 wurden nicht sofort vergast.

Wenigstens hat er die Hinrichtung seiner Tochter am 4. März nicht erlebt.

Die Mädchen wurden an diesem Tag um 13.05 Uhr aus der Barnimstraße in Plötzensee eingeliefert. Es heißt, daß sie alle noch einmal zusammenkamen. Marianne Joachims letzter Brief wurde an diesem 4. März geschrieben. Ein halbes Jahr zuvor, nach den Hinrichtungen vom 18. August 1942, bei denen auch ihr Mann starb, was sie damals schon ahnte, hatte sie an Hanni Meyer einen Kassiber geschrieben. Er wurde abgefangen und kam deshalb zu den Akten. Auf einen Zettel hatte die stolze Marianne im August geschrieben: »Und trotz allem rapple ich mich immer wieder auf und lasse mich nicht unterkriegen. Auch Dir will ich nur zurufen: Kopf hoch! Geduld ist die Losung des Revolutionärs. (Lenin)«

An diesem 4. März 1943 schrieb die Einundzwanzigjährige an ihre Eltern. Sie wußte nicht, daß ihre Mutter Jenny Prager schon mit dem 34. Osttransport unterwegs nach Auschwitz war. Ihr Vater Georg Prager wurde erst vierzehn Tage später deportiert, aber Mariannes Brief erreichte auch ihn nicht mehr. Mariannes Schwiegermutter Anna Joachim nahm ihren letzten Brief entgegen und bewahrte ihn:

»Mein geliebtes, einziges kleines Muttchen! Mein geliebter, guter Vati!

Wenn Ihr diesen Brief erhaltet, bin ich schon nicht mehr am Leben. Ihr könnt mir glauben, daß ich bis zur letzten Sekunde tapfer war. Wie gern hätte ich die Gewißheit, daß Ihr jetzt auch stark dem Unabänderlichem begegnet. Mein Wunsch ist, daß Ihr Euch mit ganzer Kraft gesund erhaltet, um einst an unserer Ille noch alle die Freuden erleben zu können, die Ihr von mir leider umsonst erhofft habt.

Mein Schwesterlein! Ich habe einen Brieftext für sie eingesetzt, den ich euch bitte, ihr durchs rote Kreuz zu schicken. ›Geliebte Schwester! Werde kein Alltagsmensch, den nur sein Essen und Vergnügen interessiert, gedenke der Lieder, die wir gemeinsam gesungen haben. Alles, alles Gute. Letzten Kuß Marianne.‹

[...] Ich will Euch als letzten Gruß noch ein paar Verse senden, die mir vor kurzem eingefallen sind.

> Ich seh Euch Tag und Nacht die Hände falten
> Und beten zu der Macht, auf die Ihr baut.
> Ich hör Euch innig-flehend Zwiesprach halten
> Mit Eurem lieben Gott, dem Ihr vertraut.
> Ich weiß um Euer Fühlen, Euer Denken,
> Ich kenne Eurer Stunden bittre Qual.
> Wie gerne wollt Ihr mir das Leben schenken,
> Zum zweiten – ach, zum Millionstenmal!
> Unsagbar viel habt Ihr für mich getan,

Von meinem ersten bis zum heutgen Tage,
Jetzt sieht man's Euren lieben Zügen an,
Ihr kanntet nichts als Arbeit, Müh und Plage.
Seid hart und fest nun, da wir scheiden müssen,
nehmt stark das Unabänderliche hin,
laßt in Gedanken Euch herzinnigst küssen,
Und glaubet mir, wie dankbar ich Euch bin.

Damit ist eigentlich alles gesagt. Noch einmal. Denkt an
Ille und haltet Euch ihretwegen tapfer. Mir fällt es nur Eu-
retwegen schwer, aus dieser Welt zu gehen, sonst habe ich ja
nichts zu verlieren.

Lebt wohl, meine geliebten Eltern, grüßt alle Lieben recht
herzlich. Zum letzten Mal küsse ich Euch in Gedanken. Bis
zuletzt denke ich in Liebe und Dankbarkeit an Euch. Eure
Marianne«*

Siegbert Rotholz schrieb an diesem 4. März 1943 an seine
Cousine Betty. Seine Frau Lotte im Zuchthaus Cottbus
durfte erst nach einem halben Jahr Post bekommen. Vielleicht wußte er auch nicht, wo sie war. Seine Eltern waren
fort. Er vermutete, daß seine Schwester Irma Joseph mit
ihren vier Kindern schon deportiert worden war. Die Cousine gab den Brief, bevor sie selbst deportiert wurde, an
Siegberts Freund, den Kommunisten Kurt Siering, weiter,
der kein Jude war. Der übergab ihn der Partei, aber erst drei
Jahre nach Kriegsende. »Etwas Bestimmtes hielt mich immer zurück«, schrieb Kurt Siering in seinem Begleitschreiben.* Dieses »Bestimmte« waren Tränenspuren, unter denen die Tinte verlaufen war. Kurt Siering berichtete, daß
einer, er sagte: ein Schwätzer, in der Illegalität die Nase über
die Tränen von Siegbert Rotholz gerümpft hatte. »Ach, der
ist ja weich geworden, der Brief beweist es ja, daß er vor der
Hinrichtung geheult hat.« Offenbar fürchtete Kurt Siering,
es könnten noch mehr Genossen so denken, und gab den
Brief erst 1948 aus der Hand. Er lautet:

»Liebe Betty! Du wirst Dich wundern, von mir einen Brief zu bekommen. Es ist der erste und letzte, den ich schreibe. Ich verreise heute abend um 6.30 Uhr für immer. Da ich nicht weiß, wer von meinen Lieben noch da ist, bitte ich Dich, alle, die Du noch siehst, von mir zu grüßen. Vor allem aber meine liebe Schwiegermutter. Ich danke ihr für all das Gute, was sie an mir getan hat. Sie möchte mir nicht böse sein. Denn ich möchte nicht sterben, bevor ich mich bei allen entschuldigt habe, bei denen ich es nötig habe. Worum ich Dich aber am meisten bitte, ist, daß Du mein Lottchen nicht vergißt. Du wirst vielleicht der einzige sein, der die Möglichkeit hat. An meine Schwester habe ich nicht geschrieben, denn ich glaube, sie wird ja nicht mehr da sein, und ich bin viel zu aufgeregt, jetzt viel zu schreiben. Also sei deshalb vielmals gegrüßt von

Sigi Rotholz

Und nicht mein Lottchen vergessen.

Grüße an alle, die nach mir fragen.

Sigi«

Marianne Joachim, Hilde Loewy, Hanni Meyer, Hella Hirsch, Heinz Birnbaum, Heinz Rothholz, Siegbert Rotholz, Lothar Salinger und Helmut Neumann starben am 4. März 1943 ab 18.30 Uhr, im Abstand von drei bis fünf Minuten. Anwesend waren der Vollstreckungsleiter Amtsgerichtsrat Dr. Beselin und der Justizangestellte Karpe. Sie fertigten Niederschriften genannte Vollstreckungsprotokolle an, die erhalten geblieben sind. Das über Heinz Birnbaum, genannt Buber, lautet so: »Um 18.42 Uhr wurde der Verurteilte, die Hände auf dem Rücken gefesselt, durch zwei Gefängnisbeamte vorgeführt. Der Scharfrichter Roettger aus Berlin stand mit seinen drei Gehilfen bereit. Anwesend war ferner der Gefängnisbeamte Verwaltungsinspektor Rohde. Nach Feststellung der Personengleichheit des Vorgeführten mit dem Verurteilten beauftragte der Vollstreckungsleiter den Scharfrichter mit der Vollstreckung. Der Verurteilte, der ruhig und gefaßt war, ließ sich

ohne Widerstreben auf das Fallbeil legen, worauf der Scharfrichter die Enthauptung mit dem Fallbeil ausführte und so-
dann meldete, daß das Urteil vollstreckt sei. Die Vollstreckung dauerte von der Vorführung bis zur Vollzugsmel-
dung 18 Sekunden.«

Nachdem man ihre Kinder hingerichtet hatte, wurden die
Mütter rasch beseitigt. Ohnehin sollten nach der »Fabrikaktion« genannten Razzia vom 27. Februar 1943 keine Juden
mehr in Berlin bleiben. Die Sammelstellen waren überfüllt.
Hilde Loewys Mutter Käte, geborene Igel, sechsundvierzig
Jahre alt, früher Hausfrau, jetzt Uniformschneiderin, wurde
am 6. März mit dem 35. Osttransport nach Auschwitz de-
portiert, zusammen mit der Mutter von Lotte Rotholz. 665
Menschen umfaßte dieser Transport, 30 Männer und 417
Frauen und Kinder wurden sofort in den Gaskammern
getötet, nur 153 Männer und 65 Frauen überlebten vorerst.
Marianne Joachims Mutter, Jenny Prager, war schon am
Hinrichtungstag selbst in Auschwitz angekommen. Von
1128 Menschen ihres Transports wurden 643 sofort vergast.
   Die Eltern von Hella Hirsch kamen am 18. März 1942 in
Theresienstadt an. Am 1. März 1943 war der Vater von
Heinz Rothholz deportiert worden. Seine Mutter Charlotte
Rothholz, bei der er doch gar nicht gelebt hatte, steht schon
auf einer Deportationsliste vom 19. Oktober 1942, sie war
nach der Verhaftung ihres Sohnes ins Frauengefängnis Bar-
nimstraße gekommen und ging von dort auf den Transport
nach Riga.
   Am 3. März, einen Tag vor der Hinrichtung ihres Bru-
ders, ging Edith Neumann auf Transport nach Auschwitz.
Am nächsten Tag, als sie dort ankam, wurde sie siebzehn
Jahre alt. Vielleicht wurde es auch ihr Todestag und der von
Erna Dorfmann, zwanzig Jahre alt, die seit einem Jahr die
Freundin von Helmut war und mit seiner Schwester zu-
sammen deportiert wurde.
   Die Briefe mit den Tränenspuren, die Vollstreckungspro-

tokolle, die grauenhaften Zahlen und Daten gehören zur Geschichte der Baum-Gruppe im Frühjahr 1943. Und auch diese Zahlen gehören dazu:

Der Scharfrichter Roettger und seine Gehilfen erhielten für jede Hinrichtung an diesem Tag 120 Reichsmark Sondervergütung und Kantinengutscheine im Werte von je 2,18 Reichsmark.

Abschied

Nach seinem achtzigsten Geburtstag im Juli 1993 sagte Robert Mohn immer öfter, daß er spüre, wie sein Leben dem Ende zugehe. Seine Einladungen wurden drängender. Er müsse mir noch etwas erzählen, sagte er oft am Telefon, und das könne er nur, wenn ich ihm gegenübersäße. Wenn ich aber bei ihm war, verging unsere Zeit oft, indem wir über Alltägliches plauderten. Manchmal holte er aus, begann umständlich etwas über Edith zu erzählen, und ich dachte, jetzt käme die Mitteilung, um derentwillen er mich zu sich gebeten hatte, aber meistens brach er ab oder verfing sich in Einzelheiten. Vielleicht aber steckte die Botschaft, die er loswerden wollte, in diesen Einzelheiten.

Sie trug den Judenstern an ihrem graublauen Zuchthauskleid aus grobem Leinen, als er sie sah, das einzige Mal nach dem Prozeß, das letzte Mal. Das war am 4. Juli 1943, einem Sonntag, um zehn Uhr vormittags. Eine Viertelstunde lang durfte er sie sehen, nicht berühren. Von dieser Viertelstunde wußte er nur noch, daß Edith nach ihrer Mutter fragte und daß er ihr die Wahrheit nicht sagen wollte. Nach den anderen aus der Gruppe fragte sie nicht, sie saß ja mit Alice Hirsch und Lotte Rotholz in einer Zelle und wußte, was mit Alices Schwester, mit Lottes Mann geschehen war. Aber nach Olga Fraenkel fragte sie. Er tat einfach, als habe er die Frage nicht gehört, und erzählte irgend etwas, vielleicht von dem Abstammungsverfahren, dem erbbiologischen Rasseamt, aber Edith sah ihn so an, daß er zu reden aufhörte. Sie sah ihn einfach an, und in der plötzlichen Stille veränderten sich ihre Augen. Er wußte, daß sie begriffen hatte, was mit Olga war, und all seine Vorsätze, alles, was er ihr sagen wollte, war aus einer Zeit vor diesem Moment und galt nicht mehr. Er hatte ihr nichts zu essen mitbringen dürfen, nur einen Kamm, Wäsche und Haarspangen aus Horn. Aber ihr Haar war jetzt kurz geschnitten, sie brauchte keine Haarspangen. Er wollte sie wieder mitnehmen, aber Edith drückte sie heftig an sich, vielleicht brauchte sie sie für eine ihrer Mitgefangenen.

An ihren Abschied besaß er keine Erinnerung.

Danach stand er am Ufer des Flusses, nicht weit vom Zuchthaus, über das Geländer gelehnt, und erbrach sich in das dunkle Wasser.

Er stand lange am Flußufer, ging dann zum Bahnhof, ließ den Zug fahren, kehrte zurück, konnte diese Stadt Cottbus nicht verlassen, stand wieder auf der Brücke und erwog, sich dem dunklen Wasser zu überlassen, bis auf den Grund zu sinken und nicht wieder aufzutauchen. In wenigen Tagen würde er dreißig Jahre alt werden. Ein Ende des Krieges war nicht abzusehen. Viele ihm vertraute Menschen starben: in Bombennächten, an der Front, unterm Fallbeil. Er spürte seine Ohnmacht gegenüber Ediths Schicksal, und sein eigenes Leben schien ihm unerträglich. Aber er war für Edith der einzige Mensch außerhalb des Zuchthauses, und irgendwie riß Robert Mohn sich los von dem Brückengeländer über dem Fluß, der auch hier die Spree war, und ging wieder zum Bahnhof, fuhr zurück in das von Bombenangriffen gezeichnete Berlin.

In Ediths Zuchthausakte hatte ich den Sprechzettel gesehen, den er nach diesem Besuch wieder abgeben mußte. Er war das Blatt 22 in dieser Akte. Das Blatt 23 war ein Brief Robert Mohns an den Vorstand des Zuchthauses, in dem er um eine Unterschrift Ediths wegen des Abstammungsverfahrens bat. »Heil Hitler!« Robert kämpfte weiter, obwohl das Landgericht gar keine Angelegenheiten von Juden mehr bearbeitete.

Am 1. Juli war diese Verordnung erlassen worden. Er erfuhr es, als er wieder in Berlin war. Edith schrieb er nichts davon.

Am 12. Oktober 1943 rief Fritz Neuweck in der Pension

Lau an, jener Fritz Neuweck, den Robert Mohn einmal als guten Freund angesehen hatte, bei dem er und Edith vor Uris Geburt zusammen wohnten, der inzwischen bekannt war als Zuträger und Greifer der Gestapo. Robert ließ sich verleugnen. Der Anrufer aber ließ ihm ausrichten, Edith Fraenkel sei soeben im Sammellager Große Hamburger Straße eingetroffen.

Er fuhr sofort dorthin. Das Sammellager lag in der Spandauer Vorstadt, vor dem alten Jüdischen Friedhof. Durch sein selbstbewußtes Auftreten, höflich, aber eine Spur herablassend, als sei er den meist jüdischen Ordnern und selbst den Uniformierten dort überlegen, gelang es Robert Mohn, zu dem Gestapo-Lagerleiter Walter Dobberke vorzudringen. Er erzählte ihm, daß für Edith Fraenkel ein »Ehelichkeitsanfechtungsverfahren« vor dem Landgericht anhängig sei, sie sei eigentlich keine Jüdin und dürfe auf keinen Fall deportiert werden. Es könne jeden Moment ein Befehl von oben kommen, sie zurückzustellen. Er wollte Zeit gewinnen und hoffte, daß dieser dummschlaue SS-Mann nicht wußte, daß solche Verfahren für Juden seit dem Sommer schon nicht mehr durchgeführt wurden. Der wußte das auch nicht, aber er sah in seine Listen und meinte, Edith Sara Fraenkel würde als Geltungsjüdin geführt, mehr sei wohl bei der nicht drin. Am übernächsten Tag würde sie nach Osten abgeschoben. Robert bot all seine Überredungskünste auf, versuchte, Dobberke an einer weichen Stelle zu packen, aber er fand keine. Erst später erfuhr er, daß Dobberke durchaus bestechlich war. Aber damals fürchtete er, Edith mit so einem Angebot noch mehr zu schaden, und ließ es. Dabei muß es der nächste Tag gewesen sein, der 13. Oktober 1943, an dem Inge Held, die Frau des Arztes Dr. Gustav Held, wie sie mir Jahrzehnte später oft erzählte, im Auftrag des Bürstenfabrikanten Otto Weidt aus der Rosenthaler Straße dem Dobberke einen Packen Geldscheine in die Große Hamburger Straße brachte. Es ging um Alice Licht, die bereits in der Großen Hamburger Straße sitzende junge Sekretärin Otto

Weidts. Zwar sagte Dobberke, er könne nichts für sie tun, aber Frau Held ließ ihre Geldbörse auf dem Schreibtisch liegen, und Alice wurde zurückgestellt. Vorerst. Einige Zeit später wurde auch sie deportiert, nach Theresienstadt, aber auf der Liste des 44. Osttransports, die von der Oberfinanzdirektion aufbewahrt wurde, kann man bis heute sehen, daß die Nr. 68 auf dieser Liste, Alice Licht, geboren am 25. 7. 1916, Korrespondentin, wieder durchgestrichen wurde.

Die Nr. 63 und die Nr. 64, Lotte Rotholz und Alice Hirsch, die zusammen mit Edith Fraenkel aus Cottbus gekommen waren, wurden nicht wieder durchgestrichen. Ediths Name erschien gar nicht erst auf der Liste für diesen Osttransport, denn die war offenbar noch nicht geschrieben, als Robert Mohn bei Dobberke saß. Der war nicht unfreundlich, nur wenig interesiert an irgendeiner Edith Fraenkel. Wahrscheinlich hielt er Robert Mohn mit seiner Beinprothese für einen deutschen Soldaten, an der Front verwundet, der sich in diese Geltungsjüdin verguckt hatte. Schließlich verwies er den Besucher an seine jüdischen Ordner Max Reschke und Kurt Jacobsohn, die die Transportlisten gerade zusammenstellten. Möglicherweise könne man diese Edith Fraenkel noch etwas zurückhalten. Wenn aber keine Entscheidung von oben käme, müßte sie weg. Robert Mohn wußte, daß, entgegen seinen Beteuerungen, keine Entscheidung von oben kommen würde. Max Reschke, der mit der Gestapo kollaborierte, um sein eigenes Leben zu retten, was ihm schließlich auch gelang, war früher Direktor der Jüdischen Schule in der Kaiserstraße gewesen. Es hatte sich herumgesprochen, daß er die Listen mit pedantischer Gründlichkeit führte und sich durch niemanden, auch nicht durch seine ehemaligen Schüler, zu Ausnahmen bewegen ließ. Aber Reschke war nicht da, und der andere Ordner erwies sich als jener Rechtsanwalt Dr. Kurt Jacobsohn, den Robert Mohn schon nach Ediths Verhaftung aufgesucht hatte. Inzwischen hatte auch er sich der Gestapo zur Verfügung gestellt, um seine Familie zu retten. Aber er erreichte nur einen Aufschub, mit Frau und Kind ging auch er im Februar 1944 nach Theresienstadt, von dort nach Auschwitz in den Tod. Er erkannte Robert Mohn sofort und war bereit, Edith Fraenkel nicht auf die Liste für den 44. Osttransport nach Auschwitz zu setzen, sondern auf die Liste für den ebenfalls bevorstehenden 97. Alterstransport nach Theresienstadt.

Das Reichssicherheitshauptamt legte nur die Gesamtzahl der Häftlinge für die jeweiligen Lager fest, die Lagerleitung konnte selbständig entscheiden, wer in die Kategorie P für Auschwitz oder die Kategorie Th nach Theresienstadt kam. So trennten sich die Wege der drei Mädchen aus der Baum-Gruppe. Niemand weiß, wie sich Alice Hirsch und Lotte Rotholz von Edith Fraenkel, mit der sie zehn Monate in Cottbus zusammen gewesen waren, verabschiedeten. Niemand weiß, was geschah, nachdem Alice und Lotte in Auschwitz ankamen. Ihre letzte Spur ist die Eintragung auf der Liste für den 44. Osttransport.

Robert Mohn hat Edith nicht mehr gesehen. Er erfuhr von Jacobsohn, daß ihr Transport einen Tag später, am 15. Oktober, mit 51 Menschen nach Theresienstadt ging.

Aber warum hat er sie in der Großen Hamburger Straße nicht noch einmal treffen können? Ich wußte aus anderen Berichten, daß manche Angehörige den zur Deportation Bestimmten im Sammellager noch einmal begegneten, wenn sie sich mit den jüdischen Ordnern gut stellten. Konnte Jacobsohn wirklich kein kurzes Treffen zwischen Robert und Edith vermitteln? Robert Mohn antwortete nicht.

Ich sah, wie schwer ihm die Erinnerung fiel, und fragte nicht weiter. Vielleicht hat er es gar nicht versucht. Vielleicht wollte er Edith nicht sehen in diesem Herbst 1943.

Vielleicht fürchtete er sich auch vor ihren Fragen, denen nach ihrer Mutter und denen, die in dem Brief vom 5. September stehen. Warum war er in Litzmannstadt? Hielt er sein »nach dem Termin gegebenes Versprechen«?

Im Sommer hatte er Lida kennengelernt.

»Hier sind keine Gnadengründe in Erscheinung getreten.«

Lotte Paech, Martin Kochmann und Felix Heymann wußten, wie gefährlich die Kochstube von Rita und Herbert Meyer war. Aber sie hatten im Sommer und Spätsommer 1942 keinen anderen Ort, um sich einmal in der Woche zu treffen, um sich zu umarmen, Nachrichten auszutauschen. Am Donnerstag, dem 8. Oktober 1942, wurde Lotte Paech dort verhaftet, die Kriminalsekretäre Gohlke und Hallwig fertigten ein Protokoll darüber an, das heute noch in den Akten liegt.*

Rita Meyer, die nun Zocher hieß, berichtete nach dem Krieg, wie sie am Mittwoch, dem 7. Oktober, verhaftet wurde.* Ihr Mann war schon zu seiner Zwangsarbeit gegangen, Ritas Schicht im Germania-Spiralfederwerk Sonnenallee fing später an. Ihre kleine Tochter Barbara war schon tagelang krank, sie war bei Freunden, weil Rita und Herbert sich tagsüber nicht um das Kind kümmern konnten – und weil Barbara die unregelmäßig vorbeikommenden Besucher nicht sehen sollte. Gegen sechs Uhr, Rita, die ihrem Mann Frühstück gemacht hatte, war noch im Morgenrock, klopfte es. Jemand flüsterte hinter der Tür: »Mach schnell auf, wir müssen Martin sprechen.« Sie öffnete und sah in den Lauf einer Pistole. Schon in der Wohnung schlugen und bedrängten die Gestapoleute sie, fragten nach Martin Kochmann. Rita stellte sich unwissend, aber sie zog sich mehrere Kleidungsstücke übereinander an, weil sie wußte, daß sie nicht wiederkommen würde. Mit einem bereitstehenden Auto fuhren sie in die Kolonnenstraße, wo Herbert Meyer bei »Markus-Metallbau« arbeitete. Sie brachten ihn in Handschellen, stießen ihn ins Auto. Zwischen den Eheleuten war verabredet, daß im Falle einer Verhaftung einer alle Schuld auf sich nehmen und den anderen entlasten sollte, damit das Kind nicht beide Eltern verlieren müßte. Rita, deren Name schon durch ihre Besuche im Polizeigefängnis bekannt war, hoffte, Herbert würde überleben. Sie begann im Auto laut zu jammern, daß ihr völlig unschuldiger Mann in Sachen hineingezogen würde, von denen er nichts wisse. Doch noch am selben Tag, in der Burgstraße, folterten sie ihn vor ihren Augen. Und Rita wurde so geschlagen, daß ihr Kiefer ausrenkte. Aber sie sagte später, es war leichter für sie, selbst Schmerzen zu ertragen, als den geliebten Mann leiden zu sehen.

Sie fragten nur nach Martin, nicht nach Lotte und Felix. Sie wußten, daß er einen Oberlippenbart, einen grünen Hut und eine Brille zur Tarnung trug. Ritas Bestreben war, die Gestapo so lange wie möglich von der Wohnung fernzuhalten, deshalb nannte sie Orte in der Stadt, wo Martin angeblich einkaufen oder herumlaufen würde.

Natürlich besetzten sie die Wohnung trotzdem. Lange warten mußten sie nicht. Auch von Martins Verhaftung gibt es ein Protokoll, das die Kriminalsekretäre Hartung und Hallwig unterzeichneten. Er hatte einen Schlüssel, noch am 7. Oktober gegen 20.15 Uhr schloß er die Wohnungstür auf. Beim Betreten der Kochstube wurde er sofort überwältigt, gefesselt und durchsucht. Martin war zu überrascht, um sich zu wehren, vielleicht auch zu müde. Noch war er geschwächt von der wochenlangen Krankheit, vier Tage zuvor hatten sie seinen Vater deportiert. Im Protokoll steht: »Zur Person befragt, erklärte er, daß er belgischer Staatsangehöriger sei und Alfons Buys heisse. Erst auf wiederholten energischen Vorhalt gab er zu, der gesuchte Kochmann zu sein.«

Am nächsten Tag, gegen 17.30 Uhr, erschien Maria Milkert in der Kochstube.* Bei ihr hatte Martin in den letzten Tagen Zuflucht gefunden, wahrscheinlich war sie besorgt wegen seines Fernbleibens. Den Gestapoleuten erklärte sie, mit den Meyers verwandt zu sein, der Bruder ihres Mannes sei mit der Schwester Herbert Meyers verheiratet, sie habe nur nach dem kranken Kind sehen wollen.

Das kranke Kind, aber das wußte sie nicht, war schon ins Jüdische Krankenhaus eingeliefert worden, auf die Polizeistation. Dort starb die fünfjährige Barbara Meyer am nächsten Tag an Herzschwäche; ihre Mutter Rita hat ihr Leben lang vermutet, daß die Gestapo das so angeordnet hatte. Der Prediger der Jüdischen Gemeinde, Martin Riesenburger, begrub das Kind der Kommunisten, die nie in die Synagoge gegangen waren, auf dem Friedhof in Weißensee so, wie es sich für die Beisetzung eines jüdischen Kindes gehört. Nach dem Krieg zeigte er der Mutter das Grab. Dem Vater Herbert Meyer konnte er es nicht zeigen, der war 1943 in der Untersuchungshaft umgekommen.

Barbaras Tante Maria Milkert wurde am 8. Oktober 1942 dem 13. Polizeirevier auf der anderen Straßenseite zugeführt und nach Feststellung der Personalien laufengelassen. Wahrscheinlich wurde sie beschattet. Erst am nächsten Tag wurden sie und ihr Mann Heinz festgenommen.

Eine Dreiviertelstunde nach Maria Milkert kam Lotte Paech. Sie trug das Sommerkleid von Sala mit einem Mantel darüber. Ihr Haar hatte sie blond gefärbt, ein Hut mit Schute sollte ihr Gesicht verschatten. 1966 erinnerte sie sich: »Ich komme die Treppe rauf, Rita wohnte eine Treppe. Schepperte am Briefschlitz, wie wir vereinbart hatten. Die Tür wird aufgemacht, und da ist Gestapo. Ich kann nur sagen, ich weiß gar nichts. Nur, daß es stockdunkel um mich war und daß ich ein Brennen, fast einen Todesschmerz auf der Zunge hatte, in der Kehle.«* Das Gestapo-Protokoll hielt fest: »Sie wies sich mit einem Lichtbildausweis der Firma Siemens auf den Namen Gertrud Richter aus. Als Grund ihres Erscheinens gab sie ebenfalls den Besuch des erkrankten Kindes der Eheleute Meyer an. Sie führte eine Hand- und Aktentasche bei sich. Da diese Person bei der zuerst geführten Unterhaltung ein nervöses und aufgeregtes Benehmen zeigte, wurden zunächst die Taschen einer Durchsuchung unterzogen. In einem Zeitungsbogen eingewickelt wurden erhebliche Mengen von Reisebrotmarken und kleinere Mengen von Fleischmarken (Zulagekarten), deren Mittelfeld herausgeschnitten war, gefunden. Über die Herkunft der Karten gab die angebliche Frau Richter zunächst keine Antwort. Angeblich wollte sie die Familie Meyer mit diesen Lebensmittelkarten unterstützen. Nach einem genauen Vergleich des Fahndungsbildes über die gesuchte Frau Paech mit der angeblichen Frau Richter wurde von den Unterzeichneten der Eindruck gewonnen, dass es sich bei der anwesenden Frau um die gesuchte Person handelte. Unter Vorweisung des Lichtbildes und der Anrede ›Frau Paech‹ zuckte die Betroffene zusammen und gestand nach einigem Zureden, die gesuchte Person zu sein. Da ihr ängstliches und scheues Benehmen und dem Verlangen, eine Toilette aufsuchen zu müssen, besonderen Verdacht erregte, wurden die Taschen ihres Mantels durchsucht und dabei ein Fläschchen mit weißem Inhalt (Gift) und ein Röhrchen mit einigen Pillen gefunden. Wie die Paech dann selbst zugab, handelt es sich bei dem Inhalt des Fläschchens um ein gutwirkendes Gift, was sie stets bei sich führte, um im gegebenen Augenblick zu sich zu nehmen. Unter besonderen Vorsichtsmaßnahmen wurde Paech dann zum 13. Polizeirevier gebracht und von hier mittels herbeigerufenem Dienstkraftwagen zum Pol. Präsidium überführt.«

Das Gift hatten sie ihr weggenommen, aber im Polizeipräsidium versuchte sie erneut, sich umzubringen. Sie hat es in den Tonbandgesprächen von 1966 erzählt. Da war eine Art Käfig, in den wurde sie eingeschlossen, darin saß schon eine Frau, etwa so alt wie sie. Später erfuhr sie, daß die hier war, weil sie einen der Teppiche aus der Lietzenburger Straße gekauft hatte. Lotte bat sie, wegzuschauen und ruhig zu sein, dann stieg sie auf eine Bank, streifte den Gürtel von ihrem Kleid ab. Es war der rote, geflochtene Gürtel, der im Frühling noch Sala Kochmann gehört hatte. Nun knüpfte Lotte ihn am Käfig fest, sie dachte, daß sie Durchfall haben würde, das würde scheußlich sein, mehr konnte sie nicht denken. Nur nicht denen in die Hände fallen, nur nichts sagen müssen.

Aber die Frau begann zu schreien, bevor Lotte Paech ihren Kopf in die Schlinge stecken konnte, und Lotte wurde weggerissen, geschlagen, alles wurde ihr abgenommen, Strumpfhalter, Gürtel, Strümpfe, jede Öffnung durchsucht. In derselben Nacht noch wurde sie verhört, bis nachts um zwei.

Sie sagte Dieter Heimlich 1966 nichts über den Inhalt des Verhörs, sie sagte nur: »Als ich nun in der Zelle war, war ich fast zufrieden. Ach, die Hetzerei vorbei. Viel verraten kannst du nicht mehr. Es ist abgeschlossen, nun kommt es zum Ende. Erledigt. So ungefähr.«

Felix Heymann kam am 12. Oktober in Meyers Kochstube.

Auch er wurde ins Polizeigefängnis eingeliefert. Rita Zocher hat immer behauptet, er habe sich von selbst gestellt, weil er keine Kraft mehr hatte. Wahrscheinlich wußte sie es nicht anders, vielleicht auch konnte sie den Gedanken nicht ertragen, daß ihre Wohnung auch für ihn zur Falle wurde. Am nächsten Morgen schrieb der Schutzpolizeimeister Weigmann eine Meldung: »Selbstmordversuch durch Aufschneiden der Halsschlagader und Herabspringen von Station V auf Stat. III«.*

Er muß es in der Nacht zuvor geplant haben. Wahrscheinlich hatte er es sich schon während der monatelangen Flucht vorgenommen für den Moment seiner Verhaftung. Auch er hatte ein Fläschchen mit Morphium von Lotte Paech bekommen. Auch ihm werden sie es bei der Verhaftung abgenommen haben. Am 13. Oktober, früh um sieben Uhr zwanzig, als sie die Zelle öffneten, versuchte Felix Heymann, sich mit einer Rasierklinge die Halsschlagader zu öffnen. Gleichzeitig überrannte er den Wärter und stürzte sich über das Geländer in die darunterliegende Etage, von dort mit einem Kopfsprung in die dritte, wo er schwer verletzt in seinem Blut liegenblieb. Die Rasierklinge liegt noch heute bei seinen Akten, in einem Papierumschlag. Ich habe ihn nicht geöffnet. Auf Anordnung der Gestapo brachten sie ihn mit einem Sanitätswagen auf die Polizeistation ins Jüdische

Krankenhaus, wo schon Sala Kochmann und Lotte Rotholz gelegen hatten. Am 30. November, er war notdürftig zusammengeflickt worden, holten sie ihn wieder ab, und am selben Tag wurde er vom Gestapomann Fischer vernommen. Sie fragten ihn nach dem, was sie inzwischen schon wußten. In Felix Heymanns Vernehmungsprotokollen spürt man seine unendliche Müdigkeit, man spürt, daß er für sich selbst nichts mehr erwartet, und doch ist da ein durch nichts zu brechender Stolz. Am 12. Dezember 1942, als seine geliebte Hella schon zum Tode verurteilt war, auch die Mitglieder seiner kleinen Gruppe, Lothar Salinger, Helmut Neumann und Marianne Joachim, unterschrieb er ein Vernehmungsprotokoll mit den Sätzen: »Wenn ich nun über die Motive meiner politischen Tätigkeit und zwar meiner kommunistischen Tätigkeit in der Gruppe Baum gefragt werde, so möchte ich erst folgendes vorausschicken: Zunächst fühle ich mich als Jude im heutigen Deutschen Staat nicht gleichberechtigt. Ich gehe von der Überzeugung aus, daß ein kapitalistisches Staatssystem, als das ich auch das nationalsozialistische Regime betrachte, auf die Dauer, die wirtschaftlichen Krisen, die wir heute bereits erleben, nicht standhalten kann. Als eine derartige Krise betrachte ich auch den heutigen Krieg. Ich betrachte es insbesondere als Jude als meine Pflicht, meine ganze Kraft und meine Fähigkeiten dahingehend zu verwenden, um dieses Regime zu stürzen. […] Ich war mir über die Strafbarkeit meiner Handlungen vollkommen bewußt, konnte aber als Jude und Kommunist nicht anders handeln.«[*]

Herbert Budzislawski wurde zusammen mit seinem Quartiergeber, dem Apotheker Kurt Bernhardt, am 13. November 1942 festgenommen, mittags um 12 Uhr.

Genau einen Monat zuvor hatte Lotte Paech Kurt Bernhardts Adresse angegeben. Seine Wohnung in der Ackerstraße 15 wurde wohl noch wochenlang beobachtet, bevor sie zuschlugen.

Man sieht den Vernehmungsprotokollen nicht an, wie sie entstanden sind. So flüssig, wie es da steht, hat Lotte sicherlich nicht über ihre Helfer berichtet. Als einzige aus der Baum-Gruppe konnte sie später ihr erstes Verhör beschreiben. »Das dauerte bis nachts um zwei. Ich wurde mit grellem Licht angestrahlt, es wurde laute Musik dabei gespielt. Auf dem Tisch lagen Schlagringe und Peitsche. Verhört haben mich Neumann und Fischer. Neumann, der nichts tat, als dabeistehen und mich angucken, der war noch widerlicher als sein Untergebener. Fischer stand die meiste Zeit auf meinen Füßen. Wenn ich sprach, hat er seine Stiefel in meine Schienbeine gehauen. Mittlerweile merkte ich, daß alles, was ich zu verbergen hatte, längst klar war.«* Ihr wurde in diesen Wochen der Kiefer zerschlagen. Beim genauen Vergleich mit Dokumenten und späteren Berichten erkennt man, daß Lotte oft nur die halbe Wahrheit sagte, falsche Spuren legte, bereits protokollierte Aussagen wieder zurücknehmen wollte, Namen verstümmelte. Als sie sagen muß, woher sie die Lebensmittelkarten hat, spricht sie vom schwunghaften Handel mit Karten in der Invalidenstraße, beschreibt einen Mann, der ihr in einem Café am Schönhauser Tor Karten zum Kauf anbot, weil er sich für sie interessierte. Das alles ist offenbar nicht ganz erfunden und doch phantasiert. Man spürt selbst in den dürren Vernehmungsprotokollen, die auf Fakten orientiert sind, Lotte Paechs Not, etwas sagen zu müssen und die ganze Wahrheit nicht sagen zu wollen. Sie beschreibt Wilhelm Marksthaler, aber sie nennt seinen Namen nicht. Nicht direkt. Er nannte sich, sagte sie, Mux oder Max. Am 27. Oktober, vierzehn Tage später, gibt sie an, diesen Mann bei Kurt Bernhardt kennengelernt zu haben. Er sei mit ihm befreundet. Als müsse sie vor sich selbst noch etwas retten, gibt sie seinen Namen immer noch nicht preis. Mox oder Mux hieße er. Erst am nächsten Tag nennt sie seinen vollen Namen und die Adresse, beschreibt seine Wohnung. Was sie dazu bewog, läßt das Protokoll nicht erkennen. Nach dem Krieg hat sie berichtet, man wollte sie zwingen, unter Gestapobegleitung diese Lokale aufzusuchen, die Gesuchten zu identifizieren.

Sie nennt auch Martin Joseph, »der sich in Berlin illegal aufhält und öfter den Bernhardt in der Ackerstraße 15 besucht. Nach seinen Reden zu schließen, handelt es sich bei diesem um einen gerichtlich vorbestraften Juden, der Angst hatte, seinerzeit nach der Lustgartenaffäre zur Sonderevakuierungsaktion eingeteilt zu werden.«*

Sonderevakuierungsaktion – so hat Lotte Paech die Erschießung der Geiseln nach dem Anschlag im Lustgarten sicher nicht genannt. Es ist nicht ihre Sprache. Zwei Wochen nach dieser Aussage, am 14. und am 15. November 1943, wurden Marksthaler und Joseph verhaftet. Am 2. Dezember der Gärtner Thomas Bliemeister, kein Jude, aber »homosexuell veranlagt«, wie Lotte am 13. Oktober ausgesagt hatte. Vielleicht wußte sie, daß dies der Gestapo nichts Neues war, er war schon 1939 wegen »gleichgeschlechtlicher Unzucht« verurteilt worden.* Und am 13. Dezember holten sie die jüdische Krankenschwester Meta Lindenbaum, in deren Wohnung in der Marburger Straße Lotte ein paarmal geschlafen hatte. Sie brachte sich vier Monate später in der Gestapohaft um. Am Tage ihrer Verhaftung holte die Gestapo auch Renate Moratz, die von Lotte schon am 13. Oktober als Helferin genannt worden war. In Lottes Verhören fielen auch die Namen derjenigen, die Richard vor seiner Ausreise beherbergten. Seine nichtjüdische Tante und seine Mutter hatten der Gestapo gegenüber bisher abgestritten, Richards Aufenthaltsort zu kennen. Nun erfuhr die Gestapo, daß sie gelogen hatten. Auch das Ehepaar Roth aus Neukölln wurde genannt und, wie alle anderen, verhaftet.

Zu Dieter Heimlich sagte Lotte 1966, sie sei fast jeden Abend verhört worden. Besonders die Fragen nach Richard hätten sie »um den Rest meiner Kraft gebracht«. Mal erfuhr sie, Richard sei tot, dann wieder, er sei zurückgekommen, um sie zu holen. »Und da das immer hin und her ging, immer hin und her, hab ich einmal beim Verhör die Nerven verloren und hab furchtbar angefangen zu brüllen und hab gesagt, wenn sie mich noch ein einziges Mal nach Richard fragen, dann würd ich überhaupt nie mehr den Mund auftun. Da können sie mit mir machen, was sie wollen. Hab stumm dagesessen, und sie haben mich abgeführt in die Zelle. Und da hab ich dann den eigentlichen Nervenzusammenbruch gehabt. Und nun muß ich wieder sagen: Diese Solidarität, die da geherrscht hat, kannst du dir nicht vorstellen. Es fing ganz sanft an von allen Seiten zu klopfen. Das war so schön.«

In den Nachbarzellen saßen Frauen aus der Schulze-Boysen-Gruppe. Elisabeth Schumacher, Erika von Brockdorff, Ursula Goetze waren es, die Lotte Paech trösteten; Erika von Brockdorff pfiff durch die Zellenwände die Kleine Nachtmusik. Jutta Dubinski schenkte ihr, weil das Sommerkleid von Sala Kochmann inzwischen halb zerfallen war, eine warme Strickjacke und zwei Äpfel, an einem Stab mit Seil ging die Jacke, in die die Äpfel eingeknotet waren, von Zellenfenster zu Zellenfenster.

Währenddessen gingen die qualvollen Verhöre weiter. Bereits in den ersten Vernehmungen hatte Lotte Paech ihre Helferinnen Minna Harder und Gertrud Richter nennen müssen, Gertruds Name war der Gestapo durch den Ausweis bekannt. Kurt Bernhardts Arbeitskollegen Hans Preuß nannte sie, der im Sommer gefragt wurde, ob er sie aufnehmen könnte. Das hatte er nicht getan. Aber er hatte sie nicht angezeigt, das wurde ihm nun zum Verhängnis. Weil er in »Mischehe« lebte, hätte er überleben können. Nachdem sein Name in den Protokollen stand und die Erklärung, daß er von Lottes Illegalität wußte, wurde er verhaftet und im Februar 1943 nach Auschwitz gebracht, wo er umkam.

Lotte wurde auch nach den Verbindungen der anderen gefragt, aber Felix war verschwiegen, über seine Wege hatte sie fast nichts erfahren.

Martin, Felix und Budz konnten später nicht berichten, was ihnen in der Haft widerfuhr, ob es auch für sie gute

Momente gab oder nur diese bodenlose Einsamkeit, das Ausgeliefertsein an die Vernehmer Fischer und Neumann.

In Lotte Paechs Vernehmungsprotokollen spiegeln sich Vermutungen, wo sich Ursel Ehrlich aus der Gruppe um Heinz Joachim aufhalten könnte, deren Namen sie erst von Herbert Budzislawski gehört hatte. Sie nannte am 26. November eine Frieda als Helferin. Tatsächlich hatte die 1908 geborene Frida Przyjemski aus der Franseckystraße Kontakt zu Ursel Ehrlich, so steht es in ihrer erhaltenen Anklageschrift.* Kurt Bernhardt und Budz wußten davon. Frida Przyjemski wurde am 12. Dezember festgenommen. Lotte gab auch an, daß ihr Herbert Budzislawski gesagt habe, er stehe mit Lothar Wittenberg, den sie wohl ebenfalls nicht kannte, in Verbindung. Da war der sechzehnjährige Lothar Wittenberg, der jüngste aus dem Kreis um Siegbert Rotholz und Heinz Joachim, aber schon aufgespürt und mit seinem Vater Georg Wittenberg am 26. Oktober 1942 nach Auschwitz deportiert worden.

Ursel Ehrlich und Ellen Compart, deren Quartiere die Gestapo offenbar nicht erfuhr, überlebten. Sie verließen nach dem Krieg Deutschland, und Ursel heiratete den älteren Bruder ihres hingerichteten Freundes Lothar Salinger.

In Martin Kochmanns Vernehmungsprotokollen, die teilweise dieselben Daten tragen wie Lottes, stehen keine Einzelheiten von Belang, die den Ermittlern nicht schon bekannt waren. Seine Nachbarin aus der Gipsstraße 3, Hanna Gold, die mit ihrer Freundin untergetaucht war, hatte Anfang der neunziger Jahre berichtet, daß Martin von ihrer Illegalität wußte, daß sie sich begegneten und sie ihm einmal sogar ein Quartier vermitteln konnte. Ihr Name taucht in seinen Vernehmungsprotokollen nirgends auf. Er hätte die Gestapo informieren können, um seine Kooperationsbereitschaft zu beweisen. Aber da gab es keine Kooperationsbereitschaft.

Was nicht zu leugnen ist, versucht er, in ein günstigeres Licht zu rücken. In Klein-Köris hatte er bei dem Bauern

Paul Siebert übernachtet, der der Gruppe um Herbert Baum schon in den dreißiger Jahren Quartier gegeben hatte, sie nannten ihn »Papa« Siebert. In den Protokollen steht nichts über diese lange Bekanntschaft, da behauptete er, auf der Straße zufällig die ihm fremde Frau Siebert als angeblicher Urlauber nach einem Quartier gefragt zu haben.

Als Felix Heymann von der Gestapo am 30. November aus dem Jüdischen Krankenhaus zurückgeholt wurde, preßten sie auch aus ihm Namen heraus. Die Ermittler hielten schon zu viele Fäden in der Hand, die sie nur aufrollen oder miteinander verknüpfen mußten. Sogar, daß er einen Teppich »bei einem Arier, der an einer Rippenfellentzündung krank danieder lag«, aufbewahrt hatte, wußten sie – spätestens aus Lotte Paechs Vernehmung vom 15. Oktober. Am 8. Dezember nannte Felix dann in seiner Vernehmung den Namen dieses Mannes: Heinz Overbeck. Er war Fräser, zweiunddreißig Jahre alt, sein ehemaliger Arbeitskollege. Am 13. Dezember 1942 wurde auch er verhaftet. Es war nicht schwer für die Gestapo, auch die anderen Arbeitskollegen und Verbindungen Heymanns ins Visier zu nehmen. Im Februar 1943, nachdem sie ihn monatelang beschattet hatten, wurde auch Wolfgang Knabe aus Schönow verhaftet. Am 30. November 1943 kam der Vater einer kleinen Tochter in der Untersuchungshaft ums Leben. Im Januar 1943 waren schon Bernhard und Margot Heymann verhaftet worden, es war wie eine Kettenreaktion. Anscheinend führte sie noch nicht zu Hans Frucks Gruppe, denn der und seine Frau wurden erst im August 1943 verhaftet. Offenbar hatten weder Suzanne Wesse und Irene Walther noch Hardel und Margot Heymann die Mitglieder von Frucks Gruppe angegeben, denn bis auf Hans und Carmen Fruck selbst und zwei ihrer Genossen, deren Namen die Gestapo ermittelte, blieben sie verschont. Doch Verhaftungen folgten auf Verhaftungen. Die Gestapo mußte Erfolge vorweisen. In der »Meldung wichtiger staatspolizeilicher Ereignisse« Nr. 3 vom 12. Januar 1943 verkündete das Amt IV des Reichssicherheitshauptamtes unter dem Stichwort »Kommunismus und Marxismus« die Verhaftung mehrerer »Personen, die wegen staatsfeindlichen Verhaltens festgenommmen wurden«. Es heißt: »Die Festgenommenen hatten als ehemalige Kommunisten und Sozialdemokraten einer bis 1942 illegal bestehenden kommunistischen Gruppe angehört bzw. Mitglieder dieser Gruppe unterstützt.« Es ging um alle, die jemanden von Baums Leuten unterstützt hatten.

Am 7. Dezember war Lotte Paechs vierunddreißigster Geburtstag, es war der zweite, den sie im Gefängnis verbrachte, denn genau ein Jahr zuvor war sie wegen der Beihilfe zur Abtreibung in Untersuchungshaft gewesen. Am 23. Dezember 1942 brachte man sie ins Arbeitslager Fehrbellin, obwohl ihre Voruntersuchung noch nicht abgeschlossen war. Dort mußten die Frauen bei bitterer Kälte Hanf- und Flachsbündel in Waggons laden. In Fehrbellin traf sie Dora Bahnmüller, die Leiterin des Kinderheims AHAWAH, die Martin Kochmann nach Salas Verhaftung gewarnt hatte. Auch sie war am 30. November verhaftet worden, später kam sie in Auschwitz um. Lotte Paech berichtete nach dem Krieg, wie sie sich gegenseitig halfen und eine Soldatenhose, sie hatten nur eine, abwechselnd unter dem dünnen Gefangenenoverall trugen. In Fehrbellin war auch Gertrud Richter, die Lotte Quartier und ihren Ausweis gegeben hatte. Sie würdigte Lotte keines Blicks. Im Januar wurde Lotte nach Berlin zurückgebracht. Die Verhöre gingen weiter.

Der Zweck dieses kurzen Aufenthaltes Lotte Paechs zur Jahreswende 1942/43 in Fehrbellin läßt sich aus den erhalten gebliebenen Dokumenten nicht erklären, vielleicht wurden dort einfach Arbeitskräfte gebraucht.

Am 8. April 1943 wurde ein Sondergerichtsverfahren eröffnet, bei dem es um die Lebensmittelmarken ging, die Markstahler und Joseph für Lotte Paech besorgt hatten. Das galt als Kriegswirtschaftsverbrechen.*

Gleichzeitig wurde vom Volksgerichtshof das Verfahren

gegen Martin Kochmann, Lotte Paech, Felix Heymann, und Herbert Budzislawski vorbereitet, die Anklage lautete hier Hochverrrat, es ging um »Jüdisch-kommunistische Gruppenbildung und Feindbegünstigung«. Todesurteile waren wahrscheinlich. Die Urteile aus dem Sondergerichtsverfahren gegen Lotte Paech, Kurt Bernhardt, Wilhelm Marksthaler und Martin Joseph wurden am 20. Mai 1943 verkündet, sie fielen milder aus. Lotte erhielt »wegen unerlaubten Erwerbs von Bezugsberechtigungen« eine Gefängnisstrafe von anderthalb Jahren. Aber keiner ihrer Mitangeklagten überlebte, obwohl sie nur zu Freiheitsstrafen verurteilt worden waren. Kurt Bernhardt, Jude, zweiundvierzig Jahre alt, Apotheker, Freidenker, seit Jahren im Widerstand gegen die Nazis, wurde mit dem 43. Osttransport am 28. September 1943 nach Auschwitz geschickt. Wilhelm Markstahler, dreiundvierzig Jahre alt, Diplomvolkswirt, sogenannter Reichsdeutscher, der als Angehöriger einer trotzkistischen Gruppe schon seit 1936 wegen Hochverrat eine zweijährige Strafe abgesessen hatte, nun wegen der Lebensmittelkarten zu drei Jahren Zuchthaus verurteilt, starb ein Jahr später in der Haft. Martin Joseph, Lottes dritter Mitangeklagter, der schon den Geiselerschießungen nach dem Anschlag im Lustgarten entgangen war, wäre vielleicht geschickt genug gewesen zu überleben. Er war neununddreißig Jahre alt, hatte viele Freunde, keine Familie, auf die er Rücksicht nehmen mußte, und besaß offenbar Zugang zu den überlebenswichtigen Brotkarten. Doch auch Martin Joseph bezahlte seine Hilfsbereitschaft gegenüber den Flüchtigen der Baum-Gruppe mit dem Leben. Sein Name steht auf den Listen des 44. Osttransports vom 14. Oktober 1943, in diesem Transport waren auch Alice Hirsch und Lotte Rotholz. Er wird sie nicht gekannt haben. Mit diesem Transport ging auch die Krankenschwester Renate Moratz in den Tod. Auch sie wird nicht gewußt haben, daß sie von den dreiundsiebzig Schicksalsgefährten, die mit ihr deportiert wurden, einigen in besonderer Weise verbunden war.

370

Lotte Paech sollte im Mai 1943, obwohl das Verfahren vor dem Volksgerichtshof bevorstand, ihre Gefängnisstrafe unverzüglich antreten. Man brachte sie am 27. Mai in die Strafanstalt von Leipzig-Kleinmeusdorf.*

Dort erkrankte sie an Scharlach und wurde wegen der Ansteckungsgefahr für sechs Wochen in eine Einzelzelle gelegt. Während dieser sechs Wochen fand vor dem Volksgerichtshof der Prozeß gegen Martin, Felix und Budz statt, Lottes Verfahren mußte abgetrennt werden. Am 2. Juni hatte der Vorstand des Leipziger Gefängnisses den Oberreichsanwalt in Berlin »um tunlichst umgehende Mitteilung« gebeten, weshalb »die Jüdin Charlotte Sara gesch. Paech, geb. Abraham« überhaupt in seine Anstalt gekommen war. Schließlich ginge aus den Akten hervor, daß sie sich in Untersuchungshaft wegen Vorbereitung zum Hochverrat befinde. Auch erscheine es nicht zweckmäßig, ihre noch ausstehenden Strafen – den einen Monat wegen Beihilfe zur Abtreibung und die achtzehn Monate wegen des Kriegswirtschaftsvergehens – in seiner überbelegten Anstalt zu vollstrecken.

Am 23. Juni, sechs Tage vor dem anberaumten Termin vor dem Volksgerichtshof, versichert der überraschte Generalstaatsanwalt des Landgerichts dem Oberreichsanwalt beim Volksgerichtshof: »Die Überführung dürfte die Untersuchungshaftanstalt beim Kriminalgericht von sich aus veranlaßt haben.«

Aus den erhaltenen Akten wird nicht klar, wer angeordnet hat, daß Lotte nach Leipzig gebracht wird. Es wird die Gestapo gewesen sein, in deren Händen die Untersuchung lag. Offenbar wurde Charlottes Rücktransport nach Berlin vom Volksgerichtshof gefordert, doch am 25. Juni wurde dem Oberreichsanwalt vom Vorstand der Untersuchungshaftanstalten Leipzig knapp mitgeteilt, daß Charlotte Sara Paech nicht transportfähig sei.

Also fand der Prozeß ohne sie statt.

Herbert, Martin und Felix wußten, daß sie mit einem Todesurteil rechnen mußten. Sie saßen in Einzelzellen, manchmal begegneten sie sich mit gefesselten Händen im Transportwagen, der Grünen Minna.

Auch Budz war Anfang des Jahres 1943 an Scharlach erkrankt und lag bis zum 25. März im Jüdischen Krankenhaus. Offenbar konnte er dort der Schwester seiner Mutter, Lina Rein, die in der Eisabethstraße 63 lebte und mit einem sogenannten Arier verheiratet war, eine Nachricht zukommen lassen. Ihr gelang es, ihn im Gefängnis Moabit zu besuchen. Was dieser Besuch für ihn bedeutete, erfährt man aus einem Brief Herbert Budzislawskis vom 24. Mai 1943 an Lina Rein, der sie nicht erreichte, denn er liegt bei den Akten.* »Wenn ich mich bei Deinem ersten Besuch ein bisschen blöd benommen habe, so bitte ich Dich, dieses zu entschuldigen. Ich war aber auch ganz verdattert und absolut nicht darauf vorbereitet, zumal ich gerade erst ganz kurze Zeit vorher auf meine Anfrage abschlägigen Bescheid erhalten hatte. Dafür war meine Freude aber umso grösser. Allerdings kam mir diese Freude und Überraschung erst richtig zum Bewusstsein, als ich schon wieder in meiner Zelle war. Mich hatte der Besuch so aufgeregt, dass ich die ganze Nacht nicht schlafen konnte.«

Er schreibt, daß er sonst gut schlafe, und erinnert an das Sprichwort vom guten Gewissen. Jemand hat dies unterstrichen – vielleicht war dieser Satz der Grund, den auf dem Gefängnisbriefpapier geschriebenen Brief zurückzubehalten. Es muß wie eine Provokation gewirkt haben, daß der Todeskandidat sein gutes Gewissen betonte.

In Felix Heymanns Akte liegt eine Quittung über einen Brief, den er am 26. Juni, drei Tage vor dem Prozeß, an Alice Hirsch ins Frauenzuchthaus Cottbus schrieb.

Rita Meyer war im März zusammen mit Minna Harder zu fünf Jahren Zuchthaus verurteilt worden, nicht wegen ihrer Hilfe für die Verfolgten aus der Baum-Gruppe, sondern wegen Beihilfe zur Abtreibung, auf die sie ihre Aussagen zunächst abgelenkt hatte, um sich und die alte Kommunistin Minna Harder zu schützen und um den politischen Charakter ihrer Beziehung zu verschleiern. Der Prozeß gegen sie, ihren Mann und andere wegen »Vorbereitung eines Unternehmens zum Hochverrat durch Unterstützung illegal tätiger Kommunisten« wurde jedoch vorbereitet, die Anklageschrift des Generalstaatsanwalts beim Kammergericht war bereits formuliert, aber wegen der Verordnung vom 1. Juli wurde das Verfahren gegen sie als Juden nicht mehr eröffnet.

Im Frauenzuchthaus Cottbus traf sie Alice Hirsch, Edith Fraenkel und Lotte Rotholz, saß zeitweilig mit ihnen zusammen in einer Zelle, später kam auch Minna Harder hinzu. Es war unerträglich eng, zumal noch eine Stanzmaschine in der Zelle stand. Und doch waren die Frauen froh, zusammen zu sein, sie erzählten einander, was sie über die anderen wußten. So erfuhr Alice, daß der Freund ihrer ermordeten Schwester noch am Leben war, und schrieb ihm. Am 29. Juni antwortete Felix, es war sein Abschiedsbrief. Alice las ihn den anderen vor. Rita erinnerte sich später, in diesem Brief habe gestanden, er werde das Morgenrot nicht mehr sehen, aber Alice und den anderen werde es noch leuchten.

Die einzige aus der Judenzelle in Cottbus, der das Morgenrot noch leuchtete, nachdem sie die Lager Auschwitz, Ravensbrück und zum Schluß noch Malchow überlebt hatte, war Rita Meyer. So konnte sie davon berichten, sonst würde von diesem letzten Brief Felix Heymanns nur die Quittung in seiner Justizakte geblieben sein.

Rita schrieb auch in einem internen Bericht an die Partei, als sie 1952 danach gefragt wurde: »Im Zuchthaus Kottbus machte mir Minna H. allerdings sehr heftige Vorwürfe, daß sie durch mich Lotti kennengelernt hätte und in ihrem grossen Vertrauen zu mir auch der Lotti vertraut hätte und getäuscht worden wäre.«*

Das Verfahren am 29. Juni 1943 vor dem Volksgerichtshof in der Bellevuestraße war öffentlich, aber die Angehörigen der Angeklagten waren längst deportiert worden. Lina Rein, die Tante von Budz, wird den Termin nicht gekannt haben.

Vorsitzender war der Kammergerichtsrat Georg Ernst Diescher, der bis 1971 unbehelligt in Westdeutschland lebte. Als Richter fungierten der Kammergerichtsrat Dr. Paul Reimers, der SS-Gruppenführer Petri, der Gauinspektor Ahmels und der Ortsgruppenleiter Vahlberg. Vertreter des Oberreichsanwalts war, wie schon beim Verfahren vom Dezember 1942 gegen Edith Fraenkel und die anderen, der erste Staatsanwalt Heinz Wittmann.

Paul Reimers übrigens, der bis 1963 als Landgerichtsrat in Ravensburg wirkte, bekam 1984 doch noch eine Anklage wegen seiner Mitwirkung an 124 Todesurteilen. Zu einem Prozeß kam es nicht, weil er vorher Selbstmord beging. Er war fast dreiundachtzig Jahre alt geworden.

Der ehemalige Oberreichsanwalt Ernst Lautz, in dessen Namen alle Urteile des Volksgerichtshofs zwischen 1939 und 1945 ergingen, wurde sogar neunzig Jahre alt, er starb 1977.

Martin Kochmann war dreißig, Felix Heymann fünfundzwanzig und Herbert Budzislawski zweiundzwanzig Jahre alt, als sie nach kurzem Prozeß am 29. Juni 1943 zum Tode verurteilt wurden. In der Urteilsbegründung heißt es: »Der Versuch, Deutschland im Wege einer inneren Zersetzung dem Bolschewismus auszuliefern, zeugt nicht nur von einer äußerst staatsfeindlichen Gesinnung der Täter, sondern stellt darüber hinaus in jedem Falle eine so starke Gefährdung der Rechtssicherheit dar, daß ihr mit aller Härte entgegengetreten werden muß. [...] Auf Aberkennung der bürgerlichen Ehrenrechte ist nicht erkannt worden, weil die Angeklagten als Juden diese Rechte nicht besitzen.«

Sie hatten damit gerechnet.

Trotzdem baten auch sie um Gnade.

Das schreibe ich so selbstverständlich, dabei waren die Gnadengesuche der zum Tode verurteilten Nazigegner jahrzehntelang ein Tabu. In keiner der in der DDR erschienenen Veröffentlichungen zur Baum-Gruppe werden sie erwähnt, als würde es das Andenken an die Toten beschädigen, wenn man weiß: Sie wollten leben, sie waren bereit, nach jedem Strohhalm zu greifen, um ihr Leben zu retten oder wenigstens zu verlängern. Aber keiner hat versucht, sich auf Kosten eines noch Lebenden zu retten. Das Gnadengesuch von Felix Heymann ist kurz, kühl, beinahe hochmütig. Am 2. Juli 1943 schreibt er aus dem Todeshaus in Plötzensee, wohin sie am Vortag gebracht worden waren, an den Volksgerichtshof.* Er habe Deutschland verlassen wollen, alle seine Versuche zur Auswanderung seien fehlgeschlagen, so sei er unter den Einfluß Herbert Baums geraten. An aktiver Zersetzungsarbeit habe er sich nicht beteiligt. Sein Vater sei Kriegsteilnehmer 1914–1918 gewesen.

Am 12. Juli 1943 meldet der Vorstand des Untersuchungsgefängnisses beim Kriminalgericht, der Oberregierungsrat mit der unleserlichen Unterschrift, an den Oberreichsanwalt: »Heymann saß hier vom 5. März 43 bis zum 1. Juli 43 ein. Er hat sich gut geführt und auch zur Zufriedenheit gearbeitet. Gedanken über das von ihm verübte Verbrechen hat er sich nicht gemacht. Er zeigte nicht die geringste Reue. Das über ihn verhängte Todesurteil hat ihn nicht berührt. Besondere Umstände zur Berücksichtigung für einen Gadenbeweis sind hier nicht bekannt geworden.«

Das Gnadengesuch von Budz ist ausführlicher. Am 27. Juli beschreibt er auf zwei Seiten seine entbehrungsreiche Kindheit, den frühen Tod des Vaters, die erzwungenen Abbrüche, die Ausgrenzung. »Wenn ich Joachim und seinen Freunden nicht den Rücken kehrte, so geschah das nur, weil ich den geselligen Verkehr nicht verlieren u. nicht wieder so einsam leben wollte wie vorher.«

Der Oberregierungsrat aus Moabit bescheinigt auch ihm, er habe sich gut geführt und fleißig gearbeitet. Doch: »Reue über sein Verbrechen zeigte er nicht im geringsten. Nach seiner Verurteilung zum Tode lächelte er und meinte: Habe eben Pech gehabt. [...]«

Martin Kochmann beruft sich in seinem Gnadengesuch vom 10. Juli auf seine lange schon in Deutschland ansässigen

Vorfahren, sein Großvater habe sich schon beim Feldzug 1870/71 ausgezeichnet, sein Vater im Weltkrieg 1914/18. Durch seinen Schulfreund Baum sei er in dessen Freundeskreis hineingezogen worden und bereue seine Handlungsweise.

Zwei Tage später wandte sich der Oberregierungsrat per Einschreiben an den Oberreichsanwalt, betreffend den ehemaligen Untersuchungshäftling Martin Israel Kochmann, 30 Jahre, verwitwet. »Seine Führung war hausordnungsgemäß, seine Arbeitsleistungen befriedigten. Seine Straftat stellte er nicht in Abrede, im Gegenteil, ohne jede Scham und Reue erzählte er den Vorgang mit einer seltenen Gleichgültigkeit. Angeblich hat er mit dem gefällten Urteil gerechnet. Er will ein Gnadengesuch einreichen! Hier sind keine Gnadengründe in Erscheinung getreten.«

Einunddreißig Tage im Juli und einunddreißig Tage im August 1943 warteten Herbert Budzislawski, Felix Heymann und Martin Kochmann im Haus 3, dem Todeshaus von Plötzensee, auf die Hinrichtung. Dann noch einen Tag im September. Noch einen Tag. Noch einen. Nach der »Reichsstrafprozeßverordnung« durfte ein Todesurteil nur vollstreckt werden, wenn das sogenannte Gnadenverfahren abgeschlossen war. In der Nacht zum vierten Tag im September griffen 295 englische Bombenflugzeuge den Norden Berlins an. Im Todeshaus saßen 250 zum Tode Verurteilte, unter ihnen sehr viele Tschechen, die nach dem Attentat auf Heydrich verhaftet worden waren. Nachts und bei Fliegerangriffen wurden die Todeskandidaten gefesselt. Sirenen heulten, während die Bomben fielen. In der Luft lagen die Angstschreie der Männer, die Schmerzensschreie der Verwundeten, die Todesschreie. Der Luftdruck hob die schweren Eisentüren aus den Angeln, das Todeshaus brannte. Menschen und Mauerteile flogen durch die Luft.

Am nächsten Tag wurden die überlebenden Todeskandidaten, unter ihnen die drei aus der Baum-Gruppe, in überfüllte Zellen anderer Flügel des Gefängnisses gepfercht.

Nun blieben sie auch tagsüber gefesselt. Am 6. September kam eine Kommission des Reichsjustizministeriums und stellte fest, daß die Guillotine unbrauchbar geworden war. Das Dach des Hinrichtungsgebäudes war kaputt, die Außentüren geborsten. Aber die Vorrichtung zum Hängen war noch vorhanden, die Fleischerhaken, die erst im Dezember 1942 für die Angeklagten aus der Schulze-Boysen-Gruppe angebracht worden waren. Man konnte mehrere Menschen gleichzeitig an die verschiebbaren Haken hängen.

Schon am nächsten Tag wurde der Geheimbefehl erlassen, alle Gefangenen des Todeshauses zu erhängen, sofort, in den folgenden Nächten, ohne auf die Gesetze Rücksicht zu nehmen. Die Justizbeamten fürchteten erneute Bombenangriffe und die Befreiung der Häftlinge.

Schon in der Nacht vom 7. zum 8. September ab 19.30 Uhr hängten der Scharfrichter Roettger und seine Gesellen 186 Häftlinge in 24 Gruppen.* In dieser Nacht wurden zu jeder vollen und halben Stunde je sieben oder acht Häftlinge aneinandergefesselt in die sogenannte Baracke 4 aus rotem Backstein geführt. Es war eine kalte Spätsommernacht, sie soll nach Rauch geschmeckt haben. Der Strom war ausgefallen, manchmal soll die Dunkelheit für kurze Zeit gespenstisch erhellt worden sein durch Bombeneinschläge. Die in ihren Fesseln angetretenen Männer sollen fast bewegungslos gestanden haben, wie betäubt. Nur einer soll geschrien und sich zu Boden geworfen haben, vier Aufseher sollen ihn fortgeschleppt haben. Der Gefängnispfarrer Harald Poelchau hat dies berichtet, er und sein katholischer Amtsbruder standen vor dem Hinrichtungsraum, den sie nicht betreten durften, in dem das Geschehen durch Kerzen beleuchtet wurde. Die Pfarrer schrieben Adressen auf, flüsterten mit den Todgeweihten, beteten. Felix, Martin und Budz haben sich wohl nicht an sie gewandt.

Am Ende dieser Nacht hatte der Henker Roettger mehr als 5 500 Reichsmark mit Sondervergütungen verdient.

Zuerst starb Herbert Budzislawski. Ihn hängten sie um 22.15 Uhr, zusammen mit einem Berliner Arbeiter, einem Prager Straßenbahnschaffner, einem tschechischen Oberstleutnant a. D., einem tschechischen Straßenwärter, einem tschechischen Gendarmen und einem tschechischen Lehrer.

Im Nürnberger Juristenprozeß wurde festgestellt: »Das Erhängen erfolgte in der Weise, daß Roettger auf einem Schemel stand, dem Verurteilten, der von den drei Gehilfen gehalten wurde, eine Schlinge um den Hals legte und dann diese Schlinge, nachdem die Gehilfen den Verurteilten hochgehoben hatten, in einen Haken einhängte, und anschließend die Gehilfen den Körper des Verurteilten losließen. Die Bewußtlosigkeit soll in allen Fällen sofort eingetreten sein.«

Felix Heymann wurde in derselben Nacht früh um 1.40 Uhr gehängt, zusammen mit einem tschechischen Tischler und einem sozialdemokratischen Rundfunkhändler aus Dresden, einem Berliner Stubenmaler und einem Berliner Korrektor, die einen Fallschirmagenten versteckt hatten, einem tschechischem Chefarzt und dem Kommunisten Rudolf Hallmeyer, der als Instrukteur schon Gerhard Holzer, Richards Bruder, angeleitet hatte und später auch Robert Uhrig.

Vielleicht war das alles in dieser Stunde bedeutungslos geworden.

Martin Kochmann starb in der nächsten Gruppe, um 2.10 Uhr, zusammen mit vier tschechischen Widerstandskämpfern, einem französischen Studenten und zwei jungen Mördern aus Fehrbellin.

Ihre Leichen lagen noch tagelang in einem offenen Schuppen. Der Abtransport verzögerte sich wegen immer neuer Fliegerangriffe. Die beiden Institutsdiener vom Anatomischen Institut, die die Körper der Erhängten schließlich zu Professor Stieve transportierten, bekamen auf Anweisung des Justizministers vom 22. September 1943 für diese unangenehme Arbeit je 200 Reichsmark ausgezahlt. Der Gefängnispfarrer Poelchau hat die Toten im Schuppen gesehen, unter ihnen müssen auch Herbert Budzislawski, Felix Heymann, Martin Kochmann gewesen sein. Poelchau berichtete nach dem Krieg, der Anatomieprofessor Stieve habe sich oft anständig verhalten und hinter dem Rücken der Behörden den Angehörigen die Leichen ausgehändigt.* Aber wer sollte nach Herbert, Martin und Felix fragen.

Lida

Manchmal, wenn ich bei Robert Mohn war, rief Lida an. Dann vergaß er meine Anwesenheit und redete mit ihr, so vertraut, wie langjährige Ehepartner miteinander umgehen. Doch sie waren seit Jahrzehnten geschieden, Lida hatte viele Jahre in Spanien gelebt, dann war sie nach Berlin zurückgekommen und wohnte nicht weit von Robert Mohn in einem kleinen Hochhausappartement.

Zwei- oder dreimal sah ich sie bei ihm. Eine kleine, zarte Frau, im gealterten Gesicht noch immer die Spuren einer stolzen Schönheit. Ihr Deutsch war polnisch gefärbt. Als Lida eine einundzwanzigjährige Studentin war, wurde ihre Heimatstadt Łódź von den Deutschen besetzt. Sieben Monate später, im April 1940, nannten die Deutschen Łódź um in Litzmannstadt, diesen Namen kennt man heute in der ganzen Welt, er steht für das Ghetto, in dem 160 000 Juden eingepfercht waren. Lidas Familie war nicht jüdisch, aber auch sie mußte ihr Haus verlassen und lebte in Angst unter der deutschen Besatzung. Eines Tages wurde Lida auf der Straße eingefangen wie ein Tier und über verschiedene Lager nach Deutschland gebracht. Sie war gerade von einer Prüfung gekommen und trug ein seidenes Kleid und Lackschuhe. In einem der Lager wurden die Mädchen von Ärzten untersucht; die keine Jungfrau mehr waren, brachte man in Wehrmachtsbordelle. Lida kam nach Berlin, man ordnete sie als nordischen Typ ein und hielt sie für würdig, bei einer Offizierswitwe in Weißensee als Hausmädchen zu arbeiten. Diese Frau behandelte die junge Polin gut. Sie besaß mit ihrem Schwager zusammen ein Abbruchunternehmen, eines Tages gab es einen Streit mit dem Schwager um irgendwelche Konten. Der Rechtsanwalt der Witwe hatte als Jude seine Zulassung schon 1938 verloren, trotzdem wollte sie seinen Rat einholen. Er lebte in einer sogenannten privilegierten Mischehe, seine Adresse war Pfalzburger Straße 86. Sie wollte nicht selbst bei dem Juden gesehen werden, aber sie schickte ihre Polin mit den Unterlagen zu Dr. Ernst Maass.

So kam Lida im Sommer 1943 in die Pfalzburger Straße, und so traf sie Robert Mohn, der wieder einmal bei Maass war, um sich mit ihm über das Ehelichkeitsanfechtungsverfahren zu beraten.

Lida, so verstört und schüchtern sie damals war, sei als erste auf ihn zugegangen, erklärte er mir immer wieder, als bedürfe ihr Verhältnis einer Rechtfertigung. Natürlich gefiel sie ihm, sie war schön, und trotz der einfachen Kleider, die sie trug, strahlte sie eine Eleganz aus, die man in Berlin kaum noch sah. Aber nicht deshalb verband er sich mit ihr, in ihrer Nähe verlor er das Gefühl der Verlassenheit, spürte den Sog nicht mehr, der ihn ins dunkle Wasser der Spree zog. Sie war zärtlich, anschmiegsam, bei ihr vergaß er den Wahnsinn, der sie beide umgab, konnte die Toten für Momente vergessen. Es stellte sich schnell heraus, daß Lida eine kluge, tatkräftige Gefährtin war. Ein paar Wochen nachdem er sie kennengelernt hatte, fuhr Robert Mohn nach Litzmannstadt, um in Lidas Auftrag ihre Eltern zu besuchen. Von dieser Reise, die er in SS-Uniform unternahm, hatte er mir erzählt. Jedesmal wurde mir kalt, wenn ich mir vorstellte, wie Robert Mohn, nach den Gesetzen der Nazis Halbjude, in dieser Uniform ins Generalgouvernement fuhr. Unterwegs aß er in Offizierscasinos. Die Uniform und sein Holzbein schützten ihn. Sogar die Ledertasche, wie SS-Leute sie trugen, hatte er sich besorgt. In dieser Tasche bewahrte er später Ediths Papiere auf, und wenn er sie während meiner Besuche hervorholte, schien mir, er war noch immer stolz auf diese verrückte Reise, auf seine Kaltblütigkeit und die Ledertasche, die ihn an all das erinnerte.

Lida wußte, daß er Edith als seine Frau ansah, sagte Robert Mohn noch nach einem halben Jahrhundert. Wenn sie wiedergekommen wäre, hätte Lida gehen müsssen. »Trotz eures Sohnes?« fragte ich, und er schwieg.

Der Sohn wurde im September 1944 geboren, einen Monat bevor sich Ediths Spur in Auschwitz verlor.

Aus Theresienstadt konnte sie Karten schreiben. Wenige Sätze, aus denen man nicht viel erfuhr. Ich fragte Robert Mohn nach diesen Karten, seine Antwort war ein bekümmerter Blick.

Aber was sie schrieb, konnte er mir sagen. Sie bat um Lebensmittel. In den ersten Karten wandte sie sich noch an ihn als ihren Liebsten, voller Sehnsucht. Dann kam eine merkwürdige Karte, in der sie den Empfang der Pakete bestätigte und ihm und seiner Frau alles Gute wünschte.

Jemand hatte es ihr gesagt. Robert Mohn hat nie erfahren, wer Edith in Theresienstadt verraten hatte, daß es Lida gab. Er vermutete, daß eine von Ediths Kolleginnen aus der Judenabteilung bei Siemens ihn einmal mit Lida gesehen hatte und später selbst nach Theresienstadt kam. Oder Ediths Mitschülerin Inge Korach. Deren Mann Hans Hermann war Angestellter der Reichsvereinigung, sie kamen als letzte nach Theresienstadt, vielleicht wußten sie von Lida. Aber ich konnte ihm sagen, daß Inge Korach und ihr Mann schon am 1. Juli 1943 aus Berlin deportiert worden waren, da hatte er Lida gerade kennengelernt. Und Inge hatte Edith in Theresienstadt nur einmal kurz gesehen, das war am 16. Oktober 1944, dem Tag ihres Transportes nach Auschwitz.

Es blieb ihm ein Rätsel, woher Edith von Lida erfahren hatte. Eine einzige richtige Karte bekam er noch, auf der sie mitteilte, sie sei krank gewesen, Hirnhautentzündung. Er schrieb ihr, daß er auf sie warten würde, was auch geschehe, aber ihre Karten waren nur noch ausgefüllte Vordrucke.

Ende 1943 starb plötzlich die Witwe in Weißensee, Lida verlor ihren Schutz. Sie hatte Glück, daß sie nicht zu Siemens oder in einen anderen Rüstungsbetrieb kam, wo die

Polinnen inzwischen die deportierten jüdischen Zwangsarbeiter ersetzten, sondern in eine SS-Kantine als Verkäuferin. Als ihr dort ein SS-Mann an den Hintern griff, verwahrte sie sich dagegen, wurde geohrfeigt, rannte fort. Sie rannte zu Robert Mohn, der sie beruhigte und in die Königsallee zu dieser Kantine zurückbegleitete. Der Verwaltungsleiter dort, ein älterer Mann in Zivil, war von Lidas Verhalten und ihrer Erscheinung beeindruckt. Er sprach mit ihr allein und wiegelte die wütenden SS-Männer ab. Robert wandte sich indes an einen Dr. Krebs, den Vorstand im Reichsverband der deutschen Verlegerschaft, den er irgendwoher kannte. Dieser war zwar Parteimitglied, aber kein Nazi. Er forderte die Polin an, die er wegen ihrer Bildung und Sprachkenntnisse brauche. Dr. Krebs sprach mit einem ihm befreundeten SS-General, und Lida wurde für eine Arbeit bei Dr. Krebs freigegeben. Sie stand weiter unter SS-Aufsicht, aber als Dr. Krebs sein Büro wegen der Bombenangriffe nach Bad Homburg verlegte, konnte er Lida mitnehmen. In Bad Homburg wurde sie entgegen der Vorschrift gut verpflegt und sparte Lebensmittel – für Edith in Theresienstadt. Sogar Butter konnten sie ihr schicken. Sie wußten, wer keine Lebensmittel von draußen bekommt, geht schnell zugrunde in Theresienstadt. Wenn Lida alle paar Wochen in Berlin war, packte sie die Pakete für Edith. Auch als sie schwanger war, sparte sie sich Lebensmittel ab für diese Pakete.

Bevor man ihren Zustand sehen konnte, wagte Lida etwas geradezu Wahnwitziges. Aber alles um sie herum war wahnsinnig, jeder Schritt führte über einen Abgrund. Zu Roberts Freunden gehörte ein Künstler, der Grafiker Friedrich Stabenau, nach dem Krieg war er Professor an der Hochschule der Künste. Der fertigte in seiner Druckwerkstatt die Ausweise einer Volksdeutschen mit Lidas Paßbild an und fälschte Reisepapiere. Damit fuhr sie nach Łódź zu ihren Eltern. Die schwangere Zwangsarbeiterin reiste wie eine Dame. In Łódź nahm sie Quartier im Grand Hotel. Ihre Eltern gaben ihr Goldstücke, die sie für Lidas Aussteuer gespart hatten, die nähte sie in ihre Kleider ein und kehrte zurück nach Berlin, zu Robert Mohn. Die Schwangerschaft mußte geheim bleiben, Liebesbeziehungen zwischen Deutschen und Polen waren verboten. Nur wenige der in Deutschland von Polinnen geborenen Kinder überlebten. Eine Nachforschung hätte zu der Frage geführt, ob Robert Mohn überhaupt Deutscher sei. Lida hätte man wohl in ein Konzentrationslager gebracht. Wieder überlegte Robert Mohn, wie er mit einer jungen Frau und einem kleinen Kind untertauchen könnte.

Er ging mit Lida in die schwedische Kirche in der Wilmersdorfer Landhausstraße, knüpfte Kontakte zu dem Pfarrer Erik Perwe, über den er gehört hatte, er würde Verfolgten helfen. Nach dem Krieg erfuhr Robert Mohn, daß Perwe, der im November 1944 bei einem Flugzeugabsturz umkam, tatsächlich Dutzenden Juden das Leben gerettet hatte. Für Lida und ihn konnte der schwedische Pfarrer nichts machen, aber eine Babyausstattung bekamen sie aus Schweden. Inzwischen konnten auch Deutsche auf ihre Kleiderkarten nur noch die nötigste Arbeitsbekleidung kaufen. Berlin begann eine Ruinenstadt zu werden. Der totale Krieg, der am 18. Februar 1943 von Goebbels im Berliner Sportpalast ausgerufen und von den Massen fanatisch jubelnd begrüßt worden war, nur einen Monat nach der Niederlage vor Stalingrad, dieser totale Krieg fand nun auch im eigenen Land statt. Für Lida war es nicht das eigene Land, was da unterging, für Robert Mohn, der sich früher durchaus als deutscher Patriot gefühlt hatte, auch längst nicht mehr. Für ihn war nur noch wichtig, zu überleben, Lida und das ungeborene Kind durchzubringen, Edith mit den Paketen am Leben zu erhalten. Es tat ihm weh, daß sie von seiner Untreue erfahren hatte. Er wußte, wie wichtig er für sie war, und fühlte sich schlecht, obwohl er Lida für ihr Dasein dankbar war und er mit ihr sogar das brennende Chaos um sie herum für Stunden vergessen konnte. Ohne Lida hätte er diese Zeit nicht überstanden. Er lebte mit geschärften Sinnen, jeder Schritt war gefährlich.

Den paar Freunden, die ihm geblieben waren, ging es ebenso. Berta Waterstradt wurde nicht deportiert, weil ihr Mann Rudi, der kein Jude war, zu ihr hielt. Obwohl Berta und Rudi unter Polizeiaufsicht standen, arbeiteten sie schon wieder in einer Widerstandsgruppe, deren Leiter ein bulgarischer Student war. Robert hielt sich zurück. Zu viel stand auf dem Spiel. Das Kind sollte im September 1944 geboren werden. Dr. Krebs konnte die sichtbar schwangere Lida nicht mehr halten. Sie kam zu Robert in die Pension Lau zurück, auch für die beiden alten Besitzerinnen der Pension, die Ediths Besuche damals nicht dulden wollten, hatte die Zeit sich geändert, und sie taten, als wüßten sie nichts von Lida. Dr. Krebs in Bad Homburg, wenn er nach der Polin gefragt wurde, sagte, sie sei dienstlich unterwegs. Aber was sollte er der SS sagen? Es wurde Zeit unterzutauchen. Robert war schon dabei, ein illegales Quartier für sie beide zu suchen, als eines Tages im August das Telefon für ihn klingelte.

Er erstarrte, als er die Stimme hörte. Es war Lotte Paech. Die Krankenschwester aus Baums Gruppe. Längst hielt er sie für tot. Aber die Frau am Telefon war ohne Zweifel Lotte Paech. Ihre Stimme klang beklommen, unfrei. Sofort schoß ihm durch den Kopf, sie könnte unter Aufsicht der Gestapo stehen. Sie nannte ihren Namen nicht, sagte, sie sei die Krankenschwester, die bei der Geburt seines Sohnes Uri geholfen hätte. Ob man sich einmal wiedersehen könnte.

Blitzschnell überlegte er. Wenn es eine Falle war, so entging er ihr nicht, indem er ein Treffen schon am Telefon verweigerte. Vielleicht aber brauchte sie seine Hilfe. Er spürte ihre Angst. Sie sagte, sie mache demnächst einen Ausflug nach Potsdam.

Für den nächsten Sonntag verabredeten sie sich im Park von Sanssouci. Diese Begegnung hat Charlotte Holzer später geschildert.* Sie ging zu einer bestimmten Marmorstatue. Dort sah sie Spaziergänger, aber nicht Robert Mohn. Eine ganze Weile schlenderte sie im Park auf und ab. Dann kam eine fremde, schwangere Frau auf sie zu. »Das rechne ich ihr hoch an, denn sie hat ihr Leben damit noch einmal riskiert. Sie, die ja so schon illegal da war, und mit ihrem Bauch war das ja nicht legal. Sie sagte mir nun, Robby sei da und da. Wir sind dann so an dem Haus vorbeigegangen, daß ich sah, er stand dort im Eingang und ich wußte, es ist in Ordnung. Ich hatte dir schon mal erzählt, Robert ist eine eigenartige Type. Ganz weich und gefühlvoll und dabei so zwielichtig. Aber Menschen sind nicht eingleisig, das habe ich ja so oft erfahren. Sein Gesicht dort werde ich nicht vergessen – es hat so viel Liebe und Freude und Angst ausgedrückt.«

Er hatte Lida vorgeschickt, obwohl er mit einer Falle rechnen mußte?

Über mein Erstaunen zuckte er nur die Achseln. Was sollte er tun, es war das vernünftigste. Er hatte von seinem Versteck im Hauseingang aus das Gelände beobachtet, und erst als er sicher war, daß Lotte allein gekommen war, gab er Lida ein Zeichen, sie anzusprechen.

Lotte erzählte, sie sei im Juni aus der Gestapo-Haft in der Schulstraße geflohen. Vom Gefängnispfarrer Poelchau, den sie durch Fräulein von Harnack von der Bekennenden Kirche kennengelernt hatte, habe sie ein abgestempeltes Anmeldeformular bekommen, für das sie die echten Namen und Daten einer ausgebombten Frau ihres Alters brauche. Sie bat Robert Mohn, ihr die zu besorgen. Berta Waterstradt beschaffte schließlich die Angaben einer Hilde Lukas, die so alt wie Lotte war. Mit diesen Papieren konnte Lotte Paech nach Anklam fahren und dort überleben, zum Schluß wechselte sie noch einmal die Identität und tauchte in einem Lager für französische Zwangsarbeiter unter.

Ob ich Lottes Akten auch gefunden hätte, fragte mich Robert Mohn. Die Frage klang sonderbar.

Hatte er ihr mißtraut? Das war kein Mißtrauen, sagte er nüchtern, sondern man mußte einfach realistisch mit allen Möglichkeiten rechnen. Wer in den Fängen der Gestapo war, wurde allzuoft zerbrochen. Vieles an Lottes Geschichte war merkwürdig. Aber seine eigene Geschichte sei wahrscheinlich in den Augen mancher auch merkwürdig.

Lotte habe die Geschichte ihrer Flucht später sehr oft erzählt und immer mit anderen Einzelheiten. Aber das kenne er von sich selber, man könne selbst kaum glauben, was einem da widerfahren sei, man sucht nach Erklärungen, die einfacher sind als die Wahrheit, unkomplizierter und für die meisten glaubwürdiger. Aber daß Lotte, wie in der DDR immer behauptet wurde, wie es 1980 selbst in ihrem Nachruf stand, zum Tode verurteilt wurde, sei nicht wahr. Als am 29. Juni 1943 vor dem Volksgerichtshof Martin Kochmann, Felix Heymann und Herbert Budzislawski ihr Todesurteil erhielten, sei sie im Frauengefängnis Leipzig-Kleinmeusdorf gewesen, wo sie eine Gefängnisstrafe wegen der Brotmarken absitzen sollte. Wohl eine bürokratische Panne. Mitte Juli wurde sie nach Berlin zurückgeschickt, inzwischen kamen Juden nicht mehr vor Gericht. Sie unterstanden nur noch der Gestapo. Lotte wurde nie zum Tode verurteilt. Im Sommer 1944 sei sie aus dem Gestapo-Gefängnis geflohen. Er habe nach dem Krieg von Mitgefangenen Lottes erfahren, daß sie gar nicht zu fliehen brauchte, sie habe einen Passierschein besessen, konnte sich sogar beim Optiker Zapletal eine Brille anpassen lassen. Aber womöglich drohte ihre Überführung in ein Konzentrationslager, das wäre auch ein Todesurteil gewesen. Ihm hatte sie damals erzählt, sie sei in Abwesenheit zum Tode verurteilt worden, ihre Hinrichtung stand bevor.

Jedenfalls entschloß er sich damals, die Bedenken beiseite zu lassen und Lotte zu vertrauen. Die Angst, die sie in seinen Augen sah, fand er auch in ihrem Blick. Gleichzeitig spürten beide eine tiefe Freude, einander wiederzusehen. Sie trafen sich noch einmal, ohne Lida, als er ihr die Papiere übergab. Er ließ sich von ihr erzählen, was seit dem Sommer 1942 geschehen war, stundenlang. Das Entsetzen nahm beiden den Atem, aber sie schoben es weg, lachten, machten Witze, nur als sie sich zum Abschied umarmten, spürten sie jeder das trockene Schluchzen des anderen.

Lida jedoch blieb argwöhnisch. Noch Jahrzehnte nach diesen Begegnungen, als auch Robert Mohn schon gestorben war, sagte sie, die Lotte hätte sich so an Ausflüchte gewöhnt, die wußte gar nicht mehr, was wirklich geschehen war. Aber auch sie selbst konnte doch nicht immer die Wahrheit sagen, erinnerte ich die alte Frau vorsichtig. Das sei etwas ganz anderes gewesen, sie habe niemanden ans Messer geliefert, sie habe nur überleben wollen, entgegnete sie wütend. Und sie habe Robert Mohn vertraut, der sie vorgeschickt hatte zu dieser Lotte, sie, die schwangere Fremdarbeiterin, wo er doch gar nicht wußte, wer hinter Lotte stand. Sie habe damals kaum etwas gewußt von der Baum-Gruppe, von den Hinrichtungen, sie konnte die Gefahr gar nicht abschätzen. Sie glaubte, Robert sei ihr Beschützer, in Wirklichkeit habe er sie hineingezogen in diese Geschichten. Ich spürte einen jahrzehntealten Zorn, eine tiefsitzende Bitternis gegen den Vater ihres Sohnes. Und doch war sie vor Robert Mohns Tod in seine Wohnung gekommen, um ihn zu begleiten, ihm das Sterben zu erleichtern.

Sie erzählte mir, sie habe 1944 nach den Begegnungen mit Lotte Paech darauf gedrängt, sofort unterzutauchen, die Pension Lau umgehend zu verlassen.

Robert kannte einen Pfarrer in Spandau, dessen Schwager als Offizier an der Front war. Der Pfarrer verwaltete dessen kleines Sommerhäuschen in Lichterfelde-Süd. Hier zogen Robert Mohn und Lida ein, den Nachbarn galten sie als ausgebombtes Ehepaar. Seine Beinprothese machte Fragen nach seinem Fronteinsatz überflüssig.

Am 24. September 1944 kam Michael zur Welt. Dieser 24. September war in Berlin ein heißer, schwüler Tag. In der Luft lagen Asche und Staub. In Theresienstadt wurden schon die Listen für die Herbsttransporte nach Auschwitz zusammengestellt. Robert Mohn hatte in der privaten Trautenauklinik in Schöneberg alles für Lidas Entbindung vorbereiten lassen. Aber die Klinik war beim letzten Bombenangriff ausgebrannt, und Lida mußte in eine Ausweichklinik in die Apostel-Paulus-Straße gehen. Die Hebammen fragten nichts, auch nicht, als Lida unter der Geburt auf polnisch schrie.

Nun versorgte Robert in Lichterfelde die Frau und das kleine Kind. Lida bekam in beiden Beinen Thrombosen, mußte Zinkverbände anlegen, liegen und war sehr schwach. Robert trug Wasser herbei, besorgte Lebensmittel, Medikamente und Brennmaterial. Seine Wertsachen waren schon fast alle verkauft, er bezahlte mit Lidas Aussteuer-Goldstücken, hoffte auf das Ende des Krieges nach dem Winter. Die Decken mit dem Futter aus kleinen Fellen, die er für Edith und Uri hatte nähen lassen, wärmten nun Lida und Michael. Immer noch schickte er Pakete nach Theresienstadt, obwohl kein Lebenszeichen mehr von Edith Fraenkel kam. Er sagte sich, daß sie ja seine Adresse nicht wußte, und hoffte weiter.

Eines Morgens, es war schon Anfang 1945, sah er durchs Fenster zwei Männer auf das Häuschen zukommen. Einer war der Landgendarm von jenseits des Teltowkanals, er kannte ihn, hatte zur Tarnung öfter mit ihm gesprochen. Der andere war ein Mann in Zivil. Zwar hatten Lida und er einen Fluchtkoffer gepackt, aber draußen lag frischer Schnee, man hätte jede Spur gesehen. Nebenan lag Lida mit dem Kind.

Er öffnete den Herren die Tür, zeigte keine Überraschung, als der Zivilist ihm seine Gestapomarke zeigte. Ob er Robert Mohn sei, es gäbe da Unklarheiten, er solle mal mitkommen.

Im selben Moment beschloß er, alles auf eine Karte zu setzen. Er bestätigte, der Gesuchte zu sein. Der Gendarm war ein gutmütiger, etwas einfältiger Mensch, der bekümmert blickte und Robert nicht ansah. Robert wandte sich an den Gestapomann, sagte: »Nebenan liegen eine Frau und ein Säugling. Wenn sie mich jetzt mitnehmen, bedeutet das das Ende der jungen Frau und des Kindes. Die Nachbarn sehen das. Uns allen ist klar, daß der Krieg nur noch ein paar Wochen dauert. Dann müssen Sie dafür bezahlen.« Der Gestapomann setzte sich auf einen Küchenstuhl und überlegte.

Dann tauschte er einen Blick mit dem Gendarmen, schließlich sagte er: «Es geht vor allem um Ihren Arbeitseinsatz. Da kommen Sie nicht drum herum, es gab eine Anzeige. Alles andere ist Ihre Sache. Gehen Sie zu Zeiss-Ikon in die Görtzallee, zum Obermeister. Der soll Ihnen Arbeit geben.»

Die Männer grüßten und gingen. Wieder einmal war Robert Mohn davongekommen. Offenbar hatte ein Nachbar ihn angezeigt, weil er glaubte, er drücke sich vor der Arbeitspflicht. Und offenbar ahnten der Gendarm und der Gestapomann, daß es hier um mehr ging, aber sie wollten so kurz vor Schluß keinen Fehler machen.

Er meldete sich tatsächlich in der Görtzallee, der Obermeister dort wußte Bescheid. Robert Mohn wurde für die letzten Kriegsmonate Werkstattschreiber, seine Arbeitszeit war nachts, tagsüber konnte er Lida und Michael versorgen.

Nach dem Krieg, als er Leiter der Antifa in Lichterfelde war, kam der Gestapomann und wollte von Robert Mohn eine Bescheinigung darüber, daß er die Familie gerettet habe. Robert Mohn hatte gezögert, weil er nicht wußte, was der sonst gemacht hatte, aber ihm die Bescheinigung schließlich gegeben. Über Dr. Krebs, den die Amerikaner festgenommen hatten, sagte er freiwillig aus, daß Lida und sein Sohn Michael ihm ihr Leben verdankten.

Theresienstadt, 16. Oktober 1944

Außer diesen verlorenen Postkarten gab es kein Zeichen von Edith Fraenkel aus Theresienstadt. Ich weiß nicht, wo sie gewohnt hat, vielleicht im Massenquartier in einer der großen Kasernen auf dem Dachboden oder irgendwo in einer kleinen Kammer. Ich weiß nicht, mit wem sie zusammen war in Theresienstadt, was sie arbeitete. In Theresienstadt mußte jeder arbeiten, wenn er älter als vierzehn und jünger als 65 Jahre alt war. Robert Mohn konnte mir auch nichts sagen über Ediths Leben dort, die meisten ihrer Postkarten waren nur Vordrucke: »Ich bestätige dankend den Empfang Ihres (Deines) Paketes vom ... 194...«, die sie mit Datum versah und unterschrieb.

Vielleicht war sie in der Wäscherei, dann hätte sie das Lager jeden Tag verlassen können, zwar unter Aufsicht, aber sie wäre ihm für Stunden entkommen. Aber auch innerhalb der Festung gab es kleine Waschküchen, die der inneren Verwaltung unterstellt waren. Vielleicht arbeitete sie dort oder flickte Uniformen, das Heeresbekleidungsamt München schickte regelmäßig blutverschmierte, zerrissene Uniformen nach Theresienstadt, die dort ausgebessert wurden. Es gab alle möglichen kriegswichtigen Werkstätten und solche, in denen hergestellt wurde, was man in Theresienstadt selbst brauchte, sogar Pappschachteln, die als Urnen für die Asche der Toten dienten. Es wurden viele Urnen gebraucht in Theresienstadt. Vielleicht mußte Edith Fraenkel auch in einer der Fabrikhallen der Glimmerspalterei arbeiten, der Glimmer wurde für die Apparate der deutschen Jägerflugzeuge verwendet. Wenn sie großes Glück hatte, war ihr Arbeitsplatz in einer Bäckerei oder einer Küche.

Für die Liste, mit der sie nach Theresienstadt gekommen

war, hatte sie als Beruf Kinderpflegerin angegeben. Und auf der Liste, mit der sie ein Jahr später aus Theresienstadt deportiert wurde, steht hinter ihrem Namen: Säuglingspflegerin. Vielleicht hat sie mit Kindern gearbeitet. In Theresienstadt gab es unzählige verlassene Kinder jeden Alters. Jeglicher Unterricht war verboten. Und doch fanden sich Erzieher, Fürsorger, viele aus der Hechaluz, der zionistischen Jugendorganisation, die die Kinder sammelten, in Gruppen zusammenfaßten, ihnen inmitten des Elends menschliche Werte zu vermitteln suchten, die mit ihnen sangen, spielten, Zeitungen machten, Theaterstücke schrieben und aufführten … Es gab mehrere solcher sogenannter Jugendheime, die oft nur aus einem ungeheizten Saal mit verwahrlosten, verstörten Kindern bestanden, die zu einer Gemeinschaft wurden, in der es starke Bindungen und sogar so etwas wie Lebensfreude gab. Fast alle endeten sie in Auschwitz. Auf der Transportliste vom Transport *Er* vom 16. Oktober, dessen Nummer 653 Edith Fraenkel ist, stehen einige der herausragenden Theresienstädter Pädagogen, darunter Professor Maximilian Adler aus Prag, der zum Erziehungsrat des Ghettos gehörte, die Leiterin der Sozialarbeit Luise Fischerova und der Komponist und Musikpädagoge Hans Krása, dessen Kinderoper »Brundibár« in Theresienstadt fünfundfünfzigmal aufgeführt wurde und noch heute gespielt wird. Vielleicht ist Edith in Theresienstadt in Kontakt mit diesen Menschen gekommen. Vielleicht hat sie in einem der vielen Jugend- und Kinderheime gearbeitet.

Aber auf der Liste des Transports *Er* stehen 1500 Namen, vielleicht kannte Edith kaum einen von denen, die mit ihr am 16. Oktober 1944 vor der Magdeburger Kaserne antreten mußten.

Wir wissen nichts über Edith Fraenkel in Theresienstadt, sie war eine von Tausenden, an die sich niemand erinnert, deren letztes Zeichen ihr Name auf einer Totenliste ist. Bisher wurden keine Dokumente gefunden, auf denen das letzte Jahr ihres Lebens eine Spur hinterlassen hätte.

Vielleicht hat sie Sonja Okun kennengelernt, die Freundin Ilse Stillmanns, die unter der besonderen Protektion des Judenältesten Paul Eppstein stand und unter seinem Schutz viel Gutes tun konnte. Sonja hatte junge Leute aus der Hechaluz, tschechische und deutsche, um sich geschart, die so etwas wie eine Organisation bildeten, die »Helfende Hand«. Sie kümmerten sich besonders um die alten Menschen, die auf den riesigen Kasernendachböden hausten, oft nicht einmal Matratzen besaßen, in Schmutz und Staub lagen, ohne Wasser und sanitäre Einrichtungen. Viele schafften es nicht mehr zur Essensausgabe und verhungerten so in ihrem eigenen Kot. Die Jungen halfen ihnen, begleiteten sie zu den Duschen und Aborten, versorgten sie mit den kargen Essensrationenen, packten vor einem Transport ihre Sachen. Vielleicht hat Edith, obwohl sie keine Zionistin war, Sonja Okuns Organisation angehört.[*]

Wenn man heute über Theresienstadt spricht, sind es diese Beispiele von Menschlichkeit, von Lebenskraft angesichts der Übermacht des Todes, die im Gedächtnis blieben. Die Kinderzeichnungen, die Kinderoper, die wissenschaftlichen Vorträge … Aber die, mit denen ich gesprochen habe, die Theresienstadt überlebten, erinnern sich vor allem an Elend, Gleichförmigkeit, an die Abstumpfung der Sinne, die nur auf die nächste Mahlzeit und das nackte Überleben gerichtet waren. Ruth Klüger, die als Kind in Theresienstadt war und Schriftstellerin wurde, schrieb, Theresienstadt sei der Stall gewesen, der zum Schlachthof gehörte.[*]

Ich schaue auf die Fotos aus dem Propagandafilm über Theresienstadt, der im Sommer 1944 gedreht wurde, und suche Edith Fraenkels Gesicht. Man hatte hübsche Mädchen in eigens eingerichtete Kaffeehäuser gesetzt, ließ sie an frisch getünchten Häuserwänden entlangspazieren und in Schaufenster blicken, die von den Filmleuten eingerichtet wurden. Ich finde kein Mädchen, das mich an Edith Fraenkel erinnert. Aber ich kenne ja nur Fotos, die vor ihrer Verhaftung aufgenommen wurden, sehe das sanfte, von Locken umrahmte Gesicht mit dem glücklichen Lächeln auf dem Familienbild mit Uri und Robert Mohn vor mir. Die Untersuchungshaft am Alexanderplatz und im Gerichtsgefängnis, der Prozeß vor dem Volksgerichtshof, die Tage im Frauengefängnis Barnimstraße, die Monate im Zuchthaus, der Aufenthalt in der Großen Hamburger Straße und die Zeit in Theresienstadt werden sie verändert haben, ich weiß nicht, wie sie aussah nach alledem.

Im Juni 1944 besuchte ein Vertreter des Internationalen Roten Kreuzes Theresienstadt, der Schweizer Maurice Rossel. Der Fünfundzwanzigjährige, den nicht soziales Interesse zum Roten Kreuz getrieben hatte, sondern der Wunsch, sich vom Militärdienst in der Schweizer Armee zu befreien, bemerkte nicht, daß der Musikpavillon und das Kaffeehaus, die Kinderkrippen mit den bunten Bildern an der Wand extra seinetwegen eingerichtet worden waren. Nach seiner Abfahrt verschwanden sie wieder. Schon vor seiner Ankunft waren 5 000 Menschen aus Theresienstadt nach Auschwitz geschafft worden, damit das »Siedlungsgebiet« genannte Ghetto nicht so überfüllt wirkte. Rossel brachte Fotografien aus dem Ghetto mit, die seinen Vorgesetzten und der Welt bewiesen: In Theresienstadt lebt es sich recht nett. Besonders häufig hatte er spielende Kinder fotografiert. Nur der Stern an ihren Kleidchen scheint sie von anderen spielenden Kindern irgendwo an einem friedlichen Ort zu unterscheiden. Auch auf diesen Bildern suche ich nach Ediths Gesicht und sehe junge Frauen zwischen den Kindern, die in die Kamera blicken, wie Edith vielleicht geblickt hätte: verwundert und irgendwie flehentlich, traurig und gleichzeitig hoffnungsvoll angesichts des gutgenährten, gutgekleideten Schweizers mit seiner Kamera.

Maurice Rossel hatte in seinem Bericht beschrieben, was ihm gezeigt wurde. Zum Beispiel: »Die Leute, denen wir in den Straßen begegnen, sind korrekt gekleidet. [...] Die eleganten Frauen tragen alle Seidenstrümpfe, Hüte, Schals, moderne Handtaschen.«*

Claude Lanzmann hat ihn Jahrzehnte später, 1979, nach diesem Besuch in Theresienstadt gefragt. Der Schweizer gab zu, er hätte besser hinschauen, sich ein eigenes Bild abseits der vorbereiteten Wege machen sollen. Er sagte, er habe damals die »eingespielte Vorstellung« durchaus durchschaut, aber schließlich seien es ja die Juden selbst gewesen, die ihm diese Vorstellung lieferten. Und man spürt noch bei dem Sechzigjährigen keine Scham über seine eigene Beteiligung an der gewaltigen Lüge, sondern selbstgerechte Verachtung der seiner Meinung nach feigen und privilegierten reichen Juden in diesem Vorzeigelager. Und er sorgte sich um seinen eigenen Ruf. »Seien Sie barmherzig und machen Sie mich nicht allzu lächerlich«, schrieb er an Claude Lanzmann, dem es fernlag, etwas daran lächerlich zu finden.[*]

Die Kinder, die Maurice Rossel fotografierte, starben wenige Monate später im Gas von Auschwitz.

Im Herbst 1944 war Schluß mit der Vorstellung.

Mitte September war der Propagandafilm abgedreht. Das Ende des Krieges rückte näher, auch in Theresienstadt gab es nun täglich Fliegeralarm. Die Menschen im Ghetto begannen auf ein Ende zu hoffen. Zum jüdischen Neujahrstag, am 16. September, hielt Paul Eppstein eine besorgte Rede voller verklausulierter Warnungen. Noch sei das Schiff nicht im Hafen, und dieser Hafen sei von Minen umgeben. Es ist später oft gerätselt worden, ob er von dem ganzen Ausmaß der bevorstehenden Herbsttransporte nach Auschwitz, ob er von den Gaskammern wußte. Die ersten beiden Transporte vom 28. und 29. September hat er noch selbst mit zusammengestellt, sorgfältig und gewissenhaft. Sie waren als Arbeitseinsätze deklariert, die SS verbreitete das Gerücht, sie würden nach Riesa bei Dresden gehen. Sie endeten, wie alle Herbsttransporte 1944, in Auschwitz-Birkenau. Am 27. September zwischen 15 und 16 Uhr wurde Paul Eppstein verhaftet und in einem bedeckten Lastkraftwagen in die Kleine Festung, das Gefängnis innerhalb des Ghettos, gebracht. Dort ermordeten ihn mehrere SS-Männer, unter ihnen Wilhelm

Schmidt, der stellvertretende Kommandant der Kleinen Festung.*

Er bekam sogar einen richtigen Sarg, den der Leiter der Werkstätten, Sternkopf, anfertigen lassen mußte. Im Krematorium von Theresienstadt wurde er verbrannt. Seine Frau Hedwig und Sonja Okun wurden sofort in die Transporte eingereiht. Gleich nach ihrer Ankunft starben sie in der Gaskammer. Der erste von den elf Herbsttransporten aus Theresienstadt erhielt die Bezeichnung *Ek* und umfaßte 2499 Menschen. Der Transport vom 29. September hieß *El* und umfaßte 1500 Menschen. Am 1. Oktober hieß der Transport *Em*, mit ihm wurden 1500 Menschen nach Auschwitz transportiert. Die Transporte *En, Eo, Ep, Eq* gingen am 4. Oktober, am 6., am 9., am 12. und umfaßten je 1500 Menschen. Inzwischen konnte niemand mehr an Arbeitseinsätze glauben, mit diesen Transporten gingen auch Kranke und Kinder, es gingen Mitglieder der Selbstverwaltung, Künstler, Handwerker, ganze Gruppen junger Leute. Ein von Eichmann nach Theresienstadt beorderter SS-Mann griff direkt in die Zusammenstellung der Listen ein, gab Weisungen, die die Kommission der Selbstverwaltung zu berücksichtigen hatte. Die Zusammensetzung der Transporte läßt vermuten, daß es sowohl darum ging, einem Aufstand der Häftlinge in Theresienstadt vorzubeugen, als auch darum, ganze Häftlingsgruppen zu beseitigen, und darum, die besten Arbeitskräfte der deutschen Kriegswirtschaft zuzuführen.

Die für den Transport *Er* vorgesehenen Menschen hatten sich wie bei den vorherigen Transporten und wie bei den drei noch folgenden auf dem Sammelplatz einzufinden, hinter der Kaserne, die auch der Sitz der jüdischen Selbstverwaltung war. Man hatte ein Anschlußgleis errichtet, das bis an die Kaserne heranreichte. Mit 1499 anderen stieg Edith Fraenkel am 16. Oktober, genau ein Jahr nach ihrer Ankunft in Theresienstadt, in den bereitgestellten Zug nach Auschwitz.

Da irgendwann muß sie Inge Korach begegnet sein, für Sekunden, wie ihre ehemalige Mitschülerin berichtete. Inge hat nicht darauf geachtet, wie Edith gekleidet war, was für Gepäck sie bei sich hatte. Ob sie immer noch den braunen Mantel trug, mit dem sie ins Zuchthaus Cottbus eingeliefert wurde? Ihre schwarzen Schuhe waren schon damals schadhaft gewesen, das hatte ich in den Aufnahmepapieren von Cottbus gelesen. Eine Kopfbedeckung hatte sie bei der Ankunft in Cottbus nicht. Ob es ihr inzwischen gelungen war, wenigstens ein Kopftuch für die Fahrt nach Auschwitz zu besorgen – schleusen nannten sie das wohl in Theresienstadt.

Ich wende die Liste des Transportes *Er* hin und her, studiere die Namen, als könnten sie etwas über die letzten Tage und Stunden in Edith Fraenkels Leben verraten.

Mit diesem Transport gingen nicht nur viele Lehrer, Erzieher und Fürsorger mit ihren Kindern, es gingen auch angesehene Künstler des Ghettos. Peter Kien, ein junger Maler und Schriftsteller, der mit Peter Weiss zusammen an der Prager Kunstakademie studiert hatte, bekam die Nummer 359. Peter Kien, dessen schmales Werk noch heute als bedeutend angesehen wird, ging nicht allein ins Gas. Mit ihm waren seine Frau Ilse und seine Eltern Leonhard und Olga Kien, sie hatten die Nummern 360 und 698 und 699. Auch der Komponist Victor Ullmann steht auf der Liste. Er hatte mit Peter Kien zusammen eine Oper geschrieben und in Theresienstadt das »Studio moderner Musik« organisiert. Robert Mohn hat mir erzählt, daß Edith in Berlin traurig darüber war, als Jüdin keine Konzertsäle und Opernhäuser besuchen zu dürfen. Ob sie zu den Abenden Victor Ullmanns gegangen war? Der Komponist trägt auf der Liste des Transports *Er* die Nummer 946. Auch er ging nicht allein auf Transport, seine Frau Elisabeth trägt die Nummer 947. Edith Fraenkel, Nummer 653, ging allein. Aber hinter ihr steht Eva Hecht auf der Liste, ein gerade zweiundzwanzig Jahre alt gewordenes Mädchen, als dessen Beruf Schneiderin angegeben wird. Vielleicht waren die beiden jungen Frauen Freundinnen, vielleicht stehen sie nicht zufällig hintereinander auf dieser Todesliste. Die Nummer vor Ediths auf dieser Liste hat die sechzigjährige Theodora Weinberger, auch sie Schneiderin. Die Menschen, in deren unmittelbarer Nähe Edith in den Waggon nach Auschwitz stieg – wenn diese Listen etwas über die Reihenfolge sagen –, waren offenbar keine Prominenten. Es waren junge Familien mit kleinen Kindern dabei, ältere Frauen, mehrere junge Leute in Ediths Alter. Vielleicht gehörten sie irgendwie zusammen, vielleicht war Edith doch nicht allein.

Natürlich war sie allein am 16. Oktober 1944, als der Transport des Reichssicherheitshauptamtes *Er* hinter der Magdeburger Kaserne Theresienstadt verließ. Und sie war allein, als er am 18. Oktober in Auschwitz ankam und bei dem, was dann geschah. Jemand vom Sonderkommando hat es notiert, und so steht es im Kalendarium von Auschwitz: »Nach der Selektion werden die Jungen und Gesunden in das Durchgangslager eingewiesen, darunter 157 Frauen. Die übrigen Menschen werden in der Gaskammer des Krematoriums III getötet.«

Und wenn, flüstert eine Stimme der Hoffnung mir ein, seitdem ich Edith Fraenkels Spuren suche, wenn sie zu den Jungen und Gesunden gehörte? Wenn sie nicht gleich in die Gaskammer kam? Dann mag es ihr so gegangen sein wie Felice Schragenheim, deren Namen ich hier nenne, weil ihr Schicksal eines von ungezählten ist, aber für ihres gibt es Belege.* Sie war so alt wie Edith, und sie war auch aus Berlin, und sie war mit dem Transport *Ep* eine Woche vor Edith aus Theresienstadt nach Auschwitz gekommen. Dort mußten sie und andere Mädchen ihre Kleider abgeben, bekamen andere, ausrangierte Zivilkleider. Sogar Abendroben wurden an die jungen Frauen ausgeteilt. Damit marschierten sie eine Woche lang bis zum Lager Groß Rosen, sechzig Kilometer hinter Breslau. Groß Rosen hatte 106 Außenkommandos. Felice Schragenheim kam mit tausend anderen

Frauen ins Nebenlager Kurzbach. Grub dort zusammen mit französischen und ungarischen Frauen Panzergräben bei 18 Grad Minus. Erkrankte an Typhus, überstand die Krankheit, aber der Krieg war noch nicht zu Ende, und Felice Schragenheim starb, irgendwann im Winter 1944/45.

Nein, das Flüstern der Hoffnung erlischt, bevor es laut werden kann. Edith Fraenkel ist da, wo Felice ist, sie ist Rauch in den Lüften, Sand in den Schuhen Kommender.

In der Wüste

Lotte Paech, spätere Holzer, hat bis 1980 gelebt, aber ich habe sie nicht gekannt, bin ihr nur selten von weitem begegnet. Als verdiente Genossin, als Kämpferin gegen den Faschismus trat sie manchmal in der Öffentlichkeit auf. Ich erinnere mich, wie ich sie als vierzehn- oder fünfzehnjährige Schülerin zum erstenmal sah. Es war eine Veranstaltung mit Stefan Jerzy Zweig, dem Buchenwaldkind. In dem Roman »Nackt unter Wölfen« von Bruno Apitz hatte ich gelesen, wie die Kommunisten das kleine polnische Kind vor dem Tod bewahrten, wie in der Hölle des Konzentrationslagers die Menschlichkeit siegte. Nun war das gerettete Kind gefunden worden, von der Antifaschistin Charlotte Holzer. Sie hatte seinen Vater in Israel ausfindig gemacht und den Sohn, der in Lyon studierte, in die DDR eingeladen, so stand es in der Zeitung. Das Buchenwaldkind reiste in der DDR herum, wurde von ehemaligen Häftlingen begleitet und umsorgt als lebender Beweis für die Tragik und Größe ihrer Vergangenheit. Es war ein Mann geworden, Anfang Zwanzig, im Fernsehen und auf Zeitungsbildern hatte ich sein Gesicht mit der großen Nase und den sanften Augen unter starken Augenbrauen gesehen, nun sah ich es im großen Saal vom Berliner Haus der Jungen Talente wieder. Das Buchenwaldkind saß zwischen mehreren älteren Männern auf dem Podium und sah vor Verlegenheit kaum auf. Die einzige Frau auf dem Podium, eine dünne, kleine Person mit Brille und kurz geschnittenem Haar, hieß Charlotte Holzer, auch sie war KZ-Überlebende, hieß es. Als sei das Buchenwaldkind tatsächlich ein Kind, zupfte sie an ihm herum, flüsterte ihm etwas ins Ohr, goß ihm fürsorglich Wasser ein, schob ihm das Glas zu, und wenn er sprach, unsicher nach

Worten suchend, nickte sie ihm stolz und aufmunternd zu. Sie selbst sagte nichts, die Männer sprachen. Von dieser Versammlung ist mir ein Zwischenfall in Erinnerung geblieben. Unter den Männern auf dem Podium war ein ehemaliger Häftling, der im Magistrat wohl für das Wohnungswesen zuständig war. Als die langen Ansprachen und eine vorbereitete, stockend vorgetragene Rede des Buchenwaldkindes, in dem er seine große Dankbarkeit beteuerte, vorüber waren, wurde die Diskussion eröffnet, und man konnte Fragen stellen. Eine Frau stand auf und begann, die entsetzlichen Wohnbedingungen ihrer Familie zu schildern. Gemurmel kam auf, auch Lachen, doch es dauerte eine Weile, bis jemand ihr das Mikrofon wieder wegnahm. Die Frau sprach weiter. Warum sie sich nicht außerhalb dieser Versammlung an ihn wende, fragte der für das Wohnungswesen Zuständige. Das habe sie ja versucht, rief die Frau in den Saal, das sei nicht möglich gewesen, aber sie habe alles schriftlich vorbereitet. Und sie ging nach vorn und legte eine Mappe auf den Tisch vor den Genossen, der sich ratlos umsah und erleichtert wirkte, als der nächste Redner aus dem Publikum zwar auch nichts fragte, aber langatmig etwas von der historischen Überlegenheit des Sozialismus erzählte, die das Buchenwaldkind, aus der Kälte des Kapitalismus kommend, doch sicher auf seiner Reise durch die DDR gespürt habe. Das Buchenwaldkind blätterte in der Mappe der Frau, betrachtete wahrscheinlich die Fotos ihrer Wohnung und mußte von Charlotte Holzer angestoßen werden, um zu antworten. Ja, gewiß, natürlich, doch, stammelte er errötend, und ich sah, daß er litt. Später fragte jemand im Publikum nach Israel, aber es war, als wäre diese Frage nicht gestellt worden, das Mikrofon wurde gleich an den nächsten weitergegeben, und keiner kam darauf zurück, auch nicht Stefan Jerzy Zweig, der gesenkten Blicks zuhörte. Später las ich in der Zeitung, er habe ein Kamerastudium an der Filmhochschule in Potsdam-Babelsberg begonnen, und noch später hörte ich, er sei zurückgegangen, weg aus der DDR.

Vor wenigen Jahren veröffentlichten Historiker ihre Forschungsergebnisse, nach denen das Buchenwaldkind nur gerettet werden konnte, weil ein anderes Kind von den kommunistischen Kapos statt seiner auf die Transportliste nach Auschwitz geschrieben wurde: ein kleiner Sinto mit dem Namen Willy Blum.*

Ich dachte an Stefan Jerzy Zweig, an seine dunklen, verstörten Augen und fragte mich, wie lebt er nun mit dem Wissen, daß das eigene Leben diesen Preis hatte: das Leben eines anderen.

Er hat es sich nicht ausgesucht, er war ein Kind, das in eine tödliche Maschinerie geraten war.

Je länger ich über Charlotte Holzer nachdenke, ihr Leben zu begreifen versuche, um so mehr erscheint auch sie mir wie ein Kind, das in eine tödliche Maschinerie geraten war. Sie hat viele Berichte geschrieben, viele Interviews gegeben, es gibt Verhörprotokolle und Aussagen von ihr, nach 1945 und vor 1945. In vielen Details widersprechen sie einander, man könnte all diese Details miteinander und mit den Dokumenten und Berichten anderer vergleichen und versuchen, so die Wahrheit zu finden. Welche Wahrheit?

Ich habe mehrere Menschen gefragt, die sie kannten, aus ihrer Generation und jüngere. Manche wollten nicht, daß ihre Meinung veröffentlicht wird, manche wollten gar nichts sagen, andere sprachen vor allem von Charlottes innerer Unruhe. Manche, die sie als Freunde bezeichnet hätte, sagten mir, sie hätten gespürt, daß etwas in Charlotte zerbrochen war, wahrscheinlich, als sie sich in den Fängen der Gestapo befand, etwas, was nicht zu heilen war. Manchmal fühlten sie sich von Charlotte vereinnahmt, von ihrer Anhänglichkeit. Sie wollte wichtig sein für andere, ihre Hilfsbereitschaft war jedem bekannt. Aber sie konnte, sagten mehrere ihrer Bekannten vorsichtig, »Dichtung und Wahrheit nicht immer voneinander trennen«.

Gleichzeitig beschrieben ihre Freunde sie als einen sehr

offenen, geraden Menschen, direkt und schnörkellos. Sie war großzügig, vorurteilslos gegenüber jedem Menschen und konnte sehr pragmatisch sein.

Den Kontakt zum Buchenwaldkind und seinem Vater Dr. Zacharias Zweig hatte Charlotte Holzer gefunden, als sie 1963 in Israel war, schon zum drittenmal. Sie besuchte dort ihre Tochter Eva, die 1947, als Vierzehnjährige, nach Palästina gegangen war, weil sie in Deutschland, mehrfach entwurzelt, nicht mehr heimisch werden konnte.

Auch Charlotte wirkte entwurzelt. Ihre Freunde bemühten sich, ihr Zuneigung und Wärme zu geben.

1967, nach dem großen Kampfappell der FDJ im Lustgarten, an dem ich als noch nicht Siebzehnjährige mit meinem orangefarbenen Rock und der FDJ-Bluse in Reih und Glied stand, wurde plötzlich die Widerstandsgruppe von Herbert Baum in eine Reihe mit anderen bekannten Widerstandsgruppen gestellt. Schon im Oktober 1967 bekam die Garnison der Luftwaffe in Neubrandenburg den »Ehrennamen« Herbert Baum. Schulen und Kasernen, Volksarmeebattaillone, Jugendbrigaden und Kindergärten, sogar ein Trawler der Fischereiflotte und Altersheime wurden nach ihm oder Marianne Baum, nach Werner Steinbrinck, Hilde Jadamowitz, nach Sala und Martin Kochmann benannt. Charlotte und Richard Holzer als Überlebende der Gruppe gingen in Schulklassen und Kasernen, traten auf, berichteten, wurden geehrt. In einem Bericht von 1972 an das Antifa-Komitee listet Charlotte ihre vielfältigen Aktivitäten auf, da ist die Rede vom Koordinieren der Namensträgerkollektive, von Rechenschaftslegung, Arbeitstagungen, fruchtbarer Zusammenarbeit, engen Kontakten. »Wir haben ihnen sowohl bei der Erfassung der Vergangenheit, als auch der Nutzbarkeitmachung für ihre heutige Arbeit ideologisch und praktisch geholfen.«[*]

Charlotte war offensichtlich stolz, daß ihre Meinung gefragt, daß Richard und sie geachtet waren und verehrt wurden. Nicht immer war es so gewesen.

Am 24. November 1953 noch hatte Paul Laufer von der Zentralen Parteikontrollkommission eine Aktennotiz über Richard angefertigt: »Holzer hat eine schlechte Vergangenheit. Hat nicht die volle Wahrheit gesagt. Aber man kann nichts beweisen. Verdacht der Agenten- und Schädlingsarbeit.«*

Der Verdacht der Agenten- und Schädlingsarbeit war 1953 schnell bei der Hand. Und er kostete manche die Freiheit, mindestens aber die Zugehörigkeit zur Partei. Und diese Zugehörigkeit war für Richard und Charlotte Holzer nach allem, was sie erlebt hatten, überlebenswichtig.

Richard Holzer, dessen erste Berichte über die Widerstandsgruppe Baum so stolz geklungen hatten, der sich sogar in manchen Lebensläufen und Berichten, kaum jemand konnte ihm ja widersprechen, als stellvertretenden Leiter der Gruppe bezeichnet hatte, schrieb im Februar 1953 zerknirscht in seinen Lebenslauf für die Partei: »Ab 1939 habe ich dann wieder in einer Gruppe mitgearbeitet, deren ganze Geschichte schwere politische Fehler aufweist, die ich selbst auch nur zum Teil gesehen, aber nicht entschieden bekämpft habe, weil meine eigene Einsicht nicht ausreichend war.«*

In den sechziger Jahren jedoch wünschte sich Lotte, daß jemand ein Buch über sie als Mitglied dieser Gruppe schriebe. Sie war befreundet mit dem Journalisten Dieter Heimlich und seiner Frau, der Fotografin Barbara Meffert, die das Ehepaar Holzer wegen ihrer tragischen und heldenhaften Vergangenheit verehrten. Charlotte und Richard kamen gern zu der jungen Familie, genossen den Umgang mit ihren Kindern. Eines Tages gab Charlotte Dieter Heimlich ein leeres Buch und sagte dazu: »Ich schenke dir mein Leben.«

Sie trafen sich meist in der Wohnung der Holzers in Niederschönhausen, er nahm die Gespräche auf Tonband auf.

Aber das Buch wurde nie geschrieben. Er starb 1986, sechs Jahre nach Charlotte Holzer, noch nicht fünfzig Jahre alt. Schon lange war er krank gewesen, und die Tonbänder lagen unbearbeitet. Es gibt jedoch Abschriften mit Charlotte Holzers Korrekturen. Sie kamen ins Erinnerungsarchiv der SED, lagen dort unter Verschluß. Mit dem Widerstand befaßte Historiker schrieben empörte Gutachten, niemals dürfe dieses Material veröffentlicht werden. Aber selbst sie waren beeindruckt von dem Leidensweg der Charlotte Holzer.

Manches in den Tonbandabschriften kann man nur verstehen, wenn man auch andere Dokumente kennt, die jahrzehntelang im Parteiarchiv lagen. Die kannte Dieter Heimlich nicht, als er Charlottes Erinnerungen aufnahm. Er konnte nur hören, was sie sagte. Was sie nicht sagte, konnte er nur spüren, nicht wissen.

Der Satz, mit dem sie ihre Lebensgeschichte am 15. Juli 1966 begann, ist: »Ich war ein unerwünschtes Kind.«

Mir scheint, dieser Satz zieht sich wie eine Spur durch das Leben der Charlotte Abraham, spätere Paech, dann Holzer. Ihre Mutter, eine geborene Döblin, die unglücklich verheiratet war mit einem Vertreter, der allzuoft im Kaffeehaus saß, litt an den Folgen des sozialen Abstiegs. Später ließ sie sich scheiden. Lotte wuchs in der Köpenicker Vorstadt auf, wie auch Herbert Baum, Martin Kochmann und Sala Rosenbaum. Die Kochstube von Rita Meyer, in der sie am 8. Oktober 1942 verhaftet wurde, lag nur ein paar Schritte von den Spielplätzen ihrer Kindheit entfernt. Sie war noch nicht fünf, als der Weltkrieg begann und der Hunger. Das unerwünschte Kind litt an Rachitis, überstand eine Tuberkulose. Die Bindung an die jüdische Religion war in ihrer Familie brüchig geworden. Obwohl die Geschichten der Bibel sie fesselten, wollte Lotte das Enge und Beschränkte ihrer Herkunft, wozu sie auch die Jüdischkeit zählte, hinter sich lassen. Mit fünfzehn Jahren wurde sie aus der Wagnerschen Höheren Töchterschule relegiert, wegen »Unsittlichkeit«. Das Luisen-Lyzeum mußte sie nach einem Jahr verlassen, weil, so hat sie es später erzählt, ihre Schwester studieren wollte. Es konnte nur eine Tochter das Abitur machen.

Sie hätte gern Medizin studiert, statt dessen erlernte sie den Schwesternberuf in einem jüdischen Säuglingsheim. In dieser Zeit hatte sie schon den Kontakt zur jüdischen Jugendbewegung gefunden, sah sich auch bei den Falken um, der Jugendorganisation der SPD. Schon als Jugendliche begegnete sie Herbert Baum, Marianne und Lothar Cohn. Trotz ihres sehr guten Berufsabschlusses fand sie keine Anstellung in einem städtischen Krankenhaus. Nur im Jüdischen Krankenhaus bot man ihr eine Stelle. Seit ihrem siebzehnten Lebensjahr wohnte sie im Schwesternwohnheim. Alle zwei Wochen besuchte sie die inzwischen allein lebende Mutter. Lotte kämpfte immer um ihre Anerkennung und Liebe. 1938 fälschte sie für ihre Mutter Zeugnisse und Unterschriften, damit die schon ältere Frau eine Pflegerinnenprüfung ablegen und so einen Broterwerb finden konnte. Aber als Lotte im Frühherbst 1942, während ihrer Illegalität, den Apotheker Bernhardt zu ihrer Mutter schickte, der um Lebensmittel und einen Mantel bitten sollte, verhielt die sich so abweisend, daß Bernhardt die Bitte gar nicht erst vortrug. Ein paar Monate später, im März 1943, kam Margarete Abraham, geborene Döblin, selbst nach Auschwitz.

Schon als junge Krankenschwester fühlte Lotte sich zu den Kommunisten hingezogen und besuchte in ihrer wenigen Freizeit Vorträge an der MASCH, der Marxistischen Arbeiterschule. 1931, bei der Demonstration zum Ersten Mai, kam sie ihrem späteren Ehemann, dem Weddinger Arbeiter Gustav Paech, näher, der unter den Krankenschwestern für die RGO, die Rote Gewerkschaftsopposition, agitiert hatte. Er war gerade aus dem Gefängnis gekommen. In ihren offiziellen Lebensläufen schrieb Charlotte später nur von seinen politischen Strafen. Gegenüber Dieter Heimlich schilderte sie die armselige Herkunft Gustav Paechs, der »völlig abgerutscht« gewesen sei und eine Reihe von Vorstrafen aufzuweisen hatte. Der Strafregisterauszug verzeichnet als Gründe für Gustav Paechs zahlreiche Haftstrafen Betrug, schweren Diebstahl, schweren Diebstahl in Tateinheit mit Betrug, auch Hausfriedensbruch mit Körperverletzung und unbefugten Waffenbesitz. Er fühlte sich als Kommunist, aber nicht alle seine Straftaten waren politisch motiviert. Er wurde Lottes erster Mann, und er erpreßte sie, sagte ihr, wenn sie nicht bei ihm bliebe, würde er wieder zu trinken anfangen. Sie blieb bei ihm, sie heiratete ihn. Aber es war keine Liebe, sagte sie später über diese Ehe. »Es gehört ein bißchen zu meinem Charakter, daß ich mich gern unterordne« – dieser Satz steht in anderem Zusammenhang in den Tonbandprotokollen von Dieter Heimlich. Gustav und Lotte Paech arbeiteten in derselben Straßenzelle der Kommunistischen Partei in der Weddinger Badstraße. Im August 1933 bekam sie eine Tochter von ihm. Lotte wollte das Kind. Endlich ein Mensch, der ihr ganz gehörte. Ihre Anstellung im Jüdischen Krankenhaus verlor sie Anfang 1933, auch Gustav war erwerbslos, sie lebten von Wohlfahrtsunterstützung. Kurz nach der Geburt des Kindes kam Gustav wieder ins Gefängnis, eine politische Strafe wegen des Streiks der BVG-Arbeiter. Lotte lebte von den paar Mark Unterstützung und der Solidarität anderer, darunter der Rechtsanwältin Hilde, der Frau des Weddinger Kinderarztes Georg Benjamin, der ebenfalls verhaftet war. Trotz ihrer eigenen Armut schickte Lotte ihrem Mann alle vierzehn Tage drei Mark ins Gefängnis. Von 1935 an ging sie wieder arbeiten, ohne fest angestellt zu sein. Für sehr wenig Geld machte sie bis kurz vor ihrer Verhaftung im Jüdischen Krankenhaus Aushilfsdienste, Nacht für Nacht. So kam sie in alle Abteilungen des Krankenhauses, das ihr eigentliches Zuhause wurde. Als Gustav Mitte der dreißiger Jahre zurückkam, wollte er mit der längst illegalen Partei nichts mehr zu tun haben. Auch Lotte hatte den organisatorischen Zusammenhang zu ihren Genossen verloren, doch im Jüdischen Krankenhaus gab es viele Ärzte, die Sozialisten waren. Dort fühlte sie sich unter Gleichgesinnten. Manchmal verliebte sie sich, aber jedesmal verkümmerten die Gefühle, bevor sie wachsen konnten. Fast jeder, den Lotte kennenlernte, wartete auf die Ausreise. Sie selbst war zu arm und zu erschöpft, um an eine Emigration überhaupt zu denken. Nach Gustavs Rückkehr 1935 setzten sie ihre Beziehung fort, er trank wieder, schlug sie. Dreißig Jahre später erinnerte sie sich: »1936 sind wir auseinandergegangen. In der Zeit hatte ich drei Aborte gehabt. Er hat versucht, die zwei Jahre nachzuholen an mir.«[*] Als Lotte sich scheiden ließ, hatte sie als Jüdin den Schutz durch den »arischen« Mann verloren. Sie meldete ihr Kind in der Jüdischen Gemeinde an, nun galt auch Eva als »Volljüdin«. Gustav zog aus, sie blieb in der Wohnung, die auf seinen Namen gemietet war. Das Krankenhaus war inzwischen von den Nazis mehrfach geplündert worden, Betten, Matratzen, medizinische Geräte wurden in Lazarette geschafft. Aber die Zahl der jüdischen Patienten stieg, nach 1938 kamen Zerschlagene, Zerschossene, auch aus dem KZ Entlassene hinzu. Es gab viele Selbstmorde unter Juden, manche wurden gerettet und ins Jüdische Krankenhaus gebracht. Das Elend war unter allen Juden groß, aber als Krankenschwester sah Lotte Paech jeden Tag alle Facetten dieses Elends.

Eines Tages lag auf der urologischen Station ein großer, junger Mann von achtundzwanzig Jahren, der wegen einer Nierenkolik direkt von seiner Zwangsarbeit bei Siemens eingeliefert worden war. Lotte erkannte Herbert Baum, den sie schon in der Jugendbewegung getroffen hatte, von dem sie wußte, daß er Kommunist war. Auch Herbert kannte Lotte.

Das muß nach dem Mai 1940 gewesen sein, denn vorher war Herbert Baum nicht zur Zwangsarbeit verpflichtet. Lotte hat dies später auch so berichtet, in manchen Interviews aber sagte sie, sie wäre schon viel früher Mitglied der Baum-Gruppe gewesen. Richard gab in der DDR sogar an, seine Frau hätte seit 1933 in Herberts Gruppe mitgearbeitet. Doch ihre Zugehörigkeit zu der Gruppe um Herbert Baum begann nach dieser Begegnung im Jüdischen Krankenhaus. Sie erzählte ihm von ihrer Einsamkeit und daß sie den Kontakt zu Genossen vermisse. Herbert lud sie zu Gruppen-

abenden ein. Wenn sie Zeit hatte, nahm sie an Wochenendausflügen nach Kummersdorf teil, ihre Tochter kam dann
auch mit. Lotte begegnete Richard Holzer, der schon einige
Monate länger zu Baums Kreis gehörte, und verliebte sich in
ihn. Ihr Leben änderte sich. Trotz der zunehmenden Bedrohung, die im Jüdischen Krankenhaus jeden Tag zu spüren
war, nicht nur auf der Polizeistation, war dies eine gute Zeit
für Lotte Paech. Endlich fühlte sie sich akzeptiert, aufgehoben unter Gleichgesinnten, Gleichwertigen. Lotte erzählte
ihren Kolleginnen von dem neuen Freundeskreis. Auch die
Rechtsanwältin Hilde Benjamin, die inzwischen in der Kon-
fektionsindustrie dienstverpflichtet war, und Edith Bruck,
die Leiterin der jüdischen Kinderkrippe in der Auguststraße,
erfuhren davon. Hilde Benjamin schrieb im März 1952, aufgefordert von der Partei, in einem internen Bericht: »Sowohl
gelegentlich eines Besuches von Lotte Paech bei mir, wie
auch über Edith Bruck, erfuhr ich, dass Lotte P. Bindungen
zu einer ›Gruppe‹ hatte, genaues darüber erfuhr ich von ihr
nicht, zumal sie vor allen Dingen damals von ihrer Bewunderung für ihren Freund Richard sprach, der auch der
Gruppe angehörte. Nach den Äusserungen von Lotte P. waren Edith Bruck und ich uns einig, dass dieser Zusammenhang mit dieser Gruppe undurchsichtig sei und entweder
eine Provokation oder aber eine leichtfertige Spielerei da-
hinterstecke – später stellte sich dann heraus, dass es offenbar die Gruppe Herbert Baum war.«* Hilde Benjamin war,
als sie diesen Bericht gab, die Vizepräsidentin des gefürchteten Obersten Gerichts. Aber sie schrieb diesen Bericht an
die Zentrale Parteikontrollkommission sehr sachlich, man
spürt, daß sie Charlotte Holzer nicht schaden wollte. Am
Schluß heißt es: »Lotte Holzer ist ein körperlich sicher
schwer kranker Mensch. Charakterlich ist sie, solange ich
sie kenne, (handschriftlich nachgetragen: bei ihrer Freundlichkeit und Liebenswürdigkeit) immer übersteigert, exal-
tiert bis an die Grenze der Hysterie. Aus diesem Grunde
habe ich viele ihrer Erzählungen und Berichte auch damals

nicht ernst genommen und, wie die Frage ihres Zusammenhanges mit jener Gruppe, mit grosser Vorsicht betrachtet.«

Andere haben Lottes Erzählungen und Berichte möglicherweise ernst genommen.

Lottes Freundlichkeit und Liebenswürdigkeit, die Hilde Benjamin noch nachträglich für unbedingt erwähnenswert hielt, ihre Hilfsbereitschaft zeichneten Lotte Paech schon immer aus. Im Herbst 1941 tat sie einer jüdischen Frau in großer Not einen Gefallen, als sie ihre Küche zur Verfügung stellte, damit der Arzt Laboschin bei der Frau eine Abtreibung durchführen konnte. Der »arische« Ehemann der Frau hätte sich sonst scheiden lassen, die bereits geborenen Kinder und sie wären schutzlos geworden. Durch Denunziation wurden diese Frau, der Arzt und Lotte Paech am 5. Dezember verhaftet. Einen Monat vor der Verhaftung hatte Lotte sich operieren lassen müssen, eine Folge der schweren Arbeit im Krankenhaus. Nach der Operation, als sie noch Pflege brauchte, hatten Gerd Meyer und Hanni Lindenberger aus Baums Kreis – sie wurden erst einen Monat später ein Ehepaar – sie in ihr kleines Zimmer in die Georgenkirchstraße geholt und versorgt. Lotte war noch nicht ganz genesen, als sie verhaftet wurde. Noch vor Weihnachten war sie wieder frei. Die Frau, ihre Kinder und der Arzt Laboschin wurden in Konzentrationslager deportiert, Lotte mußte ihre Gefängnisstrafe nicht gleich antreten.

Ein paar Monate später wurde sie erneut am Unterleib operiert, genau in den Maitagen, als der Brandanschlag vorbereitet und in der Gruppe diskutiert wurde. Lotte Paech war nicht dabei, als Richard Holzer von Herbert Baum ausgeschlossen wurde, weil er sich heftig gegen den Plan aussprach. Doch sagte sie in manchen Berichten, auch sie sei dagegen gewesen, auch sie sei ausgeschlossen worden.

Manche der erhaltenen Puzzleteile passen nicht zusammen. Lottes Berichte über die ersten Verhaftungen, ihre eigene Flucht und Verhaftung, über das, was in der Haft geschah, über ihre erneute Flucht im Sommer 1944 und die Zeit bis zu ihrer Befreiung sind stellenweise genau bis ins Detail, stellenweise, wie es bei so traumatischen Ereignisssen nicht anders sein kann, unscharf und lückenhaft. Daß sie am 29. Juni 1943 in Abwesenheit zum Tode verurteilt wurde, hat sie ihr Leben lang erklärt, auch als sie längst wußte, daß ihr Verfahren von dem gegen Kochmann, Heymann und Budzislawski abgetrennt worden war. Eine Gefängniswärterin habe ihr das Todesurteil im Sommer 1943 mitgeteilt.

Vielleicht hat sie es geglaubt, vielleicht hat sie sich wie eine zum Tode Verurteilte gefühlt. Aber die erhaltenen Dokumente sagen: Der Oberreichsanwalt schickte am 1. Oktober 1943 der Gestapoleitstelle Berlin ihre Akten per Einschreiben zurück. Felix, Martin und Budz waren schon hingerichtet. In dem geheimen Begleitschreiben heißt es: »Nach § 1 der 13. Verordnung zum Reichsbürgergesetz vom 1. Juli 1943 bin ich für die Verfolgung strafbarer Handlungen von Juden nicht mehr zuständig. Ich habe daher die Anklage gegen die noch nicht abgeurteilte Charlotte Sara Paech zurückgenommen (Bl.106, 164 der Akten) und gebe anheim, gegen sie dort das Erforderliche zu veranlassen.« *

Am 25. Oktober teilte das Untersuchungsgefängnis Moabit dem Oberreichsanwalt mit, daß »die genannte Sara Paech, geb. am 7. 12. 09 zu Berlin, am 25. 10. 43 um 11. 30 Uhr der Gestapo IV D. 1. überführt worden ist«. Handschriftlich ist verbessert worden: »Nach Gestapo IV D. 1. entlasssen worden ist.«*

An diesem Tag kam Lotte in das Sammellager Große Hamburger Straße. Dort bekam sie eine NR-Nummer, das heißt, sie war nicht für den Transport vorgesehen, sondern blieb zur Verfügung des Reichssicherheitshauptamtes. NR war die Abkürzung für »Neue Reichsvereinigung«, das war die Zwangsvertretung der Juden in Deutschland, deren Leitung die Gestapo im Juni 1943 Dr. Walter Lustig, dem Chefarzt des Jüdischen Krankenhauses, übertragen hatte.

Lotte Paech, die Lustig natürlich kannte, wurde als Krankenschwester eingesetzt, im Sammellager herrschte gerade

Flecktyphus. Sie sah dort Lothar Cohn, den Bruder Marianne Baums, der bei Mariannes Verhaftung am 22. Mai 1942 aus ihrer Wohnung mitgenommen worden war, sie traf Hardel Heymann aus Frucks Gruppe, der sie an den Apotheker Kurt Bernhardt vermittelt hatte. Beide waren schon einige Monate im Arbeitslager Wuhlheide gewesen. Lothar Cohn wurde im Januar 1944 im KZ Sachsenhausen erschossen, Bernhard Heymann soll in Theresienstadt nach seiner Ankunft im Januar erschossen worden sein. Seine Frau Margot kam mit den Herbsttransporten 1944 von Theresienstadt nach Auschwitz und dort in die Gaskammer.

Am 2. November 1943 sandte der Mitarbeiter Stark von der Gestapoleitstelle Berlin, IV D. 1., die Unterlagen Lotte Paechs an den Oberreichsanwalt zurück »mit dem Vermerk, dass die Jüdin Charlotte Sara Paech, geb. 7. 12. 09 Berlin-Charlottenburg, in ein Konzentrationslager eingewiesen wird«.*

Sie zog im März 1944 mit sämtlichen Häftlingen und Wachleuten um in das neu eingerichtete Gestapogefängnis in der Schulstraße, ins Gebäude der ehemaligen Pathologie des Jüdischen Krankenhauses.

Das war inzwischen zu einem Sammelbecken für Hunderte Menschen geworden, die sich aus irgendeinem Grunde den Deportationen noch hatten entziehen können. Neben nicht transportfähigen Kranken gab es dort Persönlichkeiten, von deren Verbleib die Nazis sich irgend etwas erhofften, Prominente, besondere Fachleute mit Beziehungen ins Ausland, aber auch Untergetauchte, die wieder gefaßt worden waren, Menschen, deren »Abstammung« noch nicht geklärt war, unter ihnen viele Kinder ohne Eltern. Bis zum Schluß gab es dieses Jüdische Krankenhaus, es erlebte als einzige jüdische Institution Deutschlands die Befreiung. Hier spielten sich unvorstellbare Szenen ab, hier existierten nebeneinander das Elend und die Sehnsucht nach Leben, menschliche Größe, Mut und Selbstlosigkeit, nackter Selbsterhaltungstrieb und brutaler Egoismus. Regelmäßig, bis zum

412

Frühjahr 1945, gingen Transporte in die Konzentrationslager. Als Auschwitz schon befreit war, gingen die Transporte nach Ravensbrück und Sachsenhausen. Alle fürchteten diese Termine, jeder wollte den nächsten Transport überleben, und manchen war jedes Mittel dazu recht. Das ganze Krankenhaus war ein Gefängnis unter Kontrolle der Gestapo geworden, aber innerhalb dieses Gefängnisses war die ehemalige Pathologie ein besonders scharfes Gefängnis, das der Kriminalsekretär Walter Dobberke leitete.

Dort war Lotte Paech nun gestrandet. Hier, im Vorhof der Hölle, fand sie seltsamerweise etwas Luft zum Atemholen. Offenbar hatten die Vernehmungen aufgehört. Bevor sie in die Große Hamburger Straße gekommen war, hatte sie in Moabit noch Rita Meyer getroffen, die aus Cottbus zurückgeholt worden war, um als Zeugin im Prozeß gegen das Ehepaar Milkert und andere auszusagen. Drei Wochen waren Rita und Lotte zusammen in einer Zelle und teilten ihre Suppe. Jetzt war Rita längst in Auschwitz, fast alle Freunde tot. Lotte, die auch in der Schulstraße als Krankenschwester eingesetzt war, sah täglich Selbstmörder, sie sah Kinder, bei deren Geburt sie geholfen hatte, auf den Transport nach Auschwitz gehen. Das konnte man nur aushalten, wenn die Seele sich abwandte.

Lotte arrangierte sich mit den Ordnern, unter denen auch Fritz Neuweck war und ein gewissser Rehfeld, der sich etwas in sie verliebt hatte. Wie jeder Gefangene entwickelte sie einen Spürsinn für die Eigenarten und Schwächen ihrer Wärter, sie erkannte Unterschiede zwischen den SS-Leuten und machte sich diese Unterschiede zunutze. Ich habe auch mit anderen gesprochen, die in der Schulstraße im Gestapogefängnis waren, und sie sagten, an diesem Ort galten andere Gesetze als anderswo, keiner, der nicht dort war, könne die besondere Atmosphäre dieses seltsamen Gefängnisses begreifen, deshalb wollten sie gar nicht versuchen, davon zu erzählen. Lotte Holzer erinnerte sich 1966 gegenüber Dieter Heimlich: »Zu der Zeit war ich ganz vergnügt, denn es war alles so locker geworden um mich. Und außerdem kam das Kriegsende ja näher, das sah man doch.«

Ihre Tochter Eva war bei Gustav Paechs Mutter, Frau F., untergebracht. Das Kind war lange hin und her gestoßen worden, hatte in Pflegefamilien und im jüdischen Waisenhaus gelebt. Eva mußte zeitweise den Stern tragen und lebte tief verstört bei der Großmutter, jüdische Schulen gab es nicht mehr, und in andere durfte sie nicht gehen. Nach dem Krieg, als Lotte das Sorgerecht für Eva zurückbekam, erschien ihre ehemalige Schwiegermutter beim Sozialamt im Wedding und zeigte an, daß Lotte »zu jeder Zeit mit einem Passierschein ihr Kind besuchen konnte« und dies auch regelmäßig getan habe.*

Lotte Paech stritt dies ab. Aber Frau F. gab keine Ruhe, offenbar haßte sie ihre Schwiegertochter, auch weil ihr schwerkrank aus dem Konzentrationslager zurückgekehrter und im Juli 1945 im Jüdischen Krankenhaus gestorbener Sohn Gustav angeblich gesagt hatte, Lotte habe ihn und andere verraten, sie sei schuld an seiner Verurteilung. 1948 sagte Rita Meyer für ihre alte Gefährtin Lotte Paech aus. »Sie litt in der Haft besonders an der Sehnsucht nach ihrem Töchterchen Eva, das die nazistische Schwiegermutter in Pflege hatte. [...] Charlotte Paech hat ihr Kind seit der Illegalität nicht mehr vor Augen gehabt.«*

Rita Meyer wußte offenbar nicht, was Lotte später selbst angab: Sie konnte gelegentlich das »Lager Schulstraße«, also das Gefängnis in der ehemaligen Pathologie des Jüdischen Krankenhauses, verlassen. Mindestens drei jüdische Ordner, die sie jeweils begleiten mußten, wird sie 1952 gegenüber der Zentralen Parteikontrollkommission nennen: Heinz Rein, der, das wußte sie aber wohl nicht, der Cousin Herbert Budzislawskis war, Rehfeld und Hans-Hermann H., den Mann von Edith Fraenkels Mitschülerin Inge Korach, ein Zusammenhang, den Lotte Paech auch nicht gekannt haben wird. Mindestens dreimal also konnte sie das Gefängnis verlassen, sich relativ frei in der Stadt bewegen. Ihr war nach dem Krieg bewußt, daß das kaum zu verstehen war, und deshalb sprach sie fast nie darüber. In den Gesprächen mit Dieter Heimlich erwähnt sie einen Besuch bei Eva.

Eva selbst erinnert sich heute nur, daß sie einmal ins Jüdische Krankenhaus gebracht wurde und der Gestapo Fragen beantworten mußte. Besuche ihrer Mutter hat sie nicht in Erinnerung.

Im Juni 1944 floh Lotte Paech. In ihren Nachrufen stand 1980, was sie oft erzählt hatte: Sie nutzte einen Bombenangriff zur Flucht aus dem Gefängnis. In den Tonbandgesprächen sagte sie, sie habe eine Sondergenehmigung bekommen, im Krankenhausgarten außerhalb des Absperrgitters spazierengehen zu können, sei dann im unübersichtlichen Gewirr der ihr vertrauten Kellerräume des Krankenhauses untergetaucht und nach Stunden, als man sie nicht mehr suchte, durch ein Loch in der Mauer des bombengeschädigten Gebäudes verschwunden. Sie floh also, kam ein paar Tage bei einem Exilrussen namens Leo Makarow im Grunewald unter, dessen Adresse ihr eine Mitgefangene gegeben hatte, kam von dort nach Potsdam zu Elisabeth Schneider, die der Bekennenden Kirche angehörte, traf sich mit dem Gefängnispfarrer Harald Poelchau, der ihr Blankopapiere gab, traf sich im Park von Sanssouci mit Robert Mohn und Lida, bekam von ihm und Berta Waterstradt Namen und Daten einer Hilde Lukas, floh weiter nach Anklam, arbeitete gegen Kriegsende als angebliche Französin im Arado-Flugzeugwerk, erlebte die Befreiung durch die Rote Armee, wurde von Russen mehrfach vergewaltigt und kam am 2. Juli 1945 in Berlin an, barfuß, zerlumpt, gezeichnet von dem, was hinter ihr lag. Sie ging ins Jüdische Krankenhaus. Das war überfüllt, nicht nur Juden lagen dort. Schon der Pförtner sagte Lotte Paech, daß unter den Patienten Gustav Paech war. Er hatte den Todesmarsch der KZ-Häftlinge überlebt und sich sterbend nach Berlin geschleppt.

Lotte blieb bei ihm bis zu seinem Tod am 21. Juli. Anders, als seine Mutter es behauptete, sprach sie später von ihrer liebevollen Nähe zu ihm in den letzten Tagen. Am 2. August wurde Rita Meyer fiebernd, an Tuberkulose und Malaria erkrankt, ins Jüdische Krankenhaus eingeliefert. Lotte erfuhr es und ging zu ihrem Bett. Solche unglaublichen, unbeschreiblichen Begegnungen im Jüdischen Krankenhaus, wo die aus den Lagern und den Verstecken zurückkehrenden Berliner Juden einander wiederfanden, gab es im Sommer 1945 jeden Tag. Meistens aber fanden die Zurückgekehrten keine Angehörigen und Freunde mehr vor. Wieder mußten auf dem Jüdischen Friedhof unzählige Gräber für Selbstmörder ausgehoben werden.

Lotte wollte leben. Sie versuchte, ihr Kind zurückzugewinnen. Eva kam schließlich zu ihr, aber ihr Vertrauen zur Welt war gestört, und Lotte war selbst zu schwach und mit Sorgen und Ängsten belastet, um dem inzwischen dreizehnjährigen Mädchen die Mutter zu sein, die es brauchte.

Erst als Eva in Hamburg in einem jüdischen Jugendheim Unterkunft fand, begann sie sich sicher und aufgehoben zu fühlen. Sie ging als Vierzehnjährige mit einer Gruppe jüdischer Jugendlicher, die die Verfolgung überlebt hatten, nach Palästina. Dort endlich fand sie ihr Zuhause.

In Charlotte Holzers Stasi-Akte liegen Kopien von Briefen, die ihre Tochter, inzwischen verheiratet und selbst Mutter von zwei Söhnen, ihr aus Israel schrieb und die der Staatssicherheitsdienst abgefangen hatte.

Bald nach der Befreiung ging Lotte Paech zu Hilde Benjamin, die seit Mai Staatsanwältin in Lichterfelde war, ab Oktober dann Vortragender Rat in der Deutschen Zentralverwaltung für Justiz, und bat sie, ihr Zugang zu den Akten gegen die Baum-Gruppe zu verschaffen.

Hilde Benjamin setzte sich bei den Alliierten für Charlotte Paechs Vorhaben ein, und Ende 1945 konnte sie, sehr zum Mißfallen der Moabiter Justizangestellten, die dort lagernden Akten einsehen. Tagelang saß sie in einem Saal allein mit den Aktenbündeln, suchte die Vernehmungsprotokolle ihrer ermordeten Kameraden. Sie hat es Dieter Heimlich erzählt. Ob sie auch ihre eigenen Vernehmungsprotokolle las, hat sie nicht gesagt. Aber Belege über die Hinrichtungen fand sie.

Ihr Wunsch war immer gewesen, Medizin zu studieren. Jetzt hatte sie die Möglichkeit, 1946 wurde die Vorstudienanstalt an der Humboldt-Universität eröffnet, in der solche wie sie das Abitur nachholen konnten. Sie ging zu Vorlesungen, zu Professor Stieve, der noch immer an den hingerichteten Körpern auch ihrer Kameraden forschte. Sie gab auf, sie schaffte es nicht. Ihr Körper war zu schwach für ein Studium, sie war nervös und träumte immer wieder, sie würde hingerichtet.

1946 kam Richard Holzer zurück. Er war, so schrieb er in seinen Lebensläufen, von der ungarischen Armee 1943 als jüdischer Zwangsarbeiter in die Ukraine deportiert worden und 1944 zur Roten Armee übergelaufen. In der sowjetischen Kriegsgefangenschaft hatte er eine Lagerzeitung herausgegeben. Nach Kriegsende wurde er Mitglied der Kommunistischen Partei Ungarns. Er lag in einem ungarischen Krankenhaus, als man ihm eine Zeitungsannonce brachte, in der Lotte Paech nach ihm suchte. Über ein Lager in Ulm kam er zu ihr nach Berlin. Sie beide waren die einzigen Überlebenden aus dem engeren Kreis von Herbert Baum. Sie heirateten. Anfangs wohnten sie wieder in der Zechliner Straße im Wedding. Später zogen sie zum Nikolassee in die beschlagnahmte Wohnung eines geflohenen Nazi.

Am 2. Juni 1947 gebar Charlotte Holzer einen Sohn, den sie Gerhard nannten, nach Richards hingerichtetem Bruder. Er lebte nur wenige Stunden. Nie hat sie diesen Verlust verwunden. Auch Richard hat sein Leben lang diesen Sohn vermißt, der die Welt sofort wieder verließ. Sie waren umgeben von Toten.

Sie kümmerten sich um die Überführung Herbert Baums von Marzahn auf den Jüdischen Friedhof nach Weißensee, um die Gedenkveranstaltung im September 1949, um den

Gedenkstein, der jedoch erst 1951 errichtet wurde. Da wohnten sie schon wieder im Ostteil der Stadt, in Niederschönhausen, einem Teil von Pankow. Richard war inzwischen Direktor im Innen- und Außenhandel, es ging ihnen äußerlich nicht schlecht.

Charlotte, obwohl sie in den letzten Jahrzehnten ihres Lebens aus politischen Gründen in der Öffentlichkeit stand, war eigentlich, anders als Richard Holzer, kein politischer Mensch. Zu den Kommunisten war sie aus emotionalen und sozialen Gründen gegangen. Zu ihren Freunden sagte sie manchmal, sie sei auf theoretischem Gebiet ungebildet, »politisch unmusikalisch«.

Aber sie wird den plötzlich wieder in der Luft liegenden Antisemitismus gespürt haben, der ihr in der eigenen Partei entgegenkam. Im Dezember 1951 war Slánský in der Tschechoslowakei verhaftet worden. Hinter den Kulissen fanden auch in der DDR Vorbereitungen für einen Schauprozeß nach sowjetischem Muster statt. Der Kalte Krieg hatte längst begonnen, und er ging mit gnadenlosen Säuberungen innerhalb Osteuropas einher. Nach dem Bruch mit Jugoslawien wurden die Feinde verstärkt in den eigenen Reihen gesucht. Wie oft in der Geschichte eigneten sich die Juden besonders als Projektionsfläche für das Böse. In der Sowjetunion wurden die Mitglieder des Jüdischen Antifaschistischen Komitees ermordet, die während des Krieges außenpolitisch eine große Rolle gespielt hatten. Beim Prozeß gegen den ungarischen Außenminister László Rajk 1949/50 war es vordergründig gegen angebliche Agenten des amerikanischen Geheimdienstes gegangen, die meisten der Verdächtigen, die konstruierten, absurden Anklagen zum Opfer fielen, waren jedoch Juden, ehemalige Emigranten, oft seit ihrer frühen Jugend der kommunistischen Bewegung verbunden. Auch in der jungen DDR wurden plötzlich Juden aus exponierten Stellungen »hinweggesäubert«, nicht als Juden wurden sie angegriffen, sondern als »Kosmopoliten«, »kleinbürgerliche

Elemente«, als »Zionisten«. Der Staat Israel wurde als »Vorposten des Imperialismus« beschimpft, es war plötzlich unerwünscht, daß Parteimitglieder sich gleichzeitig als Juden bekannten. Ob Charlotte und Richard Holzer erfahren haben, daß im Januar 1952 die sowjetische Besatzungsmacht die Parteiführung aufforderte, alle Juden zu registrieren? Erich Mielke bekam den Auftrag, durch das Ministerium für Staatssicherheit eine solche Kartei anzulegen. Man wollte vor allem wissen, welche Verbindungen in den Westen bestanden. Charlotte, deren Tochter nach Palästina gegangen war, war plötzlich verdächtig.

Der Slánský-Prozeß in Prag mit seiner eindeutig antisemitischen Zielsetzung – von vierzehn Angeklagten waren elf Juden – fand erst im November 1952 statt. Aber schon in den Monaten zuvor verschärfte sich die Atmosphäre auch in der DDR, insbesondere ehemalige »Westemigranten«, unter denen viele Juden waren, bekamen dies zu spüren.

Im Frühling dieses Jahres 1952 gerieten Richard und Charlotte Holzer in eine parteiinterne Untersuchung. In einer vertraulichen Hausmitteilung des ZK der SED heißt es, die Überprüfung sei erfolgt »aufgrund von uns zur Kenntnis gekommenen Mitteilungen über die illegale Geschichte der beiden«.

Die Untersuchung wurde geleitet von zwei erfahrenen Funktionären, die schon im Abwehrapparat der Kommunistischen Partei gearbeitet hatten: Anton Joos, zweiundfünfzig Jahre alt, und Paul Laufer, achtundvierzig Jahre alt. Joos, Kaderleiter des ZK, war bereits mit der ersten großen Parteisäuberung im Zusammenhang mit Noel H. Field befaßt gewesen. Die »Noel-Field-Affäre«, mit der der Rajk-Prozeß und der Slánský-Prozeß eng verwoben waren, war der Auftakt und die Klammer all jener Geheim- und Schauprozesse, aller Säuberungen und Verfolgungen im sogenannten sozialistischen Lager zwischen 1949 und 1955. Anton Joos dachte in heute schwer nachvollziehbaren, absurden und paranoiden

Mustern. Paul Laufer war Sektorenleiter der Zentralen Parteikontrollkommission und dachte ebenfalls in geheimdienst-
lichen Kategorien. Einige Jahre später war er beim Ministerium für Staatssicherheit Führungsoffizier, unter anderem
von Christel und Günter Guillaume. Joos und Laufer schrieben im Juni 1952 einen Bericht über die Holzers.*

Natürlich hatten sie mehrere Widersprüche in Charlottes und auch Richards Angaben bemerkt und listeten sie
auf. Die beiden Kontrolleure kamen zu dem Schluß:

»a) Es ist anzunehmen, daß Charlotte Holzer während
ihrer Haft Aufträge der Gestapo durchgeführt hat,

b) daß die Gestapo ein Interesse hatte, ihre Verurteilung
durch den Volksgerichtshof zu verhindern,

c) daß ihre ›Flucht‹ im Einvernehmen mit der Gestapo
erfolgt ist.

Wir sind der Meinung, daß Charlotte Holzer über ihre
Vergangenheit der Partei bisher nicht die Wahrheit gesagt
hat. Bei ihrer Befragung stritt sie energisch ab, jemanden
bei der Gestapo belastet oder benannt zu haben. So gab sie
zum Beispiel an, den Gen. Martin Joseph erst während der
Haft kennengelernt zu haben. Wahr ist jedoch, daß sie ihn
bereits vorher gekannt hat und daß sie seine Verhaftung
veranlaßte. Selbst nach Vorlage des Beweismaterials versuchte sie noch weiter zu lügen. Erst nach längerer Ermahnung gab sie zu, Genossen bei der Gestapo belastet zu haben. Die volle Wahrheit über den Umfang ihrer Tätigkeit
für die Gestapo hat sie bisher nicht gesagt. [...]«

Über Richard heißt es in dem langen Bericht:

»a) Richard Holzer ist Volljude und war bis 14. 4. 1951
ungarischer Staatsbürger, hat legal bis 1942 in Berlin gewohnt und wurde als ausländischer Jude nicht ausgewiesen.

b) Er fuhr im Dezember 1938 ohne Auftrag nach Prag
und nahm dort Verbindung mit der Partei auf. Anschließend fuhr er angeblich zwecks Arbeitssuche nach Ungarn.

c) Er war nach seiner Angabe stellv. Leiter der Gruppe
Baum, er ist der einzige männliche Überlebende der Gruppe.

Nach dem Bericht des Gen. Hans Fruck wurde Holzer wegen Feigheit aus der Gruppe ausgeschlossen.

d) Holzer reiste angeblich auf Beschluß der Restgruppe mit einem legalen ungarischen Paß nach Wien, anschließend nach Budapest. [...]

e) Holzer konnte sich mehrere Monate legal in Budapest aufhalten und dort arbeiten, obwohl der Gestapo seine Adresse bekannt war und ein Festnahmeersuchen gegen ihn lief.

f) Als Mitglied der KPU fuhr er mit einem Unrra-Transport nach Ulm, erhielt einen DP-Ausweis und hielt sich etwa 8 Monate im DP-Lager als Dolmetscher und Lagerverwalter auf.

[...]

Zuammenfassend sind wir der Meinung, daß Richard Holzer wahrscheinlich für die Gestapo als Agent tätig war und daß er jetzt für den amerikanischen Geheimdienst arbeitet.«

Dieser Bericht wurde an die Zentrale Kontrollkommission und an »entsprechende Stellen« weitergereicht. Joos und Laufer hatten Spürsinn für die Unstimmigkeiten in Charlottes und Richards Aussagen bewiesen, aber da ja die Konstruktion von Verrat ihr Metier war, ließen sie es nicht dabei bewenden, sondern schlugen sofort einen Bogen zum amerikanischen Geheimdienst.

Diese Beurteilung der Partei über Richard und Charlotte, zwei »Volljuden« im Jahre 1952, hätte sie zerstören können. Manche, die grundlos solchen Verdächtigungen ausgesetzt waren, nahmen sich das Leben oder starben in der Haft. Viele wurden seelisch und körperlich zerbrochen, obwohl nur ein böses Gerücht sie belastete. Und hier lag nicht nur ein Gerücht vor. Charlotte hatte – handschriftlich – zugegeben, »daß ich bei der Vernehmung bei der Gestapo nicht standgehalten habe«. Sie zählt in einer »Erklärung« vom 30. April 1952* die Namen auf, die sie bei der Gestapo genannt hat, es sind die, die in den erhaltenen Vernehmungsprotokollen der Gestapo vorkommen: Markstahler, Martin Joseph, Kurt Bernhardt, Budzislawski, Roth, Richard Holzer in Budapest, Minna Harder, Gertrud Richter, Tommy Bliemeister, Meta Lindenbaum, Hans Preuß. »Bei Ursel Ehrlich bestätigte ich, daß ich sie kenne. Gustav Paech habe ich wissentlich nicht belastet, es kann aber sein, daß ich in den Vernehmungen Sachen, die er abgeleugnet hat, bestätigt hatte.«

Immer wieder lese ich Charlottes handschriftliche Erklärungen. Sie muß sich ähnlich gefühlt haben wie bei den Gestapokommissaren Neumann und Fischer. Wochenlang war sie vernommen worden, sie wußte nicht, was die beiden Männer vor ihr wußten, man hatte Erkundigungen über sie eingezogen, hatte Akten hervorgeholt. Da saß sie und suchte nach einem Ausweg. Wie damals gab sie halb zu, stritt halb ab, verdrehte, gab zu, nahm zurück. Wie damals ging es um ihr Leben. Und wie damals lenkte sie die Aufmerksamkeit auf andere. »Ich kann nicht sagen, ob Rita Meyer Minna Harder zuerst erwähnte [...]«, »[...] außerdem hat ihn Martin Kochmann belastet«, »Nachtragen möchte ich folgendes, bei Makarow befand sich eine marxistische Bibliothek, die er ohne Genehmigung der Gestapo niemals hätte haben dürfen«.

Nachdem sie Vermutungen darüber angestellt hatte, daß wohl auch Rita Meyer diesen und jenen belastete, schreibt sie in ihrer Erklärung vom 30. April 1952: »Ich gebe das nicht aus der gleichen Schwäche wie der Gestapo gegenüber zu, sondern weil es gegenüber der Partei keine Angabe gibt u. die Partei, wie auch in meinem Fall ein Recht hat, zu wissen.« Gegen Ende ihrer Erklärung erwähnt sie eine Heli Schlesinger, mit der sie im Oktober 1942 für eine Woche zusammen in einer Zelle saß. Wahrscheinlich wußte Charlotte Holzer nicht, daß die gebürtige Wienerin Helene Schlesinger, eine promovierte Physikerin, im weitesten Sinne zum selben Widerstandskreis gehörte wie sie selbst. Sie war eine Kollegin von Hilde Schaumann, hatte an den

Schulungsabenden bei Vötter und Schaumann teilgenommen, wurde im Verlauf der Verhaftungen um die Steinbrinck-Franke-Gruppe festgesetzt und im März 1943 zu
zweieinhalb Jahren Zuchthaus verurteilt. Als »jüdisch Ver-
sippte« wird sie nicht überlebt haben. Charlotte erklärte
gegenüber Joos und Laufer: »[…] ich hielt sie erst für einen
Spitzel, später vertraute ich ihr Einiges aus meinen Vernehmungen, wo ich nicht mehr weiterwußte, an. Es handelt sich [um den] Komplex Marxthaler, Martin Joseph u.
Bernhard. Sie riet mir immer, doch bekanntzugeben, was
doch nicht zu halten war. Ich bin ihrer Beeinflussung er-
legen.«

Auch Rita Zocher wurde von der Kaderabteilung des ZK
der SED aufgefordert, einen Bericht über Charlotte Holzer zu schreiben. Sie versuchte, Lottes Lage nicht noch zu
erschweren. In ihrem zwölfseitigen Bericht vom August
1952 kommt sie zu dem Schluß: »Ich glaube nicht, daß die
Lotti bewusst Spitzeldienste geleistet hat, kann mir aber
vorstellen, daß sie schwach geworden ist und die Übersicht
verloren hatte. Vielleicht glaubte sie dann, dass es nicht
mehr darauf ankäme!?! Nach 1945 schien sie sehr zusammen zu fallen und offenbar auch ideologisch nicht mit dem
Wege unserer Partei mitzukommen. Sie hält und hielt sich
jedenfalls immer für eine Genossin, wie sie immer betonte.«*

In all den Erklärungen und Berichten scheint es weniger
um den Schaden zu gehen, den Charlotte mit ihren – gewiß
erzwungenen und erpreßten – Aussagen anderer Verfolgten zugefügt hat, als um die Schuld gegenüber der Partei.

Am 2. Mai 1952, inzwischen hatte sie wohl noch einmal
nachgedacht, gab Charlotte Holzer noch eine handschriftliche Erklärung ab: »Bei meiner Verhaftung war der Gestapo
schon alles, was unsere Gruppe betraf, bekannt u. auch ein
Teil meiner Quartiere.« Sie schrieb, ihre Wohnung in der
Zechliner Straße sei durch die Nachbarwohnung abgehört
worden, auch habe der Kommissar Fischer sie persönlich be-

423

schattet, und dadurch wären ihre Anlaufpunkte der Gestapo ohnehin bekannt gewesen.

Sie beruft sich darauf, daß die anderen auch etwas ausgesagt haben, und die von ihr unterschriebenen Vernehmungen habe sie oft nicht einmal richtig durchgelesen.

»Zusammenfassend möchte ich sagen, daß ich Fehler gemacht habe und diese Fehler haben mich gequält. [...] Weder bei meinem Wiedereintritt in die Partei noch bei der Überprüfung war es aber meine Absicht, der Partei etwas vorzuenthalten, sondern ich habe nach 10 Jahren nicht mehr daran gedacht und es war mir nicht bewußt. Erst als die Akten vor mir lagen und ich dadurch von meinem Prozess mehr erfuhr, als mir selbst bis dahin überhaupt bekannt war, erkannte ich, daß es meine Pflicht war, der Partei dies alles mitzuteilen.«

Die Partei, das war für sie jetzt Anton Joos. »Es gehört ein bißchen zu meinem Charakter, daß ich mich gern unterordne«, wird sie 1966 zu Dieter Heimlich sagen, dem sie all diese Vorgänge nicht berichtete.

Ich kenne kein Foto von Anton Joos. Aber ich habe eine Beschreibung von ihm gelesen. Der einundzwanzigjährige Sohn von Johannes R. Becher war 1951 in die DDR gekommen, um nach zwölfjähriger Trennung seinen Vater zu sehen. Der schickte ihn zur Partei, um eine Aufenthaltserlaubnis zu erbitten. Enttäuscht über die Begegnung schrieb der Sohn nach seiner Abreise einen Brief an den fremden Vater: »Wer ist dieser Anton Joos, zu dem man mich geschickt hatte? Da saß er hinter seinem Schreibtisch, – ein kleiner, grauhaariger Mann, mit harten, kalten Augen im Gesicht, das in den langen Stunden meiner Vernehmung niemals ein Lächeln hervorbrachte. Warum all diese Fragen? Warum die Stenotypistin hinter mir? Er hatte den von mir ausgefüllten Fragebogen in der Hand, und nochmals mußte ich dieselben Fragen beantworten.«*

So ähnlich muß es Charlotte erlebt haben. Wenn sie so etwas wie Schuld gegenüber den Toten gefühlt hat, wird dieses Gefühl verdrängt worden sein von ihrem Wunsch, von dem Mann hinter dem Schreibtisch nicht verstoßen zu werden. Das unerwünschte Kind in ihr wollte angenommen werden, dazugehören.

Kurz nach dem Slánský-Prozeß im November 1952 wurden in Moskau Anschuldigungen gegen neun Kreml-Ärzte erhoben, sechs von ihnen waren Juden. Sie sollten im Auftrag westlicher Geheimdienste versucht haben, die sowjetische Regierung zu vergiften. Diese Verschwörungstheorie erklärte sich zum einen aus dem Verfolgungswahn des kranken Stalin, der seinen körperlichen Verfall nicht akzeptieren konnte, zum anderen paßte sie auch ins machtpolitische Konzept. Wieder einmal sollten die Juden als Sündenböcke herhalten, um die wachsende Unzufriedenheit der Bevölkerung in den osteuropäischen Staaten zu kanalisieren.

In der DDR war es schwieriger als in der Sowjetunion, mit diesem Klischee zu operieren. Zu deutlich war die Nähe zu den antisemitischen Stereotypen der Nazis. Und doch, das »Neue Deutschland« druckte den »Prawda«-Artikel am 14. Januar 1953 ab, mit dem Hinweis auf die Berechtigung der Forderung Stalins nach erhöhter Wachsamkeit. Schon im Dezember war Paul Merker, obwohl bereits seit 1950 entmachtet, verhaftet worden und beschuldigt, im mexikanischen Exil eine zionistische Agentengruppe geleitet zu haben. Weil er Entschädigungen für geraubtes jüdisches Eigentum gefordert hatte, stand nun in der Zeitung »Neues Deutschland«, er habe die »Verschiebung deutschen Volksvermögens« gefordert. Die öffentlich wahrnehmbare Stimmung gegenüber Juden änderte sich. Die »Vereinigung der Verfolgten des Naziregimes« registrierte zum Ende des Jahres 1952 einen Anstieg antisemitischer Übergriffe.

Es gab Friedhofsschändungen und zunehmend Beleidigungen gegenüber Mitgliedern jüdischer Gemeinden, örtliche Repressalien gegen jüdische Händler. Aber diese mehr oder weniger spontanen antisemitischen Vorfälle wurden übertroffen von den amtlich legitimierten Übergriffen der Staatssicherheit gegen die jüdischen Gemeinden und ihre Repräsentanten zum Jahreswechsel 1952/53. Innerhalb weniger Wochen verließen Hunderte Juden die DDR, in Angst und Panik ließen viele erneut all ihre neu geknüpften sozialen Bindungen, ihren gesamten Besitz zurück. Auch die meisten gewählten Repräsentanten sahen sich gezwungen, die DDR fluchtartig zu verlassen. Der Kommunist und Volkskammerabgeordnete Julius Meyer, der seit 1949 gemeinsam mit Heinz Galinski die Jüdische Gemeinde der geteilten Stadt Berlin geleitet hatte und gleichzeitig Präsident des Verbandes der Jüdischen Gemeinden in der DDR war, ging Mitte Januar. Im Dezember und Anfang Januar war er vor die Zentrale Parteikontrollkommission zu stundenlangen Verhören geladen worden. Auch ein hoher sowjetischer Offizier verhörte ihn. Unter anderem hörte Julius Meyer heraus, daß man die amerikanische Hilfsorganisation »Joint« für eine zionistische Tarnorganisation hielt und daß man glaubte, er bekäme von dort seine Anweisungen.

Julius Meyer, der noch im September 1949 gemeinsam mit Richard und Charlotte Holzer vor Herbert Baums Grab in Weißensee gestanden hatte, der wie sie an die Gemeinsamkeit von Kommunisten und Juden geglaubt hatte, die in den Reden zu Herbert Baums Gedenken beschworen wurde, Julius Meyer mußte annehmen, daß sein Leben gefährdet war, als er am 16. Januar 1953 nach Westberlin floh. Manche glauben, die Staatssicherheit habe seine Flucht und die der anderen Repräsentanten absichtlich geschehen lassen. Als Sündenböcke in der gerade beginnenden antijüdischen Kampagne hätten sie sich auch als »Republikflüchtlinge« geeignet. Man war wohl in der DDR nicht besonders eifrig, die von sowjetischer Seite gewünschte Kampagne voranzutreiben, weil man wußte, wie zwiespältig das von der Bevölkerung empfunden wurde.

Mit Stalins Tod im März änderte sich das Szenarium. Plötzlich hatte niemand mehr ein Interesse an einer antise-

mitischen Kampagne. Die schon verhafteten Juden und
»Westemigranten« wurden zwar nur schleppend freigelassen, manche saßen noch jahrelang unter absurden Anschuldigungen in Zuchthäusern, aber begonnene Untersuchungen und Verfahren verliefen mehr oder weniger im Sande.
Die VVN als politische Organisation war auf Beschluß des
Politbüros schon im Februar aufgelöst worden.

Auch die Vorwürfe gegen Charlotte und Richard Holzer,
ohnehin waren sie nie öffentlich geworden, versickerten.
Für eine antizionistische Kampagne waren sie nicht mehr
zu gebrauchen. Und was wirklich vor zehn Jahren geschehen war, wollte die Partei nicht wissen, im Gegenteil, inzwischen war das Interesse groß, die Geschichten aus dem
Widerstand ruhen zu lassen. Es ging um die Vermittlung
von Heldenbildern, nicht von Widersprüchen.

Charlotte hatte Glück, daß die Kontrolleure der Partei
von ihr abließen.

Zwar war sie weiterhin Argwohn und Denunziationen ausgesetzt, aber spätestens nach dem Aufstand vom 17. Juni, der
das Land erschütterte, hatte auch die Staatssicherheit andere
Sorgen, als sich um Charlotte und Richard Holzer zu kümmern. Noch am 4. Februar 1953 hatte der Untermieter der
Holzers, ein Günther U., Student an der Wirtschaftswissen-
schaftlichen Fakultät der Humboldt-Universität, der Partei
gemeldet, daß die Holzers Kontakt zur Jüdischen Gemeinde
hätten, daß ihre Tochter in Israel lebe, daß sie früher »Joint«-
Pakete von der Gemeinde bekamen, daß sie mit Rita Spren-
gel, einer in Ungnade gefallenen Kommunistin, verkehrten.
»Nach dem Studium der zionistischen Umtriebe in der ČSR
halte ich es für notwendig, auf diese Umstände aufmerksam
zu machen.«* Inzwischen nahm man diese Umstände nur
noch zu den Akten. Am 24. November 1953 trug Paul Laufer
lediglich in Richard Holzers Parteiakte ein: »Hat nicht die
volle Wahrheit gesagt. Aber man kann nichts beweisen.«

Man hätte schon beweisen können, was immer man gewollt hätte, darin waren die Kontrollorgane der Partei geübt,

427

aber eine solche Notwendigkeit bestand nicht mehr. Die Partei hatte kein Interesse mehr an einer Untersuchung der Vorgänge um die Herbert-Baum-Gruppe.

Zwar wechselte Richard Holzer einige Male seine Arbeitsstellen, aber die erhaltenen Unterlagen aus den jeweiligen Betrieben lassen eine auch nach Stalins Tod noch anhaltende Atmosphäre des Mißtrauens, der gegenseitigen Denunziation und der stalinistischen Überwachung erkennen. Seine nicht immer ganz freiwilligen Arbeitsplatzwechsel erklären sich schon aus diesen Zuständen. Er bekam immer wieder interessante, gut bezahlte Arbeitsaufgaben zugewiesen, zeitweilig sogar an der Handelsvertretung der DDR in Schweden. Charlotte leistete im Wohngebiet das, was man gesellschaftliche Arbeit nannte, sie war Schöffin und Mitarbeiterin von Mütterberatungsstellen, 1957 durfte sie zum erstenmal nach Israel zu ihrer Tochter reisen. In den sechziger Jahren brachte sie das Buchenwaldkind in die DDR, bald darauf trat sie, wie auch ihr Mann, als Überlebende der Baum-Gruppe in die Öffentlichkeit.

Als Charlotte Holzer 1980 starb, hatte sie bestimmt kein Buch von Hannah Arendt gelesen. Wahrscheinlich kannte sie nicht einmal den Namen, in der DDR erschien erst ganz zum Schluß ein Buch von Hannah Arendt. Das war »Eichmann in Jerusalem« und nicht »Elemente und Ursprünge totaler Herrschaft«, in dem die Sätze stehen: »Totale Treue ist eine der wesentlichen psychologischen Grundbedingungen für das Funktionieren der Bewegung. Und sie wiederum kann nur von absolut isolierten Individuen geleistet werden, denen weder die Bindung an die Familie noch an Freunde, Kameraden oder Bekannte einen gesicherten Platz in der Welt garantiert. Daß es überhaupt auf der Welt ist und in ihr einen Platz einnimmt, hängt für ein Mitglied der totalitären Bewegung ausschließlich von seiner Mitgliedschaft in der Partei und von der Funktion ab, die sie ihm zugeschrieben hat.«

Sie war dankbar und froh, daß die Partei ihr wieder vertraute. Jedenfalls schien es so. Ihr eigener Deckname als Kontaktperson der Staatssicherheit seit 1967 lautete Erika. 1969 wurde die DDR um Rechtshilfe im sogenannten Berliner Judenmordprozeß, im Verfahren gegen den ehemaligen SS-Führer der Gestapo-Leitstelle Berlin, Otto Bovensiepen, gebeten. Der Prozeß gegen Bovensiepen, der unter anderem für die Erschießung der jüdischen Geiseln nach dem Brandanschlag im Lustgarten verantwortlich war, fand 1971 statt. Charlotte Holzer sollte im Juni 1969 vor dem Stadtbezirksgericht Berlin-Mitte dazu aussagen. Aber in einem Schreiben der Hauptabteilung IX/11 der Staatssicherheit an den Staatsanwalt heißt es: »Da befürchtet wird, daß die Holzer bei einer richterlichen Vernehmung ihre persönlichen Angelegenheiten in den Vordergrund stellt, ist es erforderlich, die Holzer gemeinschaftlich informatorisch zu befragen, um die richterliche Vernehmung gut vorbereiten zu können. Es wird bereits jetzt darauf aufmerksam gemacht, daß die Holzer vor einem Westberliner Gericht nicht persönlich auftreten kann, da sie Geheimnisträger ist.«*

Vielleicht ist es Zufall oder Gedankenlosigkeit, aber ein Mitarbeiter des Ministeriums für Staatssicherheit schrieb auf ihre Karteikarte in die Rubrik 11, wo in Stichworten die Belastungen genannt werden sollen: »Mitglied der antifasch. Widerstandsg. Herbert Baum«.

Dies also war ihre Belastung.

Aber inzwischen erschienen öfter Zeitungsartikel über die Baum-Gruppe. Meist wurde verschwiegen oder nur ganz beiläufig erwähnt, daß sie Juden waren. Die Treue zur Partei und zur Sowjetunion galt als Motiv ihres Handelns. Die Holzers widersprachen nicht.

Auf Anregung Richard Holzers wurde in den sechziger Jahren die »Arbeitsgruppe Herbert Baum« beim Komitee der Antifaschistischen Widerstandskämpfer gegründet. Sie organisierte Treffen mit den sogenannten Namensträgerkollektiven und Gedenkveranstaltungen. Dort arbeiteten auch Rita Zocher mit, Ilse Stillmann, Baums Freunde Walter Sack, Franz Krahl und Gerhard und Alice Zadek, die als Jugendliche vor ihrer Emigration zum Kreis um Herbert Baum gehörten. In der Arbeitsgruppe waren auch Überlebende aus der Gruppe um Steinbrinck und Franke. Richard leitete sie bis zu seinem Tod 1975, seine Nachfolge trat zunächst Herbert Baums Jugendfreund Franz Krahl an, der froh über diese Aufgabe war, weil sie ihn aus einer Isolierung holte, in die er 1968 geraten war, als sein junger Sohn Toni wegen der Panzer in Prag protestiert hatte und verhaftet worden war. Die Erinnerung an die Baum-Gruppe ging nun selbstverständlich einher mit einem Bekenntnis zur Politik der DDR.

Lotte tat alles, um diese Erinnerung zu erhalten. Als Überlebende der Baum-Gruppe aufzutreten war in den letzten Jahren ihres Lebens ein wichtiger Teil ihres Daseins geworden, vielleicht der wichtigste.

Ich denke an eine talmudische Geschichte, die sie vielleicht aus ihrer Kindheit gekannt hat. Darin sprechen der Rabbi Akiba und ein Weiser mit Namen Ben Pitura über zwei verdurstende Männer in der Wüste, von denen einer noch eine Kürbisflasche Wasser besaß, zu wenig für beide. Ben Pitura meinte, sie müßten es teilen, die Freundschaft gebiete es. Der Rabbi Akiba aber widersprach, das Leben des Menschen sei nicht sein Eigentum, es sei ihm verboten, es aufs Spiel zu setzen. Damit er die Wüste überstehe, müsse der Besitzer der Flasche das Wasser ganz allein austrinken. Allerdings übernimmt er damit gegenüber dem anderen, der verdursten muß, eine Verpflichtung, er muß für ihn mitleben. Um seine Tage zu rechtfertigen, muß er fortan die Erinnerung an den anderen weitertragen.

Ich habe Fotos von Charlotte Holzer gesehen, die vor Kasernen aufgenommen wurden, vor Jugendbrigaden, denen sie den Ehrennamen »Herbert Baum« verlieh, vor »Namensträgerkollektiven« und auf politischen Versammlungen. Sie war einsam, sagen Menschen, die sie Freunde ge-

nannt hätte. Sie war immer in Unruhe, wie von einer Aufgabe getrieben.

Vielleicht, denke ich, hat sie geglaubt, sie habe die Wüste
hinter sich gelassen und löse jetzt ihre Verpflichtung ein,
ihre Aufgabe sei, an die Ermordeten zu erinnern.

Vergeblich

Im Herbst 1994 rief mich Robert Mohn an. Ich war einige Wochen nicht bei ihm gewesen und erschrak über den Klang seiner Stimme. Nun sei es soweit, erklärte er mir, er habe nur noch sehr kurze Zeit zu leben. Und er wolle mich sehen, etwas müsse er mir noch sagen.

Als ich am nächsten Tag kam, begegnete mir Lida. Sie sah müde aus, denn sie hatte mehrere Nächte bei ihm gewacht. Im Wohnzimmer lag ihr Bettzeug auf der Couch. Sie war dabei, es wegzuräumen, denn Robert Mohn war aufgestanden, er saß aufrecht am Tisch und erwartete mich. Lida stellte uns Kaffee und Kuchen hin, auf dem Korridor flüsterte sie mir zu, daß es ihm schlecht gehe, er solle gar nicht aufstehen, aber er ließe sich nichts sagen. Dann ging sie aus der Wohnung, um nach ihren Blumentöpfen zu sehen, sie war tagelang nicht zu Hause gewesen. Er hatte sie gebeten, uns allein zu lassen. Alles war anders als sonst. Nicht nur, daß er einen Morgenmantel trug und sein Gesicht schon deutlich von den Schmerzen gezeichnet war, seine Stimme war beinahe brüchig, er hatte Mühe, die Worte zu finden. Etwas Feierliches lag in der Luft. Ich fühlte mich beklommen. Wie schon oft am Telefon holte er weit aus, begann von seiner Kindheit zu sprechen, von seinem jüdischen Vater, den kaum noch etwas mit seiner Herkunft verband, von seiner Mutter, den Verwandten. Ich hörte zu und fragte nichts. Alles das hatte er mir schon erzählt. Er sprach langsam, aber ganz klar. Ich spürte etwas Drängendes, Quälendes und wartete, daß sich offenbare, woher es kam. Der Kaffee war längst kalt, wir hatten ihn beide nicht angerührt. Er hatte schon fast eine Stunde über sein Leben geredet, als Ediths Name fiel. Er schilderte ihre erste Begegnung, das

Leuchten ihrer Seele und erklärte, auf Ediths Lieblingsspruch anspielend, daß die Erde für ihn nicht der Stern war,
auf dem er Lichtes denken konnte. Besorgt sah ich, wie ihn
das Reden anstrengte, aber ich hatte das Gefühl, er näherte
sich dem, was er sagen wollte. Es schien sehr wichtig für ihn
zu sein. An der Tür klingelte es. »Lida wird wieder den
Schlüssel vergessen haben«, unterbrach er sich ärgerlich.
Aber es war nicht Lida, sondern ein Mann meines Alters,
der nach ihm fragte. Der Sohn einer früheren Lebensgefährtin, der nach der Wende eine Chefarztstelle in einem
Brandenburger Krankenhaus angetreten hatte und sich für
ein paar Stunden frei genommen hatte, um in Berlin nach
Robert Mohn zu sehen. Der reagierte verhalten auf den Besuch. Der Arzt fühlte ihm den Puls, sagte ein paar aufmun-
ternde Worte und wunderte sich, daß Robert Mohn nicht
im Bett lag. »Wir reden gerade über etwas Wichtiges«, sagte
der alte Mann. Ich sah, daß er in Gedanken und im Gefühl
noch weit weg war, wahrscheinlich bei dem, worüber er gerade sprechen wollte. »Worüber redet ihr denn?« fragte der
Arzt. »Über die Vergangenheit.« Robert Mohns Stimme
klang noch brüchiger. Der Besucher warf mir einen vor-
wurfsvollen Blick zu. »Aber doch nicht wieder die alten Sachen vom Krieg. Das ist doch jetzt nicht das Richtige. Viel
zu anstrengend.« Er hatte ein Medikament mitgebracht und
wollte mit Robert Mohn darüber sprechen. Erst einmal
aber bestand er darauf, daß der sich hinlegte.

Ich merkte, daß Robert Mohn heute nicht mehr zu dem
kommen würde, was er sagen wollte, und ging. Bis zur Tür
hörte ich die betont muntere Stimme des Besuchers.

Am nächsten Tag konnte Robert Mohn nicht mehr aufstehen, kaum noch sprechen. Ich saß lange an seinem Bett, wir
schwiegen. Lida brachte ihm Wasser, seufzte und schwieg mit
uns. Er bat sie, die Tasche zu holen, die braune, lederne. Er
erhob sich halb, holte ein kleines rotes Mäppchen aus Kunstleder aus der SS-Tasche und schlug es auf. Hinter zerschlissenen Zellophanseiten steckten kleine Fotos. Paßfotos von

Edith Fraenkel. Er blätterte darin. Auf einem der Fotos war ein kleines Grab im Winter zu sehen, es lag Schnee auf den Blumen. »Ich weiß nicht mehr, wo das war. Ich bin nie wieder dort gewesen«, sagte er mühsam. Lida erhob sich, ihre Stimme klang etwas spitz: »Das ist Uris Grab in Stahnsdorf. Ich bin mit Michael dort gewesen, habe da Blumen gepflanzt.« Sie ging aus dem Zimmer. Robert Mohn blickte ihr nach, zögerte und schob das Täschchen wieder zurück. Dann bat er mich, die Schublade seines Nachttisches herauszuziehen und die Mappe darin an mich zu nehmen. Es waren die Kopien der Briefe Edith Fraenkels, die ich ihm gebracht hatte. Oder waren es Kopien der Kopien? Außerdem lag die Vergrößerung eines Fotos darin, das Familienbild mit ihm, Edith und Uri. »Schreib über sie«, sagte er.

Am nächsten Tag kam sein Sohn aus Spanien, ich habe Robert Mohn nicht wiedergesehen.

Er wollte anonym beigesetzt werden, er hat keinen Grabstein.

Als Lidas und sein Sohn wieder abgereist war, besuchte ich Lida. Sie freute sich, aber ihr Gesicht verschloß sich, als ich nach den Fotos in dem roten Täschchen fragte. Davon wisse sie nichts, sagte sie. Und überhaupt sei das alles so lange her, das sei vergangen und gehe niemanden etwas an.

Es ging ihr nicht gut nach Roberts Tod. Die letzten Wochen hätten sie, sagte sie, sehr mitgenommen, und sie spüre die alten Verletzungen wieder. Obwohl sie ja gerade gesagt hatte, das Vergangene sei vergangen und keiner Rede mehr wert, wollte sie über diese Verletzungen reden, über ihre erste Zeit mit Robert, über das junge Mädchen, das sie damals war, das einfach weggerissen worden war aus ihrer Familie, ihrer Heimat. Als ich fragte, warum sie nicht zurückgegangen sei, lachte sie böse. »Das haben sie uns auf dem Entschädigungsamt auch gefragt, als wir nach dem Krieg dort waren und den Lohn für meine Zwangsarbeit gefordert haben. Und sie haben gesagt, ich hätte doch einen Deutschen geheiratet, das sei Entschädigung genug. Die Deutschen sind kalt. Aber Polen haben sie zu einem einzigen Friedhof gemacht, dort wollte ich mein Kind nicht aufziehen.« Sie zeigte mir Fotos aus der Nachkriegszeit, auf denen Robert, sie und Michael aussahen wie eine glückliche Familie. Lida wirkte auf den Fotos elegant, beinahe mondän, sie führten offenbar ein großzügiges Leben. »Aber es war eine vergebliche Liebe. Er hing an einer Toten. Und er war keiner Frau treu.« Nach der Scheidung von Robert Mohn heiratete sie wieder einen Deutschen, mit dem sie im Ausland lebte. Nun war sie schon lange allein. Aber sie zeigte mir stolz Bilder von den schönen, fernen Enkeltöchtern, vom Haus ihres Sohnes, beschrieb die Einrichtung. Ihre eigenen Möbel sah man kaum unter Deckchen, Bücherstapeln, Fotoalben, Porzellanfiguren und Dingen, wie sie sich in einem langen Leben ansammeln, deren Bedeutung kein Fremder entschlüsseln kann. Nun waren noch Gegenstände aus Robert Mohns Wohnung hinzugekommen. Unvermittelt sagte sie: »Die Pakete nach Theresienstadt habe ich gepackt. Ich! Die Butter vom Mund abgespart habe ich mir, als ich selbst schwanger war.«

»Das hat Robert mir erzählt«, antwortete ich. »Dafür war er sehr dankbar. Diese Pakete waren wohl für Edith nicht nur der Kalorien wegen ganz wichtig. Nur hat Robert sich immer gefragt, wer Edith von Ihnen beiden berichtet hat. Wissen Sie, wer es war?«

»Ich«, sagte die kleine Frau, und ihr Gesicht wurde abweisend. »Ich habe ihr einen Brief geschrieben. Wir konnten ja nicht heiraten, aber wenigstens sie sollte wissen, daß ich Roberts Frau bin.«

Spuren in der Stadt

Edith Fraenkels Geschichte ist aufgeschrieben. Ich muß aufhören, nach Spuren zu suchen.

Aber wenn ich durch die Stadt gehe, fällt mir vor einem Hauseingang, an einer Straßenkreuzung, am Spreeufer, an so vielen Orten plötzlich ein, daß Herbert Baum hier gewesen sein muß oder Edith Fraenkel oder Hilde Loewy oder Siegbert …, und unwillkürlich sehe ich mich nach einem Zeichen um. Inzwischen weiß ich, wo das Judenhaus in der Pfalzburger Straße gewesen ist, in dem Edith und ihre Mutter lebten. Dort steht ein anderes, auch nicht mehr neues Haus. Ich war mit James Blumenthal, einem Freund von Robert Mohn, in der Wielandstraße am Olivaer Platz und habe die Galerie gesehen, deren Räume einmal das Eiscafé waren, in dem Edith und Robert sich kennenlernten, in dem Heinz Birnbaum Robert Mohn suchte, als die ersten aus Baums Gruppe schon verhaftet waren. Das Haus mit der Kochstube von Rita und Herbert Meyer wurde längst abgerissen, auch das Haus, in dem Herbert und Marianne Baum gewohnt haben. Der Toreingang soll noch ein paar Jahrzehnte nach dem Krieg gestanden haben, wie ein Denkmal, das keiner deuten konnte. Die Kellerwohnung von Siegbert Rotholz ist weg, die ganze Straße gibt es so nicht mehr, auch nicht die Synagoge in der Lindenstraße mit dem Vorderhaus, in dem Lotte Jastrow mit ihrer Mutter und zum Schluß mit Siegbert gewohnt hat. Dort leitete Sala Kochmann einige Gruppenabende. 1956 wurde die Ruine der Synagoge abgerissen. Jahrzehntelang dämmerte dieser Ort im Schatten der Mauer. Vor ein paar Jahren baute die Barmer Ersatzkasse dort Bürogebäude, und auf dem Hof gibt es ein Denkmal für die verschwundene Synagoge, das von drei israelischen Künstlern gestaltet wurde. Einer heißt Micha Ullmann, seine Mutter Lilly, seine Tante Hanna und sein Onkel Ernst haben, bevor sie nach Palästina ausreisten, im Kinderheim AHAWAH in der Auguststraße gearbeitet, da, wo Martin Kochmann nach Salas Verhaftung gewarnt wurde. Das wird Micha Ullmann nicht gewußt haben, aber die Zusammenhänge sind da, auch wenn wir nichts von ihnen wissen. Im letzten Sommer war ich bei dem Denkmal, Gras und wilde Kräuter wuchsen mir bis zu den Hüften, verdeckten fast die nach Osten gerichteten Betonklötze, die stehen, wo die Sitzplätze der Synagoge einmal waren. Ich habe mich hingesetzt und den Himmel angeschaut, den blassen Berliner Himmel, und habe gedacht: Den haben sie gesehen. Genauso hat er sich über die Stadt gebreitet, als sie geholt wurden.

Und neulich war ich wieder bei Herrn Fröhlich in der Belforter Straße, in seiner schönen Kneipe, durch deren Fenster man auf die Nummer 12 sieht, auf einen neu gebauten Kindergarten, der Pinocchio heißt. Ich trank meinen Milchkaffee und schaute auf die jungen Frauen, die ihre Kinder abholten, und sah eine, die trug weite Hosen und Blockabsätze, und ich dachte, das könnte Marianne Prager sein, in der Nummer 12 hat sie doch gewohnt. Aber verhaftet wurde sie in der Rykestraße, wo sie nach ihrer Heirat mit Heinz Joachim wohnte. Ich bezahlte und ging. Am Wörther Platz, der jetzt Kollwitzplatz heißt, blieb ich stehen und dachte, hier hat sie vielleicht mit ihrer Schwester Ilse gespielt. Über der Schultheißbrauerei, die nun eine Kulturbrauerei ist, leuchtet der Himmel oft rötlich, das wird auch damals so gewesen sein. Das wird sie gesehen haben, und Heinz Joachim in der Pappelallee wird es gesehen haben und Helmuth Neumann in der Senefelder Straße 27, das Haus gibt es noch. Ich habe vor seiner Wohnungstür gestanden, und die Tür ging auf, und ein Mädchen kam heraus, das hätte seine Schwester sein können. Aber sie hätte es nicht sein können, denn es ist sechzig Jahre später, und an ihrem siebzehnten Geburtstag kam sie nach Auschwitz. Doch der alte Mann, der mir entgegenkam, als ich die vier Treppen wieder hinunterging, hätte wirklich Helmuts älterer Bruder Wolfgang sein können. In den Gedenkbüchern steht zwar, er sei in Auschwitz verschollen, doch auf einer Liste vom Sommer 1945 steht Wolfgang Neumann, geboren am 22. Februar 1920, unter den wieder aufgetauchten »U-Booten«. Er hatte sich »der Evakuierung n. O. entzogen«. In der Schönhauser Allee 158 bei Frau Pawlowski war er im August 1945 gemeldet, und bald darauf verlor sich seine Spur, wahrscheinlich verließ er Deutschland. Nein, Helmuts Bruder wird mir nicht in der Senefelder Straße begegnen, aus der sein Vater Alexander nach Sachsenhausen gebracht wurde, seine Mutter Jettka nach Riga, sein Bruder Helmut nach Plötzensee und seine Schwester Edith nach Auschwitz.

Einen von Heinz Joachims Brüdern könnte ich hier irgendwo treffen oder den Sohn des Apothekers Kurt Bernhardt oder die Tochter von Wolfgang Knabe. Es gibt noch einige wenige Menschen in dieser Stadt, die auf den Gedenksteinen für die Herbert-Baum-Gruppe nicht nur Namen von Widerstandskämpfern lesen, sondern auch an einen Freund erinnert werden, an einen geliebten Menschen, den Vater, die Mutter. Ich war bei der Lehrerin Katarina M., der Tochter von Suzanne Wesse, die fünf Jahre alt war, als ihre Mutter hingerichtet wurde. Sie erinnerte sich noch an die beiden Gestapomänner, die an einem Tag im Mai in die Wohnung kamen und ihre Eltern mitnahmen. Nur ihr Vater kam ein paar Wochen später zurück, gezeichnet für immer. Jahrzehnte später gaben Verwandte ihr alte Schmalfilme, auf denen auch sie selbst als Kleinkind und ihre Mutter zu sehen sind. Einen zeigte sie mir. Es war ein Moment, den ich nicht vergessen werde, als ich Suzanne Wesse, die mir nie wirklich begegnen konnte, vorübergehen sah wie eine Erscheinung, eine schlanke, junge Frau, mit schnellem, entschlossenem Schritt; als ich sie am Rande eines Spielplatzes sitzen sah und Sandkuchen backen mit ihrer kleinen Tochter. Das war wohl am Olivaer Platz, wo auch das Familienbild von Edith Fraenkel, Uri und Robert Mohn aufgenommen wurde.

Ich traf mich auch mit Peter Zocher, Ritas Sohn. Als ich seine Adresse herausgefunden hatte, rief ich ihn an und sagte, daß ich gern mehr über seine Mutter wissen würde, und sagte ihm auch, warum. Einen Moment lang schwieg er, dann antwortete er, gerade in der letzten Zeit habe er oft an seine Mutter gedacht und an all das Ungesagte, Ungefragte zwischen ihnen. Am Abend desselben Tags kam er mit seiner Frau zu mir. Später gab er mir einen Karton mit Fotos, Briefen und Urkunden. Auf einem Foto von 1968 steht er selbst neben Rita vor einer Baracke in Auschwitz, ein vierzehnjähriger Junge, unsicher und steif. Ihre Erinnerung an diese Baracke, ihre Erinnerung an die Baum-Gruppe lastete auf seiner Kindheit. Wenn seine Mutter ihn streichelte, hatte er die Nummer an ihrem Unterarm vor Augen: 75443. Und immer war da das Gefühl, etwas an ihr gutmachen zu müssen. Sie erwähnte manchmal wie ein unerreichbares Vorbild seine Schwester Barbara, die immer seine kleine Schwester blieb, obwohl sie siebzehn Jahre vor ihm geboren wurde. Rita hatte ihm nichts erzählt von der Judenwohnung in der Neanderstraße, in der ihre verfolgten Freunde Unterschlupf fanden, nichts von ihrem Mut und ihrer Angst. Von Flugblättern hatte sie ihm erzählt, von dem Brandanschlag, von der Treue zur Sowjetunion ... Irgendwie hatte Peter Zocher die alten Geschichten mit der Muttermilch eingesaugt, und es kam die Zeit, da er sich von ihnen befreien mußte, um atmen zu können. Er war dreiundzwanzig Jahre alt, als er auszog; zu früh, wie seine Mutter fand. Er verließ die Wohnung seiner Mutter, in der Dutzende Wandbehänge und Deckchen, geknüpfte und gewebte, gestickte und gehäkelte, von einer unstillbaren Sehnsucht nach Schönheit und Harmonie kündeten. Seine Mutter, 1915 als Rita Resnik in Kischinjow geboren, als Rita Meyer Witwe eines Ermordeten, als Rita Zocher seit 1965 geschieden, starb im Jahre 1982.

Als ich Peter Zocher diese Zeilen über ihn und seine Mutter zu lesen gab, sagte er, er wolle nicht, daß in der Erinnerung an Rita nur die Häkelarbeiten blieben. Sie habe dies vor allem für andere getan, sie habe immerzu etwas für andere tun wollen. Sie war zu krank, um einen Beruf auszuüben, aber sie wollte nützlich sein. Und ihr tiefstes Gefühl in den letzten Jahren sei Enttäuschung gewesen. Eine Enttäuschung, die keiner aufheben konnte.

Es blieben die Briefe und Fotos von Menschen, deren Namen er manchmal nicht kannte, es blieb ihr Grab auf dem Jüdischen Friedhof in Weißensee, nicht weit vom Kindergrab seiner für immer kleinen Schwester, nicht weit auch vom Grab Lotte Holzers und vom Gedenkstein für die Gruppe Baum, auf dem auch der Name von Ritas erstem Mann Herbert Meyer steht. Und es blieb die Erinnerung an die ständige Ermahnung der alten Genossen, sich als Sohn einer Widerstandskämpferin der gemeinsamen Sache würdig zu erweisen.

Als ich mein Manuskript über Edith Fraenkel und die Gruppe Baum schon fast abgeschlossen hatte, kam ein anderer Sohn nach Berlin, Michael, das im September 1944 geborene Kind von Robert Mohn und der polnischen Zwangsarbeiterin Lida. Er suchte für seine alte Mutter einen Platz in einem Pflegeheim, begleitete sie während ihrer ersten Wochen dort und löste ihre Wohnung auf. Wir trafen uns und sprachen über seinen Vater und Edith Fraenkel, über die Gruppe Baum und die Erinnerung. Auch Michael kannte nur die Umrisse der Geschichte seiner Eltern. Einmal, in Lima, war er auf dem Tennisplatz einem alten Herrn begegnet, der während des Krieges an der peruanischen Botschaft in Berlin gewesen war. Der sagte zu Michael Mohn, er habe in Nazideutschland einen Mann gleichen Namens gekannt, einen Robert Mohn. Der sei in die Botschaft gekommen und habe für verfolgte Menschen Stempel gebraucht auf offensichtlich gefälschten Papieren. Die genauen Zusammenhänge kannte der alte Diplomat nicht, es sei wohl um Widerstand gegen das Regime gegangen. Michael fragte seinen Vater, der seine Kontakte zur peruanischen Botschaft bestätigte, aber nicht mehr darüber erzählen wollte.

Manches wird für immer im dunkeln bleiben, wird sich nicht mehr durch Fakten und Zahlen belegen und in der nüchternen Sprache der Historiker berichten lassen.

Nachdem Roberts und Lidas Sohn schon wieder zurückgefahren war, bekam ich ein Päckchen von ihm. Ein kleines rotes Täschchen aus Kunstleder mit Fotos in zerschlissenen Zellophanhüllen. Diese Paßbilder von Edith Fraenkel und die Fotos von Uris schneebedecktem Grab an Ediths zwanzigstem Geburtstag hatte ich schon einmal gesehen. In dem Täschchen steckten auch einige Fotos, die Augenblicke vor oder nach dem Familienbild aufgenommen wurden, dessen Kopie in meinem Regal steht. Edith und Robert dicht beieinander, der kleine Uri in Ediths Arm, ein glücklicher Moment im kurzen Leben der Edith Fraenkel und ihres Sohnes Uri.

Einen Moment lang will ich die Fotos zu den anderen ins Regal neben meinem Schreibtisch stellen, aber dann stecke ich sie zurück in das rote Täschchen. Und auch das Familienbild aus dem Regal nehme ich weg, es steht schon so lange dort, und ich brauche es nicht mehr, um mir Ediths Gesicht vorzustellen.

Ihre Spuren sind überall in der Stadt.

Und auch die Spuren ihrer Freunde aus der Baum-Gruppe sind nicht nur auf den Gedenksteinen und Gedenktafeln zu finden. Dort vielleicht am wenigsten. In der Gipsstraße 3, wo der jüdische Kindergarten war, wurde die alte, noch aus der DDR stammende Gedenktafel für Martin und Sala Kochmann von den neuen Besitzern nicht entfernt, sondern höher gehängt. Nun sieht sie nur, wer ein Stück zurücktritt oder wer den Kopf hebt. Nun sieht sie nur, wer den Berliner Himmel sehen will.

Anhang

Quellennachweis

Für die im Text mit * gekennzeichneten Passagen gelten folgende Quellen:

12 Stiftung Archiv der Parteien und Massenorganisationen der DDR im Bundesarchiv, Berlin (im folgenden: SAPMO-BArch), DY 55/V 287/820.

43 SAPMO-BArch DY 30/IV2/110, Nr. 1901.

43 Markus Wolf, »Freunde sterben nicht«, Berlin, 2002, S. 172.

44 BStu, ZA, HA IX 11 SV 29/80, Bd. 2, S. 135.

53 Schreiben des Reichsministers der Justiz vom 4. Juni 1943, zitiert in: BStu, ZPA HA IX/11, SV 20/80, Bd. 1.

60 SAPMO-BArch SgY 30 1224, Tonbandaufnahme der Erinnerungen des Genossen Herbert Ansbach mit Charlotte Bischoff, abgeschrieben 11. Mai 1963.

61 SAPMO-BArch SGY 30 1400/3, S. 260ff., Erinnerungsprotokoll Wilhelm Bamberger vom Mai 1964.

64 BAZw, NJ 1642 (inzwischen in: SAPMO-BArch).

81 »Politischer Lebenslauf« vom Oktober 1981, Kopie im Besitz der Autorin.

85 SAPMO-BArch DY 30 IV2/4157.

86 SAPMO-Barch Dy 30 IV2/4157, S. 120.

119 BAZw, NJ 1642, alle Bände (inzwischen in SAPMO-BArch).

129 BAZw, NJ 1642, S.116ff., Vernehmung vom 12. Juli 1942.

138 Brief von Beate Cohn an Dr. Peter Kirchner vom 23. November 1976, Abschrift in der Sammlung Lothar-Cohn-Schule im Archiv Prenzlauer Berg Museum. – Ich verdanke den Hinweis Knut Bergbauer.

144 SAPMO-BArch DY 55 V 287/105, S. 70ff. (Materialsammlung der VVN).

145 SAPMO-Barch DY 30 IV2/4/44, »Ergänzungen zu meinem Lebenslauf«, 8. Januar 1953. – Ich verdanke den Hinweis Salomea Genin.

145 Siehe z. B. in: »Die Tat«, Nr. 27/1949, »Auf dem jüdischen Friedhof in Weißensee«, gezeichnet von »K.«.

156 Siehe u. a. Bericht vom 30. April 1952 an die ZPKK in: SAPMO-
BArch DY/30/IV2/110, Bd. 1901, S. 155–157; Protokoll von
1963, in: SAPMO-BArch SgY 30 20 30, S. 9ff.; Protokoll eines
Erinnerungsberichts vom 15. April 1964, in: SAPMO-BArch SgY
30 1400, Bd. 3, S. 277ff.

157 30. 4. 1952, in: SAPMO-BArch DY/30/Iv2/110, Bd. 1901.

158 Zitiert in: »Juden im Widerstand«, hg. v. Wilfried Löhken, Werner
Vathke, Berlin 1993; darin: Michael Kreutzer, »Die Suche nach
einem Ausweg, der es ermöglicht, in Deutschland als Mensch zu leben. Zur Geschichte der Widerstandsgruppen um Herbert Baum«,
S. 105.

158 Bericht vom 30. April 1952 an die Zentrale Parteikommission
(ZPKK) in: SAPMO-BArch DY/30/IV2/110, Bd. 1901, S. 155–157.

160 Schlußbericht in SAPMO-BArch NJ 1642, Bd. 2.

161 Aussage über die Herbert-Baum-Gruppe von Richard Holzer, in:
Materialsammlung der VVN, SAPMO-BArch V 287/105.

165 Die Forschung zu Lisa Attenberger ist das Verdienst Michael
Kreutzers, siehe u. a. seine Publikationen in der Rosa-Luxemburg-Stiftung »Zur Geschichte der Widerstandsgruppen um Herbert Baum«, Heft 1 und 2, 2001 und 2002.

166 Siehe u. a. Gerichtsverfahrensakte gegen Vötter und andere:
BAZw, Z-C 12437 und NJ 1404; Verfahren gegen Hilde Schaumann und andere: BAZw, NJ 1406; Verfahren gegen Erich Cor-
vey und andere: BAZw, Z-C 7836; Verfahren gegen Karl Kunger
und andere: BAZw, Z-C 6732 und NJ 1398.

168 Siehe Materialsammlung zum Entschädigungsantrag der Witwe
Anna Adler, in: SAPMO-BArch NL 238/135.

169 Protokoll eines Erinnerungsberichts vom 27. April 1964, in:
SAPMO BArch SgY 30 1400/3. Die Information stützt sich auch
auf Interviews von Annette Leo 1987/88 und auf Gespräche der
Autorin mit Kurt Riemer 1989/90.

173 Aus der Urteilsverkündung des VGH im Strafverfahren gegen
Karl Kunger und andere, Hauptverhandlung vom 19. März 1943.
BStU, ZA MfS HA IX/11, Bd. 1, S. 14–19.

175 In: BAZw, Z-R 739, Bd. 8.

175 In: BStU, ZA SV 29/81, Bd. 1.

178 Die Angaben über die Gruppe Joachim stützen sich im wesentlichen auf die in den Justizakten enthaltenen Dokumente (SAPMO-
BArch NJ 1642, alle Bände, und SAPMO-BArch NJ 1400, Bde. 3,
4 und 7).

180 Siehe Eric Brothers' Bericht, der sich auf Interviews mit Marianne Joachims Schwester und ihrer Freundin stützt, in: The Jewish Quarterly 34/125/1985, London. – Mir stellte Otto Wendt eine von V. Ansbach übersetzte Fassung zur Verfügung.

181 Zitiert nach: »Juden im Widerstand«, a. a. O., S. 151.

187 »Kristallnacht 1938. Gedanken an die Gruppe Baum – 50 Jahre später«, Typoskript von Fred Manela, enthalten in: SAPMO-BArch SgY 30 2175, S. 1–13.

188 Im Besitz von Margot Pikarski. Abschrift in: SAPMO-BArch I 2/3/147, S. 170.

189 Für die Information danke ich Barbara Schieb. Siehe auch: Barbara Schieb, »Nachricht von Chotzen. Wer immer hofft, stirbt singend«, Berlin 2000.

195 Mit der Schwester von Georg Israel sprach Michael Kreutzer, siehe: »Juden im Widerstand«, a. a. O., S. 115 f.

197 Vernehmung »Zur Sache« vom 13. November 1942, in: BAZw, Z-C-10905, Bd. 1, S. 60.

203 Siehe Nachweis zu Seite 180.

208 Tonbandgespräche zwischen Dieter Heimlich und Charlotte Holzer 1966/67 (im folgenden: Tonbandgespräche 1966/67), SAPMO-BArch, Erinnerungsarchiv, SgY 30/2014/1 und 2. – Den Hinweis verdanke ich Barbara Meffert, die Abschrift Michael Kreutzer.

211 Vernehmung »Zur Person« am 30. November 1942, in: BAZw, Z-C-10905, Bd. 1, S. 49.

222 »Aussage über die Herbert-Baum-Gruppe von Richard Holzer«, ca. 1948, in: SAPMO-BArch DY 55/ V 287/105, S. 59.

224 BAZw, Z-C 12437, Bd. 4; SAPMO-BArch 1642, Bd. 2.

225 SAPMO-BArch NJ 1642.

238 Erinnerungsprotokoll 15. April 1964 in: SAPMO-BArch SgY 30/1400/3, S. 278.

245 In: SAPMO-BArch NJ 1642, Bd. 2 (Justizakten).

249 In: BAZw, Z-C 12437, Bd. 4.

251 Richard Holzer, »Politischer Lebenslauf«, Januar 1959, in: SAPMO-BArch DY 30/IV2/11v.

252 Vernehmung Martin Kochmanns vom 10. Oktober 1942, in: BAZw, Z-C 10905, Bd. 1, S. 12.

254 Bericht an die ZPKK vom 30. April 1952, in: SAPMO-BArch DY 30/IV2/110, S. 156.

260 Aktennotiz von Paul Eppstein über die Vorladung im Reichssicherheitshauptamt am 29. Mai 1942, 10.30 Uhr, von Baeck, Epp-

stein, Henschel, Kozower, Kreindler, Lilienthal (Reichsvereinigung), Löwenherz, Murmelstein (Israelitische Kultusgemeinde Wien), Weidmann, Friedmann (Jüdische Kultusgemeinde Prag), Kopie in: BStU,ZA, SV 29/80, Bd. 3 (Quelle DZA Potsdam).

262 Vernehmung von Werner Steinbrinck, 26. Mai 1942, in: BAZw, Z-C 12437 Bd. 4, S. 10ff.

268 SAPMO-BArch NJ 1642, Bd. 2.

268 Vernehmung von Martin Kochmann, 10. Oktober 1942, in: BAZw, Z-C 10905, Bd. 1, S. 10.

271 Vernehmung von Hildegard Jadamowitz, 11. Juli 1942, In: BAZw, Z-C 12437, Bd. 4, S. 70ff.

275 Die Information verdanke ich Barbara Schieb, die Ellen Arndt interviewte. Diese Episode wird auch erzählt in: Barbara Lovenheim, »Überleben im Verborgenen«, Berlin 2002, S. 66–68.

276 Die Begegnung mit Hanna Gold (Name geändert) vermittelte Barbara Schieb.

277 Unterlagen der Reichsvereinigung der Juden in Deutschland. Akten Dr. Eppstein. Siehe Nachweis zu S. 260.

279 Die Schilderung dieser Vorgänge stützt sich auf verschiedene Aussagen, so in: BAZw, Z-C 10905, und SAPMO-BArch NJ 1642.

283 SAPMO-BArch NJ 1642, Bd. 2, S. 15.

294 Diese Vorgänge werden von Rita Zocher, frühere Meyer, in einem Bericht an die Kaderabteilung des ZK der SED o. D. (1952) in SAPMO-BArch DY/30/IV2/11v, Bd. 2692, geschildert, und sie sind festgehalten in einer von Rita Zocher autorisierten Jahresarbeit von fünf Schülerinnen der EOS »Max Planck« »Aus dem Leben der Genossin Rita Zocher« (unv., 1967).

296 Tonbandgespräche 1966/67.

297 Siehe Nachweis zu S. 208.

297 Es handelte sich um den TV-Film »Tage in Berlin«, Hochschule für Film und Fernsehen der DDR, 1981; Gestaltung: Prashant Chandar Baipaj, Peter Badel. Mitarbeit: Daniel Hoffmann-Ostwald, Wolfgang Sabath, Gudrun Prietz, Matthias Remmert; Beratung: Werner Kohlert.

301 Für diese Informationen danke ich Heinz Krause.

302 Tonbandgespräche 1966/67. Auch die folgenden Informationen über Lotte Paechs Flucht sind zum großen Teil diesem Material entnommen.

307 Dieser Name wird in der Literatur erstmals erwähnt in: Ed Stuhler, »Margot Honecker. Eine Biographie«, Wien 2003.

318 Erinnerungsprotokoll Hilde Schaumann vom 12. Mai 1964, in: SAPMO-BArch SgY 30 1400, Bd. 3, S. 266.

321 In: BStU, ZA MfS HA IX/11 SV 20/80, Bd. 1, S. 109–111.

321 Gestapo Staatspolizeileitstelle Berlin, Schreiben an das RSHA IV A 1a vom 5. April 1943, gez. Dr. Venter, in: BStU, ZA MfS HA IX/11 SV 20/80, Bd. 1, S. 121–123.

321 Siehe Erinnerungsberichte in Yad Vashem 03 3069; 01/297; 01/298 (letzeres ein Interview mit Ball-Kaduri von 1963), S. 364 BAZw, Z-C 7836.

322 BStU, ZA MfS SV 29/81, Bd. 1.

324 Urteilsbegründung des Strafsenats des Kammergerichts in Berlin, 7. o. Js. 236. 42g (73/42) vom 21. April 1943, ausgefertigt am 7. Mai 1943, in: BaZw, Z-C.

325 Aussage vom 23. Mai 1947 vor der Kriminalpolizeileitstelle Berlin, in: BStU, ZA, SV 29/80, Bd. 1, S. 64.

326 Diese und folgende Informationen fand ich in einer Dokumentensammlung des MfS in: BStU, ZA SV 29/81, Bd. 1.

339 Schreiben des ORA beim VGH an den Präsidenten des 2. Senats des VGH vom 6. November 1942, Geschäftszeichen 10J 207/42g, in: SAPMO-BArch NJ 1642, Bd. 2.

340 Heinrich F. Liebrecht, »›Nicht mitzuhassen, mitzulieben bin ich da‹. Mein Weg durch die Hölle des Dritten Reiches«, Freiburg i. Br. 1990.

341 Protokoll der 1. Oberin Böhm der Frauenabteilung der Untersuchungshaftanstalt beim Kriminalgericht vom 3. Dezember 1942, in: SAPMO-BArch NJ 1642, Bd. 3, S. 24.

349 Abschrift in: SAPMO-BArch I 2/3/133.

349 Abschrift in: SAPMO-BArch I/2/3/147, S. 170.

358 Bericht der Stapo IV A 1 A »Betr. Festnahme der jüdischen Krankenschwester Charlotte Paech« vom 9. Oktober 1942, in: BAZw, Z-C 10905, Bd. 1, S. 19.

358 In: »Aus dem Leben der Genossin Rita Zocher«, unv. Jahresarbeit, s. Nachweis zu S. 294; Bericht an die ZPKK von 1952, in: SAPMO-BArch Dy/30IV 2/11v, Bd. 2692.

359 Bericht der Stapo Iv A 1a vom 8. Oktober 1942 »Betr. Festnahme des Juden Martin Israel Kochmann«, in: BAZw, Z-C 10905, Bd. 1, S. 3.

360 Tonbandgespräche 1966/67.

362 Meldung zur Tagebuch-Nr. 121/49 vom 13. Oktober 1942, in: BArch, Zw Z-C 10905, Bd. 1, S. 42.

363 In: BArch, ZwA Z-C 10905, Bd. 1, S. 52 f.

364 Tonbandgespräche 1966/67.

365 Vernehmung durch Stapo IV A 1 am 28. Oktober 1942, in: BArch, ZwA Z-C 10905, Bd. 1, S. 35.

365 Zu Thomas Bliemeister: Staatsarchiv Potsdam Barnim Rep 29 14670 (Zuchthaus Brandenburg).

367 Ein Original befindet sich im Nachlaß von Rita Zocher. Unter dem Geschäftszeichen 7. o. Js. 219/43g hatte der Generalstaatsanwalt beim Kammergericht am 25. Juni 1943 dem Vorsitzenden des 1. Strafsenats des Kammergerichts die geheime Anklageschrift zugestellt. Angeklagte sollten sein: Rita Meyer, Herbert Meyer, Heinz Milkert, Maria Milkert, Dora Bahnmüller, Frida Przyjemski, Ursula Reinke, Josef Roth, Margarete Tillack. Das Verfahren gegen die jüdischen Angeklagten (Ehepaar Meyer, Dora Bahnmüller, Josef Roth) wurde eingestellt.

369 Landesarchiv Brandenburg, Journal Generalstaatsanwalt beim Landgericht 60 KLs 43, 2 Gew Js 2445.42, Sondergerichtssache Sond II 952/43.

371 Die Lotte Paechs Aufenthalt in Leipzig-Kleinmeusdorf betreffenden Dokumente befinden sich in: BAZw, Z-C 10905, Bd. 2.

372 BAZw, Z-C 10905, Bd. 2, S. 23 f.

373 SAPMO-BArch DY/30/IV2/11v, Bd. 2692.

375 Diese Gnadengesuche und die Stellungnahmen des Gefängnisvorstandes befinden sich in: SAPMO-BArch NJ 1400, Bde. 3–7.

377 Siehe dazu: Victor von Gostomski, Walter Loch, »Die Blutnächte von Plötzensee«, in: »Der Tod von Plötzensee. Erinnerungen, Ereignisse, Dokumente. 1942–1944«, Frankfurt/Main 1993, und Harald Poelchau, »Die letzten Stunden. Erinnerungen eines Gefängnispfarrers aufgezeichnet von Graf Alexander Stenbock-Fermor«, Berlin 1949.

379 Aussage des Pfarrers Harald Poelchau im Nürnberger Juristenprozeß, zitiert in: von Gostomski/Loch, »Der Tod von Plötzensee«, a. a. O., S. 35.

385 Tonbandgespräche 1966/67.

393 Siehe dazu: Berl Herškowic, »Der Theresienstädter Hechaluz«, in: »Theresienstädter Studien und Dokumente«, hg. von Miroslav Kárný, Raimund Kemper und Margita Kárná, Prag, 2000.

393 Ruth Klüger, »weiter leben – Eine Jugend«, Göttingen 1992.

394 Bericht Maurice Rossels in: »Theresienstädter Studien und Dokumente«, hg. von Miroslav Kárný, Raimund Kemper und Margita Kárná, Prag 1996.

395 Gespräch von Claude Lanzmann mit Maurice Rossel, ebd.

396 Der Bericht über Dr. Eppsteins Tod findet sich in: Miroslav Kárný, »Die Theresienstädter Herbsttransporte 1944«, ebd.

398 Erica Fischer, »Das kurze Leben der Felice Schragenheim«, München 2002.

402 Siehe u. a: »Mein Vater, was machst du hier …? Zwischen Buchenwald und Auschwitz. Der Bericht des Zacharias Zweig«, Frankfurt/Main 1987; Dr. Harry Stein, »›Nackt unter Wölfen‹ – Literarische Fiktion und Realität einer KZ-Gesellschaft«, in: Materialien für die Vorbereitung von Besuchen in den Gedenkstätten, Heft 43, Bad Berka 2000.

403 Typoskript im Besitz der Autorin.

404 Richard Holzers Kaderakte. SAPMO-BArch DY 30 /IV2/11v.

404 Ebenda.

408 Tonbandgespräche 1966/67.

409 »An das ZK der SED, Kaderabteilung«, Schreiben Hilde Benjamins vom 18. März 1952, in: SAPMO BArch ZPKK DY 30/IV2/11v, Bd. 2692.

411 In: BAZw, Z-C 10905, Bd. 1, S. 265.

411 Ebenda, S. 270.

412 Ebenda, S. 266.

414 Schreiben an das Sozialamt Berlin-Wedding, Abteilung O. d. F. (Opfer des Faschismus), vom 21. November 1946, in: BStU, ZA SV 29/80, Bd. 3.

414 Aussage von Rita Meyer vom 17. September 1948 vor der Abteilung O. d. F im Magistrat, in: BStU, ZA Sv 29/80, Bd. 3., S. 49.

420 »Ergebnis der Überprüfung der Eheleute Charlotte und Richard Holzer«, 3. Juni 1952, in: SAPMO-BArch ZPKK DY/30 IV2 , S. 149–153.

421 Handschriftliche Erklärungen von Charlotte Holzer, 30. April 1952 und 2. Mai 1952, in: SAPMO-BArch ZPKK DY/30/IV2/110.

423 Bericht an die Kaderabteilung des ZK der SED, o. D. (1952), in: SAPMO-BArch DY/30/IV2/11v, Bd. 2692.

424 »Briefe an Johannes R. Becher 1909-1958«, Berlin 1993, S. 398.

427 Denunziationsbrief in Holzers Parteiakte: DY 30/IV2/11v. 2692.

429 Schreiben des MfS-Mitarbeiters R. F. an Genossen Staatsanwalt F., 25. Februar 1969 (MfS HA IX/11/STA) In: BStU, ZA SV 29/80.

Benutzte Archive

Archiv Prenzlauer Berg Museum

Bundesarchiv Berlin, Unterlagen der Oberfinanzdirektion (BAB, OFD)

Bundesarchiv, Zwischenarchiv Dahlwitz-Hoppegarten (BArch, ZwA)

Die Bundesbeauftragte für die Unterlagen des Staatssicherheitsdienstes der ehemaligen Deutschen Demokratischen Republik, Berlin, Zentralarchiv (BStU, ZA)

Landesarchiv Brandenburg (LAB)

Stiftung Archiv der Parteien und Massenorganisationen der DDR im Bundesarchiv, Berlin, Zentrales Parteiarchiv der SED/KPD (SAPMO)

Yad Vashem, Jerusalem

Literaturauswahl

Werner T. Angress, Generation zwischen Furcht und Hoffnung. Jüdische Jugend im Dritten Reich, Hamburg 1985

Lisa Behn, Ein Spaziergang war es nicht. Lebenserinnerungen, herausgegeben von Michael Kreutzer und Tamen Zimpel, Publikation der Rosa Luxemburg Stiftung, Berlin 2002

Eric Brothers, Wer war Herbert Baum? Eine Annäherung auf der Grundlage von »oral histories« und schriftlichen Zeugnissen, in: Juden im Widerstand, herausgegeben von Wilfried Löhken, Werner Vathke, Berlin 1993

Eric Brothers, Über den antifaschistischen Widerstand deutscher Juden, in: Jahrbuch Nr. XXXII des Leo-Baeck-Instituts, London 1987

Danuta Czech, Kalendarium der Ereignisse im Konzentrationslager Auschwitz-Birkenau 1939–1945, Reinbek bei Hamburg, 1989

Stephan Hermlin, Die Gruppe Baum, in: Die erste Reihe, Berlin 1951

Michael Kreutzer, Die Suche nach einem Ausweg, der es ermöglicht, in Deutschland als Mensch zu leben. Zur Geschichte der Widerstandsgruppen um Herbert Baum, in: Juden im Widerstand, herausgegeben von Wilfried Löhken, Werner Vathke, Berlin 1993

Michael Kreutzer, Wie ist es möglich, dass Baums noch so guter Dinge sind? Publikation der Rosa Luxemburg Stiftung, Berlin 2001

Michael Kreutzer, Walter Sack und der »Dritte Zug«. Erinnerungen an die frühe Geschichte der Widerstandsgruppen um Herbert Baum, in: Juden in Kreuzberg, Berlin 1993

Greta Kuckhoff, Vom Rosenkranz zur Roten Kapelle, Berlin 1972

Konrad Kwiet, Helmut Eschwege, Selbstbehauptung und Widerstand. Deutsche Juden im Kampf um Existenz und Menschenwürde 1933–1945, in: Hamburger Beiträge zur Sozial- und Zeitgeschichte, Band XIX, Hamburg 1984

Bernard Mark, Antifaczystowska Grupa Bauma w Niemczech w latach 1937–1942, in: Bleter for Gezichte, Warschau 1961 (Für die Übersetzung danke ich Maria Turska.)

Bernard Mark, Die Herbert-Baum-Gruppe. Jüdischer Widerstand in Deutschland in den Jahren 1937–1942, in: Sie widersetzten sich. Die Geschichte des jüdischen Widerstands im Nazi-Europa, herausgegeben von Yuri Suhl, New York 1967

Margot Pikarski, Jugend im Berliner Widerstand. Herbert Baum und Kampfgefährten, Berlin 1978

Wolfgang Scheffler, Der Brandanschlag im Berliner Lustgarten im Mai 1942 und seine Folgen. Eine quellenkritische Betrachtung, in: Jahrbuch des Landesarchivs Berlin 1984, S. 91–118

Lucien Steinberg, La révolte des Justes, Paris 1970 (Für die Überlassung der Übersetzung danke ich Katharina Martin.)

Theresienstädter Studien und Dokumente, herausgegeben von Miroslav Kárný, Raimund Kemper und Margit Kárná, Prag, jährlich seit 1994

Günter Weisenborn, Der lautlose Aufstand. Bericht über die Widerstandsbewegung des deutschen Volkes 1933–1945, Hamburg 1954

Wolfgang Wippermann, Die Berliner Gruppe Baum und der jüdische Widerstand, Berlin 1981

Alice und Gerhard Zadek, Mit dem letzten Zug nach England, Berlin 1992

Personenverzeichnis

Rohde (Gefängnisbeamter, bei den Hinrichtungen anwesend) 350

Römer, Beppo (kommunistischer Widerstandskämpfer) 171

Rosenberg, Hedwig (Tante von Ilse Stillmann) 44 f.

Rosenberg, Heinz (Cousin von Ilse Stillmann) 44

Rossel, Maurice (besuchte als Vertreter des Internationalen Roten Kreuzes Theresienstadt) 394 f.

Roth, Josef (half Charlotte Paech und Richard Holzer in der Illegalität) 301 333 365 422

Roth, Margarethe (Ehefrau von Josef Roth, Helferin) 301 333 365 422

Rothholz, Charlotte, geb. Heskel (Mutter von Heinz Rothholz) 246 351

Rothholz, Heinz 10 14 32 34 55 183 225 245–249 251 255 259 ff. 264 ff. 268 279 285 319 341 345 350 f.

Rotholz, Charlotte, geb. Jastrow 10 15 17 21 24 ff. 56 145 183 203 f. 208 211 258 267 299 f. 318 335 339 341 345 ff. 349 f. 353 356 f. 363 370 373 436

Rotholz, Markus (Vater von Siegbert Rotholz) 145 186 204

Rotholz, Siegbert 14 25 56 145 183–189 191 ff. 197 202–208 211 241 299 ff. 325 335 339 341 345 f. 349 f. 353 367 436

Sack, Moritz (Vater von Walter Sack) 69 163 198

Sack, Walter (bis zu seiner Emigration eng mit Baum verbunden, Gruppenleiter im Bund Deutsch-Jüdischer Jugend, der seit 1936 »Ring-Bund Jüdischer Jugend« hieß) 61 69 77 84 161 ff. 179 198 209 430

Salinger, Fanny (Mutter von Lothar Salinger) 190 f. 193 336 f.

Salinger, Georg (Onkel von Lothar Salinger) 337

Salinger, Gerd (Cousin von Lothar Salinger) 337

Salinger, Lothar 14 56 186 189–193 204 f. 207 210 f. 261 299 ff. 335 ff. 339 341 350 363 367

Salinger, Max (Vater von Lothar Salinger) 190 f. 193 336 f.

Salinger, Rosa (Tante von Lothar Salinger) 337

Salinger, Ursula (Cousine von Lothar Salinger) 337

Frau Salingre (Freundin von Kurt Bernhardt) 333

Schalck-Golodkowski, Alexander (Leiter des Bereichs Kommerzielle Koordinatinierung in der DDR) 43

Schanuel, Lotte (dienstverpflichtete Gefängnisaufseherin) 307

Schaumann, Friedel, geb. Topp (Ehefrau von Walter Schaumann) 318 ff.

Bildnachweis

1 Privatbesitz Walter Sack, jetzt Sammlung Michael Kreutzer
2 SAPMO/BArch, Bild Y 10-1483/84N
3 Privatbesitz Walter Sack, jetzt Sammlung Michael Kreutzer
4 Privatbesitz Günter Prager, Kopie in der Sammlung Michael Kreutzer
5 Sapmo/BArch, Bild Y 10-31826 N
6 Privatbesitz Besitz Familie Joachim, jetzt Sammlung Michael Kreutzer
7 Privatbesitz Familie Joachim, jetzt Sammlung Michael Kreutzer
8 Privatbesitz
9 Privatbesitz Marianne Landsberger
10 Sapmo/BArch, Bild Y 10-1251/68 N
11 SAPMO/BArch, Bild Y 10-1250/68 N
12 Privatbesitz Eric Brother, der das Foto von Hannis in den USA lebenden Bruder Manfred Lindenberger bekam. Kopie aus der Sammlung Michael Kreutzer
13 SAPMO/BArch, Bild Y 10-31957 N
14 Sammlung Margot Pikarski. Sie bekam das Bild von Kurt Siering. Kopie in der Sammlung Michael Kreutzer
15 Privatbesitz Eva Kuerer
16 Sammlung Michael Kreutzer. Foto: Barbara Meffert
17 Privatbesitz Katarina Martin. Jetzt Sammlung Michael Kreutzer
18 SAPMO/BArch, Bild Y 10-8489 N
19 SAPMO/BArch, Bild Y 10-8064 N
20 SAPMO/BArch, Bild Y 10-624/77 N
21 Privatbesitz Ruth Biswas, Kopie in der Sammlung Michael Kreutzer
22 Sammlung Michael Kreutzer (Kopie). Foto O. Schmid
23 SAPMO/BArch, Bild Y 10-274/68 N
24 SAPMO/BArch, Bild Y 10 6327 N
25 SAPMO/BArch, Bild Y 10-277/68 N
26 SAPMO/BArch, Bild Y 16-6321 N
27 SAPMO/BArch, Bild Y 10-268/68 N

28 SAPMO/BArch, Bild Y 10-6322 N
29 SAPMO/BArch, Bild Y 10-276/86 N
30 SAPMO/BArch, Bild Y 10-275/68 N
31 SAPMO/BArch, Bild Y 10-6324 N
32 SAPMO,/BArch Y 10-6326 N
33 SAPMO/BArch, Bild Y 10-176/73 N
34 SAPMO/BArch, Bild Y 1-1333/70

Umschlagfoto:
Nachlaß Günter Prager. Kopie in der Sammlung Michael Kreutzer

Hella Hirsch, Alfred Eisenstädter und Alice Hirsch etwa 1937 in Berlin. – Die Schwestern Hella und Alice Hirsch waren bis zum Schluß Mitglieder des Widerstandkreises um Herbert Baum. Hella wurde mit 22 Jahren hingerichtet, die Spur der zwanzigjährigen Alice verlor sich in Auschwitz. Alfred Eisenstädter, der 1939 mit Felix Heymann vergeblich versucht hatte, aus Deutschland zu fliehen, konnte nach seiner Entlassung aus der Schutzhaft noch 1939 emigrieren.

Danksagung

Ich danke Michael Kreutzer, der mir den Kontakt zu dem Mann vermittelte, den ich Robert Mohn nenne. Mit Michael Kreutzer konnte ich Informationen und Dokumente zur Baum-Gruppe austauschen, er hat sachkundig Anteil an meiner Arbeit genommen.

Eric Brothers habe ich nicht persönlich kennengelernt, doch die besondere Empathie gespürt, mit der er sich seit Jahren dem Andenken Herbert Baums und seiner Freunde widmet. Ich habe aus seinen Tonbandinterviews mit Ellen Compart (†) von 1985 zitiert.

Mit Dankbarkeit denke ich an den verstorbenen Dieter Heimlich, dessen Tonbandgespräche mit Charlotte Holzer eine unersetzliche Quelle für die Erinnerung an die Baum-Gruppe sind.

Besonders danke ich für vertrauensvolle Gespräche und Hinweise denen, deren eigene Geschichte mit den hier dargestellten Vorgängen verknüpft ist:

Esther und Rudi Barta, Harry M. Cuehn, Larissa Dämmig, Salomea Genin, Gertrud Glondajewski, Leokadia Heinrich, Ursula Herzberg, Willi Holzer (†), Toni Krahl, Chawa Kürer, Heinz Krause, Katharina Martin, Walter Sack, Fritz Teppich, Peter Zocher, Andrés Zöllner.

Danken möchte ich Kollegen, Archivmitarbeitern und Freunden, die auf vielfältige Weise, oft durch wertvolle Hinweise, diese Arbeit unterstützten. Vor allem Bernd Rainer Barth, Helmuth Bauer, Knut Bergbauer, Hans Coppi, Judith Endler, Bärbel Galonska, Hans-Dieter Heilmann, Wolfgang Herzberg, Annette Leo, Brigitte Röper (†), Barbara Schieb, Susanne Willem.

                                                                    R. Sch.

Inhalt

Anhang